Blockhäuser und Hütten

„Blockhäuser und Hütten selbst gebaut" ist zuerst in Schweden erschienen. Das Buch zeigt vorwiegend Blockhäuser in dem auch bei uns sehr beliebt gewordenen „Schweden-Stil", es bietet daher besonders für den deutschen Leser hervorragende Anregungen, besitzen doch unsere nordischen Nachbarn eine lange Tradition im Umgang mit Holz und mit der Blockbauweise.

Sven-Gunnar Håkansson

Blockhäuser und Hütten

selbst gebaut

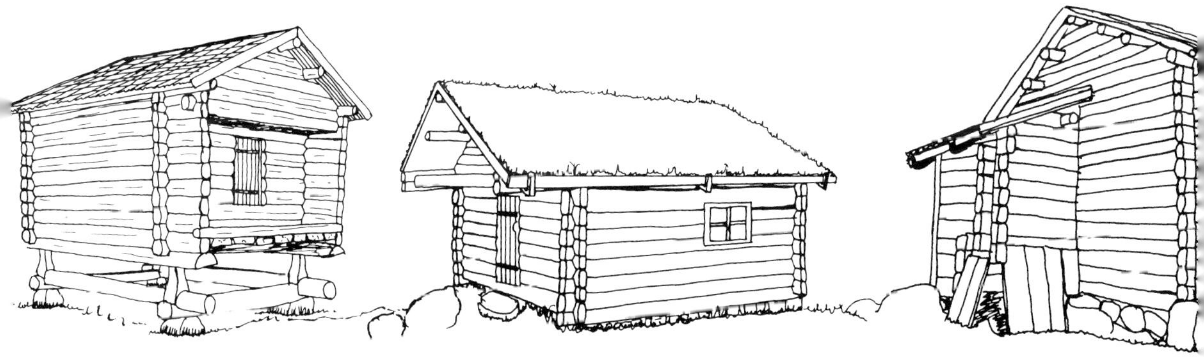

Verlag Th. Schäfer im Vincentz Network

Einige Anleitungen in diesem Buch spiegeln die besonderen skandinavischen Gegebenheiten wider und müssen vor dem Bau auf deutsche Verhältnisse übertragen werden; auch lassen sich einige der Begriffe nicht in gleichwertige deutsche Wörter übersetzen und sind deshalb schwedisch belassen worden.

Bedenken Sie bitte, daß es bei vielen Bauvorhaben einer behördlichen Genehmigung bedarf. Informieren Sie sich vor dem Bau unbedingt zuerst bei Ihrer zuständigen Bauaufsichtsbehörde!

Neue, überarbeitete Ausgabe 2002
Fotos auf Seite 19 von Lasse Näsström,
Zeichnungen auf Seite 49 von Anticimex.
Alle anderen Fotos und Zeichnungen vom Verfasser
Gestaltung: Ulf Lindahl

Deutsche Ausgabe

»Blockhäuser und Hütten selbst gebaut«
4. Auflage 2007
Übersetzung und ergänzende Anmerkungen:
Gustav Adolf Petersson
Lektorat: Dr. Joachim F. Baumhauer
Gestaltung: Prengelayout
Druck und Bindung: Finidr, s.r.o., Cesky Tesin

ISBN 978-3-87870-674-8
Best.-Nr. 9115

Die redaktionelle Bearbeitung dieses Buches wurde nach den alten Rechtschreibregeln vorgenommen. Der Verlag folgt somit nicht der Neuregelung der deutschen Rechtschreibung vom 1. August 1998.

Inhaltsverzeichnis

7 Vorwort

9 Werkzeuge für den Blockhausbau

14 Die Technik des Blockhausbaues

Die Außenwände 16

Das Bauholz 16

Trocknung und Lagerung des Holzes 20

Das Schrumpfen und Reißen des Holzes 23

Die Struktur des Holzes 26

Holzpaneele 27

Die Wetterwand 30

Holzarten für das Außenpaneel 31

Beschaffung des Bauholzes 31

Verschiedene Eckverbände 34

Die einseitige Verkämmung, „Rännknut“ 36

Gerade, zweiseitig geschnittene Verschränkung 38

Der „Dalaknut“ 40

Der „Laxknut“ 40

Die Längsnut 41

Das Dübeln 48

Tür- und Fensteröffnungen 51

Das Stoßen der Balken 52

Die Zangen 54

Das Spalten von Balken 55

Oberflächenbehandlung 56

60 Das Umsetzen eines Blockhauses

Das Aufmessen und Markieren 60

65 Die Pflege alter Blockhäuser

Was schadet dem Balkenwerk 65

69 Die Lappenkote

Die Torfkote 69

Die Kote mit Sockel in Blockbauweise 74

77 Gartenhäuschen, Hütte, Sauna

Arbeitsablauf für ein kleineres Blockhaus 82

Das Fundament 82

Der Schwellenrahmen 88

Das Zimmern der Blockwände 92

Vorbereitungen für Tür und Fenster 94

Der Rahmenkranz (Rähm und Giebelmutter) 96

Dachwinkel 97

Das Aushauen der Dachneigung 98

Ventilation im Blockhaus 100

Dach und Fußboden 101

Das fertige Haus 103

105 Einige verschiedene Dächer

Die Dachkonstruktionen 105

Das Schindeldach 106

Das Rundbohlendach 108

Das Rasendach 110

112 Die gezimmerte Treppe

115 Die Blockbautechnik vom Siljansee

Das Bauholz 116

Der Eckverband 118

129 Das Feuerhaus

Die Waldarbeiterhütte 131

Das Feuerhaus als Basislager 133

134 Das Zimmern mit Halbspältern

136 Kanuhaus, Bootshaus

140 Kellervorbau mit Grasdach

144 Holzschuppen und Remise

153 Der Speicher

156 Speicher von Ytterhogdal

158 Der Dachbodenschuppen

160 Doppelgarage

162 Jagdhütte

165 Das Zimmern der Saunahütte

169 Gästehütte auf der Bergweide

170 Nebenhäuser

174 Gästehäuschen

180 Häuschen mit Sauna

182 Sennhütte in Särna

185 Sennhütte von Morvallen

187 Sennhütte von Lima

190 Spültisch und Waschplatz im Freien

192 Von Lesern gebaute Blockhäuschen

197 Das Doppelhaus

200 Anbau in Blockbauweise

209 Der Hofraum

214 Tischlerwerkstatt und Holzschuppen

216 Freizeitgelände

Tischlerwerkstatt 218

Der Speicher 220

Die kleine Hütte 226

Schuppen mit Trockenklo 228

Der Holzschuppen 229

Die künftige Entwicklung 232

240 Die Berghütte

244 Ständerbau mit Fachwerk

248 Holzschuppen, Vorratsraum und Trockenklo

250 Holzschuppen mit Firstpfette

252 Heuschober als Holzschuppen

253 Trockenklo

254 Scheune mit Garagenanbau

Die Gründung 256

259 Die Almhütte

264 Der Ständerbau

268 Grundsteinlegung

272 Gästehütte mit Sauna

273 Der Wärmehaushalt des Blockhauses

Vorwort

Die Blockbauweise war früher in Schweden das gebräuchlichste Verfahren, wenn man ein Wohnhaus oder eine Hütte errichten wollte.

Der Blockhausbau ist ein Handwerk, das hohe Anforderungen an den Zimmermann stellt. Hier bringt man es nur durch Übung und Erfahrung zur Meisterschaft, die man erst nach dem Bau einiger Häuser erwirbt. Ich will mit diesem Buch etwas von der überlieferten schwedischen Zimmermannskunst vermitteln. Die Beispiele für Eckverbände und Haustypen sind für den Heimwerker gedacht, der die ersten Schritte auf dem Weg zur Kunst des Blockhausbaues vornehmen will. Wenn Sie ein Häuschen oder eine Hütte in Blockbauweise errichten wollen, wird Ihnen das Buch einige Anregungen für die Gestaltung und Ausführung geben können. Aber vergessen Sie nicht, die Bautradition der Gegend zu beachten, in der das Blockhaus errichtet werden soll. Wenn Sie die Bauausführung, die Eckverbände, die Dachneigung und die Farbe entsprechend der örtlichen Tradition wählen, wird sich Ihr Blockhaus harmonisch in die Umgebung einfügen.

Die hier vorgestellten Häuser sind vorzugsweise für den Selbstbau in der Freizeit ausgewählt worden. Aber auch den Lesern, die den Blockbau von einem Zimmermann ausführen lassen, werden in dem Buch wichtige Kenntnisse für die Auftragsvergabe vermittelt.

Mein eigenes Interesse an der Blockbauweise wurde dadurch geweckt, daß ich als Leiter von Bergtouren viele verschiedene Schutzhütten und Bergbauden kennenlernte. Darunter war alles, von der Lappenkote, vom Schutzschirm und der einfachen Blockhütte bis zum Basislager und dem Rastschutz für Fernwanderwege.

Es ist meine Erfahrung, daß jeder, der eine Axt schwingen kann, auch einen Eckverband in Blockbauweise zustande bringt. Die Anforderungen an Dichtigkeit und Präzision müssen dem Zweck des Bauwerkes angepaßt sein. Das Wichtigste ist, daß Sie die Freude empfinden, die der Bau eines Blockhauses bereitet, das nur mit der Axt und mit eigener Hände Arbeit errichtet wurde.

Ich möchte allen Lesern der früheren Auflagen für ihr Interesse und für alle Anfragen danken. Ich hoffe, daß die vorliegende, überarbeitete Auflage Sie dazu anregt, sich auch an größere Gebäude in Blockbauweise heranzuwagen.

Beispiel einer Hütte, gezimmert in Lycksele von einem Arbeitskreis der Volkshochschule.

Werkzeuge für den Blockhausbau

Wird das Eisen stumpf und man schärft seine Schneide nicht,
so muß man desto mehr Kraft aufwenden;
ein Vorteil ist es, die Sache mit Weisheit recht zu machen.

Prediger, 10:10

Die Mindest-Werkzeugausrüstung besteht aus:

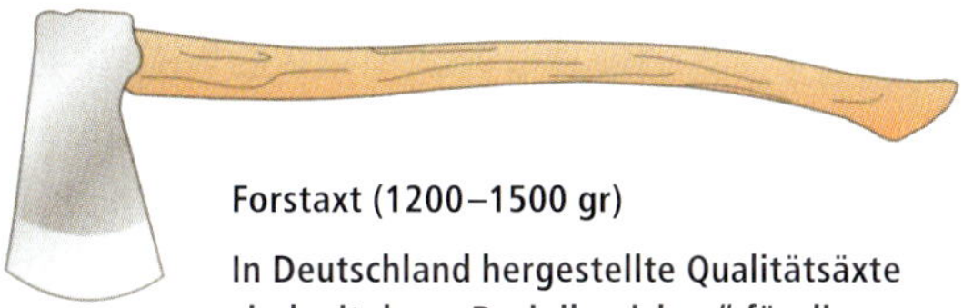

Forstaxt (1200–1500 gr)

In Deutschland hergestellte Qualitätsäxte sind mit dem „Dreipilzzeichen" für die Stahlqualität und dem „Eichelzeichen" (mit den Buchstaben FPA für Forsttechnischer Prüfausschuß) gekennzeichnet.

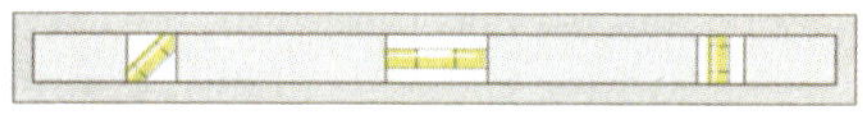

Wasserwaage

Universalmesser

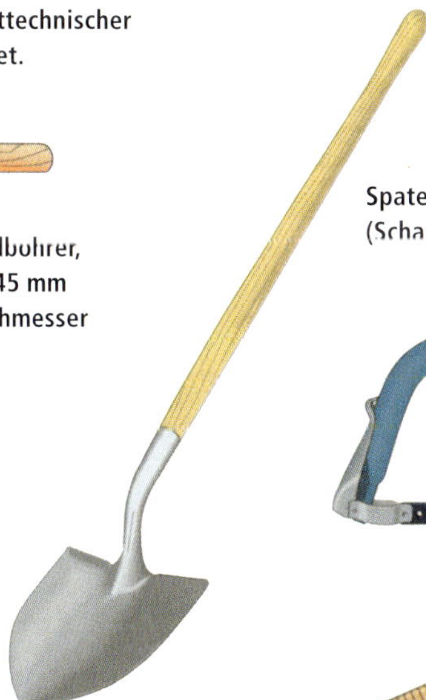

Spaten
(Schaufel, Grabspaten)

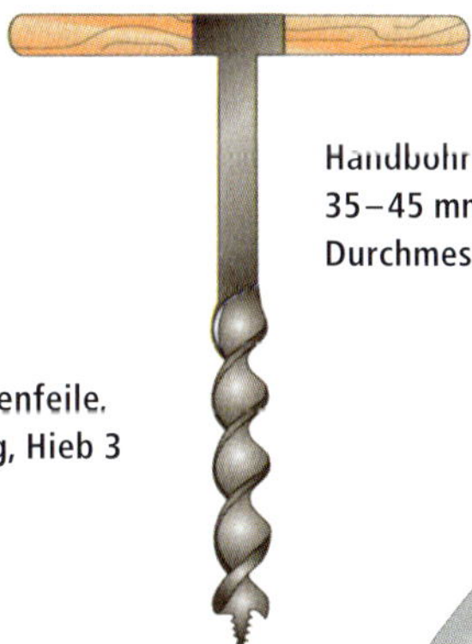

Handbohrer, 35–45 mm Durchmesser

Mühlsägenfeile, einhiebig, Hieb 3

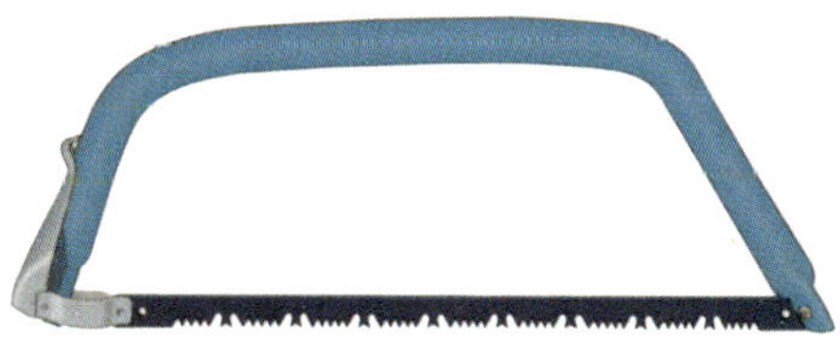

Bügelsäge

Zollstock

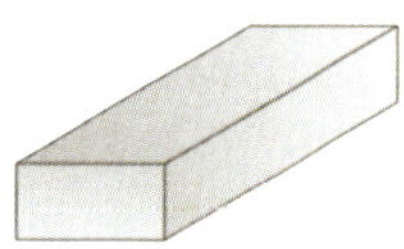

Wetzstein

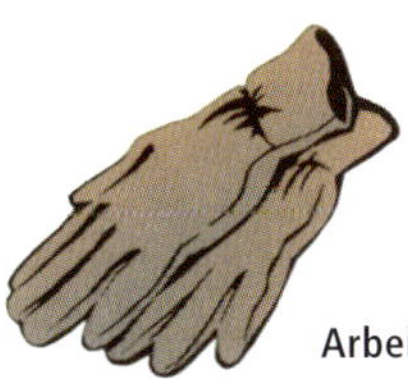

Arbeitshandschuhe aus kräftigem Leder

Diese Werkzeuge sind für den Blockhausbau empfehlenswert:

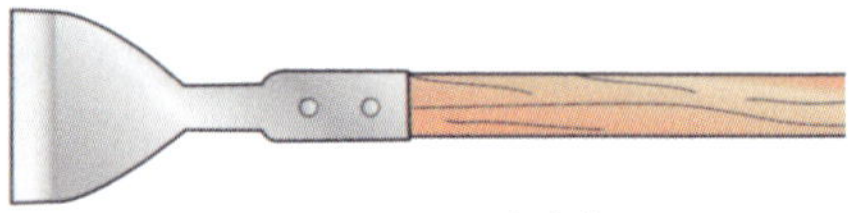

Schäleisen

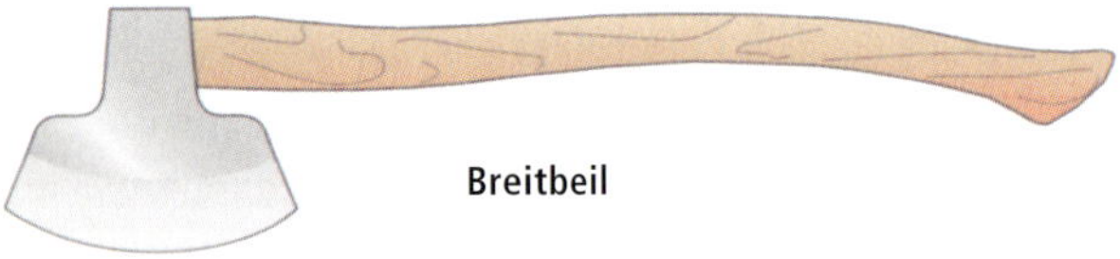

Breitbeil

Das Tischlerbeil mit gerader Schneide ist für das Bearbeiten der Eckverbände geeignet, das Breitbeil mit kurzem oder langem Schaft eignet sich zum Entrinden und zum Bearbeiten der Holzoberfläche.

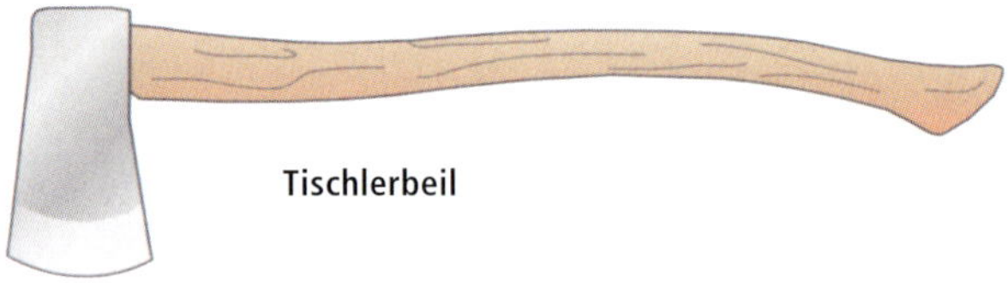

Tischlerbeil

Kuhfuß (Brecheisen)

Der Kuhfuß ist ein vielseitig anwendbares Werkzeug, besonders beim Zimmern von Blockverbänden mit gerade geschnittener Verschränkung. Die Blockbalken saugen sich unweigerlich in den Ecken fest, und der Kuhfuß ist dann unentbehrlich, um den Verband wieder zu trennen. Benutzen Sie kleine Holzklötze als Unterlage beim Anheben der Blockbalken. Achten Sie auf Ihre Finger, die leicht eingeklemmt werden, besonders dann wenn zwei Mann an einem Blockbalken arbeiten.

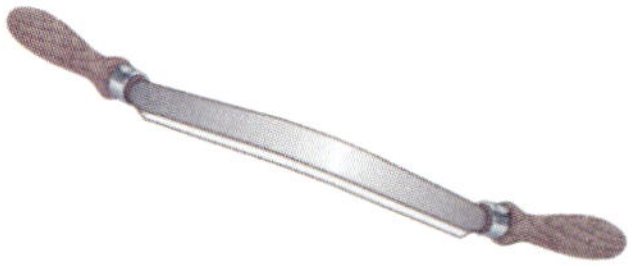

Ziehmesser mit geraden Handgriffen. Die Arbeit damit belastet die Handgelenke weniger als die Arbeit mit Ziehmessern, deren Handgriffe rechtwinklig angeordnet sind.

So berichtet Vilhelm Moberg in *Die Einwanderer*:

(nach Dietrich Lutze, deutsche Ausgabe der Büchergilde Gutenberg)

Und die Axt des Ansiedlers hieb, in Baumwurzeln und Äste, in Kantholz und Bretter, in Knaggen und Zweige, in Stämme und Sparren, in Fußhölzer und Balken, in Stangenholz und Zaunpfähle. Sie hieb zurecht, rodete und spaltete. Es war die Fällaxt mit dem langen Holm und dem dünnen Blatt, die tief in den Baumstamm ging und den Stubben oben glatthieb. Es war die Behauaxt mit dem kurzen Holm und dem breiten Blatt, unter der die Späne von Stamm und Stangenholz abflogen, und es war die Bundaxt mit dem schweren Nacken und dem dicken Blatt, die sich mit ihrer stumpfen Nase in das Holz hineinzwängte und Klötze und Latten spaltete. Und es war die leichte, kurzholmige Handaxt, die mit einer Hand geschwungen wurde und durch Büsche und Reisig und Gestrüpp den Weg bahnte. Es waren breite Haueisen und schmale, dünne und dicke, leichte und schwere. Und das Echo der Axtschläge, die vom Ufer des Sees Ki-Chi-Saga vom frühen Morgen bis zum späten Abend zu hören waren, war der neue friedliche Laut, der in das wilde Land eingedrungen war. Mit der Axt als wichtigstem Werkzeug, vor allen Dingen mit der Axt, wurde das neue Heim errichtet.

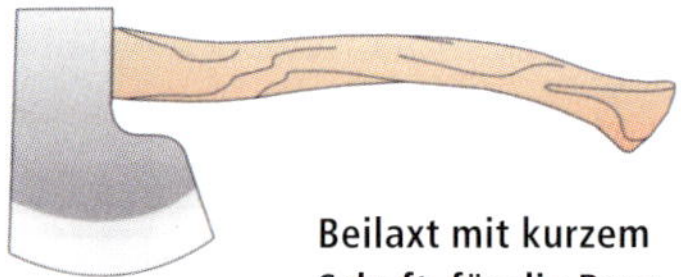

Beilaxt mit kurzem Schaft, für die Bearbeitung von Eckverbänden

Das Schärfen schneidender Werkzeuge

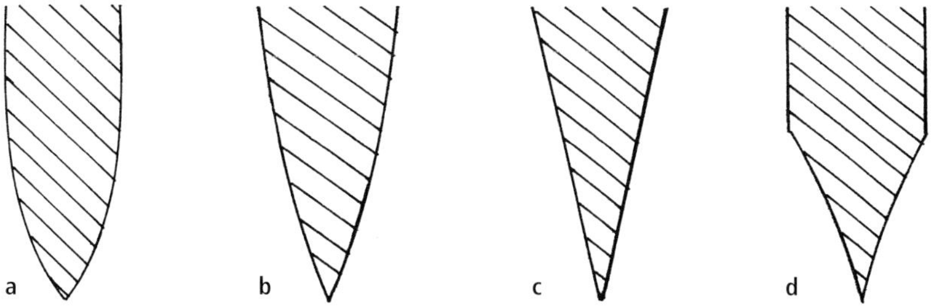

a b c d

Das Schärfen schneidender Werkzeuge ist sehr wichtig. Die Schneiden werden bei der Berührung mit Sandkörnern und Steinchen schnell stumpf und schartig. Sie können schon beschädigt werden, wenn Holz bearbeitet wird, das auf dem Boden gelegen hat. Auch die Unfallgefahr wächst, wenn das Werkzeug abgleitet, weil die Schneide nicht mehr „beißt". Seien Sie besonders vorsichtig, wenn Sie auf einem Betonboden arbeiten. Wenn schneidende Werkzeuge auf den Betonboden fallen, kann die Schneide beschädigt werden.

Die Äxte werden für jeden Anwendungsbereich verschieden geschärft.

a) Ballige Schneide, für hartes Holz und für das Hauen mit dem Breitbeil.
b) Schlanke Schneide, für Weichholz und für das Schneiden mit dem Breitbeil.
c) Keilförmige Schneide und bogenförmige Schneidekante, für das Spalten. Bei einem Schneidewinkel von 25–30° ist die keilförmige Schneide für das Zurichten der Eckverbände und für das Glätten der Balken geeignet.
d) Falsch geschliffene Schneide mit Hohlschliff, die leicht ausbricht!

Es wird solange geschärft, bis die Schneide in einwandfreiem Zustand ist. Das Schärfen erfolgt immer in Richtung gegen die Schneide, gleichgültig, ob mit der Feile, dem Schleifstein oder dem Wetzstein geschärft wird. So werden Gratbildung und Unebenheiten vermieden.

Beachten Sie folgende Regeln:

▷ Äxte und Schäleisen dürfen nur dann mit der Feile geschärft werden, wenn kein Schleifstein verfügbar ist.
▷ Für die gründliche Instandsetzung der Axt wird der Schleifstein gebraucht, weil man von Zeit zu Zeit die „Wangen" der Axt nachschleifen muß. Dabei muß der Stein immer mit Wasser benetzt werden. Es hält den Stein sauber und kühlt den Stahl.
▷ Nach dem Schleifen wird die Schneide mit dem Wetzstein „abgezogen".
▷ Beim Schärfen mit der Schleifscheibe ist die Gefahr der Überhitzung des Stahls sehr groß. Der Stahl kann dabei ausglühen.
▷ Die Schneide wird mehr oder weniger „ballig" geformt, entsprechend der Härte des Holzes, das zu bearbeiten ist. Am härtesten sind die trockenen „Hornäste" der Nadelhölzer.
▷ Die Schneide darf nie einen Hohlschliff bekommen!
▷ Die Schneidekante des Breitbeils sollte bogenförmiger sein, wenn damit Balken behauen werden. Wenn ich Eckverbände bearbeiten will, bevorzuge ich eine geradere Schneidekante. Das muß jeder selbst ausprobieren. Berufszimmerleute haben mehrere Äxte, die sie aber nicht verleihen.
▷ Benutzen Sie immer einen Schneidenschutz beim Transport von Äxten und anderen schneidenden Werkzeugen.

In Schweden gibt es eine Serie handgeschmiedeter Äxte von Gränsfors Bruk, die ich als geeignet befunden habe. Das kleine Handbuch, das jeder Axt beigegeben ist, beinhaltet beachtenswerte Informationen über Äxte und ihre Pflege. In Deutschland werden geeignete Äxte u. a. von der Forstgerätestelle Grube KG in 29646 Hützel, der Fa. Dick GmbH in 94526 Metten oder von den Repräsentanten der Motorsägenhersteller Stihl, Dolmar, Solo, Husquarna oder Jonsereds vertrieben.

Weitere Informationen über Werkzeug für das Zimmern kann man in Schweden von Gränsfors AB, 820 70 in Bergsjö erhalten.

Auskunft über Literatur für die Werkzeugpflege bei der Waldarbeit bekommen Sie in Deutschland bei Dienststellen der Forstverwaltung.

Der Holzeinschlag erfolgte früher in Handarbeit, weswegen die Waldarbeiter ihr Werkzeug sorgfältig gepflegt haben. Folgende Kernsätze für die Werkzeugpflege der Waldarbeiter gelten auch für das Zimmererhandwerk:

Gutes und gepflegtes Werkzeug bedeutet:

▷ leichteres Arbeiten,
▷ geringere Unfallgefahr,
▷ längere Haltbarkeit des Werkzeugs,
▷ geringeren Kraftaufwand.

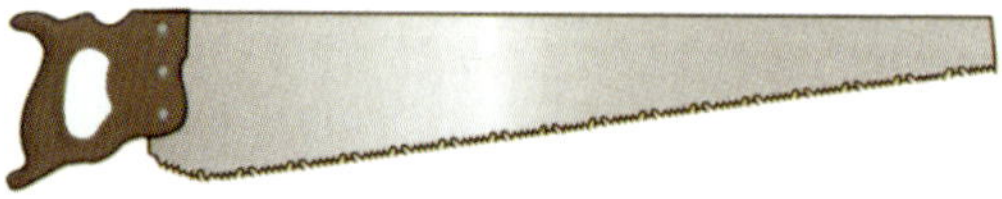

Fuchsschwanz
mit feiner Zahnung, der nur für trockenes Holz brauchbar ist

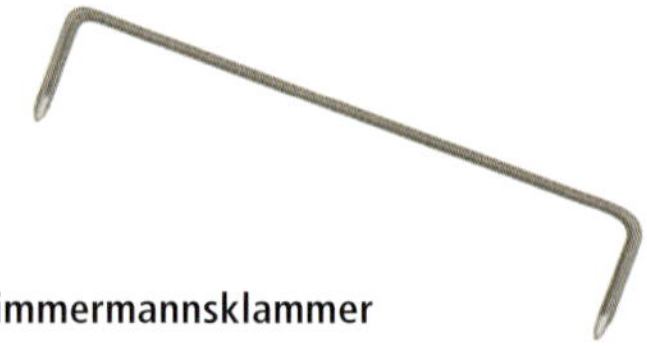

Zimmermannsklammer

Ein Hilfsmittel, das man selbst anfertigen kann. Schmieden Sie an ein Rundeisen zwei Spitzen, entsprechend der Abbildung. Sie sollen rechtwinklig gegeneinander gebogen sein. Mit der Zimmermannsklammer wird der zu bearbeitende Blockbalken auf dem darunterliegenden Stamm oder auf der Arbeitsbank festgehalten. Schlagen Sie die Klammer längs der Faserrichtung ein.

Latthammer

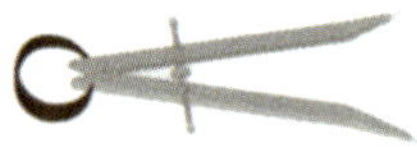

„Zugmaß"

Das „Zugmaß" wird von der Forstgerätestelle Grube KG in 29646 Hützel als „Blockhauszzirkel" angeboten. Auf Seite 42 ist beschrieben, wie man es selbst anfertigen kann und welchem Zweck es dient. Ein kleiner Zirkel für Graphitstifte eignet sich ebenfalls als Zugmaß. Suchen Sie nach einem Muster für dieses alte Gerät, z. B. in einem Heimatmuseum.

Gummihammer

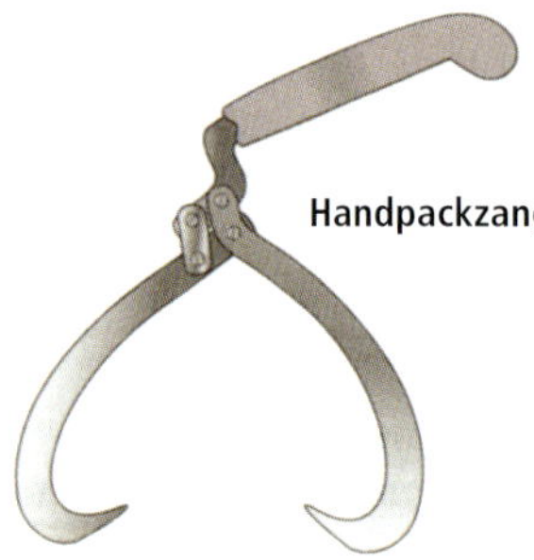

Handpackzange

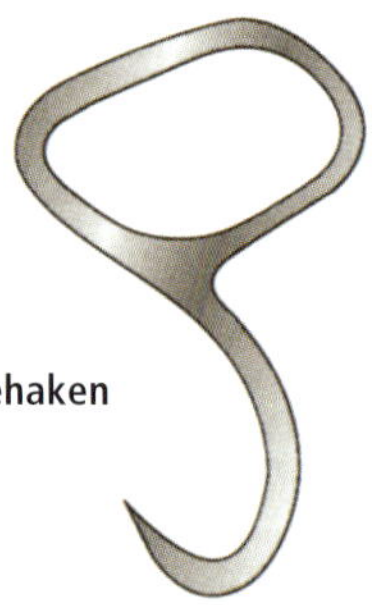

Hebehaken

Keil

Stemmeisen

Das Zimmermanns-Stemmeisen hat einen stabilen Schlagschaft aus Spezialmaterial.

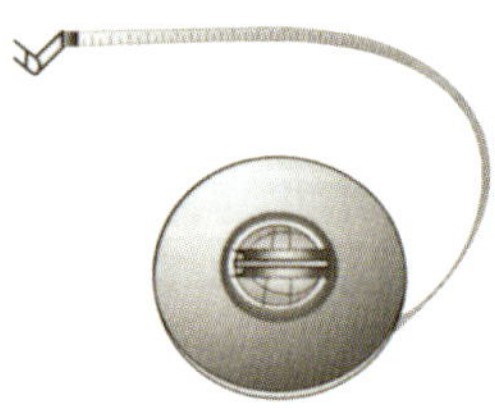

Rollbandmaß

Die Motorsäge ist ein nützliches Hilfsmittel beim Blockhausbau. Verwenden Sie ein Modell mit etwa 3,0 PS Leistung und 35 cm Schiene. Es muß mit Kettenbremse, Kettenfangbolzen und Antivibrationsgriffen

Warnung!

Die Motorsäge ist beim Zimmern zwar ein nützliches, aber auch ein gefährliches, unfallträchtiges Werkzeug. Lassen Sie sich von einem Fachmann in der Handhabung dieses Gerätes und im Schärfen der Kette unterweisen!

ausgerüstet sein. Sie werden wenig Freude an der Motorsäge haben, wenn Sie die Kette nicht nachschärfen können, sobald die Schärfe nachläßt.

Kettensägen mit Elektromotor laufen oft mit zu niedriger Umdrehungszahl. In trockenem Holz kann das zum „Hacken" der langsam laufenden Kette führen.

Der Zimmermann muß oft in ungünstiger Stellung schneiden. Schrägschnitte für die Dachneigung und Schnitte mit der Schwertspitze im Hirnholz, beim Auskerben der Nut für den Tür- oder Fensterpfosten, sollten Sie nur ausführen, wenn Sie in der Arbeit mit der Motorsäge geübt sind.

Die Unfallverhütungsvorschriften der Berufsgenossenschaften schreiben folgende Schutzausrüstung bei der Motorsägenarbeit vor:

▷ Schutzhelm mit Gehör- und Gesichtsschutz (Abbildung),
▷ Handschuhe,
▷ Hose mit Schnittschutzeinlage.

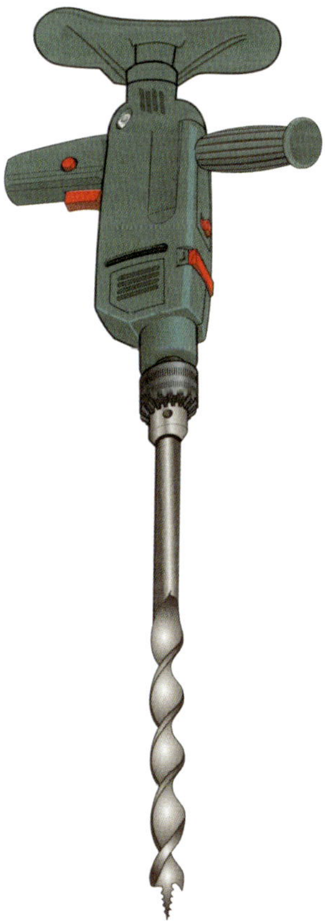

Niedertourige Elektrobohrmaschine. Wählen Sie eine Schlagbohrmaschine mit starkem Motor von etwa 800 W Leistung und Zweihandgriff. Sie muß Untersetzungsgetriebe und Rutschkupplung haben. Die Rutschkupplung verhindert, daß die Maschine Ihnen unverhofft einen Stoß versetzt. Die Maschine würde sich um den Bohrer drehen, wenn sich der Bohrer im Holz festfrißt. Suchen Sie bei der Arbeit einen festen Stand, und arbeiten Sie als Anfänger nicht zu hoch über der Erde. Ziehen Sie den Bohrer von Zeit zu Zeit hoch, um das Bohrloch von Spänen zu säubern. Dabei ist es hilfreich, wenn die Drehrichtung des Motors umgeschaltet werden kann. Wenn die Maschine eine Rutschkupplung hat, ist die Gefahr geringer, daß der Bohrer sich festfrißt. Sitzt der Bohrer fest, kann man ihn mit Hilfe einer Rohrzange lösen.

Bei festsitzendem Bohrer und laufendem Motor kann die Bohrmaschine durch Überhitzung in Brand geraten, z. B. wenn Sie in feuchtem oder verblautem Splintholz bohren, wo der Spanauswurf erschwert ist und der Bohrer sich leicht festfrißt.

Das Bohren der Dübellöcher oder das Vorbohren der Nut im Hirnholz für die Tür- und Fensterrahmen ist eine anstrengende Routinearbeit. Wenn Sie an der Baustelle Stromanschluß haben, empfehle ich die Anschaffung einer Elektro-Bohrmaschine. Es gibt auch Bohrmaschinen zum Anbau an die Motorsäge. Wenn Ihnen der Bau des ersten Blockhauses gelingt, können Sie dieses Gerät vielleicht noch öfter gebrauchen.

Auch die elektrische Kreissäge und der Elektrohobel können nützlich sein bei der Bauweise von Blockhäusern mit „Dalaknut", die im Gebiet des Siljansees üblich ist.

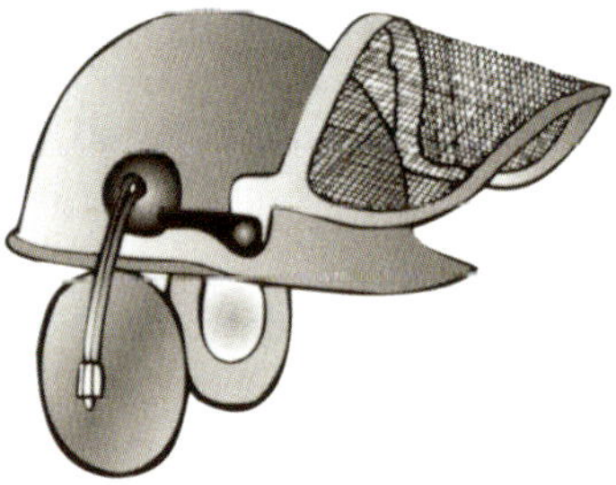

Bei der Arbeit mit Motorgeräten muß man einen Gehör- und Gesichtsschutz tragen. Kaufen Sie sich einen Schutzhelm für Waldarbeiter, an dem die entsprechenden Schutzvorrichtungen montiert sind. Es hat zahlreiche Verletzungen gegeben – unter anderem beim Abreißen alter Blockhäuser – die ein Helm mit Gesichtsschutz verhindert hätte.

Die Technik des Blockhausbaues

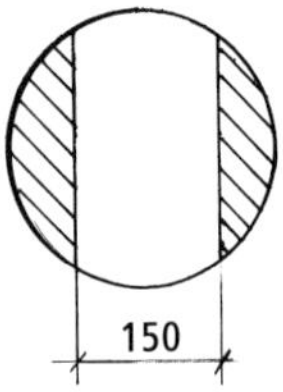

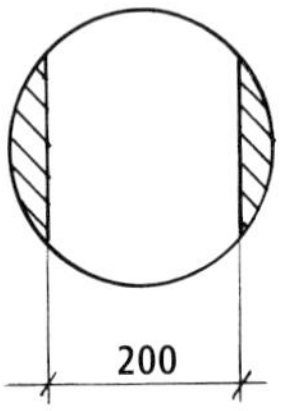

Rundholz von 280 mm Durchmesser, zu 150 mm bzw. 200 mm starken Blockbalken behauen oder gesägt. Beim gesägten 150-mm-Blockbalken fällt an jeder Seite ein „Schwartenbrett" an. Paneele aus Schwartenbrettern eignen sich nur für den Innenausbau. Schwartenbretter mit trockenen „Schwarzästen" werden als Blindboden – an der Unterseite der Balkenlage – im Fußboden verwendet.

Der Blockhausbau hat in Schweden eine lange Tradition. Bis zum Ende des 19. Jahrhunderts war er in ländlichen Gegenden die gebräuchlichste Bauweise. Blockhäuser haben ein gesundes Raumklima, weil sie den natürlichen Austausch der Luftfeuchtigkeit zulassen. Blockwände geben Feuchtigkeit ab oder nehmen sie auf, je nach Temperaturverhältnissen.

Zum Blockbau verwendet man Rundholz in gewachsenen Stärken und mit dem wertvollen Kern in der Stammmitte. Die Balken für das Blockhaus sollen 150–200 mm Durchmesser haben. In Schweden wurde meist 150 mm (6") starkes Holz verwendet, während in Norwegen bis zu 200 mm (8") Balkenstärke bevorzugt wurden. In stärkere Blockbalken kann man eine breitere „Langnut" einarbeiten. Blockwände aus stärkeren Balken speichern die Wärme wesentlich besser, was für die Energiebilanz des Hauses wichtig ist.

Beim Blockhausbau wird im wesentlichen nur die Holzoberfläche bearbeitet. Es soll dabei eine möglichst fugenlose Verbindung zwischen den Balkenlagen hergestellt werden. In den Außenwänden des Blockhauses wird jede Balkenlage über der vorhergehenden eingepaßt. Das Schrumpfen des Holzes beim Austrocknen wirkt sich nur auf die Höhe der Blockwand aus.

Blockwände werden beim Schrumpfen des Holzes nicht undicht, weil jede Fuge vom Gewicht der darüber liegenden Balkenlagen und des Daches zusammengedrückt wird.

Schwere Dächer, wie z. B. das Rasendach, das Ziegeldach oder ähnliches, sind für die Blockbauweise gut geeignet. Man muß jedoch sicher sein, daß die Dachkonstruktion selbst das Gewicht eines Rasensodendaches tragen kann, ehe man es auflegt. Das Dach wird so bald wie möglich gedeckt, wenn die Außenwände fertig sind. So erreicht man, daß die Außenwände beim Trocknen des Holzes gleichmäßig zusammengedrückt werden.

Nadelholz ist relativ weich, und das macht es für den Blockhausbau geeignet. Es ist wichtig, daß das Holz beim Austrocknen ungehindert schrumpfen kann. Das Haus muß

„zusammensinken" können. Ein gut gebautes Blockhaus „setzt sich" und wird so mit den Jahren immer dichter.

Die Planung des Blockhauses ist einfach: Alle Wände – mit Ausnahme einfacher Trennwände – werden in Blockbauweise ausgeführt. Das Holz wird in fallenden Längen verwendet, kurze Balken können aber auch „gestoßen" werden. Es gibt nur wenige und gleichmäßig verteilte Öffnungen in den Wänden. Die Fenster sind vorzugsweise langgestreckt und niedrig, damit sich das Setzen der Wand nicht zu sehr auswirkt. Das Dach wird gewöhnlich von Pfetten getragen. Sie verteilen die Dachlast gleichmäßig auf alle Außenwände oder, bei Holzhäusern in Ständerbauweise, auf die Ständer des Gerüstes.

Blockhauswände sind dauerhaft, weil die Blockbalken belüftet sind. Ihre Außenseiten verwittern zwar durch den Einfluß des Klimas, aber das geschieht langsam. Das Holz muß dabei nicht von Fäulnis befallen werden, wenn nur das Dach dicht ist und die Bodenfeuchtigkeit nicht aufsteigen kann. Auf die Verkleidung der Innenwände mit Paneelen kann man oft verzichten. Wirksame Lüftungsöffnungen in der Nähe von Fußboden und Decke bewirken ein gesundes Raumklima. Sie müsssen auch dann offen sein, wenn man längere Zeit nicht im Hause ist. Will man die Wände zusätzlich isolieren, so kann man Isoliermaterial hinter einem Paneel an der Außen- oder an der Innenwand anbringen, je nachdem wo die Blockwand sichtbar sein soll.

Die gute Wärmespeicherfähigkeit des Holzes wird am besten genutzt, wenn die Blockwand im Inneren des Hauses sichtbar bleibt. Die Blockwände wirken wie ein natürlicher Wärmespeicher, der die Wärmeeinstrahlung des Tages für die kühlere Nacht bewahrt. Wenn die Wände im Sommer die kühle Nachttemperatur während der heißen Tagesstunden abstrahlen, funktioniert das andersherum. Wenn die arbeitsaufwendigen und verhältnismäßig teuren Außenwände fertig sind, ist die Hauptarbeit beim Bau des Blockhauses schon getan.

Die Fäulnis ist der größte Feind des Blockhauses. Man vermeidet sie durch ein dichtes Dach mit weitem Dachüberstand, durch eine gute Isolation zwischen dem Erdboden und den Schwellenbalken und durch intakte Regenrinnen. Der Fußboden des Hauses muß hochgelegt sein, damit die Luft frei darunter hindurchstreichen kann. Wählen Sie einen Bauplatz mit etwas Gefälle und durchlässigem Untergrund, auf dem sich keine Staunässe bildet.

Während des Baues eines Blockhauses traf man in alter Zeit verschiedene Vorsichtsmaßnahmen, um sich vor allerlei Übeln und Ungemach zu schützen. Frauen durften z. B. nicht zum Bauplatz kommen, während die Männer dort arbeiteten.

Die Zimmerleute ließen sich nie die Gelegenheit für einen guten Schluck entgehen. Bei jedem wichtigeren Ereignis im Baufortschritt wurde „eine Kanne geleert". Wenn der Fenstersturz in der Wand erreicht war, wurde die „Fensterkanne" angeboten. Andernorts gab es ein kleines Fest, wenn die Wände so hoch waren, daß man ein Mädchen noch hochheben und darauf stellen konnte.

War der Rahmenkranz eingebaut (die oberste Balkenlage aus Rähm und Giebelmutter), gab es auch dafür eine besondere Kanne. Lag die Firstpfette an ihrem Platz, gab es ein Richtfest, das man wiederholen konnte, wenn das Dach fertig war. In Westdalarna gab es sogar eine „Schornsteinkanne", wenn der Schornstein fertig gemauert war.

Frei nach Sigurd Erixon, in Svenska kulturbilder, 1931

Man kann ein Blockhaus auf unterschiedliche Art und Weise bauen, aber wenn es dafür eine örtliche Bautradition gibt, sollte man sie beachten. Vor allem die Wahl des Eckverbandes sollte sich nach der Bautradition richten, wobei man aber auch die eigene Geschicklichkeit berücksichtigen muß. Bauplan und Ausschmückung des Hauses werden im übrigen nur durch Ihre Phantasie begrenzt.

Die Außenwände

Fachausdrücke für die verschiedenen Elemente eines Blockhauses

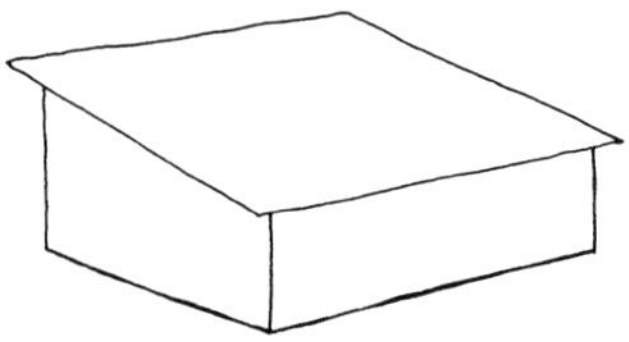

Pultdach, die gebräuchlichste Dachform für einen Schutzschirm

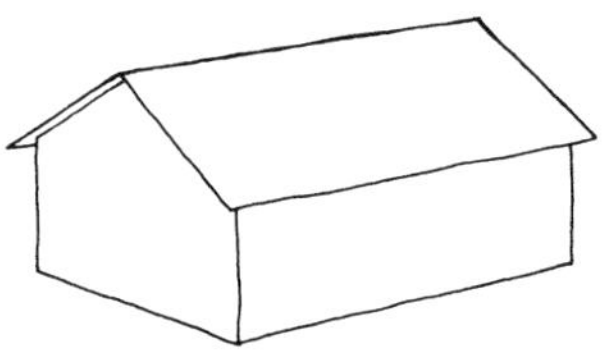

Satteldach, die häufigste Dachform für Blockhäuser. Dachneigung zwischen 22 und 33°

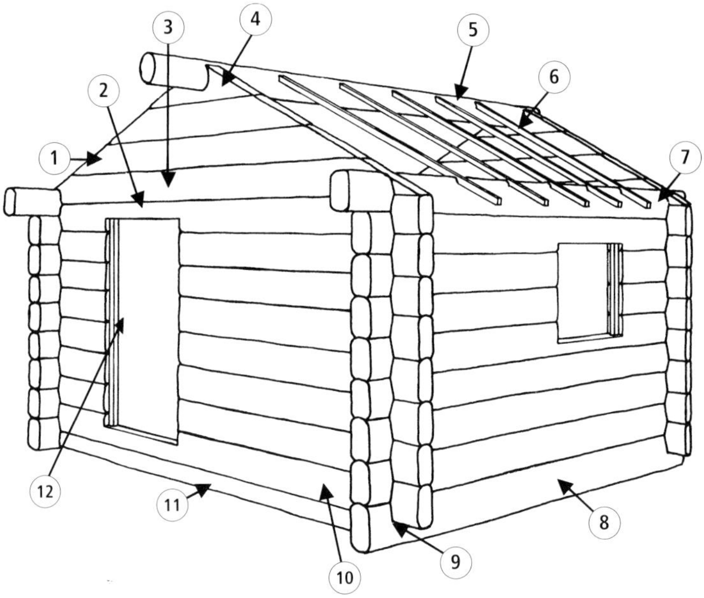

1. „Henne", unterster, nicht verzimmerter Giebelbalken.
2. Türsturz
3. Giebelmutter, oberster, verzimmerter Giebelbalken, bildet mit dem „Rähm" den Rahmenkranz der Blockwand
4. Giebelnock, auf der die Firstpfette aufliegt
5. Firstpfette, obere Auflage der Sparren
6. Sparren, tragen die Dachhaut
7. „Rähme". Zusammen mit der Giebelmutter bilden sie den oberen Rahmenkranz der Blockwand, hier zugleich Fußpfette.
8. Schwellenkranz, bildet den unteren Rahmenkranz der Wand, auf dem das Bauwerk aufliegt
9. Vorstoß, die überstehenden Balkenköpfe der Eckverbände
10. Türschwelle, unterster Blockbalken der Giebelwand
11. Ausgleichsbalken, zum Höhenausgleich zwischen Tür- bzw. Giebelschwelle und den Schwellen der Längswand
12. Pfostenbohle für den Tür- oder Fensterpfosten. Sie greift in eine Nut im Hirnholz der Blockbalken ein.

Das Bauholz

Das gebräuchlichste Bauholz in Schweden ist langsam gewachsene, gut verkernte, „reife“ Kiefer. Schnell gewachsenes Holz ist weniger geeignet. Wenn die Balkenköpfe des Eckverbandes eine besondere Form bekommen sollen, muß der Zopfdurchmesser mindestens 15 cm betragen. Das Rundholz muß mindestens 20 cm Zopfdurchmesser haben, um es zu 15 cm starken Blockbalken behauen oder einschneiden zu können. Die Schwellenbalken sollen 5–8 cm stärker sein.

Man wählt mittelstarke, „vollholzige“ Stämme aus, bei denen der Unterschied zwischen Fuß- und Zopfdurchmesser möglichst gering ist. Am besten geeignet ist Holz aus schwach durchforsteten, dichten Beständen, das auf armem Boden gewachsen ist. Die Bäume haben dort engere Jahresringe und sind älter als gleichstarke Bäume in lichtstehenden Beständen. Auch die Verkernung ist besser, was entscheidende Bedeutung für die Widerstandsfähigkeit des Holzes gegen Pilzbefall hat. Enge Jahresringe im Kern des Baumes zeigen zugleich feinastiges Holz an. Es hat keine Beulen, unter denen überwallte Trockenäste stecken, die das Einpassen der Blockbalken erschweren würden. Reife Kiefern haben eine abgerundete, hochangesetzte Krone und einen langen, astreinen Schaft. Wenn sie nicht auf sehr armem Sandboden wachsen, sind reife Kiefern in Deutschland oft schon zu stark für den Blockhausbau. Jüngere Kiefern mit geeigneten Dimensionen sind dagegen noch nicht ausreichend verkernt. Daher wird in Deutschland meist Fichte als Bauholz gewählt. Die Fichte soll eine kleine, hochangesetzte Krone haben. Weitständig erwachsene Fichten mit tiefangesetzter, grüner Krone sind „abholzig“, weitringig und grobastig und daher ungeeignet für den Blockbau.

Im untersten Teil der Wände, dem Schwellenrahmen, sowie oberhalb von Türen und Fenstern, müssen ganze Stammlängen eingezimmert werden. Der oberste Blockbalken an der Langseite ist das „Rähm“, an der Giebelseite die „Giebelmutter“. Bei niedrigeren Häusern bilden die zwei Rähme und die zwei Giebelmütter den Rahmenkranz, der das Haus zusammenhält und die deswegen nicht gestoßen werden dürfen.

Fallende Längen bis zu 8 m sind relativ einfach zu bekommen. Das Holz wird im Wald an Hand einer „Bau-

Der Baum soll auf armem Boden wachsen, da wächst er langsam, und das Holz bleibt engringig. Am besten geeignet sind Kiefern, die auf Hochmoorboden gewachsen sind. Oft kann man auch lesen, daß Kiefern von Bergrücken oder steinigen Köpfen gut geeignet sind. Fichten sollen dagegen am Rande von Mooren oder in Senken gewachsen sein.

Die Bäume sollen in dichten Beständen herangewachsen sein, denn dort wachsen sie engringig und feinastig. Bäume von Nordhanglagen sind ebenfalls geradwüchsig und haben engringiges Holz.

Das Holz muß „reif“ sein. Das ist ein vielschichtiger Begriff. Es bedeutet vor allem, daß das Wachstum des Baumes nahezu abgeschlossen war und die Jahrestriebe so klein wie möglich sind.

Der Baum muß gerade, „vollholzig“, ast- und beulenfrei sein. Für Holz zum Blockhausbau ist diese Forderung wichtig.

Der Baum darf keinen „Drehwuchs“ haben, sonst wäre er für Bau- und Tischlerholz ungeeignet.

An der Baumkrone und der Rinde kann der Fachmann beurteilen, ob das Holz engringig ist. Der Baum soll einen hohen Kernholzanteil haben; er muß frei von Pilz- oder Insektenschäden sein.

Schwedisches Reichsantiquariatsamt und Nordisches Museum: *Var virket bättre förr*, 1982

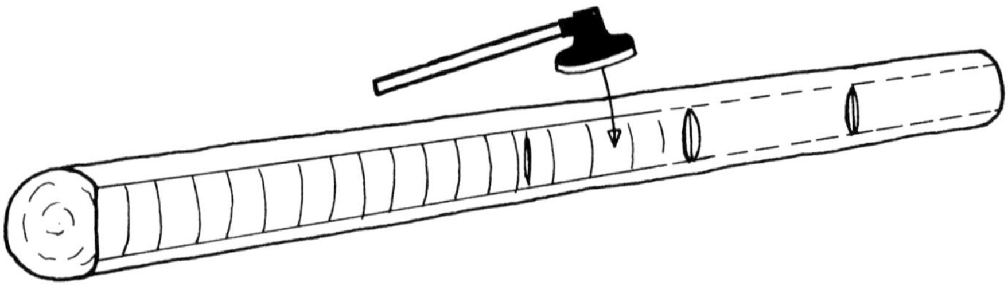

Beim Zimmern werden die gesägten Blockbalken zusätzlich mit dem Breitbeil behauen. Behauene Balken haben eine glattere Oberfläche als gesägte, sie saugen weniger Feuchtigkeit auf und sind daher dauerhafter. Vor allem sehen sie schöner und lebendiger aus.

Mit einer straff gespannten „Schlagschnur", die mit Kreide oder Holzkohle gefärbt wurde, werden die Linien für das Behauen markiert. Die Schlagschnur wird gespannt, angehoben und losgelassen, wobei sie eine „schnurgerade" Linie auf den Stamm zeichnet. In gleichen Abständen wird mit dem Breitbeil bis an diese Linie eingekerbt, um das Bebeilen zu erleichtern.

In früheren Zeiten wurden die Blockbalken mitunter erst in der Wand behauen. Die Risse in den Außenseiten wurden dabei weggehauen. An der Innenseite der Wand konnten die Balken rund bleiben. Das findet man öfter in einfach gebauten Ställen oder Schuppen. Das Breitbeil hatte für diese Arbeit einen seitlich gebogenen Schaft, und die Beilschneide war nur einseitig geschliffen, damit man mit den Knöcheln nicht gegen den Balken schlug. Wird der Stamm beim Behauen so gedreht, daß die Unterseite nach oben kommt, bilden sich keine „Taschen", in denen sich später Wasser sammeln könnte.

Das Behauen eines Stammes.

Die Stämme wurden früher schon im Wald zugehauen, wenn das Blockhaus aus behauenen Balken gebaut werden sollte. Das kostet viel Zeit, und darum werden die Blockbalken heute im Sägewerk zweiseitig besäumt. Frisch gefälltes, unentrindetes Holz trocknet schneller und reißt weniger beim Trocknen, wenn es alsbald eingeschnitten oder behauen wird. Der Kernriß ist kaum zu vermeiden; man kann seine Lage jedoch durch einen Spaltschnitt mit der Motorsäge selbst bestimmen. Die zwei überstehenden, runden Stammenden werden entrindet; Rundholz reißt stärker ein als behauene oder gesägte Stämme.

holzliste" ausgewählt. Wenn die beiden Rähme später einen Dachüberstand an den Giebelwänden tragen sollen, müssen sie dementsprechend länger sein als die übrigen Blockbalken der Längswände.

Auch Fichte ist als Bauholz geeignet. Sie ist i. d. R. gerader gewachsen als Kiefer, sie ist leichter und sie isoliert Temperaturunterschiede besser. Kiefernholz ist dagegen dauerhafter gegen Witterungseinflüsse. In der Summe der Eigenschaften ist Kiefer vorzuziehen. Sie ist auch leichter zu bearbeiten, da das Holz astärmer ist. Die Zellwände des Fichtenholzes werden beim Austrocknen härter. Da es außerdem astreicher ist, werden bei der Bearbeitung von Fichtenholz die Werkzeuge schneller stumpf.

Die Stämme sollen gerade gewachsen und nicht zu „abholzig" sein. Verwenden Sie eine gerade Latte, um das zu überprüfen. Verarbeiten Sie keine drehwüchsigen Blockbalken, weil die sich aus der Wand herausdrehen können, wenn sie zu frisch eingebaut werden. Aus krummen oder drehwüchsigen Stämmen lassen sich oft noch kürzere Blockbalken herausschneiden, die man dort in die Wand einbauen kann, wo Türen oder Fenster hinkommen, denn dort werden nur kurze Balken gebraucht.

Beim Bau eines Blockhauses aus gesägten Blockbalken muß man darauf achten, daß das Holz vor dem Zimmern ausgetrocknet war und daß kein drehwüchsiger Stamm verwendet wurde. Die Wände maschinengezimmerter Häuser werden aus nur 10 bis 12 cm starken Balken gebaut. Ein drehwüchsiger Balken kann sich dann aus der Wand herausdrehen. Das wäre ein Fabrikationsfehler; der Hersteller muß solche Balken aus drehwüchsigem Holz auswechseln.

Bei schräg wachsenden Bäumen bildet sich „Druck- und Zugholz“ mit ungleich breiten Jahresringen. Der Stammquerschnitt ist oval; die Markröhre liegt nicht in der Mitte. Blockbalken aus solchem Holz haben innere Spannungen und verdrehen sich beim Trocknen, was sie für den Blockhausbau untauglich machen kann.

Das Bauholz für ein Blockhaus soll gleichmäßig ausgetrocket sein. Am besten trocknet das Holz während des Frühjahrs und des Frühsommers.

Nach dem ersten Frost beginnt die günstigste Zeit für das Fällen des Bauholzes, weil dann die Gefahr des Befalls durch Pilze und Insekten am geringsten ist.

Im Herbst wandern die Nährstoffe für das Zellwachstum – die in der Vegetationszeit durch die Kohlenstoffassimilation erzeugt wurden – aus den Nadeln und der Bastschicht des Baumes in das Holz, wo sie über Winter in besonderen Zellen gespeichert werden. Dort stehen sie im Frühjahr dem Baum als Energiereserve für das Wiederaustreiben zur Verfügung. Der höhere Zuckergehalt der Rinde und des Bastes im Sommerhalbjahr, vor allem aber die höheren Temperaturen, begünstigen den Pilz- und Insektenbefall, weil sie die Lebensbedingungen von Insekten und Pilzen begünstigen und weil sie den „Nährboden Holz“ für den Befall durch Schädlinge geeigneter machen. Früher wurde Bauholz deswegen nur bis Ende Februar gefällt, weil danach der Baum wieder „im Saft steht“.

Vor allem die Kiefer muß gleich nach dem Fällen entrindet werden, weil das Holz sonst vom Blaufäulepilz und von holzbrutenden Insekten befallen wird.

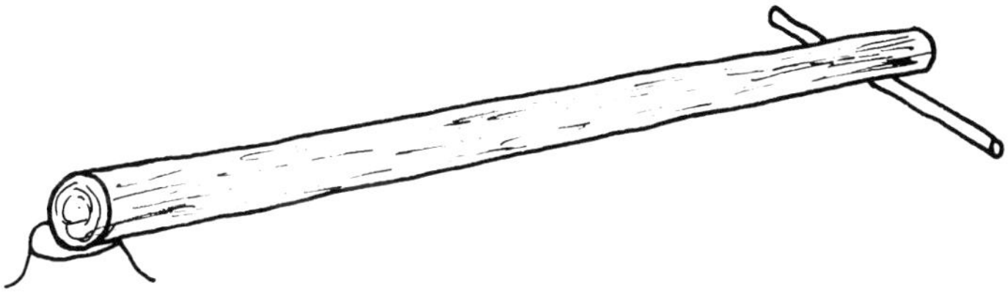

Die Stämme werden entrindet und im Wald belassen, damit sie austrocknen. Dazu werden sie auf Unterlagen gelegt. Sie trocknen besser und verblauen nicht, wenn sie keinen Bodenkontakt haben.

In der Saftzeit läßt sich frisch gefälltes Holz leichter entrinden. Beim Zimmern einfacher Bauwerke, wie Koten oder Schutzschirme aus Rundholz, sollte man diesen Vorteil nutzen und das Holz im Saft entrinden. Im Herbst und

Man vermutete früher, daß Holz aus Sommer- und Winterfällung deswegen unterschiedlich durch Pilzbefall gefährdet ist, weil die chemische Zusammensetzung des Holzes im Laufe der Jahreszeiten unterschiedlich ist. Man nahm an, daß der höhere Zuckergehalt des Holzes im Sommer den Insekten- und Pilzbefall begünstigen würde, während der höhere Anteil an Fetten im Winter für Insekten und Pilze „unbekömmlich" sei. Diese Auffassung ist überholt. Auch wenn gewisse Unterschiede in der chemischen Zusammensetzung des Holzes festzustellen sind, spricht alles dafür, daß unterschiedliche Temperaturen und Feuchtigkeitsverhältnisse des Holzes im Jahresverlauf ausschlaggebend sind.

Holz aus Winterfällung trocknet langsamer und ohne deutliche Trockenrisse. Dagegen trocknet Holz aus Sommerfällung schneller, wobei tiefe Risse entstehen, die den Pilzbefall begünstigen. Die gefährlichste Zeit sind die Hundstage. Dann ist im Winter eingeschlagenes oder bearbeitetes Holz bereits trocken, während im Sommer eingeschlagenes oder bearbeitetes Holz gerade dann den für Pilzbefall günstigsten Feuchtigkeitsgehalt hat. Sommerfällung ist daher nur ein Notbehelf, wenn man das Bauholz für ein wertvolles Blockhaus beschaffen will. In Südschweden – und in Deutschland – sollte der Holzeinschlag nicht vor November–Dezember beginnen; in Nordschweden kann man damit früher anfangen, wenn die Temperaturen tief genug sind.

Bertil Thunell: *Trä – Dess byggnad och felaktigheter, Byggstandardiseringen* 1952. (Holz, sein Bau und seine Fehler, Baustandardisierung)

Winter ist das „Schälen" eine anstrengende und langwierige Arbeit, so daß der Vorteil der Arbeitserleichterung den Nachteil der Qualitätsminderung aufwiegen kann.

Man muß damit rechnen, daß eine Blockwand je m Wandhöhe um mindestens 3 cm zusammensinkt – „sich setzt". Das ist auch dann der Fall, wenn man mit Holz baut, das im Winter gefällt wurde und bis Ende Juli trocknen konnte. Je trockener das Holz ist, desto weniger setzt sich die Wand. Rechnen Sie immer mit diesem Setzen einer Blockwand. Gesägte oder behauene Blockbalken setzen sich etwas weniger als Rundhölzer, weil sie schneller trocknen und deswegen beim Einbau schon trockener sind. Alle stehenden Bauelemente, wie Tür- und Fensterrahmen, sowie Pfosten müssen ein Schrumpfmaß von mindestens 3 cm je Meter Wandhöhe bekommen. Eine Blockwand braucht Jahre, bis dieses Setzen aufgehört hat. Ein Außenpaneel wird daher frühestens nach 5 Jahren angenagelt.

Zu guter Letzt: Ein Stamm, der im Walde „bolzengerade" aussah, erweist sich oft als ziemlich krumm, wenn man ihn zum Einzimmern auf die Wand hinaufrollt.

Trocknung und Lagerung des Holzes

Das Holz für den Blockhausbau wird heute in den meisten Fällen entweder im Sägewerk oder mit der Motorsäge zugeschnitten. Es dauert drei Jahre, bis entrindete und zugeschnittene Balken ausgetrocknet sind, auch wenn sie vor Regen und Schnee geschützt waren. Bei Rundholz dauert es noch länger. Nach 2–3 Jahren zeigen sich deutliche Trocknungsrisse im Holz.

Um die Rißbildung zu steuern, kann man so verfahren, wie es Zimmermann Ola Steen in Norwegen beschrieben hat:

Das Bauholz wird vor Weihnachten gefällt. Im Februar bis März werden zwei 10–12 cm breite Streifen an beiden Seiten des Stammes entrindet, wo später die „Längsnut" und die Auflage hinkommen. Die Stämme werden mit einer eventuellen Krümmung nach oben in die Wand eingebaut. Diese Streifen werden bastfrei entrindet. Die Stämme werden sodann zum Trocknen auf Unterlagen gelegt und abgedeckt.

Nach 12–15 Monaten werden trockene Holzkeile in die Risse eingeschlagen und die restliche Rinde entfernt.

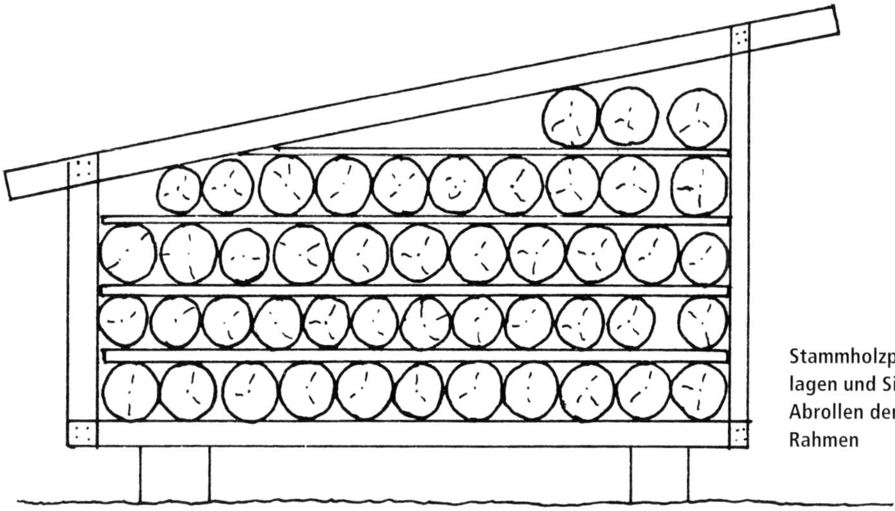

Stammholzpolter, mit Zwischenlagen und Sicherung gegen das Abrollen der Stämme durch einen Rahmen

Rundholz kann nach 2–3 Jahren zu Balken bearbeitet werden, nachdem es ausgetrocknet ist. Die gerissenen Stammenden und die Schwartenbretter können nur als Brennholz genutzt werden.

Als Alternative empfiehlt es sich, Rundholz vor Weihnachten zu fällen. Die Stämme werden im April–Mai auf 1,5 m langen Feldern, mit 1,5 m langen Zwischenräumen, geschält und auf Unterlagen gelegt. Zwischen Juli und August werden die restlichen Felder entrindet. Die fertig entrindeten Stämme bleiben dann bis September–Oktober liegen. Sie sind dann soweit ausgetrocknet, daß man sie als Rundbalken einbauen kann. Das Holz wird dann zwar etwas blaustreifig, aber das ist unbedeutend.

Ola Steen: *Hytter i tömmer/bindningsverk.*
Landbruksforlaget 1996

Wenn man ausgetrocknetes Rundholz besäumt, verschwindet ein großer Teil der kleinen Risse, die beim langsamen Austrocknen entstanden sind.

Das Bauholz soll mindestens 40–50 cm über dem Boden gelagert werden. Zwischen den Stämmen und den einzelnen Stammlagen des „Polters" muß genügend Raum für gute Belüftung sein. Lagern Sie das Holz nicht allzusehr in die Breite. Es ist besser, höher zu stapeln, damit die Luft frei durch das Polter streichen kann. Rundholz muß am Abrollen gehindert werden, damit z. B. spielende Kinder nicht gefährdet werden. Nageln Sie einen kräftigen Rahmen aus Brettern um alle vier Seiten des Polters.

H. Vreim schreibt in seinem Buch *Laftehus:*

Sie fällten das Holz im Herbst, entrindeten es bis zum Frühjahr an zwei Seiten, ließen es bis zum Herbst austrocknen, zimmerten dann das Haus und setzten das Dach auf. So stand das Haus unter der Schneelast bis zum nächsten Sommer. Dann setzten sie Türen und Fenster ein und machten das Haus fertig zum Einziehen.

An einigen Orten in Norwegen ist man der Auffassung, daß im Saft gefälltes Holz vorzuziehen ist, weil es langsam trocknet und weniger reißt, wenn es im Schatten liegt. Es bekommt dann statt weniger, tiefer Trockenrisse, viele, aber kleine, die gleichmäßig über den Stamm verteilt sind und sich mit Harz füllen. Das kann bewirken, daß solches Holz aus Sommerfällung sehr dauerhaft ist, sofern man es rund beläßt und die Oberfläche nicht bearbeitet. Behauene oder gesägte Balken aus Sommerfällung gelten dagegen als minderwertig.

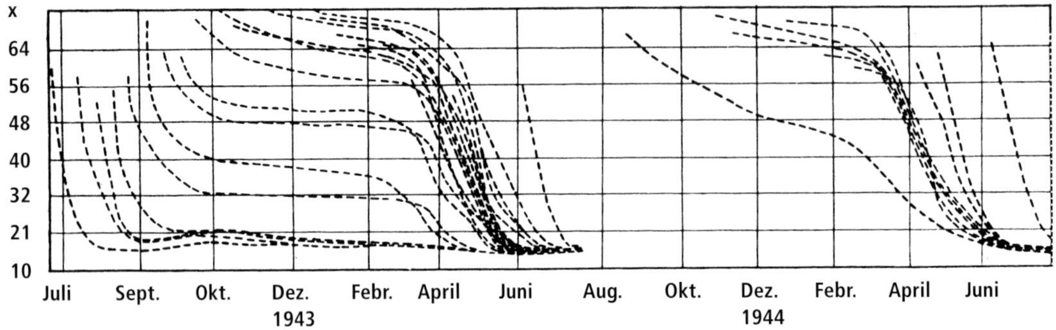

Trocknungskurven für ungetrocknetes Schnittholz von ¾" × 3" in unterschiedlichen Jahreszeiten. (Nach Björkman)

Vom 1. April bis 1. Juni trocknet das Holz am schnellsten und erreicht weniger als 24 % Feuchtigkeit, was der Verblauungsgefahr vorbeugt. Dagegen erreicht Holz aus Sommerfällung die Feuchtigkeitsquote von weniger als 24 % erst im Herbst. Es hat also optimale Bedingungen für den Pilzbefall gerade in der Jahreszeit, in der diese Gefahr am größten ist.

Mindestens zwei solcher Rahmen werden um das Polter herumgelegt. Längere Polter benötigen mehrere Rahmen. Will man eine Abdeckung über dem Polter anbringen, werden die Oberkanten des Rahmens mit einer entsprechenden Neigung angenagelt. Aus Stangen und Blechplatten kann man eine wirksame Abdeckung schaffen, unter der das Bauholz einige Jahre lagern kann, bis es verbaut wird.

Plastikfolie darf nicht direkt auf das Holz gelegt werden. Sie darf als Abdeckung nur dann verwendet werden, wenn sie mit ausreichender Schräge, gut unterlüftet und auf Unterlagen über dem Bauholzpolter liegt. Ich decke ein Polter vorgesägter oder behauener Blockbalken gerne mit Schwartenbrettern ab. Wenn sie mit den Flachseiten aufeinander gelegt werden und wenn dieses Dach eine ausreichende Neigung hat, hält es jahrelang. Für längere Lagerung empfehle ich aber ein gut unterlüftetes Blechdach. Unter dem Polter muß Regenwasser ablaufen oder versickern können. Am besten schottert man den Boden. Das Polter muß so angelegt werden, daß der Wind es frei umspielen kann.

Der Befall durch Rotfäule- und Bläuepilze kann vermieden werden, wenn das Bauholz nach dem Einschlag schnell abtrocknet und wenn es dann so gelagert wird, daß der Feuchtigkeitsgehalt den Fasersättigungspunkt nicht wieder übersteigt. Es ist jedoch nicht immer leicht, das Holz ausreichend schnell zu trocknen. Gerade bei stärkerem Holz kann nicht einmal das vollständige Schälen und die einwandfreieste Lagerung das Risiko des Pilzbefalls verhindern.

Es bleibt entscheidend, das Bauholz in der richtigen Jahreszeit einzuschlagen.

Das Schrumpfen und Reißen des Holzes

Frischgefälltes Kiefernholz hat eine Feuchtigkeitsquote von etwa 160 % im Splint und 40–50 % im Kern. Die Feuchtigkeitsquote wird in Prozent des absoluten Trokkengewichtes des Holzes berechnet. Wenn Holz im Freien unter Dach gelagert wird, hat es eine Feuchtigkeitsquote von 14–18 %. Bläuepilze gedeihen am besten bei einer Feuchtigkeitsquote von 30–70 % und einer Lufttemperatur zwischen 20 und 30°C.

In stärkerem Holz kann die Feuchtigkeit ziemlich ungleichmäßig verteilt sein, auch dann, wenn es sorgfältig getrocknet wurde. In einer Kiefernbohle von 75 × 200 mm, die sechs Monate im Haus getrocknet wurde, hat man 10 % Feuchtigkeitsquote in den Enden und im Außenbereich, dagegen über 20 % im Inneren der Bohle gemessen. Es leuchtet ein, daß es lange dauert, bis ein wesentlich stärkerer Blockbalken völlig ausgetrocknet ist.

Das Holz behält beim Austrocknen sein unverändertes Volumen, bis der Fasersättigungspunkt erreicht ist. Der liegt bei einer Feuchtigkeitsquote zwischen 25 und 30 %. Er bedeutet, daß im Holz nur noch das in den Zellwänden gebundene Wasser vorhanden ist. Beim weiteren Austrocknen wird auch dieses Wasser freigesetzt, wobei dann das Volumen der Zellwände vermindert wird und dadurch das Holz schrumpft.

Für den Trocknungsvorgang muß das Äußere des Holzes jederzeit trockener sein als sein Inneres, weil es sonst keine Feuchtigkeitswanderung gibt. Das Holz schrumpft also unterschiedlich in seinen inneren und äußeren Teilen, wobei Spannungen entstehen, die zur Rißbildung führen. Langsames Austrocknen vermindert die Spannungen. Besonders große Spannungsunterschiede entstehen dann, wenn die Markröhre im Stamminneren verbleibt, was immer der Fall ist bei den Blockbalken, um die es hier geht. Es ist daher fast unmöglich, radiale Trocknungsrisse im Bauholz zu vermeiden.

Heutzutage ist ästiges Holz kein größeres Problem beim Zimmern, da es maschinelle Hilfsmittel gibt, um die „Längsnut“ in der Auflage des Balkens auszuschneiden, die man früher mit der Beilaxt hauen mußte. Andererseits bekommt Bauholz mit sehr groben Grünästen nicht so viele und so tiefe Risse beim Trocknen. Äste „armieren“ das Holz und stoppen den Längsriß.

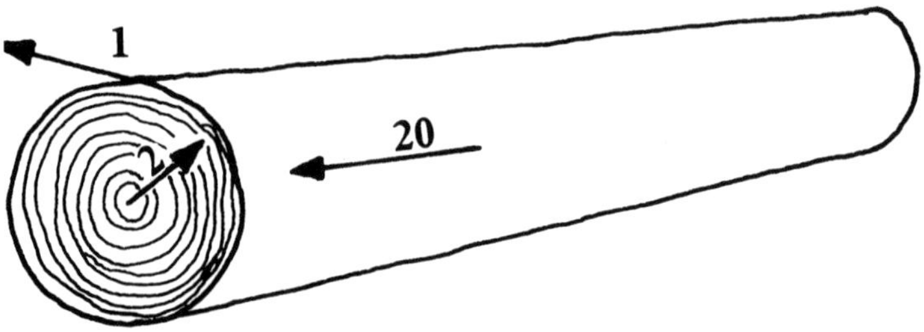

Das Holz trocknet unterschiedlich schnell in den verschiedenen Richtungen. Am schnellsten trocknet es in der Faserrichtung, deutlich langsamer in der Radialrichtung, am langsamsten in der Tangentialrichtung. Das Verhältnis zwischen diesen drei Richtungen ist etwa 20 : 2 : 1. Aus diesem Grund trocknen kurze Stämme schneller als lange, und Stämme mit vielen Grünästen schneller als astfreie.

Die Borke ist fast undurchlässig für Wasser, die Bastrinde verzögert dagegen das Austrocknen nicht nennenswert. Wenn das Holz bereits vom Bläuepilz befallen ist, trocknet es langsamer als frisches Holz.

Kiefernholz saugt das Wasser ebenso schnell auf, wie es austrocknet. Das erfordert es, alles Hirnholz so lange wie möglich vor Wasser zu schützen. Die Eckverbände, mit ihren vielen Schnitten quer zur Faserrichtung, sind besonders gefährdet. Früher war es üblich, den Vorstoß durch einen „Vorstoßkasten" zu verblenden, um die Eckverbände vor Wetter und Wind zu schützen.

Wenn das Holz durch Sägen oder Beibeilen zweiseitig besäumt wurde, bekommt es beim Austrocknen oft einen tiefen „Kernriß" auf der Schnittfläche. Wenn Rundholz bastfrei entrindet wurde, bekommt es beim Trocknen mehrere kleine Risse, die gleichmäßiger über den Stammumfang verteilt sind.

Bei Kiefer kann der Harzgehalt im Kernholz bis zu 15 % betragen, gegenüber 4 % im Splintholz. Das Harz im Kernholz der Kiefer besteht aus pilztötenden Phenolen. Das Kernholz ist dadurch, zusammen mit seinem niedrigeren Wassergehalt und der verminderten Feuchtigkeitsaufnahme, besser gegen Insekten- und Pilzbefall geschützt als das Splintholz. Das Kernholz der Fichte enthält weniger Phenole, weswegen es weniger dauerhaft ist als das Kernholz der Kiefer.

Starke Äste haben oft einen hohen Kernholzanteil und sind dadurch sehr dauerhaft. Das können wir leicht bei alten Windwürfen beobachten, wo die Äste wie ein Gerippe aus dem bereits vermoderten Baumstamm herausragen. Grobastige Stämme wurden früher gerne für den Schwellenrahmen des Bauwerks verarbeitet. Da in den Schwellenbalken keine Längsnut gehauen wird, stören hier grobe Äste nur wenig.

Im Holz von abgestorbenen Bäumen, die im Stand trocken geworden sind, oxidieren und verfestigen sich die flüssigen Harze. Solches Holz von abgestorbenen Kiefern und Fichten nimmt weniger Wasser auf als frisch gefälltes Holz und ist deswegen sehr dauerhaft. Manche Zimmerleute haben sich für den Blockhausbau auf solches „stammtrockenes" Kiefernholz spezialisiert. In Nordfinnland gibt es noch immer große Gebiete, in denen stammtrockenes Holz nicht aufgearbeitet wurde, aber es wird immer schwieriger, so etwas zu finden.

Die Wiederstandsfähigkeit des Holzes gegen Fäulnis hängt sehr stark von seinem physiologischen Alter ab.

„Reifes“ Holz hat nicht nur einen höheren Kernholzanteil; in den langsam absterbenden Holzzellen gehen auch chemische und physiologische Veränderungen vor sich. Die Lebensaktivitäten nehmen allmählich ab, bis sie schließlich ganz aufhören.

Man bringt Bäume zum langsamen Absterben, wenn man etwa 70 % der Krone kappt und rings um den Stamm einen Streifen Rinde, bis auf das Holz, entfernt. Die Kernbildung im Holz des absterbenden Baumes wird beschleunigt, wenn sowohl der aufsteigende wie der absteigende Saftstrom vermindert sind. Nach etwa 2 Jahren ist das Holz verharzt und man bekommt auf diese Weise dichtes, fettes „Kienholz“. Der Baum ist dann abgestorben; man fällt keinen lebenden Baum mehr. Diese Methode wird seit Jahrhunderten von norwegischen Zimmerleuten angewendet. Unter den klimatischen Verhältnissen in Deutschland würde das allerdings dazu führen, daß der absterbende Baum von rindenbrütenden Borkenkäfern und holzbrütenden Bockkäfern befallen wird. Man würde dadurch nicht nur den Wald schädigen, sondern auch das künstlich stammtrocken gemachte Holz entwerten.

Der Trockenriß bildet sich oft in der Balkenauflage, also dort wo die Längsnut angelegt wird und wo man den Riß dann nicht mehr sieht. Wenn sich ein Riß nachtraglich in der Längsnut bildet, kann sich der Balken verwinden. Die Auflage wird dadurch uneben, was eine undichte Wand zur Folge hat. Um das zu vermeiden, kann man selbst bestimmen, wo der Balken den Markriß bekommen soll. Man sägt dazu mit der Motorsäge einen so tiefen Längsschnitt in den unbearbeiteten Balken, daß die Entfernung von der Markröhre bis zum Grunde des Sägeschnittes kleiner ist als bis zu den Außenseiten des Balkens. In besäumtes Holz muß man daher tiefer einschneiden als in Rundholz. In den Sägeschnitt werden Holzkeile vorsichtig so weit eingeschlagen, daß das Holz bis in die Markröhre hörbar einreißt. Man kann die Lage des Markrisses im Balken nicht mehr selbst bestimmen, nachdem die Längsnut eingeschnitten wurde oder nachdem sich der Markriß unkontrolliert gebildet hat.

Der Sägeschnitt wird in die Oberseite des Blockbalkens geführt. Er endet etwa ½ Meter vor den Balkenköpfen. Der Balken wird immer so eingebaut, daß eine evtl. Krümmung nach oben kommt. Die zwei scharfen Kanten der Längsnut pressen sich dann auf beiden Seiten des Sägeschnittes

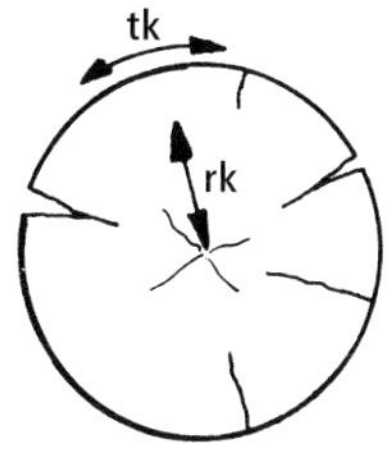

In der tangentialen Richtung tk (längs der Jahresringe) schrumpft das Holz beim Trocknen stärker als in der radialen Richtung rk (quer zu den Jahresringen). Wegen dieser Holzeigenschaft läßt sich die Rißbildung im Bauholz nicht vermeiden. Rundholz reißt stärker als Schnittholz, bei dem die tangentialen Spannungen längs der Jahresringe durch das Einschneiden beseitigt sind.

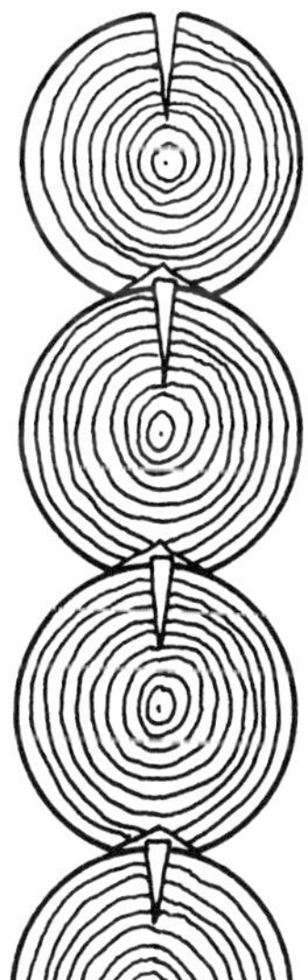

so auf die Balkenauflage, wie es die Abbildung zeigt. Bei vorgesägtem und gut getrocknetem Holz ist die Rißbildung deutlich vermindert.

Die Struktur des Holzes

Das Holz des Baumes besteht quasi aus einer Anzahl von Jahresringen, die wie Röhren ineinander stecken. In jedem Jahresring gibt es das hellere, schnell gewachsene „Frühholz" und das dunklere, schwerere, dichtere „Spätholz". Der mit „Nährsalzen" angereicherte aufsteigende Saftstrom steigt von der Wurzel durch das Frühholz im äußeren Splint des Baumes in die Zweige der Krone und bis in die einzelnen Nadeln auf. Die bei der Kohlenstoffassimilation in den Nadeln erzeugten Nährstoffe für das Zellwachstum fließen dagegen mit dem absteigenden Saftstrom in der Bastrinde zu allen Wachstumszonen des Baumes bis hinab in die Wurzel. Vor allem im Herbst und im Frühjahr werden Nährstoffe durch die radialen „Markstrahlen" zwischen der Rinde und den Speicherzellen im Holz – dem Parenchym – transportiert. Der Baum lagert sie im Herbst dort ein, um sie zu Beginn der Vegetationszeit wieder zu aktivieren.

Bäume am Waldrand breiten ihre Krone einseitig aus. Das ist besonders auffällig am Südrand des Bestandes. Zum Bestandesrand hin legt der Baum auch die breitesten Jahresringe an, bleiben seine Äste am längsten erhalten und werden am stärksten. Dort ist folglich auch der aufsteigende Saftstrom am stärksten. Der Stamm eines Baumes mit einseitiger Krone wird im Querschnitt oval. Während er an der „Feldseite" breitringig und grobästig ist, kann er an der „Waldseite" engringig und astfrei sein. In solchem Holz zeigen sich innere Spannungen beim Austrocknen. Das am gleichmäßigsten gewachsene Holz haben daher die Bäume im Inneren eines dicht geschlossenen Bestandes, auf „mageren" Standorten, in kühlem oder trockenem Klima, aus dichter Naturverjüngung oder aus engen Pflanzverbänden, die in der Jugend sehr langsam gewachsen sind.

Je enger die Jahresringe sind, desto größer ist ihr Spätholzanteil und desto härter und dauerhafter ist das Holz. In Südschweden kann das günstigere Klima zur Bildung von mehr Spätholz in den Jahresringen führen als in Nordschweden. Das Holz kann dann so harzreich sein, daß es schwer zu hobeln ist. Die Dauerhaftigkeit solchen Holzes ist

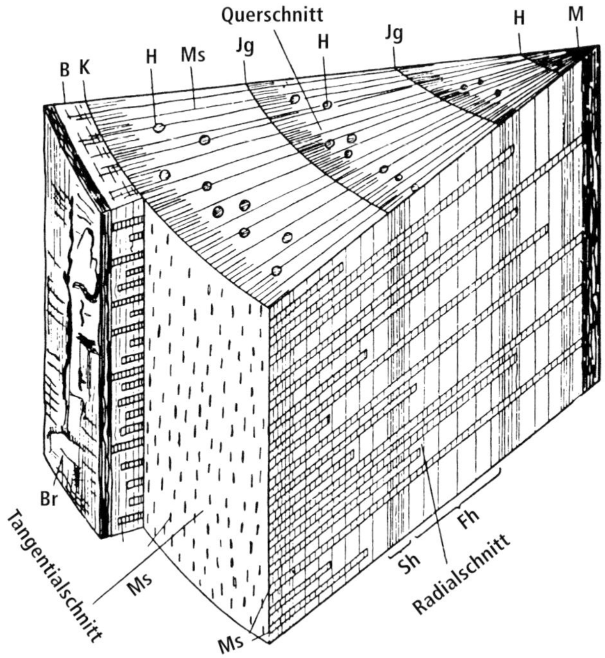

Teil eines vierjährigen Kiefernstammes nach Strassburger.
B = Bast
Br = Borke
H = Harzkanal
Sh = Spätholz
K = Kambium
M = Markröhre
Ms = Markstrahlen
Fh = Frühholz
Jg = Jahresringsgrenze

jedoch hoch, sofern es enge Jahresringe hat. Sie bilden sich in dichtstehenden, vorsichtig durchforsteten Beständen.

Auf das Gewicht bezogen ist die Festigkeit des Holzes vergleichsweise hoch. Holz besteht aus einer Vielzahl von Längsröhren. Seine Zugfestigkeit ist daher doppelt so hoch wie seine Druckfestigkeit. Bohlen, Balken und Pfetten, die auf Biegung beansprucht werden, sollen so eingebaut werden, daß Äste und andere Störungen in die Druckzone kommen, meist also nach oben. Die Äste enthalten viel Spätholz und haben daher eine hohe Druckfestigkeit. Die Seite des Holzes mit dem ungestörten Faserverlauf kommt an die Zugseite – also meist nach unten – denn sie hat die höhere Zugfestigkeit.

Holzpaneele

Das Blockhaus besteht nicht nur aus Balkenwänden, sondern im fertigen Haus gibt es auch Holz in Form von Brettern für Blindboden, Fußboden, Innenpaneel, Außen- und Innendach und Außenpaneel sowie für Pfosten, wenn man einen Ständerbau errichtet.

Auf Seite 55 wird die traditionelle Methode für die Herstellung von Brettern beschrieben.

Früher wurde der Stamm zunächst durch die Markröhre gespalten, so daß man an jeder Seite eine Bohle bekam. Als man „Sägemühlen“ mit Wasserkraft betreiben konnte, wurde der Stamm weiterhin zunächst durch einen senkrechten Schnitt symmetrisch „gespalten“. Mit der Gattersäge konnte man dann oft zwei Bretter an jeder Seite einschneiden, die den größtmöglichen Anteil an Holz mit stehenden Jahresringen enthielten, also mit Jahresringen, die rechtwinklig oder im stumpfen Winkel zur flachen Seite des Brettes stehen. Nach Einführung der Kreissäge wurde zunächst ein Mittelblock eingeschnitten, den man zu zwei Balken oder Bohlen aufspalten konnte. Bretter wurden seither aus dem Splintholz eingeschnitten. Sie haben liegende Jahresringe, also reißen sie leicht ein und werfen sich beim Austrocknen. Diese Bretter werden uns auch heute verkauft, aber sie sind für das Außenpaneel oder Dach eines Blockhauses wenig geeignet.

Wenn man das Holz nach seinen Eigenschaften aussuchen kann, sägt man Planken und Riegel aus dem zähen und biegefesten Seitenholz. Eine eventuelle „Waldkante“ ist unerheblich für die Haltbarkeit, sie ist bei Zwischenwänden im Inneren des Blockhauses auch nicht sichtbar. Bretter werden dagegen aus dem inneren Teil des Stammes geschnitten. Sie haben dann einen großen Kernholzanteil und stehende Jahresringe. Diese Bretter „werfen“ sich nicht, sie bleiben dicht und sind am besten geeignet für Außenpaneele oder für das Dach. Ein breitstehendes Paneel, bei dem ein ums andere Brett Ober- bzw. Unterpaneel ist, wird „Deckpaneel“ genannt. Mit einem norwegischen Ausdruck bezeichnet man es auch als „Zimmermannspaneel“.

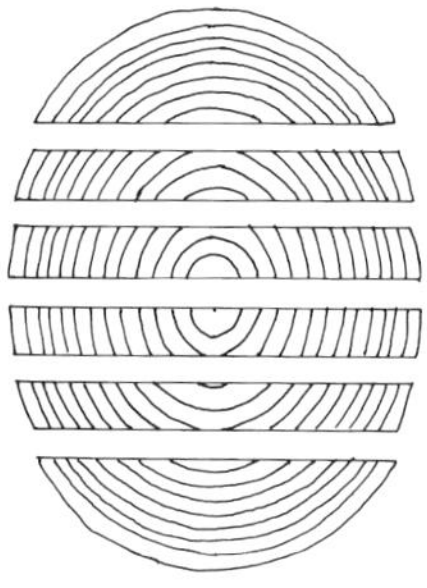

Einschnitt von Brettern mit stehendem Jahresring und höchstmöglichem Anteil an Kernholz. Sie sind besonders für Außenpaneele und für das Dach geeignet.

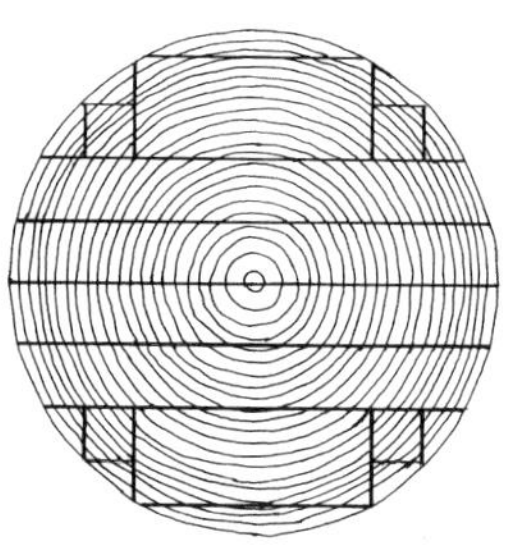

Einschnitt von Brettern, Riegeln und Leisten, um die Holzeigenschaften bestmöglichst auszunutzen.

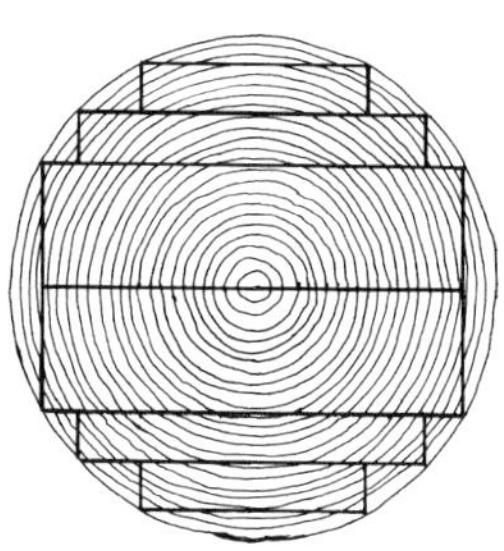

Traditioneller Einschnitt, der geringwertige Bretter ergibt. Sie eignen sich nicht für Außenpaneele oder Dachholz.

Bretter mit stehenden Jahresringen, aus dem mittleren Stammteil, werfen sich am wenigsten. Die Äste gehen fischgrätförmig von der Mitte aus. Sie sind längs durchschnitten und sie haben hartes, dauerhaftes Holz. Diese Bretter nehmen wenig Wasser auf, da Wasser im Holz hauptsächlich in tangentialer Richtung geleitet wird. Je weniger Kernholz und je mehr Splintholz ein Brett enthält, desto mehr liegende Jahresringe hat es. Solches Holz wirft sich beim Trocknen. Bretter mit stehendem Jahresring sind widerstandsfähiger gegen Abnutzung durch Regen, Schneesturm und Hagelschlag. Wind und Wetter beeinflussen die Lebensdauer von Paneelen stärker als die Fäulnis. An einer alten Schutzhütte, die dem Wetter ausgesetzt ist, können Sie das deutlich erkennen.

Seitenbretter haben quer durchsägte Äste. Sofern es physiologisch lebende „Grünäste" sind, saugt ihr Hirnholz Wasser an. Auch die Markstrahlen verlaufen rechtwinklig zur Außenseite des Brettes, sind also bestens geeignet für den Wassertransport.

Jon Bojer Godal hat in Norwegen alte Blockhäuser untersucht und dabei gesehen, daß man sowohl Ober- wie Unterpaneel mit der Kernseite (Markseite) nach außen gelegt hat. Das widerspricht der geltenden Auffassung, nach der das Unterpaneel mit der Kernseite nach innen gelegt werden soll. Wenn im Paneel die Außen- und Innenseiten der Bretter aufeinander liegen, pressen sie sich beim Trocknen gegeneinander. Sie werfen sich beim Trocknen entgegen der Markseite. Bei feuchtem Wetter strecken sie sich wieder, wobei sich dann ein Spalt zwischen Ober- und Unterpaneel öffnet, in den Regenwasser eindringen kann. Wenn das Oberpaneel zu fest angenagelt wurde, kann das Unterpaneel leicht einreißen.

Wenn man sowohl Unter- wie Oberpaneel mit der Kernseite der Bretter nach außen legt, kommt die größtmögliche Fläche mit Kernholz an die Wetterseite. Das Unterpaneel liegt fest auf seinen beiden Außenkanten, die sich beim Trocknen gegen die Nagelung werfen, wobei eine leichte Wölbung der Oberfläche des Brettes entsteht. Ober- und Unterpaneel wölben und strecken sich bei wechselnder Feuchtigkeit in die gleiche Richtung, bleiben also fest aufeinander liegen. Das Reißen des Unterpaneels wird vermindert. Unbesäumte Paneele müssen notwendigerweise mit der Außenkante des Brettes nach außen angenagelt werden. Sie schließen dann nicht dicht mit dem

Seitenbretter (aus dem Splintholz, mit liegenden Jahresringen) wölben sich mehr und reißen stärker.

Bretter aus dem Kernholz (mit stehenden Jahresringen) wölben sich weniger und reißen weniger.

Wenn wir das Holz so mit der Kernseite nach außen legen, wie man es früher tat, wirken alle Kräfte positiv zusammen. So widersteht das Holz am besten der Fäulnis, Paneele bleiben wasserdicht, dauerhaft und liegen am besten auf dem Dach und an den Wänden.

Jon Bojer Godal, *Tre till teckning og kledning*, Landbruksförlaget 1994

Unterpaneel, sondern wölben sich auseinander. Dabei bilden sich Spalten, in denen die Fäulnis angreifen kann. Das ist besonders dann der Fall, wenn alle Bretter des Paneels aus Seitenbrettern des Stammholzes bestehen.

Ich empfehle, ein paar Stämme zu opfern und die Bretter für das Außenpaneel aus dem Kernholz der Stämme zu schneiden, wenn Sie ein unbesäumtes Paneel haben wollen. Man bekommt dann Bretter mit stehenden Jahresringen, die sich verhältnismäßig wenig werfen.

Aus den oberen Stammteilen kann man Riegel und Sparren schneiden, die ebenfalls beim Bau gebraucht werden.

Wenn man den ganzen Stamm zu Brettern einschneidet, nimmt deren Breite zum Zopfende des Stammes hin ab, entsprechend dem abnehmenden Stammdurchmesser. Man braucht dann nur am Rand eine schmale Leiste abzuschneiden, um scharfkantige Bretter zu bekommen. Ein Paneel aus solchen Brettern wirkt sehr dekorativ, weil die Bretter, deren Breite zum Zopfende hin abnimmt, einen Längsschnitt durch den Stamm darstellen.

Ein Paneel aus solchen Brettern eignet sich auch hervorragend für die Kombination des Blockbaues mit der Ständerbauweise. Dabei wird der Schwellenrahmen in Blockbauweise mit Eckverbänden gezimmert. In den Ecken werden kräftige Pfosten als „Ständer" errichtet. Auf diesen Ständern ruht dann der obere Rahmenkranz der Wände, bei dem Rähm und Giebelmutter wieder aus Blockbalken mit Eckverbänden gezimmert werden. Die Giebelwände können in Blockbauweise gezimmert werden, man kann aber auch jede Pfette und die Firstpfette mit einem besonderen Ständer abstützen. Die Felder zwischen dem Schwellenrahmen und dem oberen Rahmenkranz werden aus Zimmermannspaneel gebaut, wie es auf Seite 244 beschrieben ist.

Nageln Sie nicht zu dicht am Ende der Bretter, wenn Sie das Paneel am Schwellenrahmen und am Rahmenkranz annageln. Bohren Sie die Nagellöcher vor, wenn Sie näher als 10 cm vom Brettende nageln müssen, damit die Brettenden nicht reißen.

Die Wetterwand

Häuser in exponierter Lage hatten häufig eine „Wetterwand", um die Wände gegen den Regen zu schützen, die der vorherrschenden Windrichtung besonders ausgesetzt waren. Man kann auch heutzutage den Giebel des Hauses gegen die Windrichtung stellen und ihn mit Holzpaneel oder Hozschindeln verkleiden. (In Norwegen werden auch besondere Umfassungswände, Reiswerk genannt, aus Ständern und Bohlen als Windfang vor die Wetterseite gestellt.) Überdachte Galerien im Obergeschoß zweistöckiger Blockhäuser, von denen aus die zellenartigen Räume des Obergeschosses zu erreichen sind, wirken ebenfalls als Wetterwand, da sie den Wind- und Regendruck von den Wänden des Blockhauses abhalten.

Holzarten für das Außenpaneel

Fichtenbretter mit stehendem Jahresring sind sehr dicht. Die Holzzellen, die das Wasser leiten, können sich auch beim Feuchtwerden nicht wieder öffnen, wenn sie einmal eingetrocknet sind. Diese Eigenschaft bewirkt, daß Fichtenholz unglaublich wiederstandsfähig gegen Fäulnis und Verwitterung sein kann. Die Fichte muß aber im Dichtstand engringig gewachsen sein. Schnell gewachsene, weitringige Fichte ist als Paneel unbrauchbar.

Kiefernbretter werden oft verwendet, wenn sie engringig sind, viel Kernholz enthalten und einen stehenden Jahresring haben. Auch Aspe wird in Schweden ohne Klammern für Paneelbretter verwendet. Sie sind sehr dauerhaft, werfen sich aber stark beim Trocknen. Die in Deutschland krummwüchsige Aspe kommt dafür kaum in Frage.

Die Bretter sollen beim Trocknen mit der Kernseite nach oben im Stapel liegen. Sie reißen leichter, wenn sie mit der Kernseite nach unten liegen.

Am wichtigsten ist es, daß die Bretter aus dem Kernbereich des Stammes geschnitten sind. Er soll „reif“ und engringig sein und einen hohen Kernholzanteil haben. Eventuelle Äste müssen noch „grün“, also physiologisch funktionsfähig, gewesen sein.

Beschaffung des Bauholzes

Wenn möglich sollte man die Bäume für das Bauholz selbst auswählen. Dabei muß man folgendes beachten:

Man muß vorerst bestimmen, welchen Durchmesserbereich die Balken des Blockhauses haben sollen. Es ist fast unmöglich, einen starken und einen schwachen Blockbalken so zusammen zu zimmern, daß sich auch die nächste Balkenlage einpassen läßt.

Ein Kleinsägewerk ermöglicht es, die Blockhausbalken und das Bauholz mit der Motorsäge oder einer Elektrosäge selbst kostengünstig zu fräsen bzw. zu sägen (Quelle: Logosol).

Die Bäume müssen gerade und „vollholzig“ sein, ihr Durchmesser darf also zum Zopfende hin je Balkenlänge nur wenig abnehmen. Sie sollen keine starken Wurzelanläufe haben, und sie dürfen nicht grobastig sein, denn dann sind sie auch weitringig. Es ist günstig, wenn man eine möglichst große Anzahl von Blockbalken aus einem Baum schneiden kann, was nur bei vollholzigen Bäumen möglich ist. Man sollte nach Möglichkeit die Balken für die lange und für die kurze Wand des Hauses aus demselben Baum einpassen. Wenn man nur die Erdstämme als Balken verwendet, kann man aus den oberen Stammteilen Paneelbretter und Riegel schneiden.

Wenn man die Blockwände aus mittelstarkem Holz (18–30 cm Zopfdurchmesser) zimmert, erreicht man die ausreichende Dachhöhe mit etwa 10 Balkenlagen. Für ein kleineres Häuschen, ohne Zwischenwände, braucht man etwa 50–60 Balken, einschließlich des Fußbodens und der Pfetten. Die kürzeren Wandbalken an den Tür- und Fensteröffnungen kann man oft aus gekrümmten oder gedrehten Stammteilen herausschneiden.

Wie beschafft man sich das Bauholz? Wenn man selbst Wald besitzt oder sein Bauholz auf dem Baugrundstück fällen kann, ist die Frage schon beantwortet. Wer keinen Wald hat – und das sind die meisten – hat folgende Möglichkeiten:

a) Fragen Sie bei einem Waldbesitzer, ob Sie die Bäume auf dem Stock kaufen können. Sie müssen das Holz dann durch einen Fachmann selbst fällen und abtransportieren lassen. Das hätte den Vorteil, daß Sie nur geeignete Stämme zu fällen brauchen. (Sie bezahlen dann in Deutschland für dieses Holz aus „Selbstwerbung" nur den reinen Holzpreis, ohne Werbungskosten.)

b) Eine andere Möglichkeit ist es, gefälltes und an den Weg gerücktes Holz, aus dem laufenden Einschlag, im Wald zu kaufen. Man bezahlt dann den Rundholzpreis, den auch der Sägewerker oder der Holzhandel zahlt. Man muß ein „Los" auswählen, das nach Längen, Stärken und Holzbeschaffenheit für den Blockhausbau geeignet ist. Vergessen Sie nicht, daß Sie ein ausreichendes Übermaß der Stammlänge brauchen, damit evtl. Risse, die beim Fällen oder Einschneiden entstanden sind, nicht in die Balkenköpfe kommen. Die Balkenköpfe sind ohnehin der Rißbildung ausgesetzt. Kalkulieren Sie mindestens 20 cm Übermaß ein, damit Sie auf der sicheren Seite sind.

c) Man kann beim Waldbesitzer ein nach Länge, Stärke und Güteklasse sortiertes Los bestellen. Dazu muß man dem Waldbesitzer vor dem Einschlag die Dimensionen und die Güteanforderungen angeben. (In Deutschland bestellt man einen solchen „Sortimentshieb" beim Forstamt oder der Revierförsterei bzw. bei einem Privatwaldbesitzer.)

d) Nach Sturmkatastrophen brechen die Holzpreise ein, weil der Markt das Überangebot nicht aufnehmen kann. Man kann dann geeignetes Holz billig kaufen, muß aber darauf achten, daß man nur in ganzer Länge geworfene Stämme bekommt. Das Holz vom Wind gebrochener Stämme kann im Inneren gerissen sein. Die Arbeit in Windwürfen ist sehr gefährlich und darf nur von erfahrenen Waldarbeitern ausgeführt werden.

e) Im waldreichen, dünn besiedelten Schweden erlauben es manche Waldbesitzer vielleicht, die Bäume für den Bau einer Schutzhütte zu fällen, wenn man mit einer Jugendgruppe unterwegs ist.

f) Sie können im Sägewerk oder Holzhandel gehobelte Balken mit eingefräster Längsnut kaufen, die Ihnen das Zimmern sehr erleichtern. Solches Holz hat Bohlenstärke. Kleinere Sägewerke schneiden mitunter spezielle Bohlen für den Blockhausbau ein oder stellen sie mit dem Profilzerspaner her. Man bekommt dann seitlich besäumte

Bezeichnung der einzelnen Teile des Eckverbandes

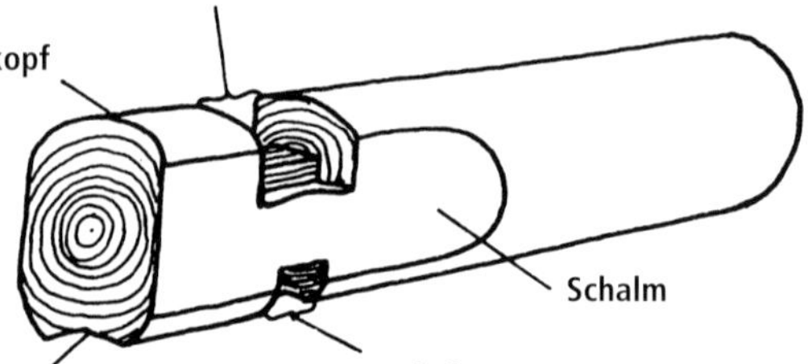

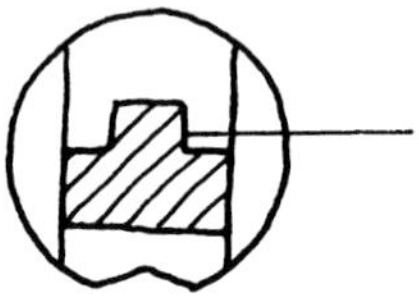

Zapfen im Oberhaken
Er greift in eine entsprechende Aussparung im Unterhaken ein. Dadurch wird der Eckverband dichter und verwindungssteifer.

Profilbohlen, mit eingefräster Nut an Ober- und Unterseite, die alle die gleichen Maße haben, also auch an Fuß- und Zopfende gleich stark sind.

g) Achten Sie darauf, ob irgendwo ein altes Blockhaus abgerissen wird. Dabei kann man mitunter wirklich trokkenes, gutes Bauholz günstig erwerben.

Verschiedene Eckverbände

Der Blockhausbau hat, wie bereits erwähnt, eine lange und starke Tradition. Die Art der Eckverbände – die „Knoten" – ist in mehr als 1000 Jahren entwickelt worden. Jede Zeit und in gewissem Umfang auch jede Landschaft hat ihre speziellen Eckverbände.

Die Ausformung des Eckverbandes gibt oft Hinweise auf das Alter eines Blockhauses. Die Entwicklung der Eckverbände begann mit runden Balkenköpfen, führte dann zu sechskantigen, senkrecht geschnittenen Balkenköpfen und schließlich zu Verbänden ohne überstehende Balkenköpfe.

Die Ausformung der Eckverbände zeigt, für welchen Verwendungszweck das Haus vorgesehen war. Höhere Anforderungen an Dichtigkeit und Wärmeisolierung erfordern kompliziertere Eckverbände mit Verschränkung oder Verblattung. Es dauert lange, bis ein Blockhaus ausgetrocknet ist und sich gesetzt hat. In diesen 10–15 Jahren „arbeitet" das Holz, und die Eckverbände müssen den Kräften standhalten, die dabei frei werden. Die „Knoten" müssen die Bewegungen der Balken in unterschiedliche Richtungen aufnehmen. Sie dürfen dabei nicht undicht werden, und es dürfen keine Spalten entstehen.

Nicht nur das Arbeiten des Holzes beim Schwinden und Quellen belastet den Blockbau. Auch der Wind greift die Blockwände, besonders den nicht verschränkten Giebel, mit erheblichen Kräften an. Von den Ecksteinen, auf denen der Schwellenrahmen aufliegt, geht ein starker, vertikaler Druck auf die Eckverbände aus, der noch durch evtl. Senkungen im Baugrund verstärkt werden kann. Drehwüchsige Balken verwinden sich und belasten die Eckverbände mit ihrer Torsionsspannung.

Der Wind preßt auch Regenwasser in die Eckverbände, und dagegen sollen die Zapfen im Oberhaken als Feuchtigkeitssperre wirken. Der Zapfen wird deswegen nur an der Seite des Blockbalkens ausgespart, die nach der Innenseite der Wand zeigt,

Wenn kein Spielraum für das Setzen zwischen den Balkenköpfen vorhanden ist, können vertikale Kräfte im „Vorstoß" die Balkenköpfe zerstören. Fehlender Spielraum zwischen den Balkenköpfen kann auch dazu führen, daß sich in der Wand ein Spalt zwischen den Blockbalken öffnet. Würde man die Balkenköpfe ohne Spielraum zimmern, bekäme man Probleme. Werden die Balkenköpfe in einem Regensturm durchtränkt, saugen sie das Wasser mit ihrem Hirnholz schnell auf. Sie schwellen mit großer Kraft und reißen dabei, wenn sie zwischen den angrenzenden Balkenköpfen eingeklemmt sind. Der Abstand zwischen den Balkenköpfen muß daher mindestens 1 cm betragen. Nachdem die Wand sich völlig gesetzt hat, soll noch immer 0,5 cm Abstand zwischen den Balkenköpfen vorhanden sein. Vergessen Sie nicht, den Balkenkopf abzufasen, damit Wasser abgeleitet wird.

Verwindungen im Eckverband werden aufgefangen, wenn Schalm und Oberhaken der Verschränkung gut ineinander passen. Schräg geschnittene Verkämmungen mit schalenförmigen Schnitten verbinden die Blockbalken dichter, als Verschränkungen mit senkrechten Schnitten, die beim Trocknen etwas undicht werden. Verschränkungen mit senkrechten Schnitten sollen daher in möglichst trockenem Holz gezimmert werden. Der Zapfen im Oberhaken der Verschränkung verbessert die Verwindungssteifigkeit, weil damit der Oberbalken in den Unterbalken „eingeschossen" ist.

Man haut eine Dichtungskerbe in die Innenseite des Oberhakens, wenn man den Eckverband gut abdichten will. Diese Kerbe ist V-förmig, an der oberen Kante 3 cm tief und daher leicht auszuhauen. Wenn man die Kerbe mit Werg oder ähnlichem füllt, bekommt man auch eine gute Dichtung gegen Zugluft. Außerdem ist diese Kerbe unentbehrlich, wenn man den Verband mit Hilfe des Brecheisens wieder auseinandernehmen muß. Einen gut gearbeiteten „Knoten" kann man nicht mit den Händen auseinandernehmen. Das gilt weniger für einseitig und schräg geschnittene Verkämmungen, besonders aber für die beidseitig gerade geschnittenen Verschränkungen, bei denen die senkrechten Seiten sich fest aneinander saugen.

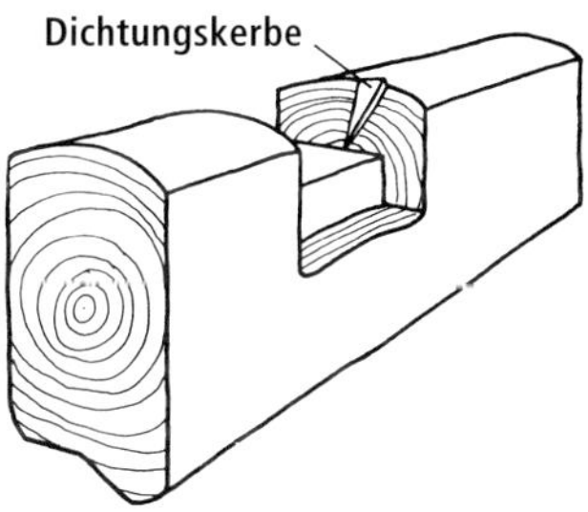

Die Eckverbände sind so konstruiert, daß sie vier Forderungen erfüllen:

1. Sie sollen die Balkenrahmen in den Ecken verbinden.
2. Sie sollen dicht sein (gegen Wasser und Wind).
3. Sie sollen der Alterung widerstehen (Verwitterung, Fäulnis und Setzen).
4. Sie sollen schnell anzufertigen sein.

Peter Sjömar, *Byggnadsteknik och timmermannskonst*, 1988

Die einseitige Verkämmung, „Rännknut"

Das ist der älteste und einfachste Eckverband. Er wird bis heute angewandt, in letzter Zeit aber nur noch für einfache Gebäude, wie Heuschober oder ähnliches. Er eignet sich gut für einen einfachen Windschutz, bei dem man keine höheren Anforderungen an das Aussehen, die Dichtigkeit oder Festigkeit stellt. Dieser Eckverband, der in Schweden „Rännknut" genannt wird, eignet sich dort gut für den Bau durch Jugendgruppen, die sich in der Wildmark ein Lager errichten wollen. Auch wer früher nie eine Axt in Händen hatte, kann ein einfaches Blockhaus zimmern. Dafür sollte man dann diesen Eckverband auswählen, der leicht zu lernen und auszuführen ist

1. Der Blockbalken hat nur einen Oberhaken, der so tief ist, wie sein halber Durchmesser.

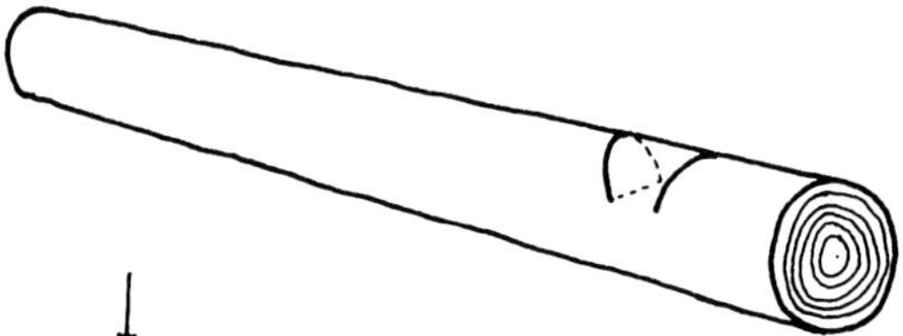

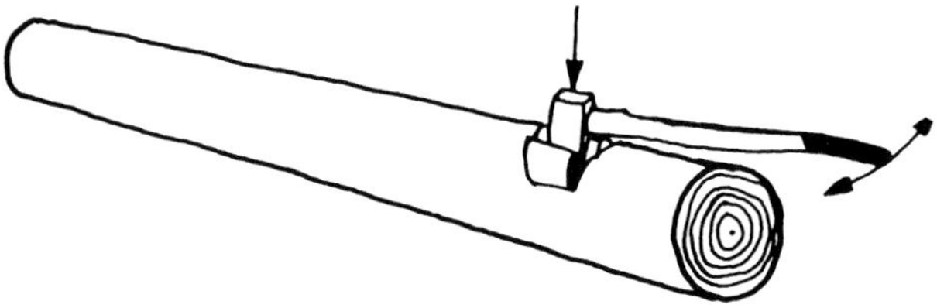

2. Sägen Sie zwei Schrägschnitte. Der Abstand zwischen den Schnitten soll so groß oder etwas kleiner sein als der Durchmesser des nächsten Stammes.

3. Kerben Sie den Haken zwischen den beiden Schnitten aus, indem Sie mit einer gewöhnlichen Axt in der Längsrichtung mitten in den Balken hauen. Wenn Sie mit der Axt genau die Balkenmitte treffen, bricht das Holz nach beiden Seiten so aus der Kerbe, wie Sie ein Buch aufschlagen. Bei stärkeren Blockbalken muß man mitunter rechtwinklig zur Längsachse einkerben. Achten Sie darauf, daß Sie den Balkenkopf nicht abspalten, was leicht geschehen kann.

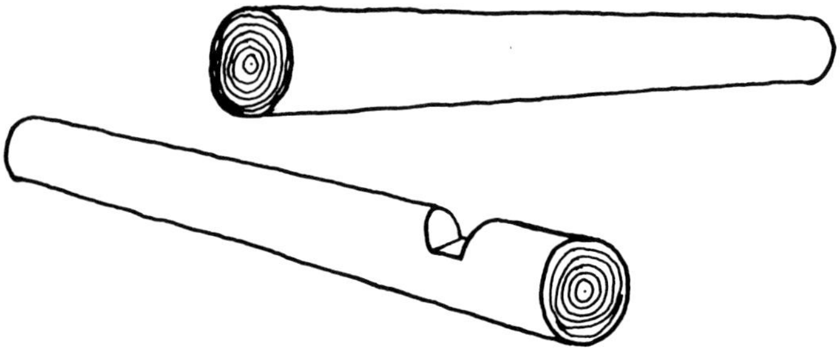

4. Legen Sie den nächsten Blockbalken in den Ausschnitt, den Sie in den unteren Balken gehauen haben. Der obere Blockbalken darf nicht auf dem Grund des Hakens im Unterbalken aufliegen. Markieren Sie, wo man abschalmen muß, und schalmen Sie den oberen Balken soweit an, daß er gut zwischen die glatten Schnitte in den Haken des unteren Balkens hineinpaßt. Nach dem Anschalmen soll der obere Balken auf dem Grund des Hakens im unteren Balken aufliegen.

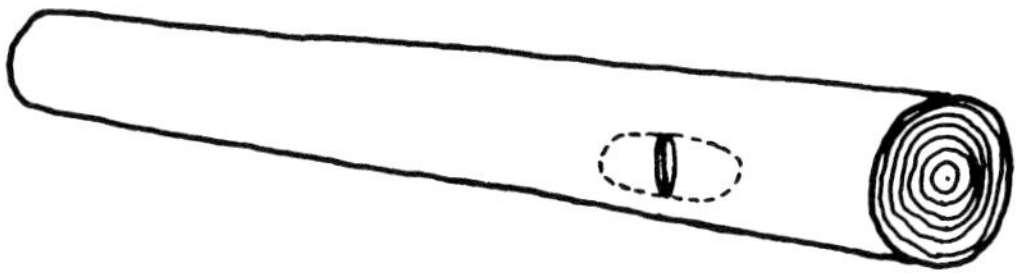

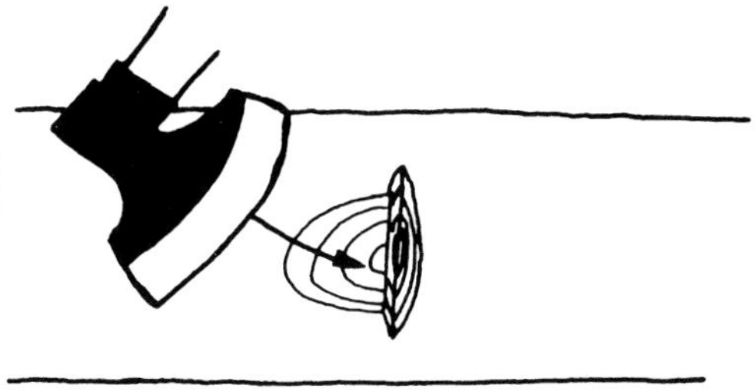

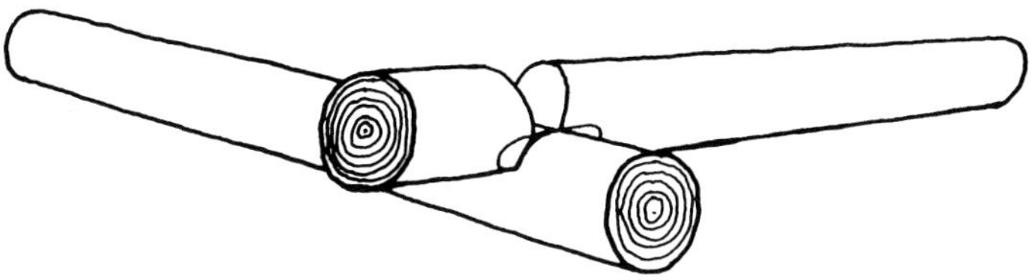

5. Um einen sauberen Schalm an beiden Seiten des Oberbalkens anzulegen, haut man zuerst eine kleine Kerbe, mit der man die Tiefe des Schalms angibt. Danach beilt man von beiden Seiten gegen diese Kerbe. So bekommt man einen glatten und gleichmäßigen Schalm.

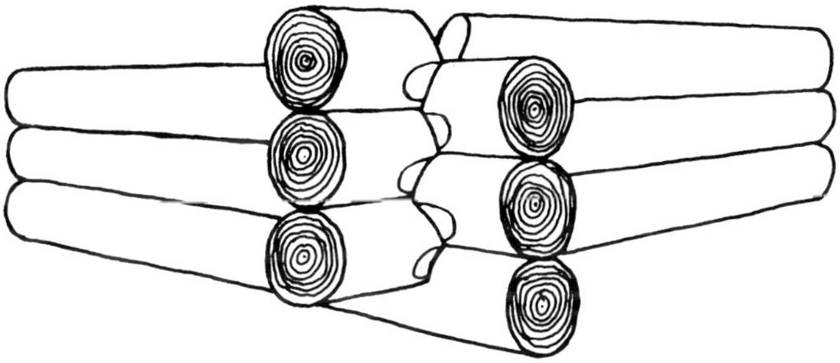

6. Damit ist der Stamm in den Eckverband, die „Verkämmung", eingepaßt. Der Oberbalken, der zum Unterbalken für die nächste Lage wird, wird nun bis auf den Unterbalken ausgekerbt, wie es unter 3. beschrieben ist.

7. Auf diese Weise wird Stamm für Stamm eingepaßt. Trotz der einfachen Ausführung bekommt man so einen schönen Eckverband.

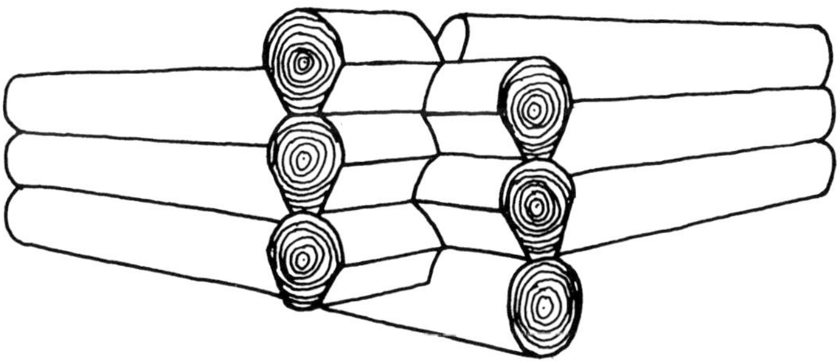

8. Wenn mit dieser einfachen „Verkämmung" ein anspruchsvolleres Haus gebaut werden soll, wird man eine im Eckverband und in der Balkenauflage dichtere Wand haben wollen. Man kann dann den Schalm bis zum Balkenkopf verlängern. Auf Seite 90 wird gezeigt, wie man stärkeres Rundholz schräg anschalmt. Bei stärkeren, rund belassenen Blockbalken bekommt man so einen sehr dekorativen Vorstoß.

Gerade, zweiseitig geschnittene Verschränkung

Dieser Eckverband wird vor allem dann angewandt, wenn mit behauenen oder gesägten Blockbalken gezimmert wird. Er ist verhältnismäßig einfach auszuführen. Bis zum Beginn des 20. Jahrhunderts galt er als die normale Bauweise. Wenn die Stämme auf einheitliche Stärke behauen oder gesägt sind, braucht man sie beim Einpassen nicht zu schalmen, und man kann die Haken mit der Motorsäge schneiden. Dieser Eckverband gilt als weniger dicht und mehr durch Fäulnis gefährdet als Verbände mit schrägen Schnitten, wie der „Rännknut“. Ich habe eine Anzahl Häuser abgerissen, die mit diesem Eckverband gebaut worden waren – allerdings mit Zapfen im Oberhaken – und dabei selten Schäden an den Eckverbänden festgestellt. Meistens sind die Schäden an älteren Blockwänden durch schadhafte Dächer oder durch zu geringen Dachüberstand verursacht worden.

Dieser Eckverband kann sehr dicht sein, wenn die Verschränkung sorgfältig gearbeitet wird. Den erforderlichen Spalt für das Schwinden des Holzes kann man mit Mineralwolle, Moos oder Werg abdichten. Wegen der senkrechten Seitenschnitte können beim Austrocknen jedoch Spalten entstehen.

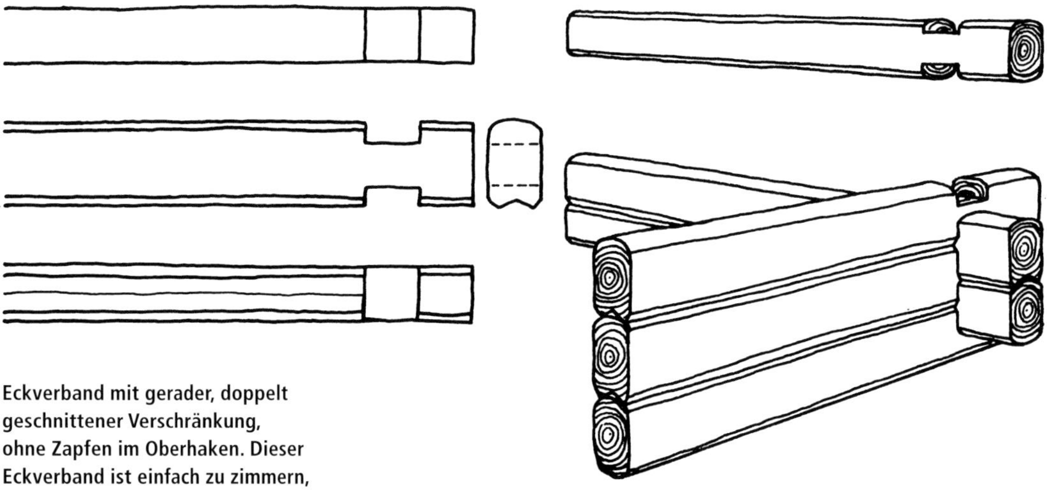

Eckverband mit gerader, doppelt geschnittener Verschränkung, ohne Zapfen im Oberhaken. Dieser Eckverband ist einfach zu zimmern, aber nicht besonders dicht. Er wird nicht angewandt, wenn höhere Forderungen an die Wärmeisolierung gestellt wewrden.

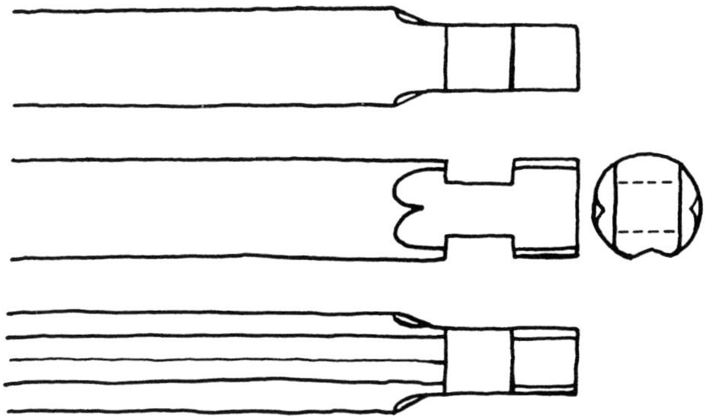

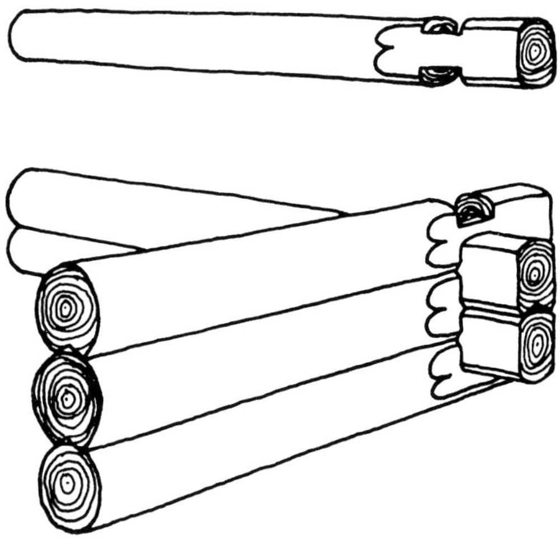

Man kann diese einfache, doppelt geschnittene Verschränkung, ohne Zapfen im Oberhaken, auch mit Rundholz zimmern. Schalmen Sie dann die Stämme so an, daß ein weicher Übergang von der runden Form des Stammes zu der flachen Form des Schalms entsteht.

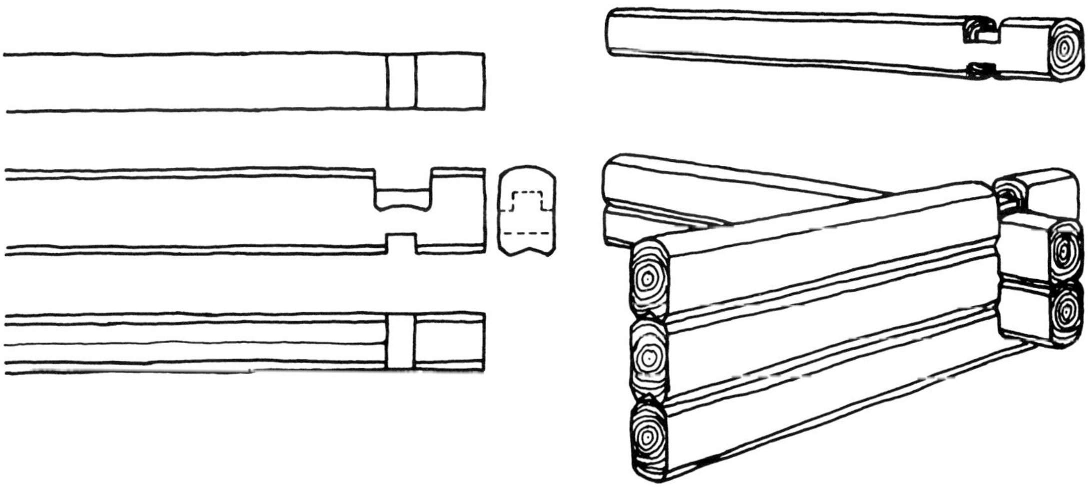

Eckverband mit gerader, doppelt geschnittener Verschränkung, mit Zapfen im Oberhaken. Der Zapfen sitzt mittig im Haken. Man bekommt damit einen dichteren und verwindungssteiferen Eckverband. Hauen Sie die Ausfasungen an beiden Seiten des Zapfens mit einer scharfen Axt mit gerader Schneidekante. Man kann auch den Stechbeitel anwenden, aber das ist zeitraubender.

In Norwegen, wo die Zimmermannskunst hoch entwickelt war, sagt man noch heutzutage, daß „ein geübter und flinker Zimmermann kein anderes schneidendes Werkzeug benutzt als nur die Axt, wenn er ein kleineres Blockhaus baut."

Den Zapfen im Oberhaken kann man auch einseitig anbringen. Gewöhnlich legt man dann die Ausfasung nach innen. So vermeidet man Taschen an der Außenseite, in denen sich Wasser sammeln könnte.

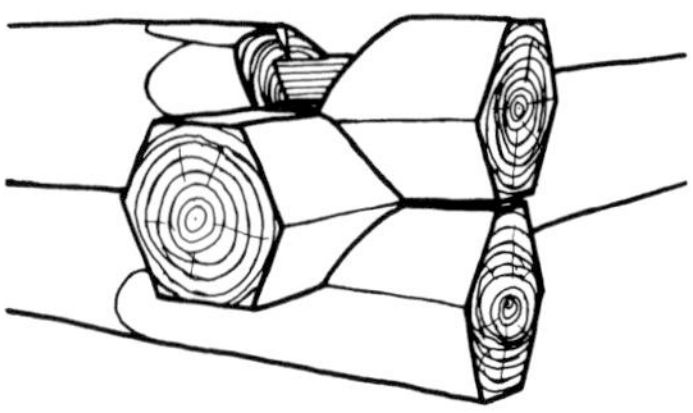

Der „Dalaknut"

(schräg geschnittene Verschränkung mit sechseckigem Balkenkopf)

Er ist im 17. Jahrhundert in Dalarna entstanden, hat einen sechskantigen Balkenkopf mit abgeschrägten Seiten. Es ist eine dekorative Eckverbindung, die besonders für das Bauen mit Rundholz geeignet ist. Achten Sie darauf, daß die Balkenköpfe nicht aufeinander liegen. Wäre das der Fall, würden sie das Setzen der Wand behindern. Dabei würden dann Spalte zwischen den Balken entstehen, weil das Austrocknen, das Quellen und Schwinden, in den Balkenköpfen und weiter innen im Balken, ungleich verläuft. In die Innenseite des Oberhakens hat man eine Dichtungskerbe gehauen, um die Dichtigkeit zu verbessern.

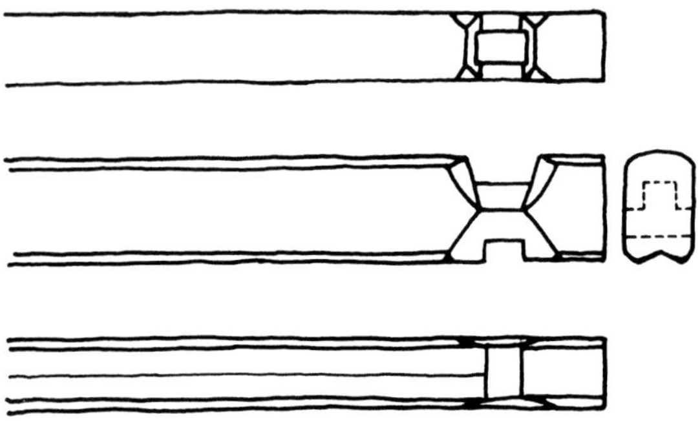

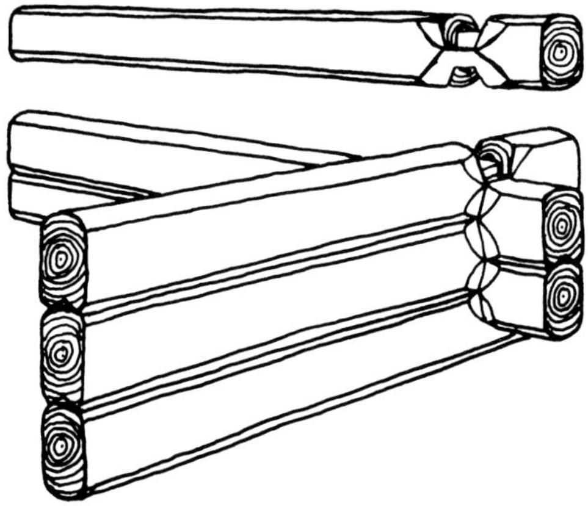

Dieser Eckverband wird von den Zimmerleuten in Dalarna angewandt, wenn sie die modernen Blockhäuser zimmern. Die alte Handwerkskunst ist dort erhalten geblieben. Heute werden regelmäßig Kurse veranstaltet, in denen man diese Blockbauweise erlernen kann. Der Eckverband ist schräg geschnitten, weswegen er beim Austrocknen des Holzes nicht undicht wird. Die oberen Stämme müssen sich setzen können, sie müssen ein Schrumpfmaß haben, wobei der Zapfen im Oberhaken nicht hindern darf.

Dieser Eckverband erfordert genaues Arbeiten und setzt Übung und Erfahrung voraus. Die Balken werden auf die gewünschte einheitliche Stärke vorgesägt. An der Außenseite werden sie mit dem Breitbeil behauen, damit man eine schöne, wellenförmig bearbeitete Oberfläche bekommt. An der Innenseite wird oft eine Isolierung hinter Holzpaneel angebracht.

Der „Laxknut"

(Schwalbenschwanz, Verblattung ohne Vorstoß)

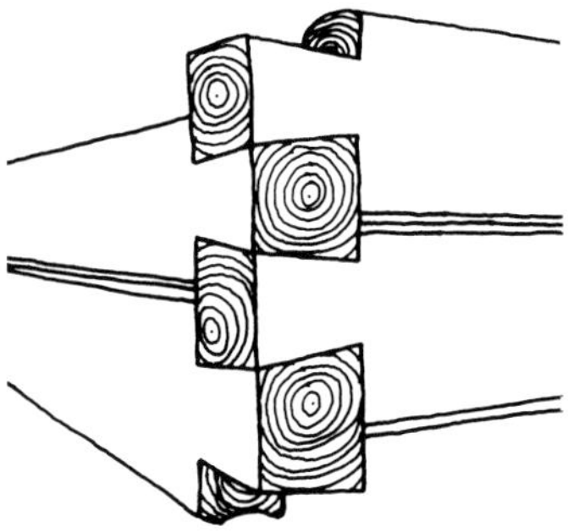

Die Verblattung des Eckverbandes in dieser Technik ist häufig in Häusern zu finden, die im 19. Jahrhundert und bis zu Beginn des 20. Jahrhunderts gebaut wurden. Die Mehrzahl der alten Blockhäuser, die man heute findet, stammen aus dieser Zeit. Man hat keinen Vorstoß mit überstehenden Balkenköpfen mehr, sondern man verblattet nun die Balken mit genau geschnittenen, schrägen Flächen. Manchmal wurde auch ein starker, selbstgeschmiedeter Nagel oder ein Dübel mitten in die Verblattung eingetrieben. Der „Laxknut" gilt als schwierig zu zimmern. Man entschied sich oft deswegen für diesen Eckverband ohne Vorstoß, weil man dabei die Balkenköpfe sehr gut durch ein Paneel oder durch Schindeln vor dem Verwittern schützen kann.

Die Längsnut

Wenn man hohe Anforderungen an Dichtigkeit und Wärmeisolierung des Blockhauses stellt, muß die Balkenauflage eine Längsnut haben. Die Oberseite des Blockbalkens behält ihre Rundung, während in die Unterseite eine Rinne gehauen oder geschnitten wird, auf deren beiden Kanten der Balken aufliegen soll. Das Gewicht des Balkens und der darüber liegenden Teile des Hauses drückt nur auf diese Kanten. Es entsteht keine Fuge zwischen den Balken, wenn diese Kanten sich in die Oberseite des Unterbalkens einpressen. Die Dichtigkeit der Wand hängt davon ab, daß die Längsnut so genau ausgeformt wird, daß ihre Kanten überall gleichmäßig auf dem Unterbalken aufliegen.

Es ist wichtig, daß keine vorstehenden Stellen im Balken, im Eckverband oder im Balkenkopf, die Kanten der Längsnut daran hindern, sich in den Unterbalken einzudrücken. Astbeulen und andere Unregelmäßigkeiten in der Oberfläche des Unterbalkens müssen geglättet werden. Formt man die Kanten der Längsnut schnurgerade aus, bekommt man eine fugenlose, dichte Wand.

Die Rahmenbohlen für Tür und Fenster sowie die Dübel müssen genügend Sinkmaß haben, damit die Balken nicht daran hängenbleiben, wenn sie sich setzen. Das Gewicht des Daches muß auf alle Wände gleichmäßig verteilt werden, was beim traditionellen Satteldach mit Firstpfette der Fall ist. Es belastet die Giebelwände und die Seitenwände gleichmäßig.

Die Kanten der Längsnut im Oberbalken bilden dichte Fugen, wenn sie auf die abgerundete oder angefaste Oberseite im Unterbalken drücken und dabei zugleich das Ablaufen des Regenwassers ermöglichen. Das Wasser wurde zwischen die Balken rinnen und sogar vom evtl. Dichtungsmaterial aufgesaugt werden, wenn die Balken keine Längsnut und keine Fase an der Balkenoberseite hätten. Das Balkenwerk in alten Blockhäusern ohne diese Längsnut ist oft von Fäulnis befallen worden. Die Fäulnispilze greifen an der Oberseite des Balkens an, wenn sich dort Feuchtigkeit sammelt. Wenn man eine einfache Hütte ohne Längsnut zimmern will, muß der Dachüberstand so groß sein, daß der Regen nicht direkt gegen die Wand schlägt.

Das Gewicht der Balkenwand und des Daches, das durch die Kanten der Längsnut von Stamm zu Stamm

Das Prinzip der Längsnut. Die Belastung der Wand wird über die scharfen Kanten der Längsnut von Stamm zu Stamm weitergegeben.

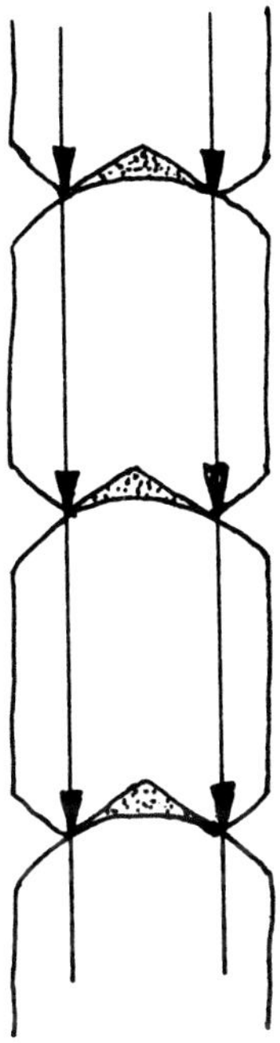

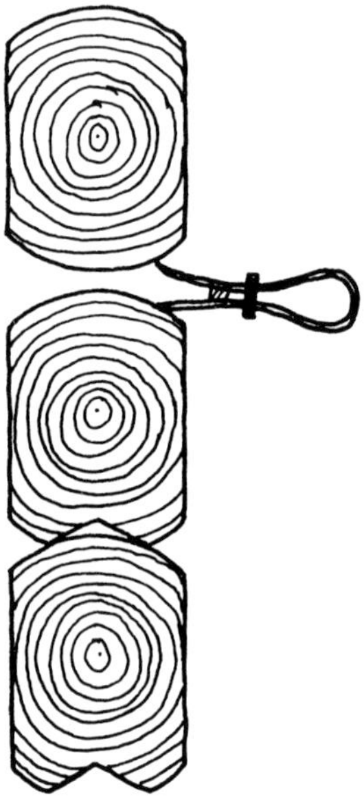

Das Anzeichnen der Längsnut mit dem Zugmaß. (Das Zugmaß kann in Deutschland von der Forstgerätestelle Grube KG in 29646 Hützel bezogen werden.) Es ist leicht anzufertigen. Ein Bandeisen wird so gebogen, daß man einen federnden Ring und zwei Schenkel bekommt. Sie werden spitz angefeilt und etwas aufgebogen. Über die Schenkel wird ein Eisenring gestreift; ein Holzkeil klemmt die Schenkel gegen den Ring. Man kann nun den passenden Abstand zwischen den Schenkelspitzen einstellen, indem man die Lage des Holzkeiles und des Eisenringes verändert.

Die Längsnut wird mit dem Zugmaß angezeichnet, sobald die Balken im richtigen Abstand zueinander liegen. Stellen Sie dazu das Zugmaß auf das Maß ein, um das der Oberstamm sinken soll. Ziehen Sie dann einen deutlichen Ritz in die Unterseite des Balkens. Danach übertragen Sie mit dem Zugmaß die Kontur des Unterstammes auf den Oberstamm. Wenn Sie nun sorgfältig entlang des Ritzes hauen oder mit der Motorsäge schneiden, werden Ober- und Unterstamm genau zusammenpassen.

Es ist empfehlenswert, den Ritz mit einem Zimmermannsblei nachzuziehen, damit man ihn deutlich sieht. Der Abstand zwischen den Kanten der Längsnut soll mindestens 7 cm betragen.

Ich benutze gerne ein Stemmeisen passender Größe, das ich gegen den Unterstamm abstütze, so daß ich den gleichen Winkel über die Länge des Balkens einhalten kann. Edgar Karlsens Zugmaß hat einen senkrechten Anschlag an den Enden, so daß man es waagerecht gegen Ober- und Unterstamm halten kann. Die jeweilige Spitze markiert dann den Ober- bzw. Unterstamm. Hält man die Spitzen genau im Lot, fallen die Markierungen später zusammen, wenn die Längsnut ausgehauen ist.

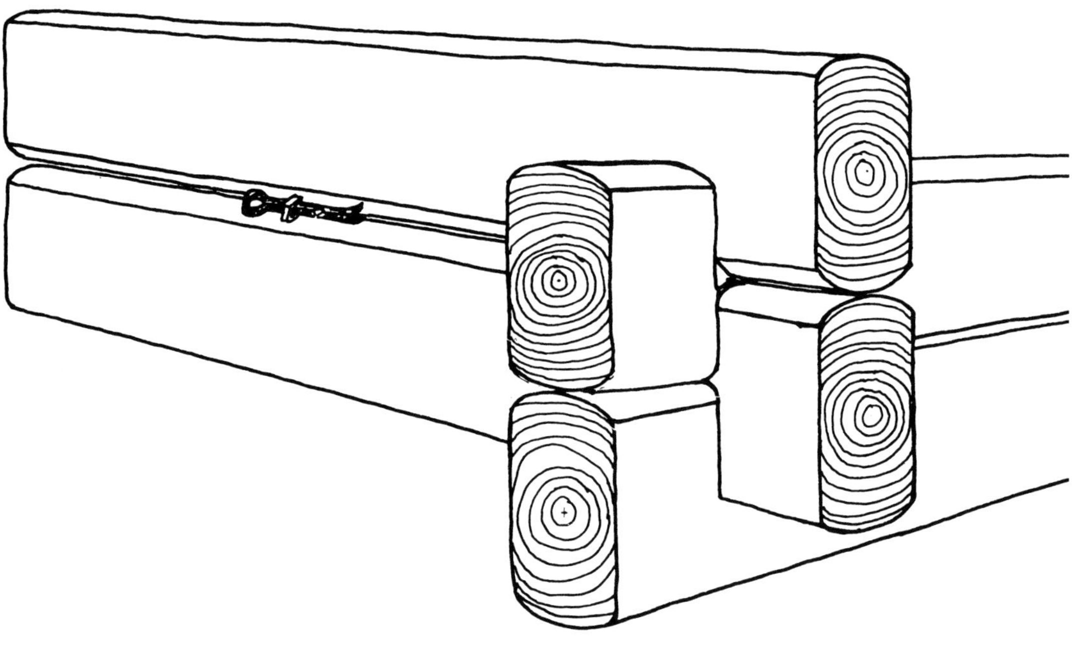

Wir benutzen eine Öffnung im Zugmaß von etwa 1,8 cm. (Man kann mit einer Öffnung des Zugmaßes von 2,2–2,5 cm arbeiten, wenn ein großer Spalt zwischen den Stämmen besteht.) Das Zugmaß muß parallel zum Stamm und so gehalten werden, daß es zugleich den Ober- und den Unterstamm markiert. Es hilft, den Ritz des Zugmaßes mit einem Blei nachzuziehen. Dann sieht man besser, wo man schneiden und hobeln muß. Auch hier müssen wir beachten, daß Längsnut und Markriß nur zwischen den Markierungen liegen dürfen. Ein Blockhaus mit einer Längsnut, die außerhalb der angezeichneten Linie liegt, ist ein Zeichen für handwerklichen Pfusch.

Edgar Karlsen, *Laerebok i laftning*, Oslo 1989

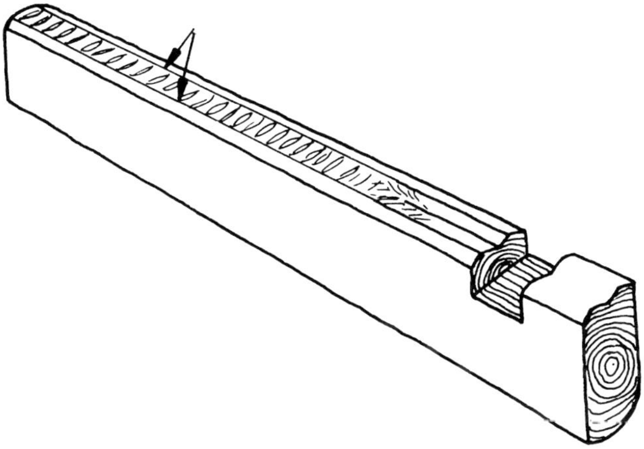

Beginnen Sie das Aushauen der Längsnut damit, daß Sie mit der Beilaxt eine Reihe dicht aneinander liegender Kerben zwischen die beiden Ritze hauen, also quer über die Unterseite des Balkens. Vervollständigen Sie die Rinne, indem Sie lange Holzspäne längs des Balkens herausbrechen. Hauen Sie genau zwischen die Ritze. Die Dichtigkeit der Wände hängt zum großen Teil davon ab, ob diese Arbeit genau ausgeführt wurde.

Früher sagte man, daß die Kanten der Längsnut so scharf sein sollten und so genau auf den Unterstamm passen müßten, daß sie das Moos abknipsen würden, das aus der Längsnut hervorschaut, wenn man mit dem Axtnacken auf den Stamm schlagen würde. Ganz so dicht wird man die Längsnut wohl nicht bekommen, aber wenn die Balken gut eingepaßt sind, darf man keine Messerklinge dazwischen drücken können.

Hauen Sie die Längsnut auch in die Balkenköpfe, damit sie nicht aufeinander liegen. Sonst könnten sich Spalten in der Wand bilden.

weitergegeben wird, wirkt der Rißbildung im Holz entgegen. Die entstehenden Risse werden auf den Grund der Längsnut konzentriert, wo sie unsichtbar sind.

Dagegen kann die Längsfuge zwischen den Blockbalken undicht werden, wenn die scharfen Auflagekanten aussplittern, weil sich ein Riß auf dem Boden der Längsnut gebildet hat.

Bei großem Druck auf die Blockwand, wie er z. B. von einem Rasendach verursacht wird, können die scharfen Kanten der Längsnut sogar zum Aufspalten des Balkens führen. Wenn man den Mittelschnitt der Längsnut mit der Motorsäge zu tief geführt hat, entsteht oft ein relativ spitzer Winkel am Grunde der Längsnut. Norwegische Zimmerleute benutzen ein besonderes Zugmesser mit schalenförmig gebogener Schneide, den „Längsnuthobel", um eine weiche Rundung am Boden der Längsnut zu bekommen. Man arbeitet die Längsnut erst mit der Motorsäge aus, wie nachstehend beschrieben, dann wird die Längsnut mit dem Hobel nachgearbeitet.

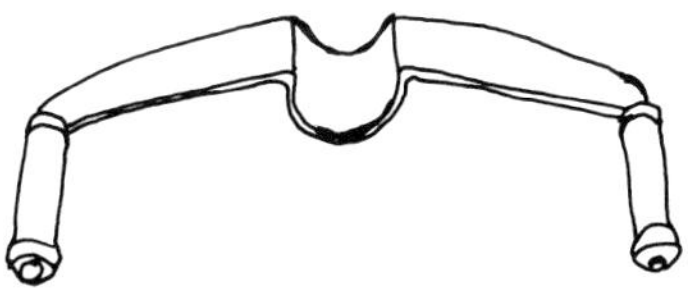

Längsnuthobel mit U-förmiger Schneide aus Norwegen

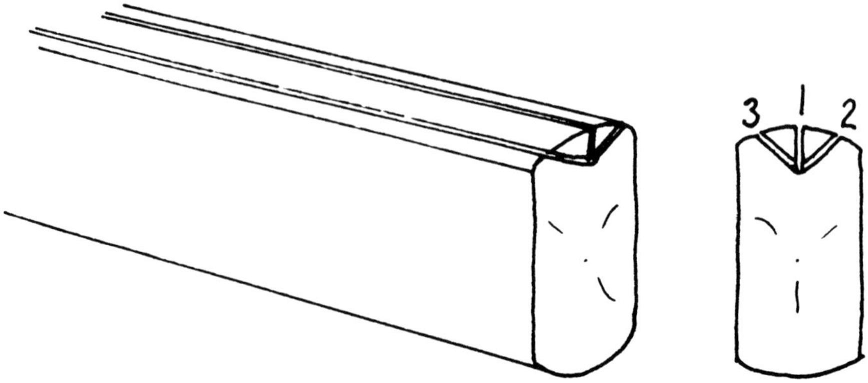

Die Längsnut kann mit der Motorsäge ausgeschnitten werden. Beginnen Sie mit einem senkrechten Schnitt in der Mitte. Sodann sägt man mit zwei schrägen Schnitten, die genau entlang der Markierung geführt werden müssen, eine Kerbe heraus. Wenn man genau geschnitten hat, fallen 2 dreikantige Leisten an. Man erkennt dabei die Bedeutung gerader Zugritze, die man nur bekommt, wenn zuvor die Balkenauflagen angeglichen wurden.

Jon Dahlmo (Verktöysmia Drevja N-8650 Mosjöen) schmiedet verschiedene Werkzeuge für das Zimmern, u.a. ein „mekniv“, das aus einer alten Form entwickelt wurde. Man kann es mit V-förmiger oder U-förmiger Schneide bekommen.

Im Sägewerk zugeschnittene Blockbalken werden manchmal an Ober- und Unterseite gefräst. Das hat den Vorteil, daß man eine weich gerundete Längsnut bekommt, deren Radius kleiner ist, als der an der Oberseite des Balkens. Der Druck zwischen den Balken konzentriert sich dann auf die Kanten, und es wird kein Anlaß für die Rißbildung geschaffen. Eine in grobem Holz gefräste Längsnut verwindet sich oft in ihrer Lage zum Unterbalken, wenn das Holz trocknet. Die Kanten müssen dann nachgearbeitet werden, um eine gute Passung zwischen den Balken zu bekommen.

Wenn man mit trockenem Holz zimmert, das schon gerissen ist, vermindert sich das Risiko für das Aufspalten, das sonst beim Schneiden der Längsnut mit der Motorsäge besteht.

Die Längsnut muß mindestens 7 cm breit und 1,5–2 cm tief sein. Die effektive Wandstärke wird durch die Breite der Längsnut bestimmt. Wenn sie zu schmal ist, wird die Isolierung unzureichend. Eine breitere Längsnut isoliert besser und vermindert das Risiko eindringender Feuchtigkeit.

Die Oberseite des Unterbalkens kann man mit Hilfe von Holzkeilen nach außen drücken, wenn man beim Hauen oder Sägen der Längsnut zu weit nach innen gekommen ist. Dieselbe Methode kann man anwenden, wenn man beim Anschalmen eines Eckverbandes zuviel Holz weggenommen hat.

Man füllt die Längsnut mit Dichtungsmaterial, um eine bessere Dichtung zwischen den Blockbalken zu bekommen. Früher kalfaterte man von der Außenseite mit geteertem Werg und mit gewöhnlichem Werg von der Innenseite. Es gibt heute verschiedenstes Isoliermaterial, z. B. Mineralwolle in Streifen, wenn man kein Werg verwenden will.

Ich empfehle Naturprodukte: an der Außenseite geteertes Werg, Moos in der Mitte und Leinwerg von innen. In Norwegen ist „laftevatt" erhältlich, das ist Schafwolle, die in 200 m langen, zusammenhängenden Würsten in Papierbeuteln geliefert wird. Dort wird eine Kombination von geteertem Werg an der Außenseite und „laftevatt" an der Innenseite empfohlen. In Schweden wird heute meistens Mineralwolle verwendet die man in Dichtungsstreifen, speziell für den Blockhausbau, kaufen kann. Ich bin skeptisch gegenüber der Mineralwolle. Sie zieht Wasser an, wenn sie naß wird, und sie gibt außerdem einen feinen Staub von Mineralwollpartikeln an die Raumluft ab, der Allergien verursachen kann. Mineralwolle kann man zur Isolierung zwischen den trockenen Balkenlagen des Fußbodens verwenden. Den Geruch von geteertem Werg mag vielleicht nicht jeder, aber es ist gut für das Holz, denn es verhindert Feuchtigkeit und Fäulnis.

Moos als Dichtungsmittel ist jahrhundertelang angewendet worden. Es hat viele besondere Eigenschaften. In Plastiksäcken über lange Zeit gelagertes Moos ist oft nur geringfügig oder gar nicht von Schimmel befallen.

Wir wollen hören, was Allan Mackie in Kanada über Moos als Dichtungsmaterial zu sagen hat:

Ich empfehle so bald wie möglich Moos anzuwenden. Es hat einige Eigenschaften, die meiner Meinung nach unübertrefflich sind. Wenden Sie die Torfmoose (Sphagnum) an, die dort im Schatten von Fichten oder Kiefern wachsen, wo der Schnee im Frühjahr zuletzt schmilzt. (In Deutschland findet man Torfmoose vor allem auf den wenigen verbliebenen, und daher unter Naturschutz stehenden Hochmooren.) Geeignetes Torfmoos bildet verfilzte Decken von 6–9 cm Dicke, zwischen denen nur wenige andere Pflänzchen wachsen. Die oberste Lage ist bleichgrün, während es weiter unten in Braun übergeht. Beides kann man verwenden, weil sich die Moosdecke vermutlich so vom Boden abziehen läßt, daß keine Erde daran verbleibt.

Bei günstigem Wetter kann man eine Moosexpedition einplanen, nicht nur deswegen, weil es – vor allem in der Blaubeerzeit – so angenehm ist, im Moos zu rasten. Selbst für ein kleineres Blockhaus braucht man erhebliche Mengen an Moos. Die ganze Familie kann einen angenehmen Tag damit verbringen, Moos in Säcke zu stopfen. Das Moos kann man im voraus sammeln und in Säcken auf fast unbegrenzte Zeit lagern.

Frisches Moos ist leichter zu hantieren, weil ausgetrocknetes Moos spröde wird. In zugebundenen Plastiksäcken behält es seine Feuchtigkeit. Wenn man trocken gewordenes Moos vor der Verarbeitung wässert, bekommt es sofort wieder seine frühere Geschmeidigkeit.

Ich halte es auch deswegen für wichtig, das Moos feucht in die Wand einzubauen, weil es sich dann besser den Konturen des Blockbalkens anpaßt. Das Moos trocknet schnell, nachdem es an seinem Platz in der Wand liegt.

Gegen die Verwendung von Moos haben sich die Schüler meiner Kurse zum Blockhausbau skeptischer geäußert als gegenüber meinen anderen Auffassungen zur Blockbauweise. Das gilt sogar im Bezug auf meine Ablehnung maschinenentrindeter Blockbalken und von Toiletten im Haus. Ein Bauexperte vertraute mir an, daß seine Frau niemals die Anwendung von Moos als Isoliermaterial zulassen würde, da sie eine sehr reinliche Frau sei.

Ich halte Mineralwolle nicht für ein schlechtes Material. Ich verwende sie regelmäßig beim Zimmern, wenn ich kein Moos bekommen kann. Ich verwende sie zur Isolierung im Fußboden und natürlich im Dach. Aber ich meine, daß man kein industriell hergestelltes Baumaterial verwenden sollte, wenn eine ebenso gute Naturfaser erhältlich ist, und das sogar kostenlos.

Im Schirmschutz, in Koten oder einfachen Hütten ist es sehr brauchbar. Manche ziehen es den modernen Isoliermaterialien vor, weil Moos hygroskopisch ist, das Wasser also je nach der Situation aufnimmt oder abgibt. Es schwillt, wenn es Wasser aufnimmt und verhindert dadurch, daß weiteres Wasser eindringt.

Oft werde ich gefragt, welche Moosart man anwenden soll. Nach dem Buch „Moose", von Hallinbäck & Holmåsen (Stockholm 1985) soll man Rotstengelmoos (Pleurosium schreberi) oder Stockwerkmoos (Hylocomium splendens) sammeln. Torfmoose seien nicht geeignet, weil sie zuviel Wasser aufsaugen. Ich schlage vor, an alten Blockhäusern das dort verwendete Moos zu untersuchen und eine Probe zur Bestimmung der Art mitzunehmen.

Das Moos muß von Zweigen und Holzstückchen gesäubert und zu langen Rollen geformt werden. Diese werden unter den – mit Holzklötzchen angehobenen – Blockbalken gelegt. Das Moos muß die passende Feuchtigkeit haben, darf aber nicht durchnäßt sein. Es würde nur schlecht trocknen, wenn man mit frischem Holz und bei feuchtem Wetter zimmert. Schimmel zwischen den Blockbalken der neuen Sauna erfreut niemanden.

Man nimmt die Holzklötzchen fort, wenn die Längsnut mit Moos vollgestopft ist und klopft den Blockbalken mit dem Holzhammer herunter. Wenn es gelungen ist, die Kanten der Längsnut gerade und scharf auszuformen, so daß sie mit Biß auf dem Unterbalken aufliegen, kneifen sie dabei das überflüssige Moos ab, so daß es herunterfällt. Wenn nicht, drückt man das überflüssige Moos zwischen die verbliebenen Spalten. Wenn die Blockbalken sich nach einigen Jahren gesetzt haben, kann man überschüssiges Moos abschneiden.

Lassen Sie die Blockwände während längerer Regenperioden nicht ungedeckt stehen, wenn Sie das Dichtungsmaterial zwischen die Blockbalken und in die Eckverbände bereits eingefügt haben.

Jeder Naturfreund sieht ein, daß man in Deutschland, aus Gründen des Biotop- und Artenschutzes, nicht derart großzügig über Waldmoos verfügen kann, wie das in Skandinavien oder Kanada noch möglich sein mag. Man sollte aber einmal erkunden, ob man nicht das Moos verwenden kann, das beim Vertikutieren vermooster Rasenflächen anfällt und das kostenaufwendig entsorgt oder kompostiert wird.

Niveauunterschiede zwischen den Blockbalken einer Rahmenlage kann man durch Nacharbeiten, unter Zuhilfenahme des Zugmaßes, ausgleichen. Man legt Klötzchen unter das Ende des Balkens, das angehoben werden soll. Bleibt der Abstand zwischen den Balken an einer Seite zu groß, kann man zweimal ziehen. Hauen Sie die Längsnut nach dem ersten Anzeichnen nach, und richten Sie den Balken mit der Wasserwaage in der Wand ein. Bleiben zu große Unterschiede im Niveau, kann man noch einmal nachschneiden und damit die Längsnut breiter machen.

Wenn ein Blockbalken mit seinem Zopfende gegen das Fußende des vorhergehenden Balkens zu liegen kommt, werden sich Niveauunterschiede in der Wand nicht vermeiden lassen. Die Balken des Rahmenkranzes – die das Dach tragen – müssen jedoch in der Waage liegen, weil man sonst beim Einfluchten des Daches zuviel weghauen muß. Die Gefahr ist groß, daß man ein schiefes Dach bekommt.

Zum Nacharbeiten eines Blockbalkens wenden Sie ihn am besten und drücken ihn fest in den Haken des Unterbalkens. Da liegt er fest und in guter Arbeitsstellung für das Nachhauen der Längsnut. Wenn man den Blockbalken auf einer vorhandenen Arbeitsbank nacharbeiten will, kann man seine Lage mit einer Zimmermannsklammer fixieren.

Die Zimmermannsklammer wird längs der Faserrichtung eingeschlagen.

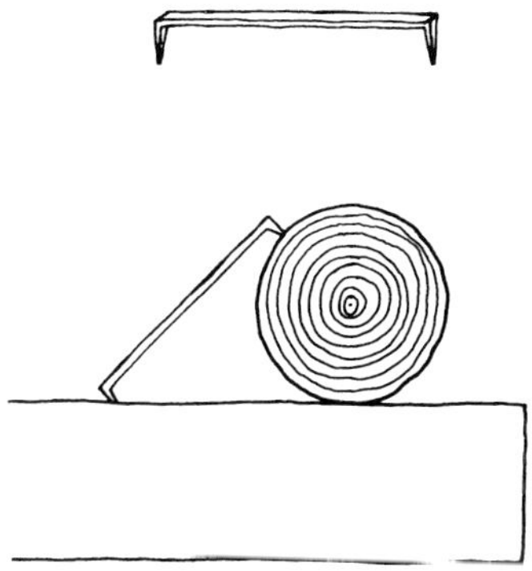

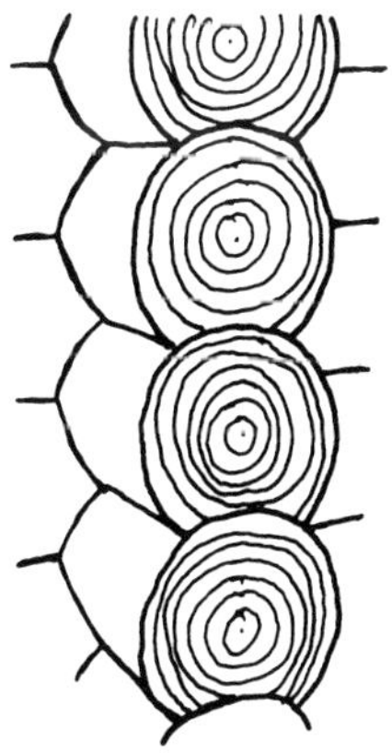

1. Schalenförmige Längsnut in rund gedrehten und gefrästen Blockbalken. Die Balken haben alle dieselben Dimensionen; die Längsnut ist gefräst.

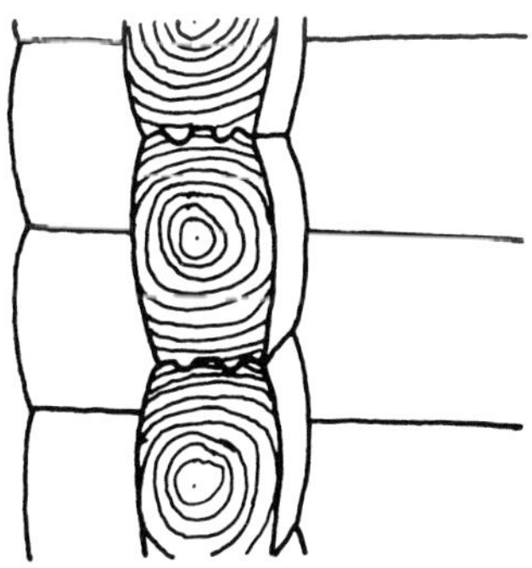

2. Doppelt wellenförmig gefräste Längsnut in profilgefrästen Blockbalken. Die Balken haben ovalen Querschnitt.

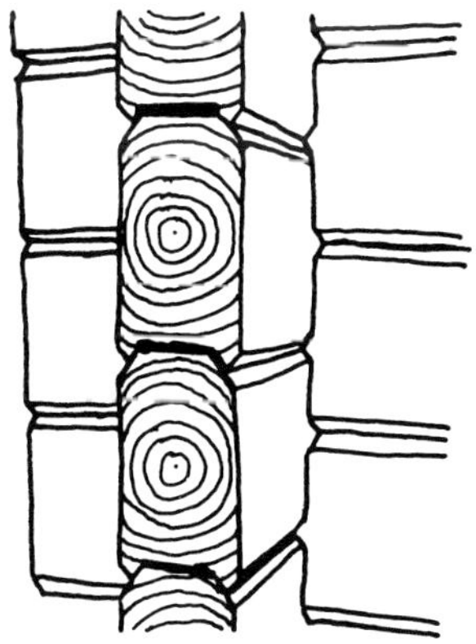

3. Gesägte und gehobelte Blockbalken mit gefräster, gefalzter, flacher Längsnut. Blockbalken mit weniger als 12,5 cm Stärke nennt man Plankenbalken. Sie haben oft nur einfachen oder doppelten Spund als Ersatz für die Längsnut.

Fabrikmäßig hergestellte Blockhäuser, aus gefrästen Balken mit einheitlichen Dimensionen, können sehr dicht werden; besonders dann, wenn das Holz gut ausgetrocknet ist und keinen Drehwuchs hat. Manche Hersteller verbessern die Dichtigkeit der Wände zusätzlich mit Hilfe von eisernen Zugstangen, die zwischen Schwellen und Wandanker angebracht werden, um die Wände zusammenzuziehen. Im selben Maße, wie das Haus austrocknet und sich setzt, werden die Bolzen der Zugstangen nachgezogen.

Andere Hersteller vermeiden es dagegen, Holz und Eisen zu verbinden. Zimmert man mit Holz, das in der Vakuum-Trockenkammer allzusehr ausgetrocknet wurde, kann es quellen, wenn es in eine feuchtere Umgebung kommt, wie das bei einer Außenwand der Fall ist. Beim Quellen des Holzes entstehen sehr große Kräfte. Sie können die Balken zerreißen, da Eisen härter ist als Holz. An den Bohrlöchern für die Eisenbolzen im Holz kann Fäulnis angreifen, weil die Temperaturunterschiede zwischen Eisen und Holz zur Bildung von Kondenswasser führen. Das Wasser kann zwischen Eisen und Holz in das Bohrloch eindringen, weil diese beiden Materialien sich nicht völlig dicht verbinden lassen.

Das Dübeln

Man verwendet Dübel, um die Blockbalken zwischen den Eckverbänden an ihrem Platz zu halten. Dübel sind runde Stäbe, die in Löcher passen, die man durch den Oberbalken hindurch mindestens bis in die Mitte des Unterbalkens bohrt. Der Oberbalken muß zuvor mit seiner Längsnut und seinem Eckverband fertig eingepaßt sein. Im Oberbalken muß ein Sinkmaß von mindestens 3 cm belassen werden. Der Dübel kann zu lang werden, wenn man das nicht genau abmißt. Die langen, durch den Oberbalken hindurch gehenden Dübel dürfen sein Setzen nicht behindern, weil sich sonst ein Spalt in der Wand öffnen würde.

Der Bohrer soll 30–35 mm Durchmesser haben. Für diese Arbeit ist ein Elektrobohrer sehr zu empfehlen. Es gibt interessantere Arbeiten beim Zimmern, als einen Handbohrer in trockene Balken hinein zu drehen. Dübel sollen die Kräfte aufnehmen, die durch Drehwuchs, Druck- und Zugholz, Senkungen im Baugrund und ähnliches entstehen. Sie sollen das Holz nicht zusammenziehen, sondern

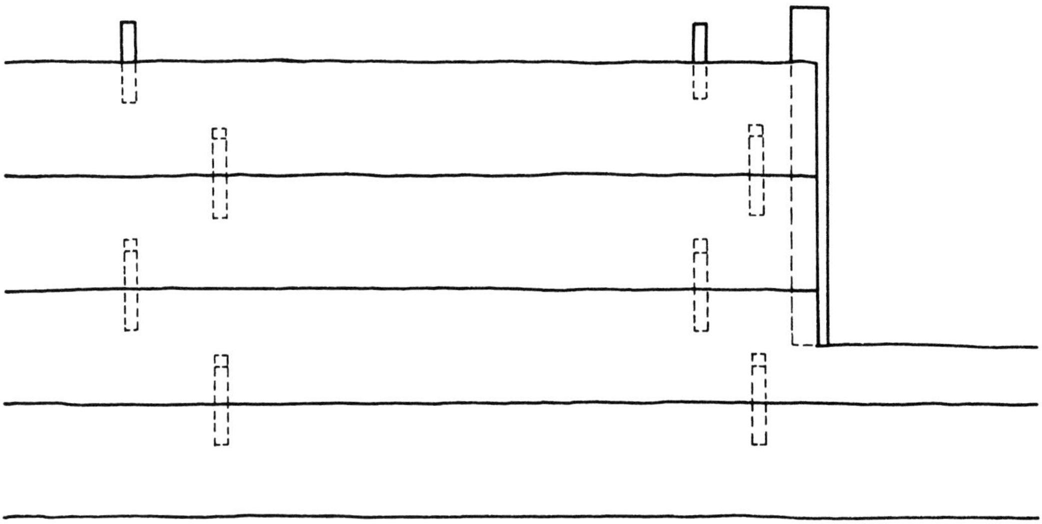

Der Abstand zwischen den Dübeln beträgt 1,2–1,8 m. An den Fenster- und Türöffnungen muß man jede Balkenlage dübeln. Die Dübel liegen dabei im Lot und nicht weiter als 20 cm von der Nut für die Pfostenbohle entfernt.

im Gegenteil, sein Setzen ermöglichen. Die Dübel müssen daher ebenso schrumpfen wie die Balken, weil sie sonst lostrocknen oder festquellen würden. Man macht sie am besten aus demselben Bauholz, denn man bekommt viele astfreie und glattfaserige Abschnitte beim Zimmern.

Spalten Sie den Dübel zuerst mit der Axt aus dem Abschnitt heraus, und schnitzen Sie ihn dann mit dem Messer zurecht. Seine Form kann vierkantig, mehrkantig, oval oder rund sein. Schwach ovale Dübel kann man so einschlagen, daß die Spannungen im Holz auf die Längsrichtung wirken. Vor allem nahe am Balkenkopf ist das besser, als wenn Spannungen quer zur Faserrichtung wirken würden. Ich spalte meistens eine 35-mm-Planke in 35 mm breite Latten, wenn ich 35-mm-Löcher bohre. Das Holz für die Dübel darf nicht zu trocken sein, und man muß die Kanten ausreichend brechen. Man kann den Dübeln eine Taille schnitzen, wie auf Seite 126 abgebildet.

Normalerweise bohrt man das Loch für den Dübel senkrecht durch den Oberbalken, mindestens bis in den halben Unterbalken hinein. Man kann auch erst in den Unterbalken bohren, markiert die Lage des Bohrloches in der Längsnut des Oberbalkens und bohrt dann dort das Loch 2 cm tiefer als der Dübel lang ist. Man markiert die Lage des Dübels mit einem senkrechten Strich auf beiden Balken, bevor man den Oberbalken auf den Dübel drückt. Man will so vermeiden, daß man die Dübellöcher für die nächste Balkenlage in den Dübel der unteren Balkenlage hineinbohrt.

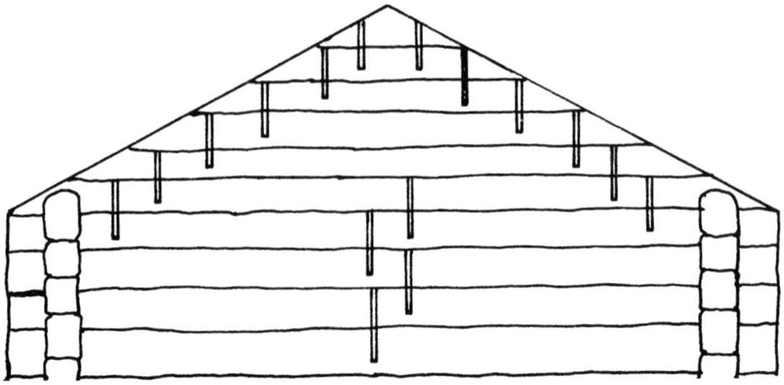

Schema für das Dübeln der Giebelwand, bevor die Pfetten eingesetzt werden.

Der Dübel soll so passen, daß man ihn mit geringer Kraft eintreiben kann. Er muß im Unterbalken festsitzen, soll aber im Oberbalken gleiten. Das ist besonders wichtig in der Giebelwand, wo die Balken beim Einpassen der Pfetten mehrmals abgehoben und wieder eingesetzt werden müssen. In den Giebelwänden werden die Balken während des Zimmerns nur durch die Dübel verbunden und an ihrem Platz gehalten. Wenn dann die Pfetten aufgelegt sind, stabilisieren diese die Giebelwand.

In den Spitzen der Giebelwände werden die Balken nur durch Dübel verbunden. Erst nach dem Zimmern des Daches werden die Giebel zusätzlich durch die Pfetten gestützt. Die Dübel sind daher im oberen Teil der Giebelwände stärker belastet als im unteren Teil und in den Längswänden, wo die Eckverbände der Balken die Festigkeit der Wand bestimmen. Manche Blockhaushersteller verdübeln die Balken der Giebelwände mit quadratischen Dübeln, deren Durchmesser 2 bis 3 mm stärker ist als der Durchmesser des Bohrloches und die daher wie Keile wirken. Diese Dübel werden mit dem Vorschlaghammer eingeschlagen, wobei Ober- und Unterbalken aufeinander gepreßt werden.

Dieses Verfahren setzt voraus, daß mit trockenem Holz gezimmert wird, weil sich sonst Spalten in der Giebelwand öffnen würden, wenn das Holz beim Austrocknen schwindet. Sollten sich Spalten zwischen den Balken des Giebels öffnen, können sie nur durch Dichtungsmaterial geschlossen werden, weil die derart verkeilten Balken der Giebelwände sich nicht mehr setzen können. Beim eventuellen Umsetzen des Hauses können die Giebel nur noch im Ganzen abgehoben werden, da die einzelnen Balken sich nicht mehr trennen lassen.

Lange Wände mit großem Abstand zwischen den Eckverbänden müssen besonders gut verdübelt werden. Die

Blockbalken können sich dann nicht aus der Wand herausdrehen. Die Zimmerleute setzen heute die Dübel oft an jeden Eckverband, um die Stammverbindung besser gegen das Verwinden zu sichern.

Zu guter Letzt: Verwenden Sie keine Armierungseisen oder ähnliches als Dübel. „Holz gegen Holz", das ist es, was gilt.

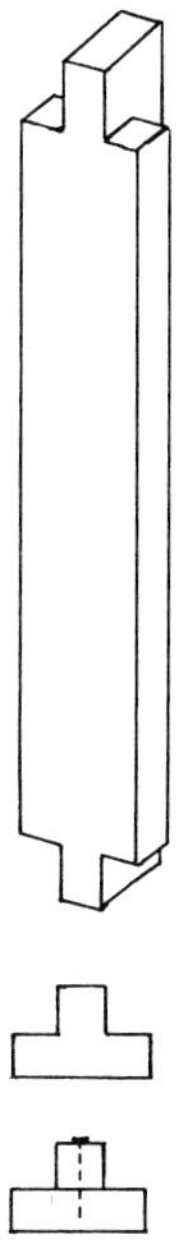

Die Pfostenbohle mit ihrem T-förmigen Querschnitt kann aus einem Stück bestehen oder zusammengenagelt sein. Die Blindbohle wird in die Nut im Hirnholz der Blockbalken, beiderseits der Tür- und Fensteröffnungen, eingelassen. Sie stützt die Balken und verhindert ihr Ausweichen aus der Flucht der Wand.

Tür- und Fensteröffnungen

Die Tür- und Fensteröffnungen kann man beim Zimmern in der Wand aussparen oder nachträglich aus der Wand herausschneiden. Wenn man die Öffnungen erst zum Schluß herausschneidet, werden die Nuten für die Pfostenbohle der Tür oder des Fensters dadurch vorbereitet, daß man in jeden neu eingezimmerten Balken dort ein Loch bohrt, wo später die Nut hinkommt. Wenn man die Hütte am vorgesehenen Platz aufgestellt hat, sägt man mit der Motorsäge, entlang der vorgezeichneten Linie, die Tür- und Fensteröffnungen aus der Wand heraus. Die Nuten für die Pfostenbohlen sind dann einfacher aus dem Hirnholz der Blockbalken herauszuschneiden, weil man jetzt im Balkenkopf nur bis zu den vorgebohrten Löchern zu sägen braucht. Bei diesem Verfahren kommt man mit der Arbeit besser voran, da man nicht beiderseits der Öffnungen mit vielen kurzen Balkenstücken hantieren muß.

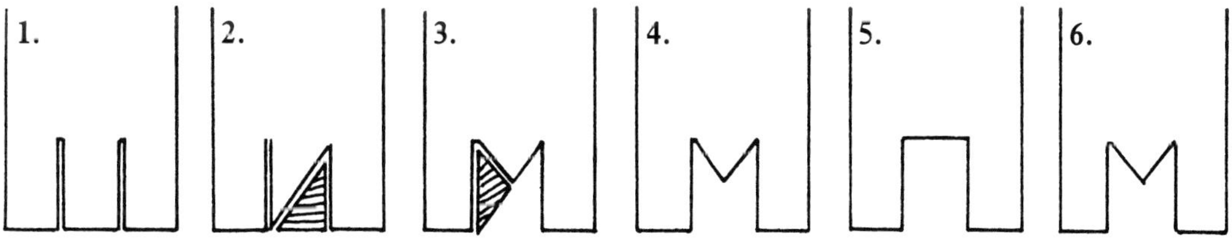

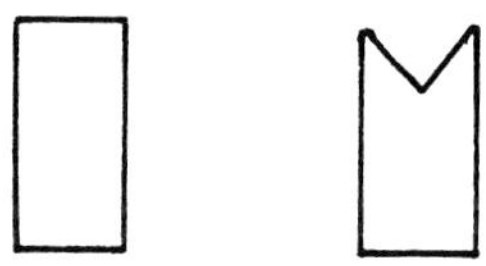

So sägt man die Nut für die Pfostenbohle mit der Motorsäge:

1. Sägen Sie zwei Schnitte bis in die gewünschte Tiefe.
2. Sägen Sie schräg gegen den ersten Schnitt.
3. Führen Sie den nächsten Schrägschnitt.
4. Die Nut ist fertig.
5. Rechtwinklige Nut für eine rechteckige Pfostenbohle.
6. V-förmige Nut, in die eine V-förmige Bohle paßt. Es wird schwierig sein, mit der Schienenspitze der Motorsäge eine ebene Nut zu schneiden, besonders dann wenn der Balken bei diesem Schnitt schon eingezimmert ist. Es kann einfacher sein, eine V-Spur in die Bohle zu schneiden oder zu hauen.

Achtung: Beim Schneiden mit der Schienenspitze im Hirnholz ist die Gefahr sehr groß, daß die Motorsäge hochschlägt. An diesen Schnitt darf man sich nur heranwagen, wenn man die Gefahr kennt und in der Motorsägenarbeit geübt ist.

Das obere und untere Ende der Pfostenbohle wird in ausgestemmte Löcher in der Schwelle und im Sturz – den beiden durchgehenden Blockbalken unter und über der Öffnung – eingezapft. Im Tür- oder Fenstersturz – dem Balken, der die Öffnung überspannt – muß ein Schrumpfmaß für die Pfostenbohle von mindestens 3 cm je Meter Pfostenlänge berücksichtigt werden. Eine 2 m hohe Tür soll also mindestens 6 cm Schrumpfmaß haben. Wieviel Schrumpfmaß man im Einzelfall tatsächlich braucht, hängt davon ab, wie weit das Holz beim Zimmern schon ausgetrocknet ist. Die Pfostenbohle wird in der Schwelle eingezapft. Die übrigen Blockbalken müssen beim Setzen frei über die Blindleiste der Pfostenbohle gleiten können. Daher darf man sie nicht zu fest in das Hirnholz der Blockbalken eintreiben. Die Pfostenbohle wird endgültig durch den Tür- bzw. Fensterrahmen festgepreßt, wenn der Rahmen festgekeilt wird.

Das Stoßen von Blockbalken

Manchmal muß man einen Blockbalken dadurch verlängern, daß man einen anderen Balken anstückt. Nach Möglichkeit legt man diese Verbindungsstelle zwischen zwei Balken in die Verkämmung oder Verschränkung einer Zwischenwand. Wenn das nicht möglich ist, muß man den sogenannten offenen Stoß anwenden. Das ist häufig der Fall, wenn man alte Blockhäuser repariert oder umsetzt. Schadhafte Balkenteile werden entfernt, und gesundes Holz wird eingesetzt.

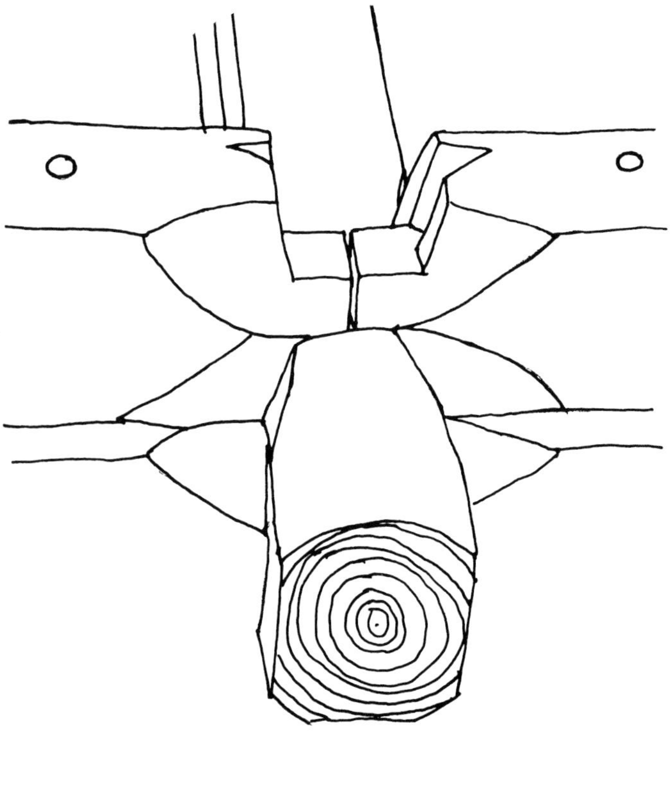

Stoß in der Verkämmung einer Zwischenwand. Beachten Sie, daß man an beiden Seiten des Stoßes dübeln muß.

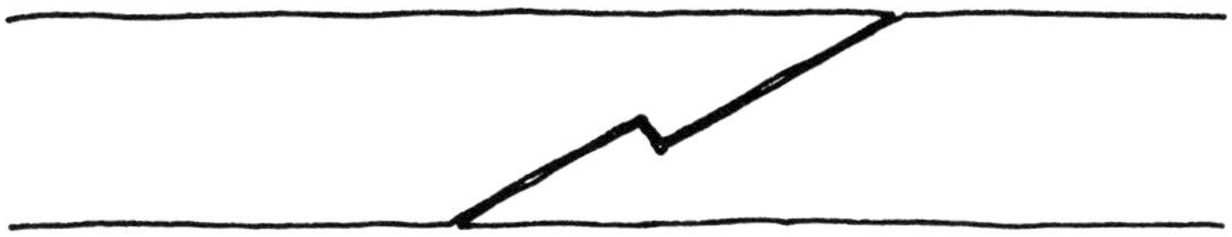

a) Stoß mit Haken, sog. Blitzstoß. Von der Seite gesehen.

b) Stoß mit Spundzapfen und Zapfennut.

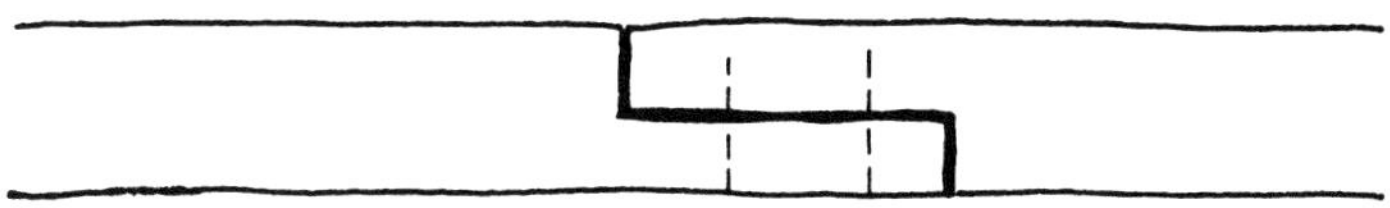

c) Balkenstoß mit französischer Holzschraube, die versenkt und mit einem Pflock verschlossen werden kann.

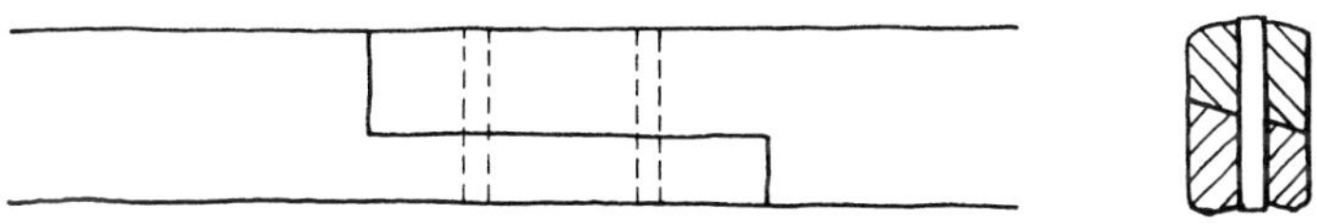

d) Stoß mit Dübeln in der Seitenansicht. Das gestoßene Balkenstück wird durch Dübel auch mit den darüber- und darunterliegenden Balken verbunden. Die schräggefasten Auflagen verhindern das Eindringen von Wasser in den Stoß.

e) V-förmiger Stoß. Er ist einfach auszuführen und ist nicht durchgehend. Er kann mit Moos abgedichtet werden. Zusammen mit den Dübeln verschließt er den Blockbalken seitlich und nimmt Verwindungskräfte auf.

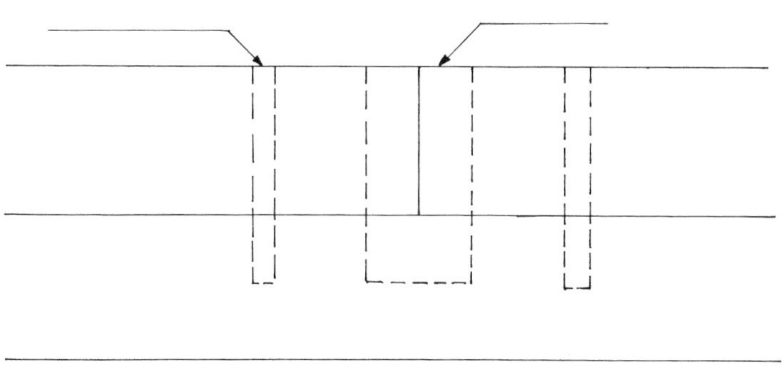

f) Stumpfer Stoß mit loser Feder und Dübeln. Eine Feder von 50 × 150 mm wird in den Stoß eingelassen. Die Balken werden auf beiden Seiten des Stoßes verdübelt. Schneiden Sie mit einer Handsäge durch die Fuge, wenn die beiden Balkenstücke genau gegeneinander eingepaßt sind. Sie bekommen dann eine schöne Fuge. Dübeln Sie die Blockbalken, nachdem sie an ihrem Platz liegen.

Die Zangen

In Blockwänden von mehr als 5 m Länge muß das Ausweichen der Balken aus der Flucht durch Zangen verhindert werden. Das sind jeweils zwei Kanthölzer von mindestens 10×10 cm Stärke, in die Langlöcher für die durchgehenden Bolzen gebohrt und gesägt werden. Die Länge der Ausschnitte für die Bolzen wird vom zu erwartenden Sinkmaß der Wand bestimmt sowie davon, wie hoch die Bolzen in der Wand sitzen. Drei Bolzen braucht man mindestens für die Zange einer einstöckigen Hüttenwand. Beim Restaurieren alter Blockhäuser kann man die auseinanderdrängenden Blockbalken mit Hilfe von Zangen wieder zusammenziehen.

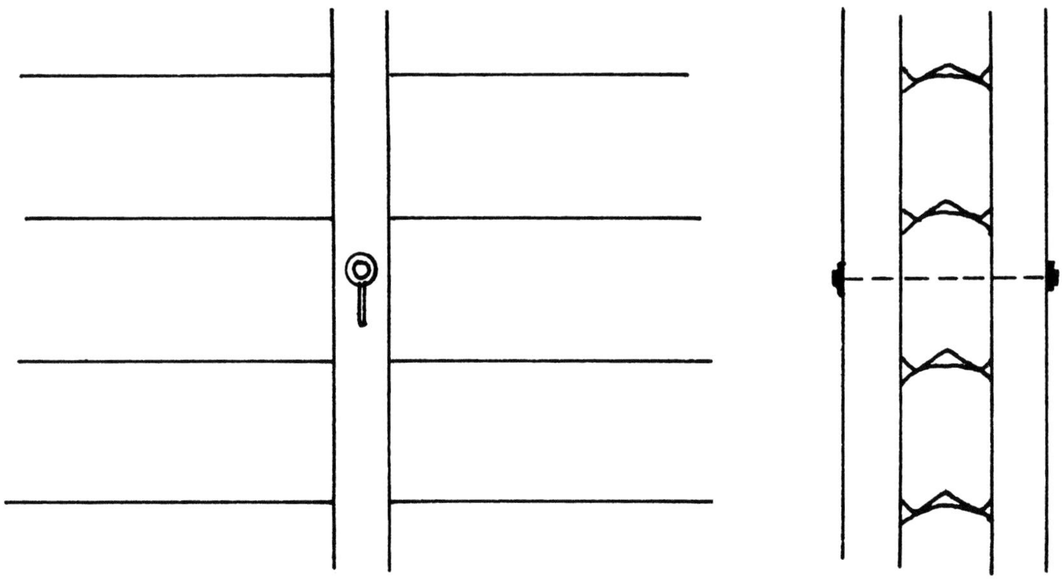

Zange mit Bolzen. Damit die Wand sich problemlos setzen kann, verwendet man Unterlegscheiben und eiserne Gleitschienen. Am besten wird die Wand durch eine Zange versteift, die an der Innen- und an der Außenseite angreift.

Das Spalten von Balken

Früher wurden Planken und Bretter durch das Spalten geradwüchsiger Stämme hergestellt. Die groben Planken, die man beispielsweise in Getreidespeichern alter Vorratshäuser finden kann, sind oft aus Stämmen herausgespalten worden. Nach dem Spalten wurden die gröbsten Unebenheiten beigeschnitten. Aus besonders geradwüchsigen Bäumen konnte man dünne Bretter herausspalten, die nur 2–3 cm dick, bis zu 40 cm breit und 6 m lang waren.

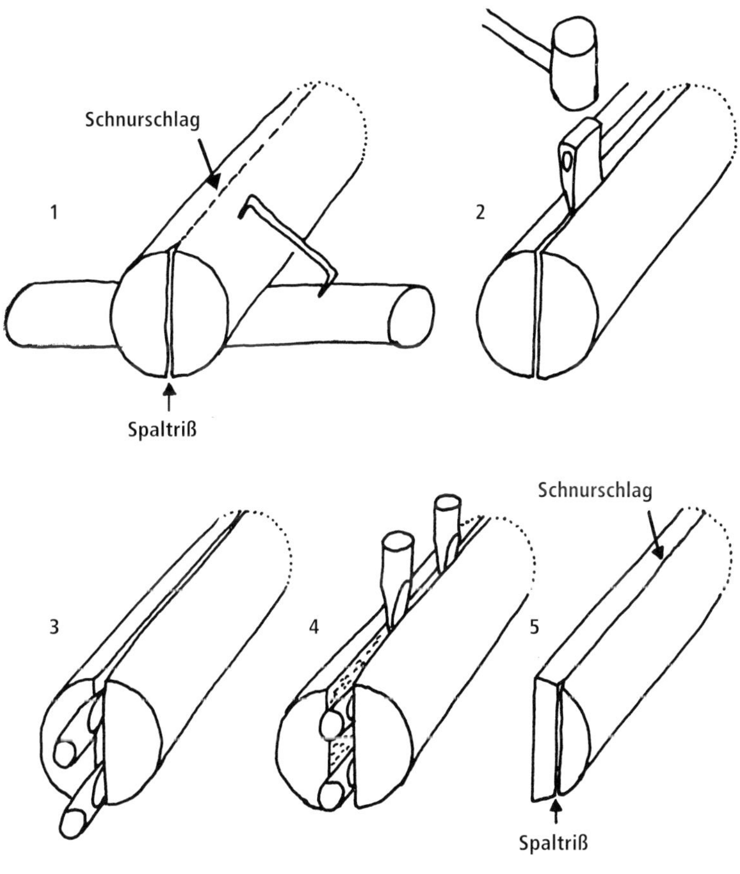

So spaltet man die Stämme:

1. Legen Sie den Stamm auf eine feste Unterlage, und halten Sie ihn mit einer Zimmermannsklammer. Im Stammende öffnet man einen Spaltriß, indem man mit dem Holzhammer auf eine Axt schlägt. Der erste Spaltriß muß durch die Markröhre gehen.

   Kiefer spaltet man vom Zopfende und Fichte vom Stammende her. Mit einem Schnurschlag markiert man die Spaltlinie längs des Stammes.

2. Mit Axt und Holzhammer öffnet man eine Spaltspur auf der Stammoberseite, längs der sich der Spaltriß bilden soll.

3. Holzkeile werden 30–40 mm von der Außenkante in den Spaltriß im Stammende eingeschlagen.

4. Wenn sich der Spaltriß längs der Spaltspur auf der Stammoberseite öffnet, werden auch dort Holzkeile eingeschlagen. Die Spaltspur auf der Stammoberseite wird mit Axt und Holzhammer verlängert. Das gleiche macht man auf der Stammunterseite. Danach treibt man die Keile im Stammende tiefer ein und haut eventuell schräg spaltende Holzfasern mit der Axt durch.

5. Das gleiche Verfahren wird wiederholt, wenn man aus den gespaltenen Stammhälften Planken herausspalten will.

Oberflächenbehandlung

Das Teeren ist die älteste und erprobteste äußere Behandlung von Blockhäusern. Holzteer ist ein Nebenprodukt der Holzverkohlung. Richtig gebrannt ist er fast farblos. Er enthält dieselben Schutzstoffe, die im Kernholz der Kiefer enthalten sind.

Bei der Anwendung müssen wir beachten, daß Holzteer nur langsam trocknet. Vermeiden Sie darum Jahreszeiten mit starkem Pollenflug. Holzteer muß vor der Anwendung im Wasserbad angewärmt werden.

Die häufigsten Mischungsverhältnisse sind:

a) reiner Holzteer

b) Holzteer, mit gekochtem Leinöl gemischt. (2:1 oder 1:1)

c) Holzteer, mit rohem Leinöl gemischt. (2:1 oder 1:1)

d) Holzteer und gekochtes Leinöl, (1:1) gemischt mit Farbpigment.

Edgar Karlsen, *Laerebok i Lafting*, Oslo 1989

Seit Beginn des 19. Jahrhunderts ist der Anstrich mit „Falu-Rot“ die gebräuchlichste Oberflächenbehandlung von Blockhäusern. Diese Kupferfarbe aus der berühmten Grube Stora Kopparberg von Falun in Dalarna kann man in Pulverform oder fertig gemischt kaufen. Die streichfertige Farbe hat oft verschiedene Zusätze, wie z. B. Mineralöle, die das Abblättern der Farbe verursachen können. Will man eine dunklere und weniger schmierige Farbe haben, kann man dem reinen Farbbrei höchstens 10 % Leinöl und etwas Schmierseife zusetzen, damit das Öl sich mit dem Wasser mischt. Frisches Holz muß zweimal gestrichen werden, damit der Anstrich gut deckt. Die Rotfärbung muß danach alle 10 Jahre erneuert werden.

Einfache Häuser, Hütten und Ställe wurden selten angestrichen. In Nordschweden hat man mancherorts auch Wohnhäuser nicht durch einen Anstrich geschützt. Unbehandeltes Holz bekommt den silbergrauen Ton, den man vielleicht an seinem Blockhaus haben will. Man muß viele Jahre warten, bis die Blockbalken die graue Farbe älterer Häuser bekommen. Will man den Vorgang beschleunigen und gleichzeitig dem Holz einen gewissen Schutz gegen Pilzbefall geben, kann man eine Mischung aus Eisenvitriol und Wasser anwenden. 1 Liter Eisenvitriol wird in 2-5 Liter warmem Wasser aufgelöst. Streichen Sie zwei- oder dreimal mit dieser Lösung. Nach kurzer Zeit bekommt das Holz eine schöne graue Farbe. Manchmal bilden sich Ausfällungen von Eisenvitriol auf der Oberfläche, die man abbürsten kann.

Mit Eisenvitriol behandelte Oberflächen werden grauer als natürlich gealterte Oberflächen. Ich bevorzuge den natürlichen silbergrauen Ton. Für den Holzschutz ist es wichtiger, daß das Holz keinen Kontakt mit dem Boden hat, vor den Niederschlägen geschützt ist und eine gute Nässeableitung hat, als daß man mit irgendeinem Schutzmittel streicht.

Man kann mit Holzteer oder mit Holzschutzmitteln streichen, wenn man einen verbesserten Holzschutz haben will und wenn man die Farbe liebt, die eine mit Holzteer gestrichene Wand mit der Zeit bekommt. Holzschutzmittel können vor dem Zimmern des Hauses vorteilhaft mit der Druckspritze aufgebracht werden.

Die Schutzbehandlung des Holzes kann durch Anstrich, Tauchen oder Druckimprägnierung erfolgen. Hier wird die Tiefenwirkung der verschiedenen Methoden gezeigt.

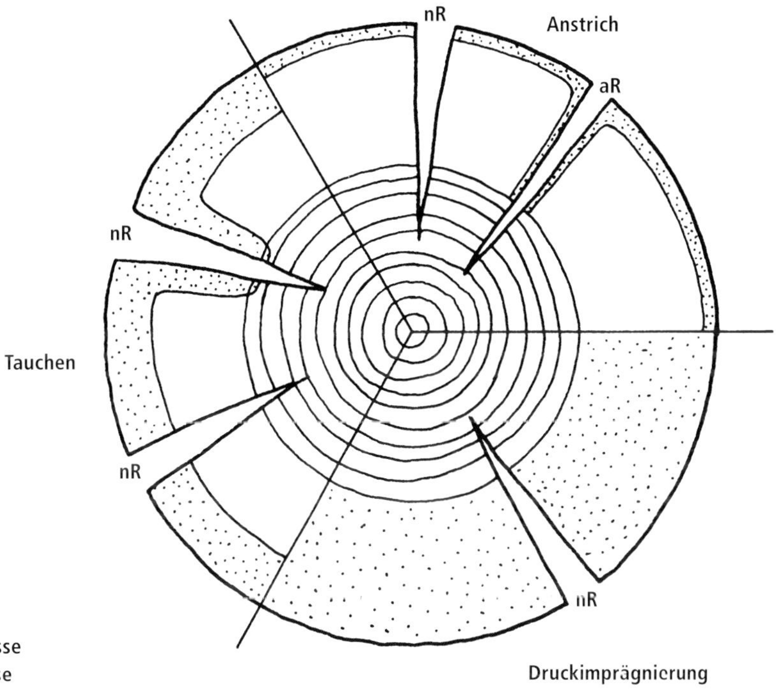

nR = neue Risse
aR = alte Risse

Der Anstrich gibt nur einen Oberflächenschutz. Neue Risse (nR), die sich nach der Behandlung öffnen, bekommen keinen Schutz. Deswegen ist es wichtig, erst dann zu streichen, wenn sich alle Risse geöffnet haben. Diese alten Risse (aR) sollen mit dem Schutzmittel getränkt werden. Im Winter schließen sich die Risse, während sie sich während der Trockenperiode im Sommer wieder öffnen.

Das Tauchen gibt einen etwas besseren Schutz als der Anstrich. Diese Methode wendet man nur für kleinere Holzteile an. Auch hier werden die neuen Risse (nR), die sich nach der Behandlung öffnen, nicht geschützt.

Die Druckimprägnierung gibt den besten Schutz. Das Imprägnierungsmittel wird dabei unter Druck in das Holz gepreßt. Das Kernholz wird dabei nicht durchtränkt, aber Kernholz hat selbst eine hohe Widerstandskraft gegen Fäulnispilze. Wenn Holz direkt auf dem Boden aufliegt – wie z. B. der Schwellenrahmen einer Hütte –, muß es druckimprägniert sein.

Im Binnenklima ist normalerweise ein Anstrich mit reinem Holzteer ausreichend. Man kann ihn auch mit Leinöl mischen, um ihn streichfähiger zu machen. Den Holzteer sollte man bei warmem und trockenem Wetter aufstreichen, also im späten Frühjahr, wenn die Luft rein ist. Das Holz soll gut ausgetrocknet sein, was erst im Frühjahr nach dem Bau der Blockwände der Fall sein wird. Der Anstrich braucht 2–3 Jahre zum Einziehen in das Holz. Erst dann kann man den Anstrich wiederholen. Man muß mehrmals streichen, um einen sicheren Schutz des Holzes zu bekommen. Man wiederholt den Anstrich zunächst nach 2 Jahren, dann nach 3–4 Jahren und danach in immer längeren Abständen. An Wänden, die nicht der Sonne ausgesetzt sind, kann man diese Abstände verdoppeln.

Der Holzteer muß unverdünnt gestrichen werden, aber dazu muß er entweder im Wasserbad bei 70 °C erwärmt oder für ein paar Stunden an die Sonnenwand gestellt werden. Ihre Handgelenke werden stark belastet, wenn Sie mit unverdünntem Holzteer streichen. Nehmen Sie sich darum die Zeit, ihn anzuwärmen. Streichen Sie aber nicht im direkten Sonnenlicht, weil Teer heruntertropfen kann, wenn die Sonne ihn erwärmt. Legen Sie sicherheitshalber einen Schutz über die Ecksteine und über den Boden.

Wenn man im feuchten Klima zimmert, etwa an der Küste oder bei Herbstwetter, müssen einige Vorsichtsmaßregeln beachtet werden. Das Bauholz soll gut ausgetrocknet sein (2–3 Jahre Trockenzeit). Holzschutzmittel können schon beim Zimmern auf die Außenseiten der Blockbalken gestrichen werden. Wenn man im Freien arbeiten muß, zimmert man am besten im Frühjahr oder Vorsommer. Dann ist die relative Luftfeuchtigkeit niedrig, weil die Sonne hoch steht. Gelegentlicher Regen trocknet auf den Blockwänden schnell ab. Muß man die Arbeit unterbrechen, sollte man die Eckverbände mit einigen Brettstücken vor dem Regen schützen.

Man sieht oft halbfertige Blockhäuser in den Ortschaften langsam verwittern, weil der Erbauer nicht genügend Zeit aufbringen kann, um sein Projekt zügig zu vollenden. Man sollte seinen Arbeitseinsatz auf ein kleineres Haus konzentrieren, das man auch in einem Zuge fertigstellen kann. Haben Sie dafür nicht genügend Zeit, empfehle ich dringend nach einer Halle oder dergleichen zu suchen, wo Sie unter Dach arbeiten können.

Dann haben Sie für das Zimmern die Zeit, die Sie dazu eben brauchen. Danach bringen Sie das Haus an den vorgesehenen Platz und stellen es dort im Frühjahr oder Vorsommer auf. Das Dach sollten Sie dann baldmöglichst auflegen. Wenden Sie kein Dichtungsmaterial an, das Wasser anzieht.

Die Innenseite eines Blockhauses kann auf verschiedene Art und Weise behandelt werden. Ich habe es vorgezogen, die Wände mit Eier-Öltempera oder gewöhnlicher Ölfarbe zu streichen. Eine andere Möglichkeit kann es sein, die Wände zweimal im Jahr mit Wasser und grüner Seife zu waschen oder zu scheuern. Wenden Sie die echte grüne Schmierseife an, die in kaltem Wasser angerührt wird. Nehmen Sie reichlich Seife, und achten Sie darauf, daß kaltes Wasser genommen wird. Wenn man die Wände zweimal im Sommer wäscht, bekommt man die beliebte, dauerhaft helle Holzwand. Haben Sie sich zunächst für eine helle Holzwand entschieden, können Sie nach einigen Jahren immer noch einen Anstrich wählen, wenn das besser zum Charakter des Hauses paßt. Aber einmal gemalt, ist für alle Zeit gemalt.

Alle Anstriche, ob mit „Falu-Rot", Eisenvitriol, Lasur oder Imprägnierungsmitteln, sollten bei warmem und trokkenem Wetter ausgeführt werden. Dann sind die Risse im Holz offen, und der Anstrich dringt besser ein. Streicht man auf feuchtes Holz mit geschlossenen Rissen, legt sich die Farbe wie eine Haut über die Oberfläche. Wenn das Holz dann trocknet, wird diese Haut von den sich öffnenden Rissen aufgebrochen, wie in der Abbildung auf Seite 57 gezeigt.

Garage in Ständerbauweise, auf Seite 254 beschrieben. Das Haus ist mit Alco Hälsinge-Holzteer gestrichen. Die dunkleren Oberflächen bekamen einen Anstrich mit Alco-Holzteer. Der Hälsinge-Holzteer enthält 20 % Kiefernöl und wird ohne Verdünnung mit Terpentin oder Lacknafta gestrichen. Erwärmen Sie den Teer vorher; er ist dann leichter zu streichen und ergiebiger. Das Holz ist erst gesättigt, wenn der Anstrich einige Male wiederholt wurde. Nordwände brauchen nach 3–4 Anstrichen nicht mehr geteert zu werden.

Das Umsetzen eines Blockhauses

Das Umsetzen von Blockhäusern kam früher häufig vor. Das Haus ist leicht auseinander zu nehmen, und Blockbalken sind Bauelemente, die man leicht hantieren kann. Blockhäuser wurden, im Zusammenhang mit Erbschaften, mancherorts als bewegliches Eigentum angesehen. Manchmal teilte man ein Blockhaus mit zwei Räumen und machte zwei Einzimmerhäuschen daraus. In alten Blockhäusern findet man öfter Spuren früheren Umsetzens. Da Blockhäuschen nicht fest mit dem Boden verbunden sind, wohl aber auseinandergenommen und umgesetzt werden können, dürften Baugenehmigungen kein Problem sein.

In Schweden kann man versuchen, eine alte Blockhütte zu kaufen, anstatt sich selbst eine neue Hütte zu zimmern. Den Schwellenrahmen wird man dann vermutlich auswechseln müssen. Wenn möglich sollte man auch dafür alte Blockbalken verwenden.

Das Aufmessen und Markieren

Zuerst muß man eine Beschreibung des Hauses anfertigen. Messen Sie das Haus auf und machen Sie einfache Skizzen. Fotografieren Sie das Haus von allen Seiten, einschließlich der verschiedensten Details. Danach markiert man den Fußboden, das Dach, die Türen und Fenster.

Bezeichnen Sie die vier Wände als A, B, C und D.

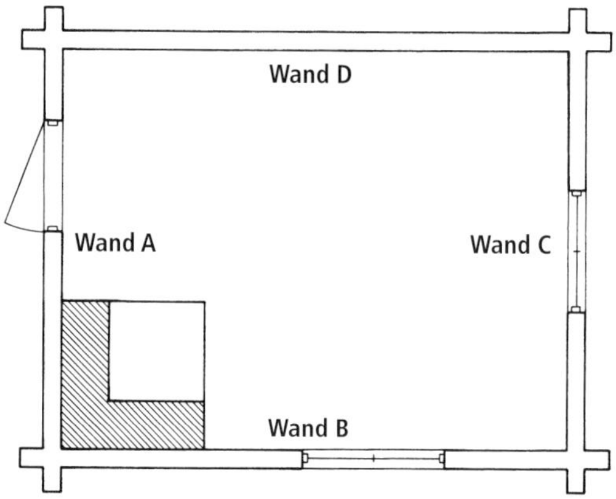

Zeichnen Sie die Markierungen in spezielle Skizzen ein. Legen Sie den Fußboden, das Dach usw. erst dann nieder, wenn alles aufgezeichnet ist.

An alten Häusern findet man i. d. R. Bezeichnungen mit römischen Ziffern. Man ritzte die Ziffern mit einer abgebrochenen Sense an die Innenseite der Blockbalken. Bei einfacheren Häusern hieb man die Ziffern ein.

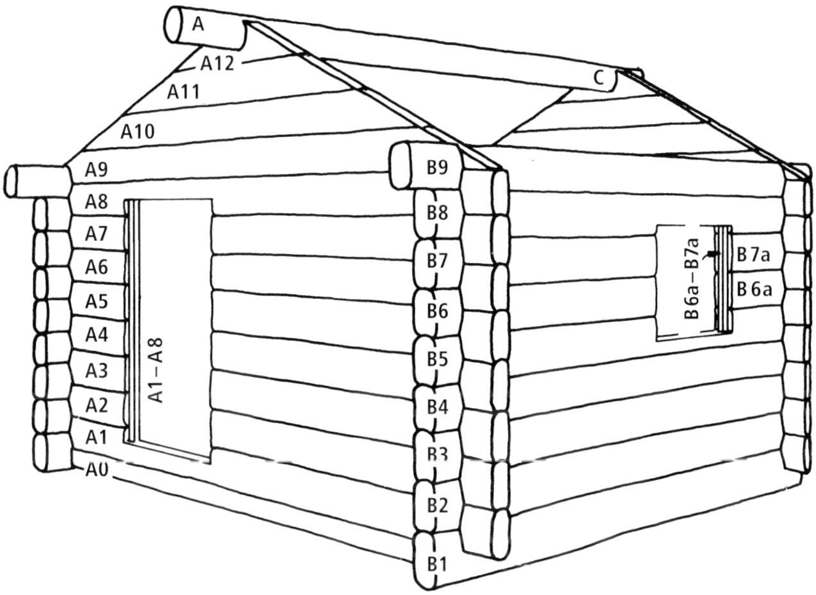

Markierungsskizze für die Blockwände, in der alle Buchstaben und Zahlen vermerkt sind. Die einzelnen Blockrahmen werden von unten nach oben numeriert. Der Schwellenrahmen hat die Nummer I.

Die Blockbalken markiert man heute am besten mit Nummernschildchen aus Sperrholz oder Masonit, die man mit galvanisierten Nägeln am Holz befestigt.

Beschriftungen mit dem Zimmermannsblei kann man mit Klarlack fixieren. Die Schrift mit Tusche oder Filzstift verblaßt relativ schnell.

Wenn man nicht sorgfältig beschriftet hat, kann man ein Riesenpuzzle bekommen, das einen lange beschäftigen wird. Im Werkzeughandel kann man einen Stanzsatz mit den Ziffern 0-9 kaufen. Damit kann man Ziffern in Blechstückchen stanzen, die viele Jahre halten. Bedenken Sie, daß alte schöne Blockwände einen Wert haben, auch wenn sie auseinander genommen und gestapelt sind. Ein einfaches, viereckiges Häuschen bekommt folgende Nummernserien: 101–120, 201–220, 301–320, 401–420.

Die Markierungen kann man an der Außenseite, an der Innenseite oder am Balkenkopf anbringen, wenn der erhalten bleibt. Ich bevorzuge es, die Balken am Stammende zu markieren. Wenn das Bauholz aufgestapelt auf dem Polter liegt, kann man die Balken leicht unterscheiden.

Sägen Sie mindestens zwei lange, schlanke Holzkeile aus Birke oder Hartholz. Die braucht man, um fest verdübelte Blockbalken los zu keilen.

Bevor man mit dem Abbau des Blockhauses beginnt, muß man kontrollieren, ob die Balken vollständig markiert sind. Wenden Sie zum Abheben der Balken den Kuhfuß und einige Hebel an. Beschriften Sie die Dübel, und legen Sie sie in einen Kasten, wenn sie sich lösen lassen. Gewöhnlich sitzen die Dübel in einem der Balken sehr fest. Die Giebelspitzen kann man im Ganzen herunternehmen, wenn man kräftige Helfer hat. Gerissene oder schwache Eckverbände verstärkt man mit einigen Brettern, die an beiden Seiten der Verkämmung oder Verschränkung angenagelt werden.

Den Schwellenrahmen muß man mit der Wasserwaage und dem Bandmaß genau vermessen. Man muß die Diagonalmaße dieses Rahmens und seine horizontalen Neigungen kennen, damit man dem neuen Bauplatz dieselben Maße und dieselbe Neigung geben kann.

Früher legte man den Bauplatz in der Regel nicht in die Waage, sondern begann das Zimmern auf dem geneigten Boden. Man schachtete nicht tiefer aus, als es absolut notwendig war. Wenn das Haus emporwuchs, kontrollierte man die Blockbalken mit der Wasserwaage, so daß sie nach dem Einzimmern einiger Rahmen in der Waagerechten lagen.

Will man einen alten Blockbau, der ursprünglich nur beim Zimmern in die Waage gebracht wurde, auf einem neuen, nivellierten Bauplatz aufstellen, kann man wie folgt verfahren: Man hebt zuerst die Ecken mit einem Wagenheber an, bis die Wände in der Waage sind. Dann zeichnet man eine waagerechte Linie an den Schwellenrahmen. Man sägt danach die Teile des Schwellenrahmens weg, die unterhalb dieser Linie liegen. Wenn man dann das Häuschen auf den Boden absenkt, liegen die Blockwände waagerecht auf dem Boden auf.

Transportieren und lagern Sie das Bauholz so, daß es vor Feuchtigkeit geschützt ist. Wenn es nicht alsbald wieder zusammengesetzt werden kann, wird es luftig, auf Unterlagen und unter Dach gelagert, entsprechend der Zeichnung unten. Allzu viele Blockwände verderben durch unsachgemäße Lagerung. Verkaufen Sie das demontierte Blockhaus, wenn Sie keine Zeit haben, um es wieder aufzustellen.

Beim Wiederaufstellen ist es ratsam, das Bauholz so zu sortieren, daß jede Wand auf einem getrennten Stapel liegt. Vor allem soll es in der numerierten Reihenfolge so liegen, daß die niedrigste Nummer in jedem Stapel zu oberst liegt.

Schützen Sie das ausgelegte Bauholz während der Bauzeit vor Regen. Altes, vielleicht auch schadhaftes Bauholz soll man so gut wie möglich schützen.

Wenn es feucht liegt und vielleicht nur durch eine Plastikfolie abgedeckt ist, wird es leicht von Schimmelpilzen befallen. Das Ausbessern schadhafter Blockbalken wird erschwert, wenn sie feucht sind. Der Anstrich mit Schutzmitteln dringt dann nicht in das Holz ein.

Kleinere Häuschen mit einer Breite bis zu 3–3,5 m können Sie im Ganzen umsetzen. Hier wird eine neu gezimmerte Hütte auf einem Tieflader befördert. Vergessen Sie nicht, die Erlaubnis für einen Transport mit Überbreite zu beantragen.

Kleinere Blockhäuser kann man mit einem stärkeren Gabelstapler anheben, wie auf dem Bild zu sehen. Man kann auch zwei schwächere Gabelstapler verwenden, die jeder von einer Seite anfassen. Dabei ist es schwierig, die Geschwindigkeit beider Maschinen zu koordinieren.

Größere Blockhäuser können über kürzere Strecken transportiert werden, ohne sie zu demontieren. Man zieht sie auf eine Schleppe aus Stämmen oder auf einen Schlitten. Der Schlitten besteht aus zwei Gleitschienen aus Stämmen, die von Querbalken zusammengehalten werden. Er wird unter das angehobene Haus geschoben.

Die Blockwände kann man durch Diagonalstreben versteifen, die auf die Wände genagelt werden.

Ein großer Speicher, ein Warenlager und sogar das Wohnhaus wurden mit gutem Ergebnis umgesetzt.

Große Blockhäuser, wie auf dem Bild, können über beträchtliche Strecken umgesetzt werden. Das Haus ruht während des Transportes auf kräftigen Eisenträgern. Nur der Schornstein wurde demontiert.

Die Pflege alter Blockhäuser

Wo Trägheit wohnt, senkt sich das Gebälk; wo die Hände lässig sind, tropft es ins Haus.

Prediger 10 : 18

Die alten bäuerlichen Fachwerkhäuser in Schweden werden mehr und mehr als Wochenend- oder Ferienhaus genutzt, oder sie gehen in den Besitz von Leuten ohne Bindung an die Landwirtschaft über. Die alten Häuser werden damit auf andere Weise genutzt, und das Risiko ist groß, daß man dabei nur noch den kurzfristigen Nutzen im Auge hat. Die jetzt unnötig großen Wirtschaftsgebäude werden abgerissen und alte, kunstvoll gezimmerte Blockhäuser, in die die Zeit ihre Runen eingegraben hat, werden zu Brennholz.

Es wäre gut, ein wenig nachzudenken, ehe man die alten Wirtschaftsgebäude abreißt und das Wohnhaus „modernisiert". Mit einfachen, kostengünstigen Maßnahmen kann man die Zeugen der landwirtschaftlichen Vergangenheit bewahren, um derentwillen Sie das alte Bauernhaus vielleicht gekauft haben.

Schäden an den Wänden alter Blockhäuser können in den meisten Fällen noch repariert werden, auch wenn sie gefährlich aussehen, denn ihre Bauweise ist sehr dauerhaft.

Was schadet dem Balkenwerk

Man unterscheidet holznagende Insekten und Fäulnispilze. Als Beispiele für holzbrütende Insekten seien die folgenden genannt:

Die *Larven des Fichtenbockkäfers*, einiger anderer Bockkäferarten und der Holzwespe leben in kränkelnden oder abgestorbenen Fichten, Kiefern und anderen Nadelbäumen. Auch das waldfrische Holz gefällter Bäume, das während der Sommermonate unentrindet im Walde liegt, wird befallen. Die Eier werden an der Rinde abgelegt, die Larven entwickeln sich zunächst unter der Rinde und fressen sich dann in das Splintholz hinein, wo die Larven der Bockkäfer ovale, die der Holzwespe runde Gänge anlegen und sich darin verpuppen. Das aus der Puppe schlüpfende Insekt fliegt in den Wald zurück, um brutfähige Bäume zu suchen. Entrindetes und trockenes Bauholz befallen diese Schädlinge nicht.

Blauer Scheibenbock, rechts in natürlicher Größe

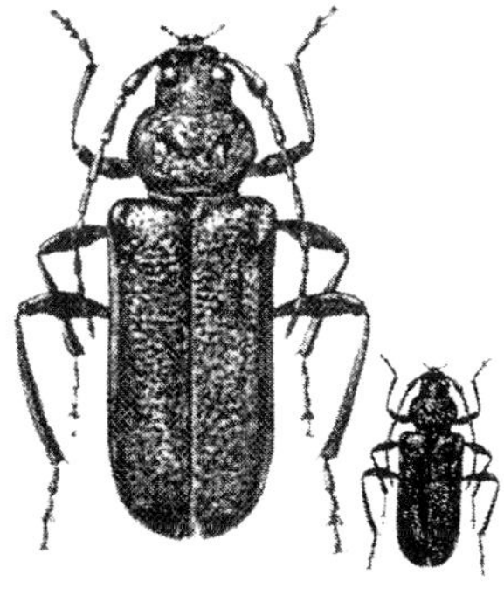

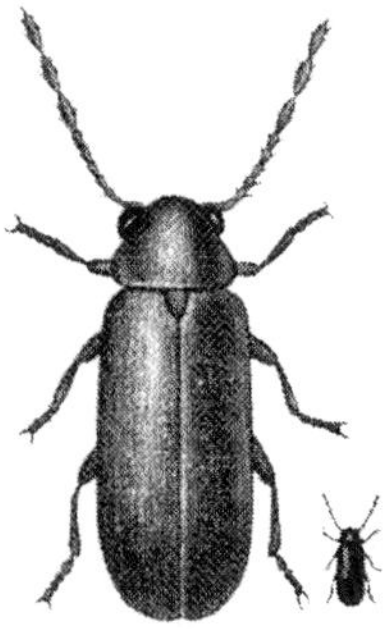

Weicher Holznager

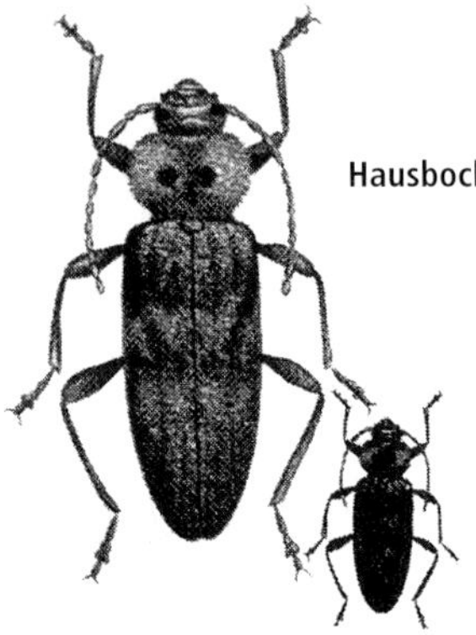

Hausbock

Klopfkäfer oder Totenuhr

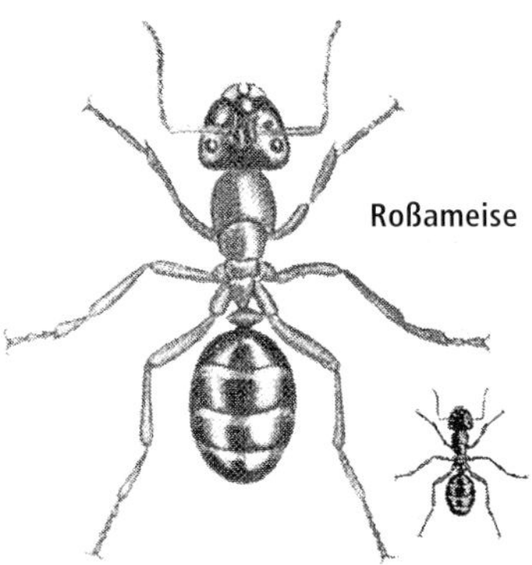

Roßameise

Der *blaue Scheibenbock* und der *weiche Holznager* legen ihre Eier an die Rinde abgestorbener Bäume oder an gefälltes Nadelholz mit Rindenresten. Die Larven leben unter der Rinde, wo sie keine nennenswerten Holzschäden verursachen. Ihre Larvengänge begünstigen jedoch das Eindringen von Feuchtigkeit und damit den Befall durch Pilzsporen, die Rotfäule verursachen. Entfernen Sie alle Rindenreste von den Stämmen, und streichen Sie das Holz mit Imprägnierungsmitteln, wenn es diese Befallsspuren aufweist.

Der Hausbock und der Klopfkäfer befallen das trockene Holz im Gebäude, vorzugsweise den Dachstuhl, die Pfetten und die Blockbalken der Wände. Auch hier sind es die Larven der Käfer, die den Schaden verursachen.

Die Larven des Hausbocks fressen sich in der Faserrichtung durch das Splintholz, wobei sie alles Wurmmehl hinter sich in den Fraßgängen zusammenpressen. Dem befallenen Holz sieht man äußerlich keinen Schaden an. Es klingt jedoch taub, wenn man dagegen schlägt. Die ovalen Fluglöcher des schwärmenden Käfers werden oft übersehen. Der Hausbock kommt bis Mittelschweden vor, er breitet sich aber weiter nach Norden aus.

Die Larven des Klopfkäfers werfen das Wurmmehl aus, was man als kleine Häufchen auf dem Dachboden, unterhalb der Pfetten, sehen kann. Man muß auch auf die zahlreichen, kreisrunden Fluglöcher von 1–2 mm Durchmesser achten. Die Larven der „Totenuhr" zerstören das befallene Holz vollständig, wenn ihr verheerender Fraßschaden zu spät entdeckt wird. Der Befall kann sehr erheblich sein, ist jedoch nicht so verheerend, wie der des Hausbocks. Die Bezeichnung „Totenuhr" hat der Klopfkäfer wegen des tickenden Geräusches, das die Larven beim Fressen verursachen.

Die Bekämpfung des Klopfkäfers mit Blausäure verspricht Erfolg. Der Hausbock ist schwerer zu bekämpfen; man muß damit einen Spezialisten beauftragen.

Der Schutzanstrich kann keinen absoluten Schutz bieten, weil er nicht in alle Risse und Löcher im Holz eindringen kann. Den sichersten Schutz hat druckimprägniertes Holz.

Ameisen im Haus müssen ausgerottet werden. Vor allem die Roßameise kann das Holz angreifen und schwere Schäden verursachen. Unterbrechen Sie die Ameisenwege auf dem Boden mit einem geeigneten Pulver. Mit der

Totalsanierung eines Blockhauses muß man ein Spezialunternehmen beauftragen.

Die Hausversicherung deckt Schäden durch den Hausbock oder den Klopfkäfer nur dann, wenn das in der Police vermerkt ist.

Holzfäule verursachende Pilzarten sind so zahlreich, daß nur ein Fachmann die jeweilige Art bestimmen kann.

Der *echte Hausschwamm* ist der gefährlichste, weil er selbst die Feuchtigkeit produzieren kann, die er zu seiner Entwicklung braucht. Andere Pilzarten brauchen eine bestimmte Feuchte und Temperatur des Holzes und der Umgebung für ihr Wachstum.

Rotfäulepilze zersetzen die Holzsubstanz und zerstören dabei die Struktur der Holzzellen. Der eigentliche Pilzkörper ist das Mycel, das bei den meisten Arten fadenförmig ist, aber auch flauschig, häutig oder filzig aussehen kann. Es ist mit bloßem Auge sichtbar.

Es ist wichtig, alles vom Hausschwamm befallene Holz sofort herauszuschneiden und zu verbrennen. Sein Mycel kann sich über Maueröffnungen oder durch den Boden verbreiten. Der Befallsherd kann außerhalb des Hauses in Holzabfällen liegen. Säubern Sie die Umgebung des Hauses von vermoderten Holzresten.

Die Feuchtigkeit ist ausschlaggebend für das Wachstum von Rotfäulepilzen. Die Luftfeuchtigkeit ist dafür in der Regel zu niedrig. Damit das Blockhaus nicht von Pilzen befallen wird, muß das Holz vor Regen geschützt sein; die Luft muß im Haus zirkulieren können, und das Holz darf keinen Bodenkontakt haben.

Das Aussehen der Pilzschäden kann variieren. Bei dem häufigsten, der Schrumpffäule, wird die Holzstruktur durch den Pilzangriff zerstört. Das Holz zerfällt in prismaförmige Stücke, die das Aussehen von verkohlten Holzstückchen bekommen.

Holz wird nicht nur von der Rotfäule, sondern auch von vielen anderen Pilzarten befallen, die teilweise Farbveränderungen bewirken. Das „verblaute" Holz hat einen Farbfehler, der auch durch einen Anstrich, z. B. mit Ölfarbe, nicht überdeckt werden kann, weil der Bläuepilz immer wieder „durchschlägt". Rein technisch verändern sich die Eigenschaften des Holzes jedoch dadurch nicht; der Bläuepilz bewirkt nur ein langsameres Austrocknen des Holzes. Die Bläuepilze entwickeln sich nur in Holz mit einer Feuchtigkeitsquote von ca. 30 %. Wenn lufttrockenes

Holz wieder feucht wird, entwickeln sich die Pilze darin schlechter als in frisch eingeschlagenem Holz. Unterschiedlicher Bläuebefall hängt davon ab, wie weit das Holz vor Beginn des Sporenfluges schon ausgetrocknet war.

Vor allem das Kiefernholz verblaut, wenn es nicht sorgfältig behandelt wird. Fichtenholz ist davon weniger betroffen als Kiefer, weswegen Fichte für Außenpaneele an den Wänden empfohlen wird. In gut verkerntem Holz von alten Bäumen liegt der Splint wie ein dünner Ring um das Kernholz. Im Holz alter Kiefern scheint der Splint ebenso widerstandsfähig gegen Fäulnis zu sein wie der Kern.

Das Holz kann durch Anstrich oder durch Druckimprägnierung geschützt werden. Für die Blockbalken der Wände sind Schutzanstriche das übliche. Man muß sie bei trockenem Wetter ausführen. Gleichzeitig muß man alle befallenen Holzteile sorgfältig herausschneiden und durch gesundes Holz ersetzen.

Die Lappenkote

Diese behelfsmäßigen Unterkünfte können als Rastschutz an Wanderwegen sowie für Jäger und Fischer dienen. Sie eignen sich auch für Jugendgruppen. Ein Basislager mit einigen der Koten, die hier beschrieben werden, bietet Wärme und Schutz in kalten Winternächten. Im Gelände sind sie kaum zu sehen. In einer Kote mit offener Feuerstelle behält man den Kontakt mit der Umgebung durch die rauchgefüllte Abzugsöffnung.

Wenn man in abgelegenen Gegenden einen einfachen Schutz für die Rast oder für das Übernachten bauen will, haben diese einfachen Koten den Vorteil, daß man große Teile des Baumaterials an Ort und Stelle finden kann.

Eine Lappenkote ist das beste Haus für den, der draußen in der Wildnis schutzlos friert und zittert wie ein Hund. Hier lodert das Feuer in der Mitte und füllt den Raum mit Wärme, Wärme! Das sind wohl 50 °C an der Seite, die man dem Feuer zuwendet. Was macht es, daß sich die andere Seite vielleicht dem Gefrierpunkt nähert? Man braucht sich nur umzudrehen, um auch diese Seite braten zu lassen! Man friert nicht in der nassen Kleidung; die Hitze des Feuers wärmt durch und durch. Die nassen Sachen dampfen und rauchen, während sie auf dem Körper trocknen. Und dann das Reisig am Boden! Es ist herrlich für einen müden Körper, auf diesen tiefen, weichen Teppich niederzusinken und sich in das mit Rentierfell bedeckte Bett an der Außenwand der Kote einzukuscheln. Man kann das tun, ohne sich um empfindliche Kopfkissen und Zierdecken sorgen zu müssen. Oben, unter dem Rauchabzug wirbelt der Rauch, und er würde in Augen und Nase stechen, wenn man aufstehen würde. Aber man steht nicht in einer Kote, man sitzt oder liegt, man ißt Brot und Käse, trinkt Kaffee, schwatzt, ruht und fühlt sich wohl.

Ernst Manker, *STF's årsskrift*, 1933

Die Torfkote

Die Torfkote ist eine sehr alte Wohnstatt in Schweden. Sie ist vor allem von den Fjällsami (den Berglappen) dort errichtet worden, wo sie sich einige Zeit aufgehalten haben. In den traditionellen Koten der Sami wurde das Gerüst ohne Nägel zusammengefügt.

Die Kote, die ich hier zeige, hat ein genageltes Gerüst. Große Teile des Baumaterials für die Kote findet man dort, wo sie gebaut wird. Man muß nur Nägel, ein paar Bretter für die Tür, die Türangeln und allenfalls vielleicht ein kleines Fenster mitbringen.

Das Gerüst wird aus geschälten und gut getrockneten Kiefern- oder Fichtenstangen gebaut. Es wird mit gespaltenen Rundhölzern abgedeckt. Wenn man alte Bretter oder Brettschwarten bekommen kann, wendet man die selbstverständlich an.

Zwischen das Holz und die Rasenabdeckung legte man früher Moorbirkenrinde. Birkenrinde würde noch immer das beste Material sein, aber in der Regel wird man etwas anderes wählen müssen. Die Moorbirke ist in Deutschland selten. Man dürfte ohnehin nur die Rinde gefällter Bäume verwenden. Auch die Rinde frisch gefällter Fichten ist geeignet. Man darf sie aber nur abschälen, wenn man dafür die Erlaubnis vom Waldbesitzer bekommt. Die Rinde löst sich am leichtesten in der Saftzeit und von frisch gefälltem Schichtholz aus Durchforstungsbeständen. Sie wurde früher als Gerbrinde verwendet. Es gibt spezielle, „Lohlöffel" genannte Werkzeuge für diese Arbeit. Die Rinde darf beim Entasten des Holzes nicht verletzt werden. Man schlitzt die Rinde in der Längsrichtung auf und drückt sie mit einem stumpfen Werkzeug vom Holz ab. Die Rindenstücke müssen dann sofort zum Trocknen flach übereinander gelegt und beschwert werden, damit sie sich nicht aufrollen.

Andere Materialien, die man zwischen Holz und Rasenplaggen legen kann, sind Dachpappe oder eine doppelte Lage von Bauplastik. Der Nachteil der Plastikplanen ist ihre Empfindlichkeit gegen das Durchstechen. Die Unterlage muß ganz glatt sein, was beim Bau einer Kote kaum der Fall sein wird.

Gerüst von oben gesehen

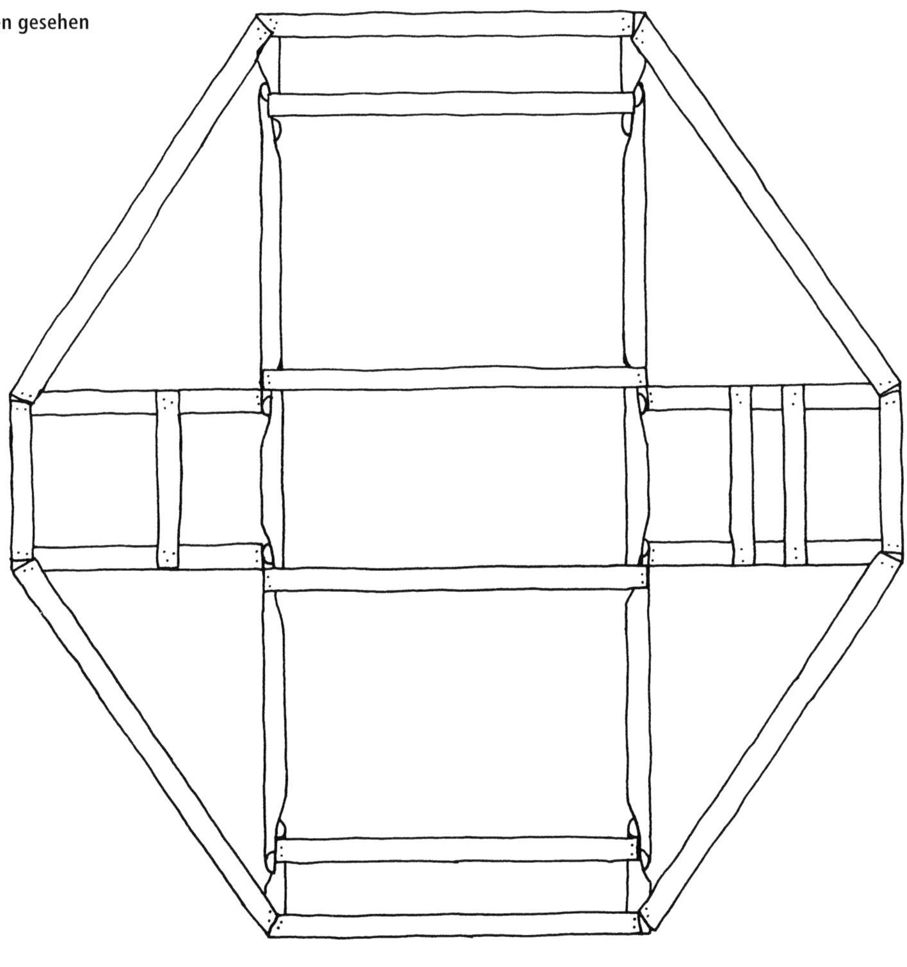

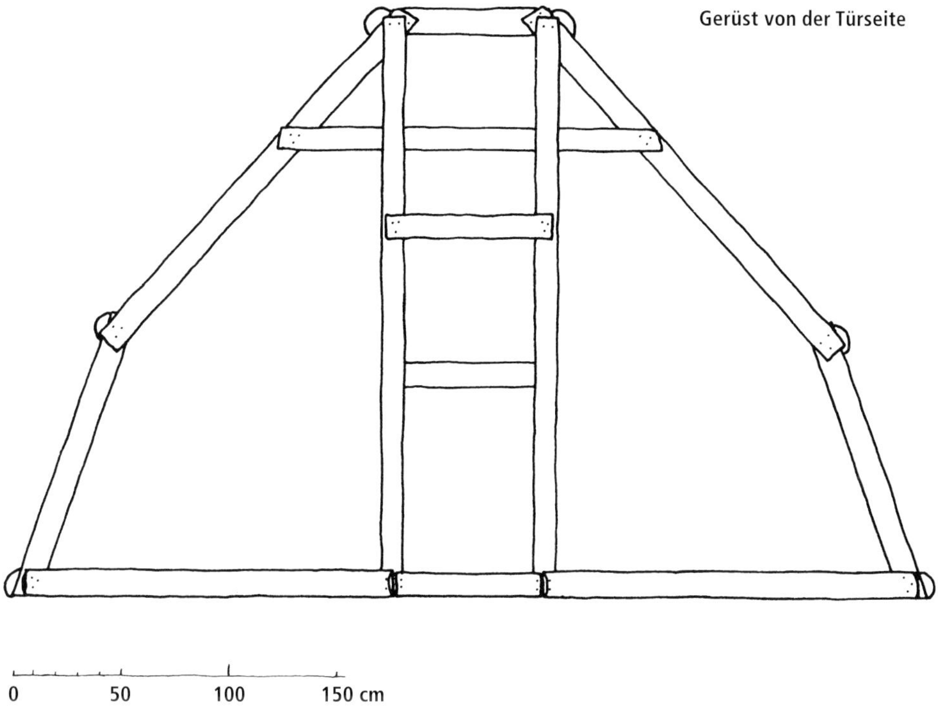

Gerüst von der Türseite

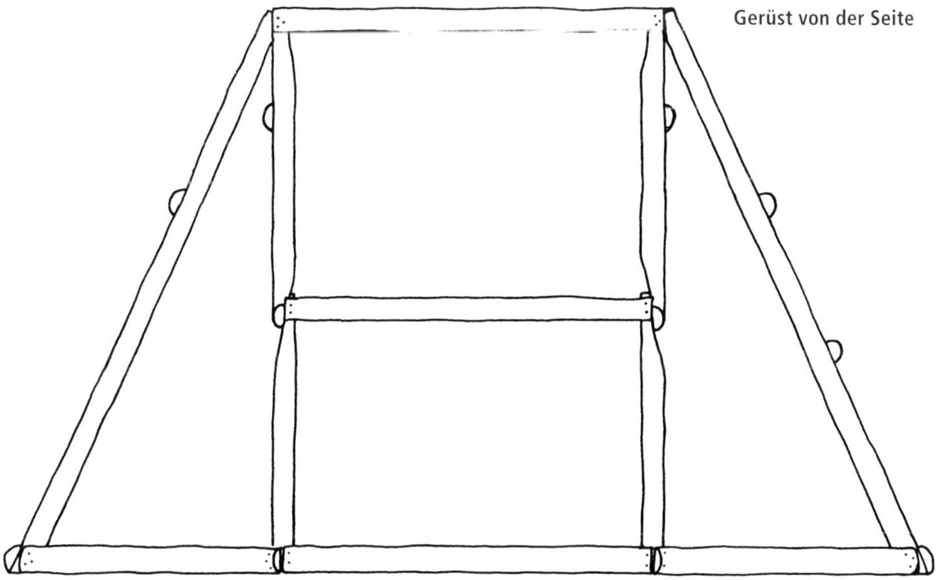

Gerüst von der Seite

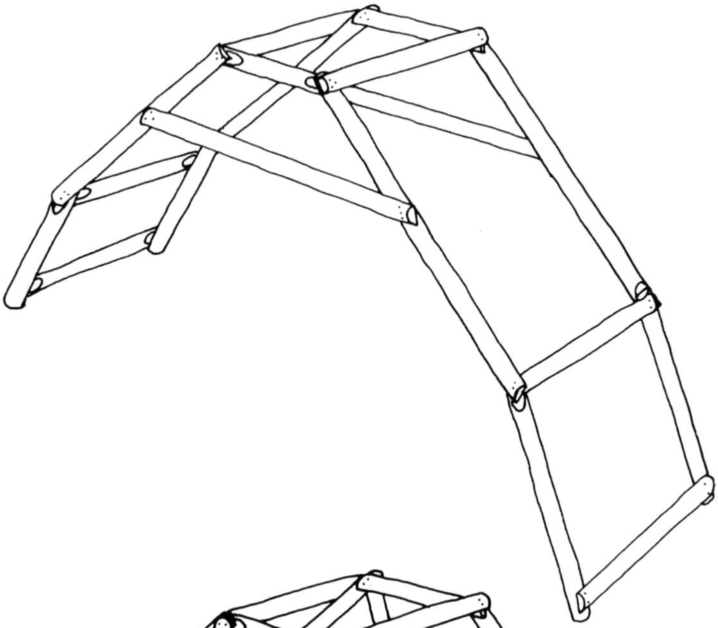

Man beginnt mit dem Bau der Mittelsektion des Gerüstes. Die zwei Dachstühle baut man auf der Erde. Nageln Sie erst den einen zusammen. Er ist danach die Schablone für den anderen. (Wenn man eine größere Kote bauen will, macht man mehrere Dachstühle und verlängert die Kote auf diese Weise.) Wenn die Dachstühle fertig sind, stellt man sie auf und verbindet sie mit drei Querhölzern an jeder Seite.

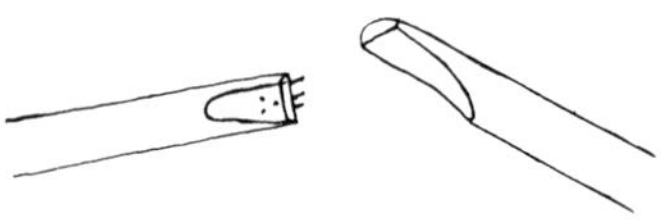

Wenn man die Enden der Gerüststangen abplattet, reißen sie nicht so leicht, und die Nagelverbindung wird stabiler.

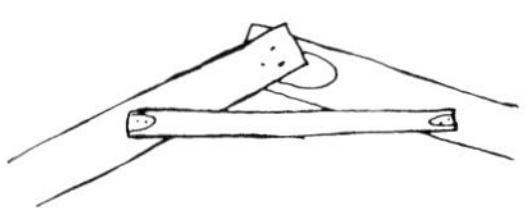

Man kann das Gerüst mit einer zusätzlichen Strebe in den Ecken verstärken.

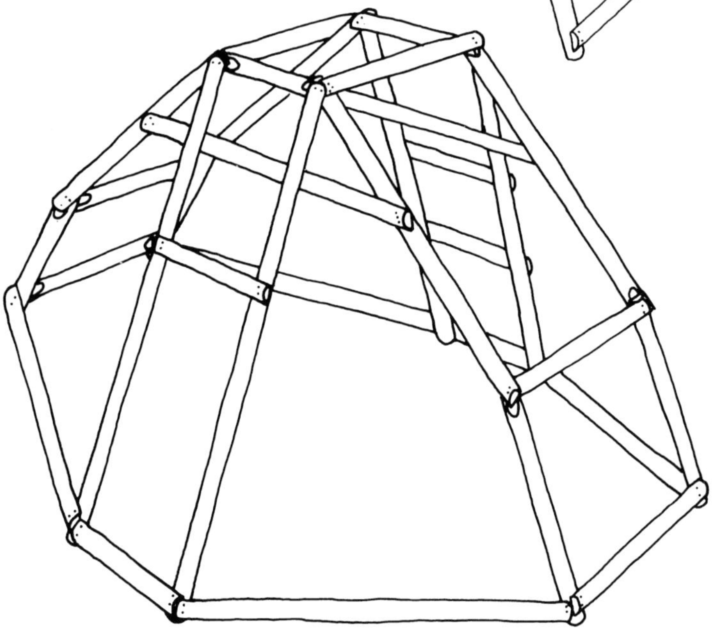

Das Gerüst wird fertiggestellt. Nehmen Sie nicht zu dünne Stangen dafür. Das Gerüst soll ein großes Gewicht tragen und muß sehr stabil gebaut werden. Die Öffnung gegenüber der Tür ist eine Fensteröffnung.

Das Gerüst bekommt überall dort Fäulnisschäden, wo es Berührung mit dem Boden hat. Versuchen Sie an diesen Stellen eine gut drainierte Unterlage zu haben. Man kann das Holz mit verschiedenen Mitteln gegen Fäulnis behandeln, aber die Schutzwirkung ist oft ungenügend. Früher hat man das Holz an diesen Stellen über einem Feuer angebrannt, so daß die Oberfläche verkohlte.

Den untersten Stangenkranz, der auf dem Boden aufliegt, kann man auch 20 oder 30 cm höher annageln oder ihn eventuell auch ganz weglassen. In diesem Fall muß man die Ständer auf andere Weise verankern, beispielsweise durch Eingraben oder mit großen Steinen.

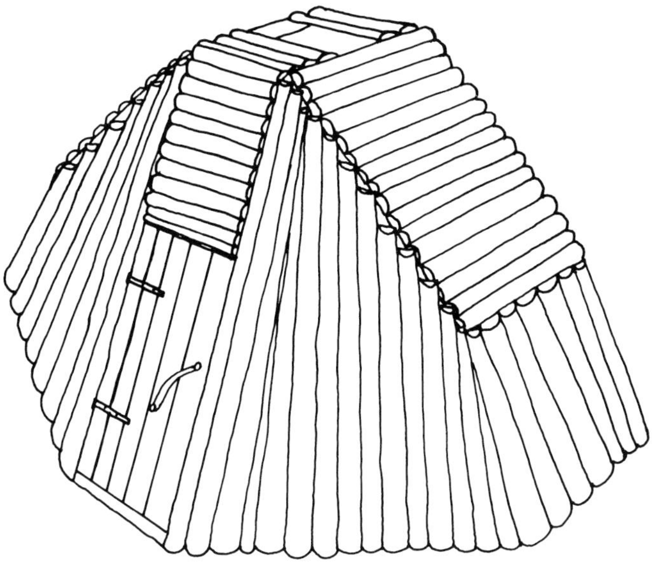

Das Gerüst wird mit gespaltenen Hölzern abgedeckt. Die Spaltseite kommt nach innen. Versuchen Sie, das Gerüst so dicht wie möglich abzudecken. Die Stammenden kommen nach unten. Das Holz wird am Gerüst angenagelt.

Wenn das Gerüst abgedeckt ist, legt man als Unterlage für die Rasensoden das Dichtungsmaterial auf, für das man sich entschieden hat.

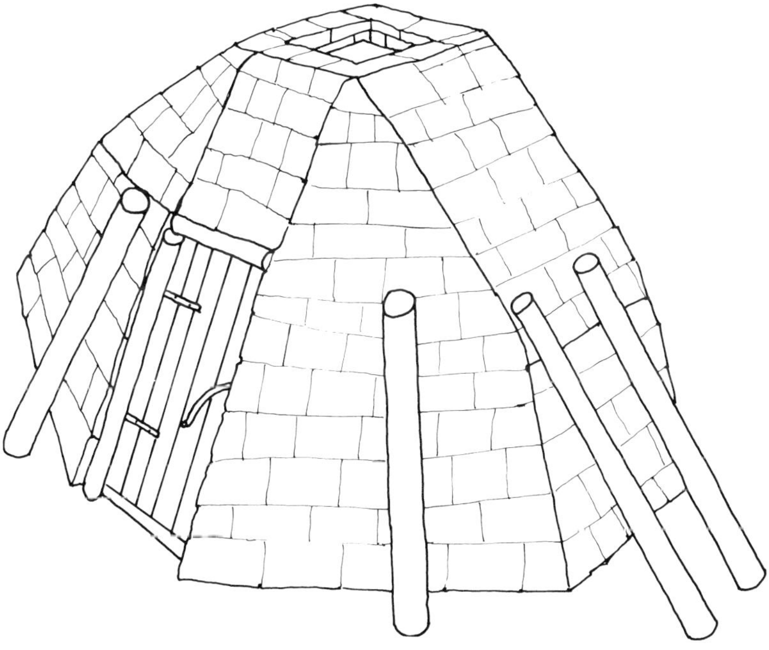

Schneiden Sie die Rasensoden in 25–35 cm breite Stücke, die so lang sind, daß sie noch gehoben werden können. Die Soden sollten etwa 10–15 cm dick sein, wenn man nur eine Lage anwendet. Wenn man zwei Lagen aufbringt, brauchen die Soden nur 5–10 cm dick zu sein. Sie werden mit der Grasseite nach unten aufgelegt. Eine eventuelle zweite Lage kommt mit der Grasseite nach oben. Die Soden werden wie Ziegel verlegt, wie es die Zeichnung zeigt. Man kann Probleme mit dem Abrutschen der Soden bekommen. Legen Sie eine zusätzliche Lage rund um die Kote auf den Boden, und legen Sie nach oben hin dünnere Soden auf. Bis die Soden zusammengewachsen sind, kann man sie auch durch Hölzer abstützen, die man so gegen die Wände lehnt, wie es die Zeichnung zeigt.

Rings um die Tür stellt und legt man Hölzer, damit die Soden nicht in die Türöffnung rutschen.

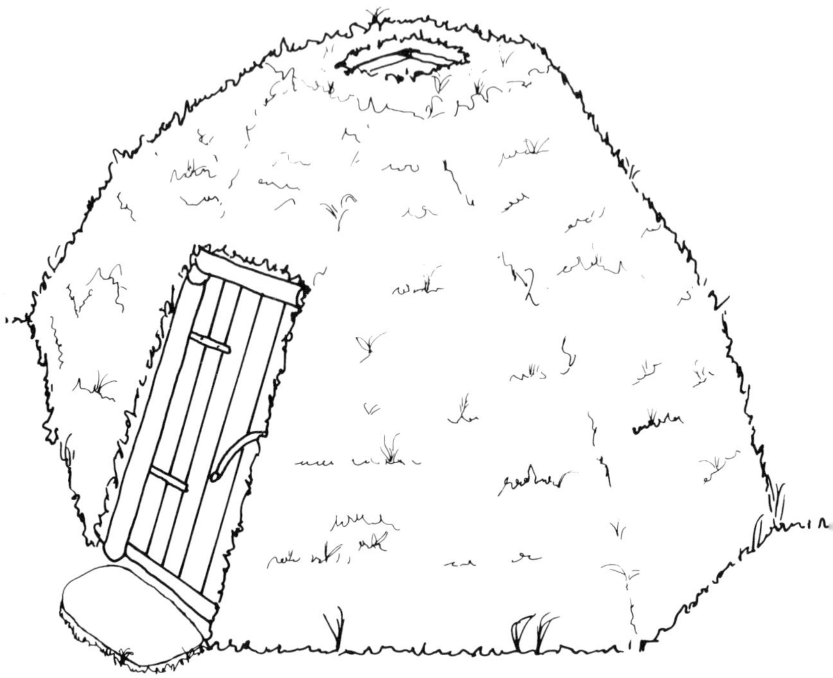

Die Torfkote ist fertig. Als Wärmequelle in dieser Kote bietet sich eine gewöhnliche offene Feuerstelle an. Viele Sami haben in letzter Zeit sowohl einen eisernen Ofen wie auch ein Fenster in die Torfkote eingebracht. Solche alten eisernen Öfen und Herde findet man beim Schrotthändler.

Die Kote mit Sockel in Blockbauweise

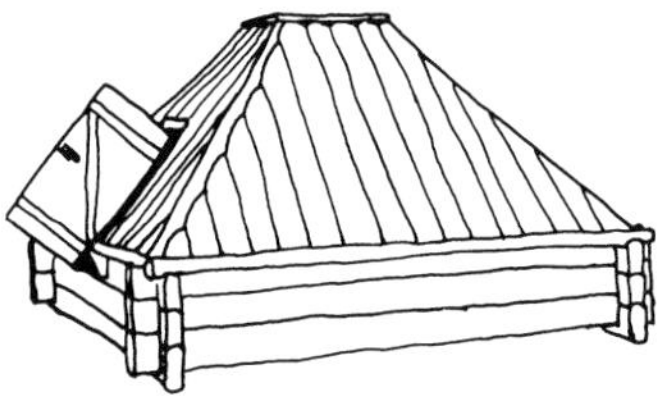

Kote mit Sockel in Blockbauweise

Wenn man geeignetes Holz für Blockbalken und für die Abdeckung hat, und wenn man eine Schlafstelle an einem abgelegenen Fischwasser oder Jagdrevier bauen will, kann diese Kote mit gezimmerten Sockeln eine gute Lösung sein. Vielleicht will man nicht so viel Arbeit aufwenden, wie eine übliche Blockhütte erfordert, möchte aber gleichzeitig eine einfach gezimmerte Unterkunft, mit trockenem und luftigem Unterbau haben. Vor allem im Winter kann das Wohnen in einer Torfkote doch sehr ungemütlich sein, wenn in der warmen Kote die Feuchtigkeit an den eisigen Wänden kondensiert.

Solche Koten mit gezimmertem Sockel findet man vor allem bei den Skogssami (Waldlappen) in der Gegend von Arvidsjaur. Man kann diese Koten als eine Übergangsform zur Blockhütte ansehen. Ursprünglich hatten sie eine Mittelpfette, die von Ständern oder scherenförmig gekreuzten Stangen getragen wurde. Die „Pfettenkote" verlor mit der Zeit ihre Mittelpfette, die Stützen wurden kürzer und nach oben hin mit Querhölzern verbunden. Zusammen mit den längsgehenden Stangen bilden sie einen Rahmen um den Rauchabzug.

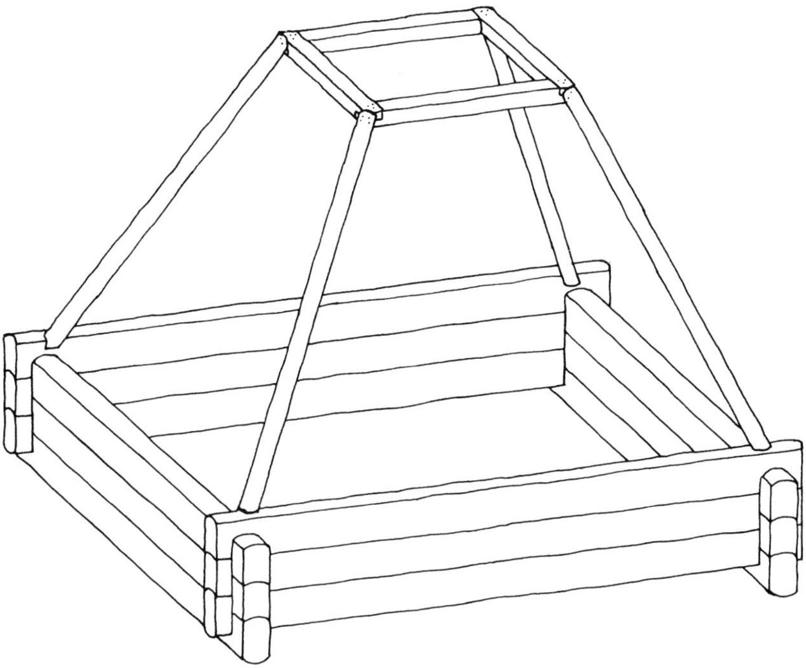

Der gezimmerte Sockel kann eine oder mehrere Balkenlagen hoch sein. Die Holzabdeckung besteht aus gespaltenen Rundhölzern, die mit den flachen Seiten auf Luke gegeneinander gelegt werden. Man kann auch Schwartenbretter, unbesäumte Bretter oder dgl. anwenden. Wenn man mit gewöhnlichen, scharfkantigen Brettern baut, sollte man unterschiedliche Breiten nehmen, um ein etwas rustikaleres Aussehen der Wände zu bekommen.

Da man hier einen gezimmerten Schwellenkranz hat, kann man sich vor dem kalten und feuchten Boden schützen. Man kann die ganze Konstruktion auf Ecksteine stellen und einen Fußboden mit einer Balkenlage in den Schwellenkranz einzimmern. In diese Balkenlage kann auch eine geeignete Isolierung gelegt werden. Im Vergleich zur Torfkote hat man hier wesentlich größere Möglichkeiten, in kurzer Zeit einen angenehm warmen Raum zu bekommen. Die Torfkote liegt ja nur auf dem Boden auf, so daß die Bodenfeuchtigkeit unmittelbar in den Innenraum aufsteigt.

Die Abdeckung mit Rasenplaggen oder Torf stellt jedoch eine relativ gute Isolierung dar. Um in der Kote mit Holzsockel eine gleichwertige Isolierung zu bekommen, muß man sorgfältig zimmern. Man kann eventuell eine Isolierschicht zwischen die beiden Lagen der Abdeckhölzer legen.

Die Blockwände des Sockels wurden aus Vierkantbalken gezimmert. Auch der Rahmen für den Rauchabzug besteht aus Vierkanthölzern. Die Blockbalken wurden behauen oder vorgesägt. Wenn man das Baumaterial dort findet, wo die Kote stehen soll, arbeitet man besser mit Rundhölzern. Für den Eckverband eignet sich eine einfache Verkämmung („Rännknut"). Es ist wichtig, daß der oberste Balkenkranz fest verzimmert ist.

Die Ständer werden entweder in die Balken des Sockels eingeblattet oder angenagelt. Die Verbindung muß so fest sein, daß die Ständer die Last der Holzabdeckung und die Schneelast tragen können, ohne daß die Konstruktion sich lockert.

Wenn man schon den Fußboden und die Wände isoliert, sollte man auch einen eisernen Ofen oder Herd als Wärmequelle in die Kote stellen. Das offene Feuer nutzt die Wärme schlecht, und durch den Rauch wird die Nutzbarkeit des Raumes in der Höhe doch sehr eingeschränkt.

Die Türöffnung kommt im wesentlichen in die schräge Wand aus gespaltenem Rundholz. Wird die Tür in die Sockelwand eingelassen, kann sie in eine etwas senkrechtere Stellung gebracht werden. Wenn die Tür dagegen in einer Ebene mit der schrägen Abdeckwand liegt, wird der oberste Balken zur Türschwelle.

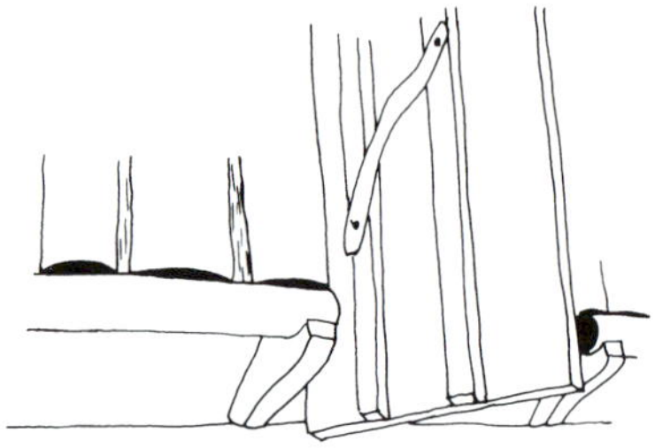

Stütze für das Deckholz. Mit längsliegenden Hölzern, die etwas außerhalb der obersten Balkenlage angebracht sind, bekommt man eine Stütze für die schrägstehenden Abdeckhölzer. An der Türöffnung liegen diese Stützen auf speziellen Halterungen aus Holz.

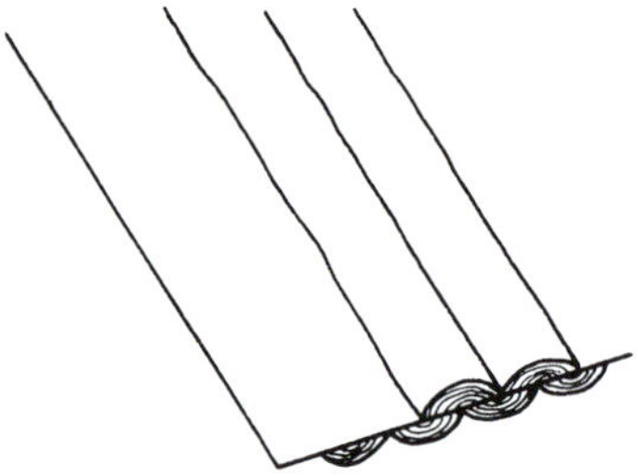

Zur Abdeckung dienen gespaltene Rundhölzer, die mit dem Stammende nach unten aufgelegt werden. Die flachen Spaltseiten der Hölzer liegen auf Luke gegeneinander. Zwischen die Hölzer kann man eine Abdichtung aus Dachpappe, Birkenrinde oder Zinkblech legen. Wenn eine zusätzliche Isolationsschicht eingelegt werden soll, kommt sie unter die Dachpappe.

Kote mit Sockel in Blockbautechnik, aus dem Gebiet der Skogssami in der Nähe von Lycksele.

Gartenhäuschen, Hütte, Sauna

Wer sich mit der Blockbauweise versuchen will, fängt am besten klein an. Den Anstoß dazu könnte der Wunsch nach einem Gartenhäuschen, einer Laube, Sauna, Jagdhütte, Fischerhütte oder einer Garage geben. Für ein derartiges Häuschen ohne Zwischenwände muß man etwa 150–200 Arbeitsstunden aufwenden. Diesen Arbeitseinsatz kann man während eines Sommerhalbjahres, in den Ferien oder in der Freizeit erbringen. Es wäre gut, wenn man das ganze Vorhaben in einem Jahr beenden könnte. Wird der Bau zu zeitaufwendig, kann er die Geduld – und ihre Beziehungen – auf eine harte Probe stellen. Wer sich zu viel vornimmt, der wird bald merken, daß er beim Zimmern Arbeitszeit und Mahlzeiten vergessen kann.

Der Zeitbedarf hängt sehr stark davon ab, wie sorgfältig und genau die Arbeit ausgeführt werden soll und davon, welches Holz man verwendet. Mit vorgesägten Balken geht die Arbeit schneller voran. Beim Zimmern mit besäumten Balken vermeidet man das zeitaufwendige Schalmen, das die Arbeit mit Rundbalken erfordert. Wenn man die Längsnut selbst ausschneidet, verdoppelt das den Zeitaufwand im Vergleich zur Arbeit mit profilgefrästen Balken.

Bevor man mit der Arbeit anfängt, muß sie sorgfältig geplant werden. Die vorgeschriebene Baugenehmigung muß eingeholt werden. Versuchen Sie die Arbeitsleistung, die Sie erbringen können, realistisch einzuschätzen. Rechnen Sie mit einer „Lehrzeit", in der die Leistung niedrig ist. Als Alternative zum Selbstbau können Sie auch daran denken, den Bau nach Ihren Plänen von einem Zimmermann ausführen zu lassen. Die Erdarbeiten, der Fußboden, das Dach, die Fenster und Türen erfordern manchmal schon mehr Zeit, als man erübrigen kann.

Wenn Sie sich mit einer weniger fachmännischen Ausführung zufriedengeben, wenn Sie Erfahrungen in der Blockbauweise sammeln wollen und wenn Sie einen Sommer lang genügend Zeit haben, dann regt Sie dieser Abschnitt vielleicht dazu an, Ihr Wunschhäuschen selbst zu bauen.

Welcher Haustyp diente früher als Sauna, Hütte usw.? Sigurd Erixon schreibt in *Svensk Byggnadskultur*, 1947, folgendes:

Einräumige, rechteckige Häuser mit Wänden und Satteldach haben in unserem Land den Eingang sehr oft im Giebel, und das nicht nur in Blockhäusern, sondern auch im Ständer- und Fachwerksbau, ja sogar bei Steinhäusern. In konservativeren Gegenden ist dieser Typ häufiger als in fortschrittlicheren Gemeinden. Häuser traditioneller Art und Nutzungsweise haben ihn besser bewahrt als andere. Er ist fast die Regel in einfacheren Bauden, die z. B. in Ständerbauweise errichtet werden. Überall dort wo die traditionelle, ländliche Lebensweise erhalten geblieben ist, wurden Hütten und Häuschen mit dem Eingang im Giebel gebaut. Bei Sennhütten hat sich diese Bauform in nicht unerheblichem Maße erhalten, auch dann, wenn der Wohnbereich nur noch als Kochhütte genutzt wird. In diesem kulturellen Bereich haben auch Viehställe und Schutzhütten für Kleinvieh, vor allem aber Feldscheunen und Heuschober, den Giebeleingang behalten.

Auch in den traditionellen Bauerngehöften wurde dieser Typ bewahrt. Immer wieder findet man ihn in den verschiedensten, einzelnstehenden Häuschen, die zu einem schwedischen Bauernhof gehören, wie z. B. in Vorrats- und Schlafhütten, in Schuppen und Remisen, in Werkstätten und in den, wegen ihrer Feuergefährlichkeit etwas abseits stehenden Waschküchen, Backhäusern, Schmieden, Darren oder Saunen.

Sigurd Erixon in *Svensk Byggnadskultur*, 1947

Wir unterscheiden zwischen Giebelhäusern mit und ohne Dachüberstand im Eingangsgiebel. Dieses „Vorlauben-

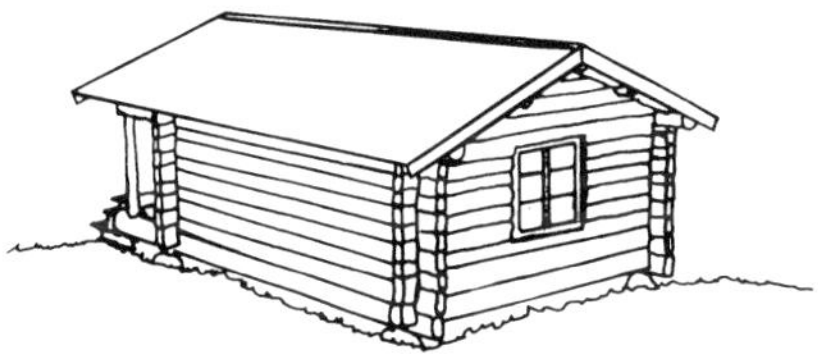

haus“ ist die am häufigsten vorkommende Form gewesen. Die Vorlaube bestand mitunter nur in einem Dachüberstand über dem Eingangsgiebel. In anderen Fällen war das Dach weiter herausgezogen und durch vorgezogene Seitenwände oder durch Säulen zur Vorlaube aufgewertet. Sie schützt dann den Eingang und die Treppe vor Wetter und Wind. Die Vorlaube bildet einen Bereich, in dem man sowohl außen als auch innen ist. Viele Aktivitäten rund um die Hütte geschehen in der Vorlaube. Man kann dort sitzen, um sich nach einem heißen Saunagang abzukühlen; aber warum sollte man dort nicht einfach im letzten Schein der Abendsonne still auf einer Holzbank sitzen und lauschen?

Hier werden einige Beispiele gezeigt, die Ihnen Anregungen für Ihre eigenen Vorstellungen von Blockhäuschen mit Giebeleingang geben könnten. Die Vorbilder dazu stammen von alten Bauerngehöften im Kulturpark Skansen, aber auch von Sennhütten und aus vielen anderen Orten in Schweden.

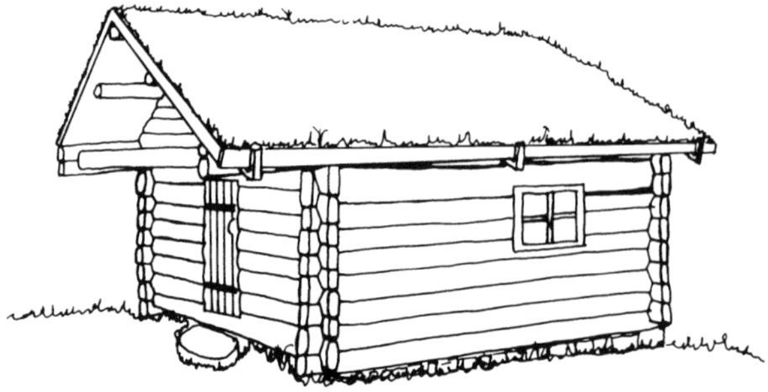

Diese Hütte ist in einer Woche von vier Personen gebaut worden, die vorher nicht zimmern konnten. Man hat stärkere Stämme aus einem Windwurf ausgewählt. Die Eckverbindung ist eine gerade, doppelt geschnittene Verschränkung ohne Zapfen im Oberhaken. Die Blockbalken sind nur gegeneinander abgeflacht, was einen großen Dachüberstand erfordert. Die Hütte wurde auf einem alten Schwenderplatz tief im Waldesinneren erstellt.

Alte Siedlungsstellen sind in Schweden oft die besten Plätze, wenn man eine Hütte im Wald bauen will. Dort gibt es fast immer eine kühle Quelle mit gutem Wasser. Der Platz selbst ist trocken und liegt oft auf einem Hügel. Wenn man Glück hat, sind die alten Wiesenflächen rund um die Siedlerstelle noch nicht ganz von Gebüsch und Wald überwachsen. Auf einem geeigneten Baugrund, der ein Blockhaus tragen kann, muß oft einige Rodungsarbeit geleistet werden.

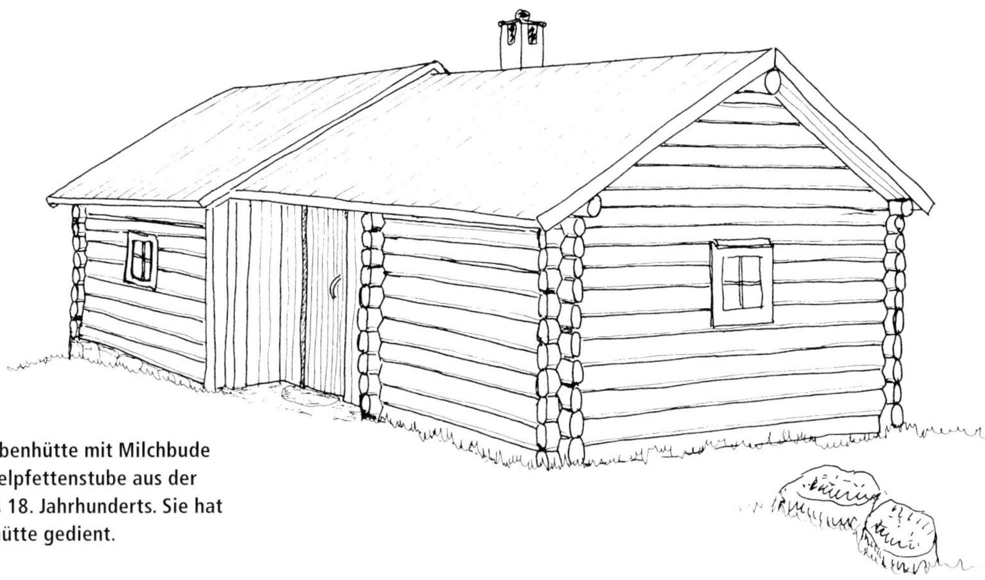

Mittellaubenhütte mit Milchbude und Giebelpfettenstube aus der Mitte des 18. Jahrhunderts. Sie hat als Sennhütte gedient.

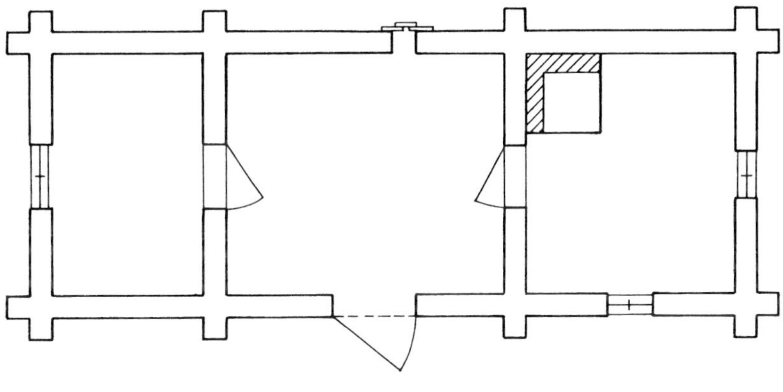

Mittellaubenhaus. Wenn man zwei Giebellaubenhäuser gegeneinander stellt, bekommt man einen geschützten Bereich zwischen den Häusern, und diese Kombination nennt man Mittellaubenhaus. Beim Bau eines Giebellaubenhauses kann man seine Maße so planen, daß man ein weiteres Haus mit Laubengiebel genau dagegen stellen kann, wenn man das brauchen sollte.

Wenn die Hütte einsam und ungeschützt vor dem Wetter in der Einöde liegt, wünscht man sich oft einen Raum davor, als Windfang und Aufbewahrungsort für das Brennholz und für die Ausrüstung. Es ist auch nicht so angenehm, wenn man aus der warmen Hütte unmittelbar in Kälte und Wind hinaus muß.

Die Sennhütten waren häufig solche Mittellaubenhäuser. Die Mittellaube kann entweder ganz offen, an einer Seite geschlossen oder ganz geschlossen sein. Die ganz geschlossene Laube bekommt den Charakter einer überdachten Eingangstreppe, aber der Boden ist gewöhnlich sehr einfach, z. B. nur eine Steinplatte. Auf der Zeichnung sieht man, daß die Blockbalken an der Längswand des Hauses, wo die Laube geschlossen ist, mit einigen stehenden Planken auf Luke als Zimmermannspaneel zusammengefügt worden sind. Die Türöffnung und die Außentür sowie die Türen in die Laube sind nur einfach ausgeführt worden. Die beiden Hütten können unterschiedliche Höhe haben, und sie werden manchmal in einem deutlichen Winkel gegeneinander gestellt.

Die nachträglich gebaute Hütte kann man als Holzschuppen nutzen. Will man jedoch einen zweiten Raum haben, kann das Brennholz längs der geschlossenen Seite der Laube verwahrt werden. Sehen Sie auch das Beispiel des Mittellaubenhauses auf Seite 185.

Arbeitsablauf für ein kleineres Blockhaus

Nachstehend wird der Arbeitsablauf beim Bau eines kleineren Blockhäuschen beschrieben, das als Freizeithütte, Sauna usw. genutzt werden kann. Als Eckverband wenden wir hier den „Rännknut" an, eine einseitige, schräg geschnittene Verkämmung ohne Zapfen, weil das Häuschen aus Rundholz gezimmert werden soll. Eckverbände mit schrägem Schalm sehen besser aus, wenn man Rundholz verwendet. Wenn man alte behauene oder vorgesägte Balken hat, wendet man am besten die doppelt geschnittene Verschränkung mit oder ohne Zapfen an, die auf Seite 38 beschrieben wurde.

Es kann schwierig sein, Eckverbände mit schrägem Schalm zu zimmern, wenn man mit stärkerem Rundholz arbeitet. Man kann dann auch die gerade, doppelt geschnittene Verschränkung anwenden, die senkrecht geschalmt wird. Die Tiefe des Schalms soll gering sein, damit er nicht allzu sichtbar ist. Im Übergang vom flachen Schalm zu der runden Stammform kann man so schalmen, wie es auf der obersten Zeichnung auf Seite 39 gezeigt ist (Schalm mit zwei schrägen Schnitten.)

Die erste Arbeit besteht im Anfertigen einer Zeichnung, aus der alle Stammlängen zu ersehen sind, die für den Bau gebraucht werden.

Unsere lange Kanufahrt war zu Ende. Hier würden wir unser Blockhaus bauen, und in den Wäldern und an den Wasserläufen der Umgebung würden wir unsere Fallen stellen, wenn der Schnee kommt. Also begannen wir, das Blockhaus zu bauen. Die eine Kiefer nach der anderen wurde gefällt, herangeschleift und auf ihrem Platz eingebaut. Die Wände wuchsen von Tag zu Tag . . . In der einen Ecke mauerten wir einen ordentlich bemessenen, offenen Herd, dessen Schornstein aus Bruchsteinen über den First hinausragte.

Harry Macfie in *Wasawasa*

Das Fundament

Früher wurden die Häuser oft auf Bodenerhebungen gebaut. Der Bauplatz wurde sorgfältig gewählt. Wertvolles Ackerland sollte nicht vergeudet werden, aber der Bauplatz sollte gut drainiert, trocken und hochgelegen sein. Hier werden einige Fundamente für ein kleineres Blockhaus gezeigt. Bedenken Sie, das alle Häuser mit einem gemauerten Schornstein ein frostfreies Fundament haben müssen.

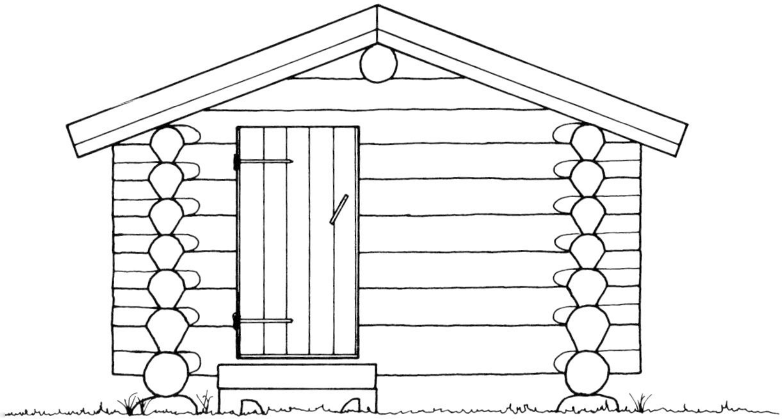

Klären Sie, welche Fenster Sie kaufen können und welche Maße die haben.

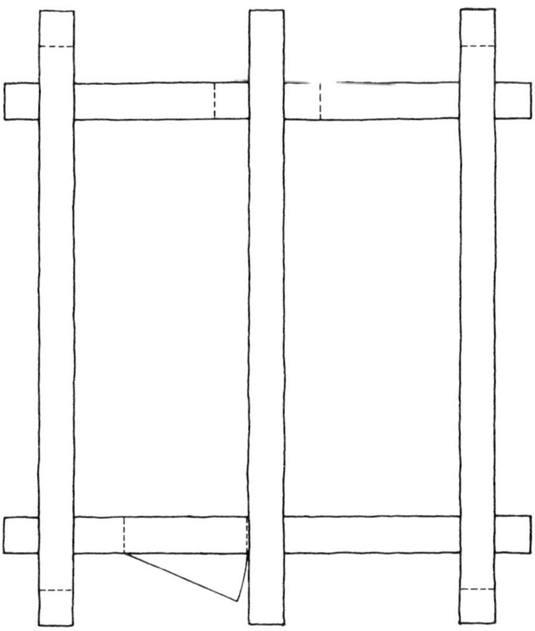

Grundriß der Blockwände

Das Fundament soll sich mindestens 30 cm über den Boden erheben. Es ist oft zu niedrig, wenn das Haus über geneigtem Gelände gebaut wird. Das Fundament liegt dann im oberen Teil leicht auf Bodenhöhe, wenn man im unteren Teil nicht zu hoch über den Boden kommen will. Das Niveau des Bodens wird mit den Jahren höher, weil abgestorbenes Gras und Fallaub Schicht auf Schicht sich über den Boden legen.

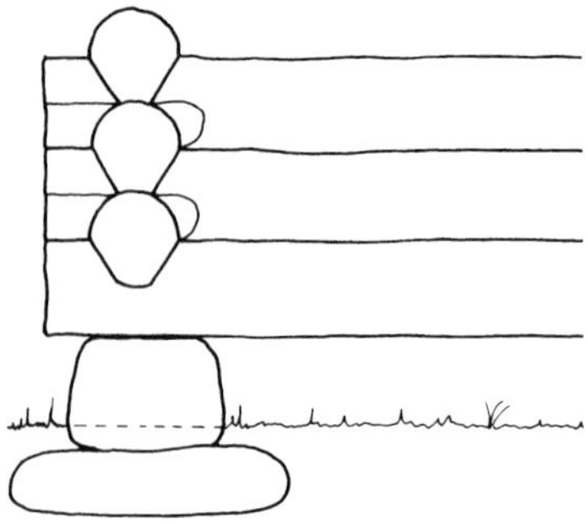

Ecksteine. Man kann die kleinen Häuser, um die es hier geht, in vielen Fällen auf flache Steine stellen, die unter den Eckverbänden liegen. Diese Steine liegen auf der Bodenoberfläche. Man muß nur den Humus und den Mutterboden abtragen. In diese flachen Gruben wälzt man große, flache Steine. Diese Ecksteine müssen einigermaßen in der Waage liegen, bevor man den Schwellenrahmen auflegt.

Der Boden unter dem Haus soll so beschaffen sein, daß der Bodenfrost überall zur gleichen Zeit eindringt. Beim Auffrieren des Bodens bewegt sich dann das ganze Haus gleichmäßig.

Am besten gräbt man den gewachsenen Boden unter den Ecksteinen ganz ab und füllt 50–60 cm tief mit Schotter und Splitt auf. Ich bevorzuge es, den Mutterboden unter dem ganzen Haus abzugraben und mit Schotter oder Mackadam aufzufüllen. Das verhindert Pflanzenwuchs unter dem Haus, der dort sonst im Halbschatten gedeiht, und es verbessert das Abtrocknen des Bodens.

Auf trockenem, grobkörnigem Boden, wie Sand oder Grus, ist diese einfache Gründung des Hauses ein völlig ausreichendes Fundament.

Will man den Schwellenrahmen so hoch über dem Boden haben, daß man dazu Steine übereinander legen muß, kann man gewisse Schwierigkeiten bekommen. Stapeln Sie nicht zu viele, unregelmäßig geformte Steine übereinander, die durch einen Frostaufbruch im Boden umgestürzt werden können.

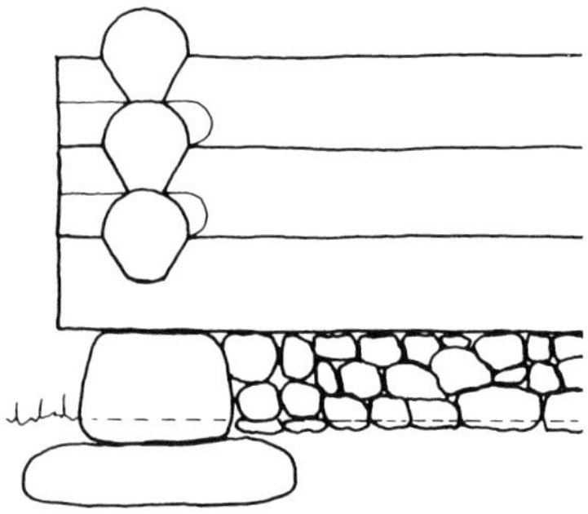

Gründung mit Eckstein und Trockenmauer. Durch eine lose aufgeschichtete Trockenmauer zwischen den Ecksteinen konnte man sich besser gegen Fußkälte und Zug schützen. Man hob einen flachen Graben für die Steine aus und schichtete sie dann zur Mauer auf. Die Mauer wurde unten breiter gemacht, um ihre Stabilität zu verbessern.

Häufig verfugte man die aufgeschichteten Steine mit Kalkmörtel. Er ist elastischer als Zementmörtel und widersteht den jahreszeitlichen Bewegungen des Untergrundes besser, ohne daß das Fundament Risse bekommt.

Die Grundmauer wurde oft breiter gemacht als die Blockwand. Man kann dann mit einem Wasserschenkel aus druckimprägnierten Holz oder Zinkblech für eine gute Wasserableitung am Schwellenrahmen sorgen.

Die Blockwände bleiben dauernd feucht, wenn sie Bodenkontakt haben. Es dauert dann nicht lange, bis ernsthafte Fäulnisschäden im Schwellenrahmen auftreten. Besonders gefährlich ist es an einer hangseitigen Längswand, wenn das Dach keine Regenrinne hat und das Wasser gegen den Hang abläuft.

Betonrohr im Bett aus Kies oder Schotter. Graben Sie eine Grube bis in den frostfreien Boden. (Skåne und Südschweden ca. 1 m, Mittelschweden ca. 1,5 m, in Norrland etwa 2 m.) Füllen Sie diese Grube bis 40 cm unter der Bodenoberfläche mit Kies oder Schotter aus. Stampfen Sie diese Füllung mit einem Holzpfahl fest, an dem Sie einen Handgriff angenagelt haben. Messen Sie den Platz für das Betonrohr ein, setzen Sie es mit der Wasserwaage in die richtige Höhe, füllen Sie dann die Grube mit Splitt auf, den sie ebenfalls feststampfen. Gießen Sie dann Beton bis an den oberen Rand in das Rohr. Die Schwelle kann etwas exzentrisch auf das Rohr gelegt werden, damit die Feuchtigkeit sich nicht auf dem Beton sammeln kann. Zwischen Beton und Schwellenbalken muß man eine Horizontalsperre aus Teerpappe oder Birkenrinde legen.

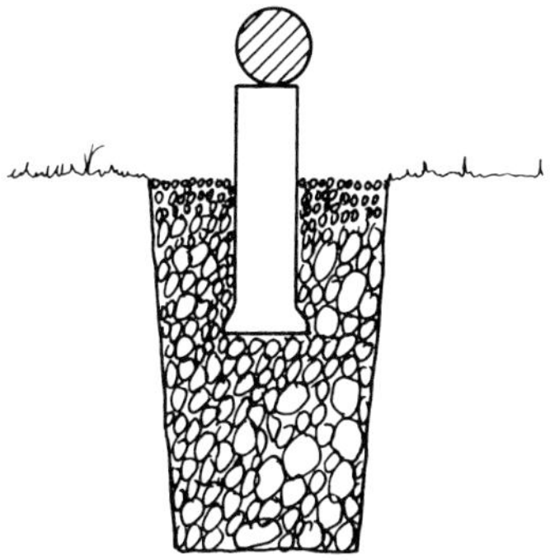

Plinthe aus druckimprägniertem Pfahl.

1. Druckimprägnierter Pfahl, z. B. ein alter Telegraphenmast.
2. Beton, der rund um den Pfahl in eine Grube gegossen wird, die man bis auf den frostfreien Boden gegraben hat.
3. Klotz aus druckimprägniertem Holz, mit Fase zur besseren Wasserableitung

Vorratshäuser und Getreidespeicher standen oft auf Pfählen, damit Mäuse und Ratten nicht eindringen konnten.

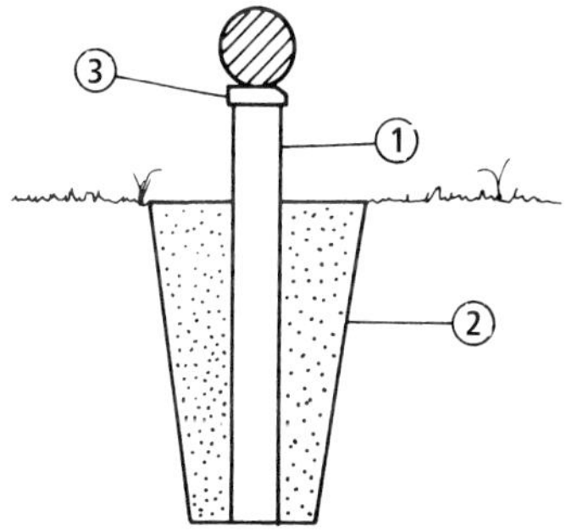

Gegossenes Plinthfundament.

1. Fundament mit gegossener Plinthe als Grundplatte. Sie kann auch aus Betonhohlsteinen gemauert werden.
2. Isolierung aus Splitt oder aus Bodenmatten von Mineralwolle, um weniger tief ausschachten zu müssen. Die Tiefe der Grube kann um die Hälfte vermindert werden, wenn die Stärke der Isolierschicht der frostfreien Bodentiefe entspricht.
3. Auffüllung mit grobkörnigem Material.

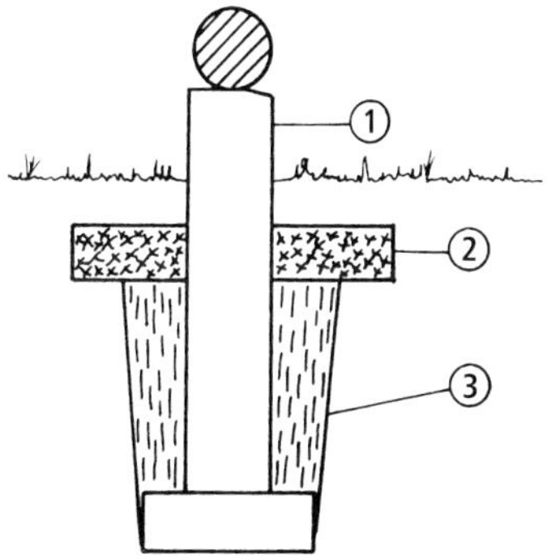

Gründung mit Betonrohren

Blockwände auf Plinthgründung aus Betonrohren

Das Spritzwasser, das vom Dach herunterplatscht, wird dann in wenigen Jahren Fäulnis in den unteren Lagen der Blockwand verursachen.

Nachdem ich eine Anzahl alter Blockhäuser mit Fäulnisschäden im Schwellenrahmen abgebaut und umgesetzt habe, weiß ich, wie wichtig die Höhe über dem Boden für die Dauerhaftigkeit des Blockhauses ist. Vergessen Sie nicht: Der tiefste Punkt des Schwellenrahmens muß mindestens 30 cm über dem Boden sein – und denken Sie an die Regenrinne.

Die Belüftung des Fundamentes ist äußerst wichtig. Am gesamten Boden müssen 15–20 cm große Belüftungsöffnungen in ausreichender Anzahl so dicht wie möglich an den Ecken angebracht werden.

Verdecken Sie die Lüftungsöffnungen mit Gittern oder Netzen, aber wählen Sie kein Mückennetz, sondern Gitter mit größerer Maschenweite. Ein Fundament aus Ecksteinen oder Plinthen ist für die Blockwände technisch sehr gut geeignet. Eine bessere Belüftung gibt es nicht. Zwischen den Auflagepunkten sind die Blockwände selbsttragend, und eventuelle Setzungen kann man leicht mit Hilfe eines Wagenhebers ausgleichen.

Zum Schluß dieses Abschnittes über die Gründung des Hauses möchte ich allen Bauherren dringend raten, nicht an der Vorbereitung des Bauplatzes und am Fundament zu sparen. Es ist ohnehin wenig im Verhältnis zu dem, was Sie das Blockhaus an Mühe und Geld kostet. Fundament und Dach sind entscheidend für die Dauerhaftigkeit des Hauses. Bauen Sie für die nächsten 100 Jahre und nicht für die nächsten 10 Jahre. Wenn Ihre Kinder das Anwesen in 40 Jahren verkaufen wollen, wird sein Wert mit Sicherheit davon abhängen, ob das Blockhaus gut gegründet und gut gezimmert wurde.

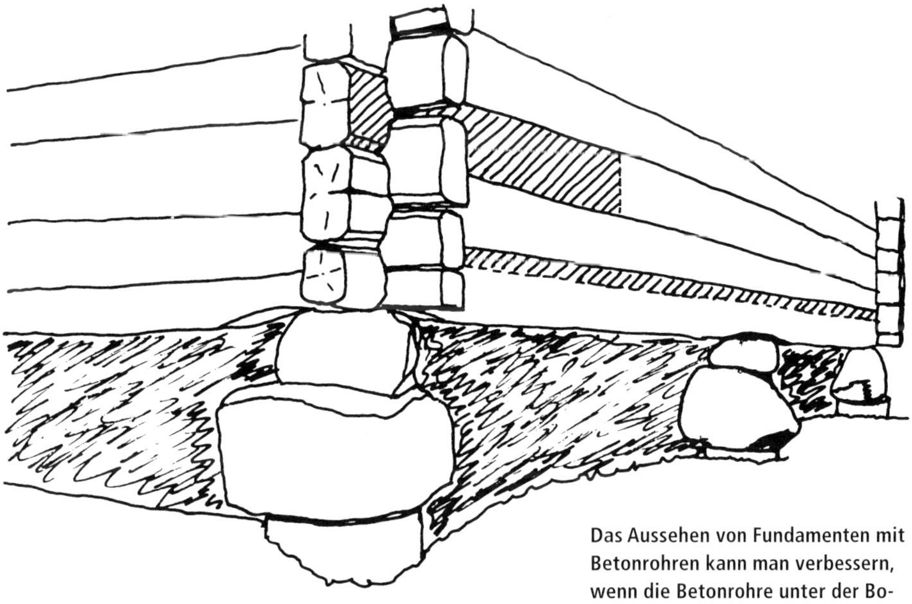

Das Aussehen von Fundamenten mit Betonrohren kann man verbessern, wenn die Betonrohre unter der Bodenoberfläche enden und ein Naturstein obenauf gelegt wird.

Der Schwellenrahmen (Bodenrahmen)

Wir wollen hier dem Arbeitsablauf beim Bau eines Blockhauses folgen, das auf Ecksteinen gegründet ist. Es ist ein kleineres Haus mit Giebeleingang. Die Blockbalken der Wände haben einen größten Durchmesser von 20–25 cm und eine Länge von 3 m. Sie sind eigentlich etwas zu stark für den Anfänger.

Wenn man mit den Giebelschwellen beginnt, kommen die Schwellen an der Längsseite eine halbe Balkenstärke höher zu liegen. Das ist vorteilhaft, weil das Traufwasser besonders die Seitenwände gefährdet, vor allem dann, wenn keine Regenrinne vorgesehen wurde. Versuchen Sie jedoch, eine Regenrinne anzubringen, um die Belastung der Seitenwände durch Traufwasser zu vermindern. Das Spritzwasser der Traufe durchnäßt die Schwellen und begünstigt den Befall mit Fäulnispilzen. Eine Regenrinne aus Holz wäre besonders „stilecht".

Wenn der Schwellenrahmen ringsum die gleiche Höhe haben muß, weil man ihn beispielsweise auf ein gemauertes Fundament legen will, muß man an zwei Seiten mit einem Halbholz beginnen, um den Höhenunterschied im Schwellenkranz auszugleichen.

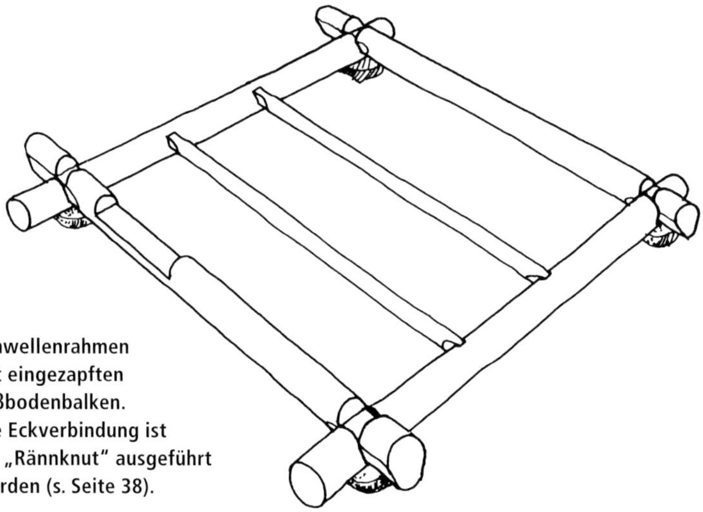

Schwellenrahmen mit eingezapften Fußbodenbalken. Die Eckverbindung ist als „Rännknut" ausgeführt worden (s. Seite 38).

Die Eckverbände des Schwellenrahmens werden als „Rännknut" mit Zapfen ausgeführt, um die Schwellen fest miteinander zu verbinden. Schwellenrahmen und „Rähm" (der letzte Balkenkranz über Tür und Fenstern) halten die Blockwände zusammen. Beachten Sie die einfache Gründung. Der Bauplatz ist ein trockener, grobkörniger Moränenhügel.

Richten Sie die beiden untersten Blockbalken so aus, daß sie waagerecht und parallel auf den Ecksteinen liegen. Dazu schalmen Sie Auflageflächen an die Grundschwellen, mit denen sie auf den Ecksteinen liegen. Markieren Sie den Mittelpunkt auf jedem Eckverband, damit Sie genaue Meßpunkte haben. Messen Sie auch diagonal von Ecke zu Ecke, um zu kontrollieren, daß die Schwellen parallel liegen und daß die Ecken rechtwinkelig sind. Sie bekommen einen rechten Winkel, wenn Sie ein Dreieck aus drei Latten zusammennageln, deren Länge sich wie 3 : 4 : 5 verhält.

Wenn diese beiden Schwellen eingemessen und nivelliert sind, kann man die beiden oberen Blockbalken im Schwellenkranz nacheinander auf ihren Platz rollen. Dabei dürfen die beiden, sorgfältig eingemessenen Grundschwellen in ihrer Lage auf den Ecksteinen nicht verändert werden. Um das sicherzustellen, können die Grundschwellen mit Hilfe von Balkenenden und Holzkeilen festgeklemmt werden, wie es das obige Foto zeigt. Eine andere Möglichkeit ist es, die Grundschwellen mit Hilfe einiger Bretter zu befestigen, mit denen man sie aneinandernagelt und auf dem Boden abstützt, wie es das Foto auf Seite 86 zeigt.

Legen Sie im Schwellenkranz die Blockbalken so, daß Stammende gegen Stammende und Zopfende gegen Zopfende liegt. Im nächsten Kranz legen Sie dann Stammende gegen Zopfende des vorhergehenden Kranzes. Auf diese Weise wächst die Wand an allen Seiten gleichmäßig in die Höhe.

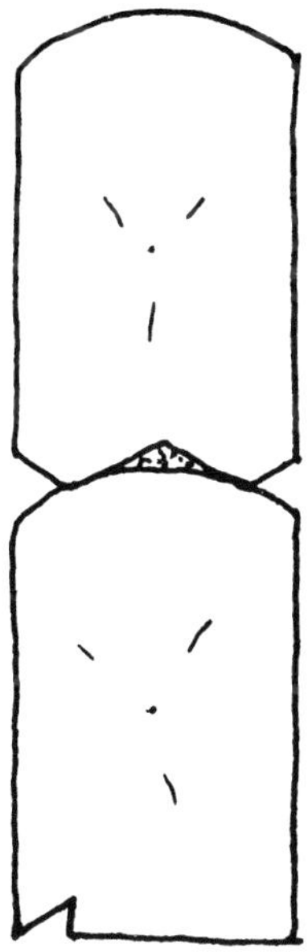

Scharfkantig behauene oder gesägte Schwellenbalken kann man, vor allem an der Wetterseite, noch durch eine „Tropfnase" schützen, die das Wasser ableitet.

Links: Arbeitet man mit starkem Rundholz, das schräg geschalmt werden muß, kommt es darauf an, die Balkenköpfe im gleichen Winkel zu schalmen, damit der Eckverband fest wird. Dabei ist eine Schablone aus Hartfaserplatte o. ä. hilfreich.

Man bestimmt die Oberseite des Blockbalkens und zeichnet mit Hilfe der Wasserwaage eine senkrechte Linie auf den Balkenkopf. Danach wendet man den Balken so, daß die Unterseite nach oben kommt. Die Mittellinie der Schablone wird nun so an den Balkenkopf gehalten, daß sie mit der Mittellinie des Balkens im Lot ist. Jetzt kann man die schrägen Flanken des Schalms von der ausgeschnittenen Schablone auf den Balkenkopf übertragen. Damit alle Balken einen gleich langen Schalm bekommen, muß auch die Länge des Schalms noch angezeichnet werden.

Der Schalm des Balkens wird nun mit dem Breitbeil oder mit einer anderen schweren Axt beigebeilt. Hauen Sie in Richtung auf das Stammende zu. Achten Sie auf Ihre Füße und Beine. Schalmen Sie die von Ihnen abgewandte Seite des Stammes. Der Stamm ist dann zwischen Ihren Beinen und der Axt, falls der Axthieb abgleitet. Kontrollieren Sie mit der Schablone – lieber einmal zuviel als einmal zuwenig –, wieviel noch wegzuhauen ist.

Als nächster Arbeitsgang wird auf dem Unterbalken angezeichnet, wieviel für die Verkämmung mit dem soeben beigeschalmten Oberbalken herausgehauen oder herausgeschnitten werden muß. Dazu benutzt man als Schablone das Teil, das aus der Hartfaserplatte herausgeschnitten wurde, die als Schablone für den Schalm dient. Wenn man einen Zapfen in der Verkämmung hat, muß man die Maße der Schablone an beiden Seiten des Stammes anzeichnen.

Beim Zimmern mit Rundholz wird immer von der Mittellinie des Balkens ausgegangen.

Rechts: Die Balkenlager des Fußbodens werden in die Schwellenbalken eingezapft. Hier wurden die Balken mit einem schrägen Zapfen nach Art des Schwalbenschwanzes eingepaßt. Das ist nicht so schwierig, wenn man dafür eine scharfe Axt mit gerader Schneidekante hat. Man kann dazu auch die Motorsäge anwenden.

Am einfachsten ist das Lager für eine gerade Verzapfung in die Schwelle zu hauen. Wenn man den Fußboden aus gesägten Balken zimmert, braucht man die nur in den Aushieb zu legen. Wenn man Rundholz verwendet, werden die Balken an beiden Seiten leicht angeschalmt, so daß sie in die Auskerbung passen.

Lassen Sie keine Balken durch die Schwelle hindurchgehen, so daß die Balkenköpfe des Fußbodens der Nässe ausgesetzt werden. Durchgehende Balkenenden im Schwellenkranz ziehen Wasser und werden leicht rotfaul.

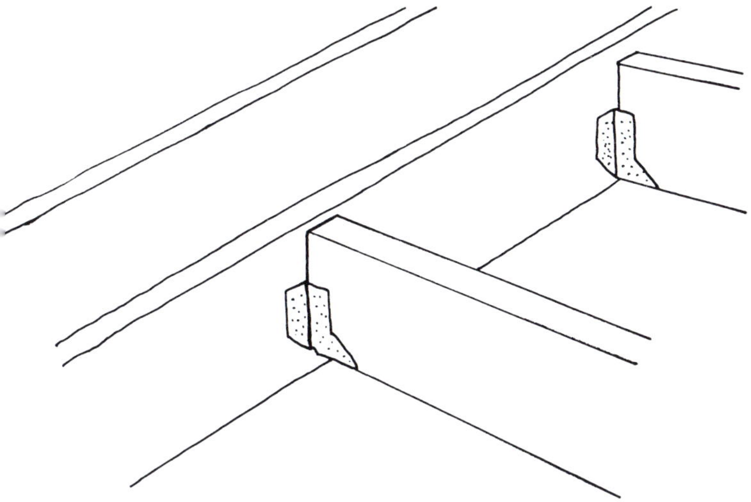

Wenn man das Fußbodenlager aus zugeschnittenen Balken zimmert, kann man verzinkte Balkenschuhe verwenden, die mit speziellen Kammnägeln an die Schwellen genagelt werden. Lassen Sie zwischen dem Balkenende und der Schwelle etwa 5–10 mm Zwischenraum, damit man eine Isolierung dazwischen legen kann. Isolieren Sie den Fußboden, auch wenn Sie das Häuschen selten benutzen. Unter die Isolierung kommt dann noch eine Windsperre.

Der Schwellenrahmen mit den Fußbodenbalken und dem Ausschnitt für die Tür ist fertig. Die schrägen Schalme an den Eckverbänden bemerkt man kaum, obwohl starkes Rundholz verwendet wurde. Die Eckverbände sind in dem starken Holz gut gelungen. Die Stärke des Holzes erklärt sich damit, daß man die stärksten Stämme immer im Schwellenrahmen einzimmert. Hat man durchweg starkes Holz, werden die Schwellen besonders stark.
Die Durchmesser der Blockbalken nehmen dann nach oben hin bis zum vorletzten Balkenrahmen ab. Der oberste Balkenrahmen, das Rähm, wird dann wieder aus stärkeren Balken gezimmert.

Früher hatte man in einfachen Schuppen und Sennhütten keinen gezimmerten Fußboden. Der Schwellenrahmen wurde niedrig gehalten und auf den gewachsenen Boden aufgelegt. Man bedeckte den Boden der Hütte zur Wärmeisolierung und um die kalte Zugluft zu mindern mit einer Schicht Torf, Sand oder anderem porösem Material.
Die Lebensdauer dieser Hütten war begrenzt. Wenn Sie eine solche Hütte kaufen sollten, müssen Sie diesen baulichen Mangel schnellstmöglich beseitigen. Ein trockenes, belüftetes Fundament ist die Voraussetzung für ein gesundes, dauerhaftes Haus. Selbstverständlich müssen Sie einen isolierten Fußboden einbauen, wenn Sie den Schwellenrahmen anheben und auf Ecksteine oder auf ein gemauertes Fundament auflegen. Dazu wird üblicherweise ein Blindboden – etwa aus Schwartenbrettern – auf die Unterseite der Balkenlage des Fußbodens genagelt. Darauf kommt eine Isolierschicht, die den Raum zwischen den Fußbodenbalken ausfüllt, und ein abschließender Fußboden aus Dielenbrettern.

Das Zimmern der Blockwände

Wenn der Schwellenrahmen fertig ist, wird in derselben Weise Balkenlage auf Balkenlage darüber gelegt. Die Zeichnung zeigt die Blockwände bis zur Höhe des Fensterrahmens. An der Giebelwand, die dem Eingang gegenüber liegt, hat man mit der Fensteröffnung begonnen. Zimmern Sie die Blockbalken so ein, daß der obere Balken mit seinem Zopfende auf das Fußende des unteren Balkens zu liegen kommt. Die Wände sollen an allen vier Ecken gleichmäßig in die Höhe wachsen. Überprüfen Sie in jeder Balkenlage mit der Wasserwaage – die Sie auf ein Brett auflegen können –, daß keine allzu großen Höhenunterschiede zwischen gegenüberliegenden Blockbalken auftreten.

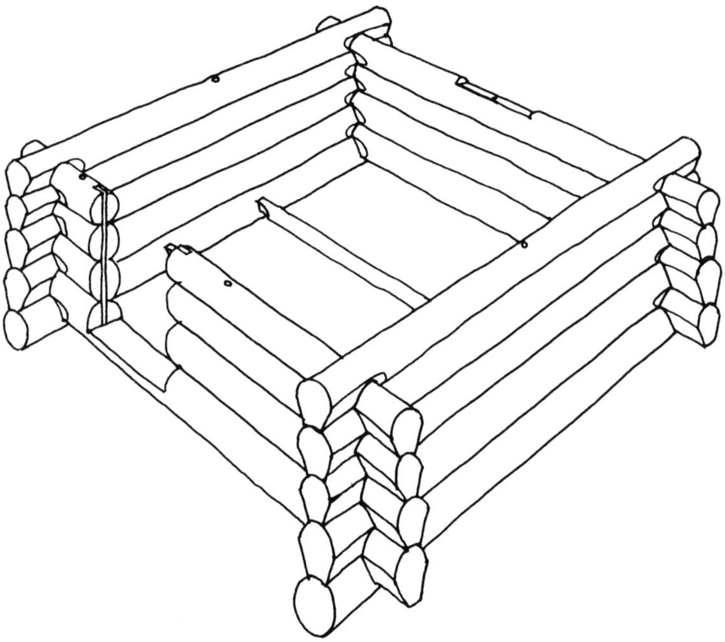

Größere Ungleichheiten in der Waagerechten der Balkenlagen gleicht man am einfachsten mit der Längsnut aus, die breiter oder schmaler geschnitten werden kann. Der Balken setzt sich dann mehr oder weniger, wenn die Längsnut ausgeschnitten ist. Bevor die Längsnut mit dem Zugmaß angerissen wird, legt man den Balken mit kleinen Klötzen in der Lage fest, in der er nach dem Ausschneiden der Längsnut liegen soll. Lesen Sie auf Seite 41, was beim Schneiden der Längsnut zu beachten ist.

Jeder Balken muß gedübelt werden. Das ist besonders wichtig bei den Balken, die nur an einem Ende durch den Eckverband gehalten werden, wie es an beiden Seiten der Tür- und Fensteröffnungen der Fall ist. Setzt man die Türöffnung zu sehr an eine Seite der Giebelwand, werden dort die Balken so kurz, daß es in den Balkenenden keinen Platz mehr für die Dübel gibt. Kurze Balkenstücke reißen leicht, wenn zu starke Dübel gewaltsam eingetrieben werden. Wenn mit dünnen Balken gezimmert wird, bohrt man die Löcher für die Dübel durch den Oberbalken hindurch, bis in die Mitte des Unterbalkens. Wenn man stärkeres Holz verwendet, wird erst das Loch in den unteren Balken gebohrt. Setzen Sie einen spitzen Holzzapfen in das Loch, und legen Sie den Oberbalken auf. Die Markierung in der Längsnut des Oberbalkens zeigt die Stelle für das Dübelloch an, das man nun bis in die Hälfte des Oberbalkens bohren muß. Man kann auch mit genauem Abmessen und Markieren die Stelle für das Dübelloch im Oberbalken bestimmen. Der Dübel wird in das Loch im Unterbalken eingeschlagen, dann wird der Oberbalken aufgelegt und mit dem Holzhammer heruntergeklopft. Vergessen Sie nicht die Setzluft für den Dübel im Oberbalken.

Links: Der Balken im zweiten Kranz an der rechten Seite der Tür ist zum Einzimmern vorbereitet worden. Weil dieser Balken nur an einem Ende durch den Verband gehalten wird, wurde der „Rännknut" mit Zapfen ausgeführt. Auch die einfache Verkämmung ohne Zapfen wäre gut geeignet gewesen.

Der Balken wurde auf den Boden gelegt und von beiden Seiten fest abgestützt, um ihn für das Aushauen der Längsnut in besserer Arbeitsstellung zu haben. Wenn man mit der Axt senkrecht in der Längsrichtung des Balkens haut, kann man leichter Holzspäne aus der Längsnut herausbrechen. Damit die empfindlichen Schneiden der Werkzeuge nicht schartig werden, kommen sie in den stabilen Werkzeugkasten, wenn sie nicht gebraucht werden.

Man erkennt auf dem Bild, daß schon nach dem Einzimmern von zwei Balkenlagen erhebliche Mengen von Spänen angefallen sind. Früher war es üblich, die Blockwände im Wald zu zimmern, wo die Späne liegenblieben. Wenn die Balken getrocknet waren und die Wände sich gesetzt hatten, wurde das Haus auseinandergenommen, an seinen Bestimmungsort gebracht und wieder zusammengesetzt.

Rechts: Das Kappen der Balkenköpfe. In dem hier gezeigten Beispiel wird mit Blockbalken von drei Meter Länge gezimmert. Die Vorstöße werden dabei ungleich lang, weil es schwer ist, die Blockbalken absolut senkrecht und rechtwinklig zur Längsachse zuzuschneiden. Man läßt diese längeren, überschießenden Balkenköpfe während des Zimmerns zunächst so lang wie sie sind. Wenn die Blockwände fertig sind, reißt man mit einem Lineal die gewünschte Länge des Vorstoßes an und schneidet alle überstehenden Balkenköpfe mit einem Schnitt auf das richtige Maß.

Aussparungen für Tür und Fenster. Wenn mit Blockbalken unterschiedlicher Stärke gezimmert wird, kann es leichter sein, zunächst die Balken in ganzer Länge einzuzimmern und die Tür- und Fensteröffnungen später auszuschneiden, als einzelne kurze Balkenstücke einzulegen. Die Balken werden so eingezimmert, daß beide Kanten der Längsnut an jeder Seite der Tür bzw. Fensteröffnung gut auf dem Unterbalken aufliegen. Danach wird der Balken gekappt.

Die kurzen Balken an den Tür- und Fensteröffnungen trocknen schneller aus als die langen Balken in den Wänden ohne Öffnung. Daher schrumpfen die Wände beiderseits der Öffnungen besonders stark. Auch die Längsnut drückt sich an den Balkenenden leichter zusammen, weswegen die Kanten der Längsnut an den Balkenenden besonders gut auf dem Unterbalken aufliegen müssen. Vor allem zwischen dem zuletzt gekappten Balken in der Öffnung und dem ersten durchgehenden Balken darüber können sich Spalten öffnen. Moderne Hersteller von Blockhäusern arbeiten mit gesägten oder gefrästen Profilbalken einheitlicher Dimension. Wenn diese Balken gut ausgetrocknet sind, entstehen keine größeren Probleme dadurch, daß sich das Holz in den durchgehenden und in den geteilten Wänden verschieden stark setzt.

Bei höheren Türöffnungen kann es ratsam sein, während des Zimmerns einen durchgehenden Balken mitten in der Türöffnung zu belassen. Wenn das Rähm über der Türöffnung eingezimmert ist und die ganze Wand zusammenhält, wird dieses „Hilfsrähm" gekappt.

Vorbereitungen für Tür und Fenster

Die Balkenenden beiderseits der Tür- und Fensteröffnungen werden durch eine senkrechte Bohle in der Flucht gehalten. Diese Bohle wird in eine 4–6 cm tiefe Nut in den Balkenköpfen eingelassen. Zwischen diesen Bohlen wird dann die Türzarge bzw. der Fensterrahmen festgekeilt. In einfacheren Hütten kann man Türen oder Fenster auch direkt an diese Bohle anschlagen.

Der Ausschnitt für die Fensteröffnung wurde begonnen.

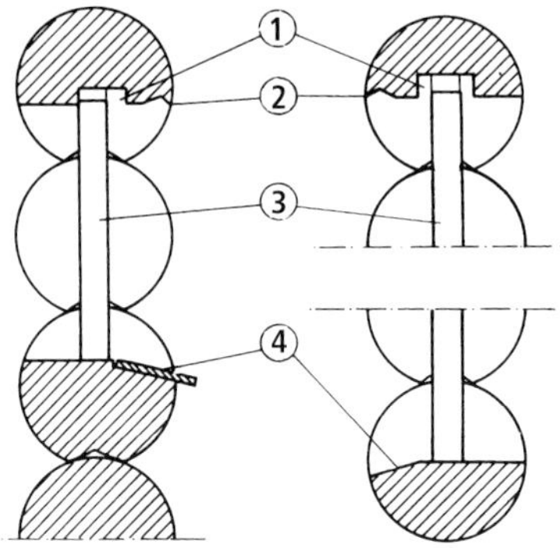

Fensteröffnung im Querschnitt

1. Sinkmaß (Setzluft)
2. „Tropfnase" für das Abrinnen des Regenwassers
3. Pfostenbohle des Fensters
4. Geneigte Fläche mit Wasserschenkel, der unter das Fenster gehen und über die Wand hinausragen soll.

Türöffnungen im Querschnitt

1. Sinkmaß (Setzluft)
2. „Tropfnase" für das Abrinnen des Regenwassers
3. Pfostenbohle der Tür
4. Geneigte Fläche von der Tür zur Kante der Türschwelle für das Abrinnen des Wassers. Das Wasser muß von der Türschwelle abrinnen, damit es im Winter nicht an der Türschwelle festfrieren kann. Wenn man kein Werkzeug hat, um das Eis wegzuhacken, steht man vielleicht vor der Hütte, ohne die Tür öffnen und hineingehen zu können. Oder man muß morgens die Hütte durch das Fenster verlassen, weil die Tür zugefroren ist.

Bei breiten Fenstern müssen die Blockbalken oberhalb der Öffnung stark genug sein, um das Gewicht des darüberliegenden Daches tragen zu können. Schneiden Sie, wenn irgend möglich, die Fensteröffnung nicht in das Rähm. Über einer Fensteröffnung von 1,20 m muß mindestens ein 18 cm starker Balken liegen. Bei einem dreiteiligen Fenster von 1,80 m Breite muß zusätzlich mindestens noch ein halber Balken liegen.

Links: Zeichnen Sie mit Hilfe der Wasserwaage die senkrechte Mittellinie auf die Balkenköpfe. Zeichnen Sie dann links und rechts, gleichweit von der Mittellinie, die Breite der Nut für die Pfostenbohle an. Bohren Sie 6 cm hinter der Mittellinie ein Loch, dessen Durchmesser der Stärke der Blindbohle entspricht und dessen Lage zugleich die Tiefe der Nut angibt. Schneiden Sie danach diese Nut mit dem Stemmeisen oder mit der Axt aus.

Rechts: Die Nut für die Pfostenbohle ist fertig. Während des Zimmerns verbindet man zunächst die Balkenköpfe mit kurzen Holzklötzen. Wenn die Balken rund um die Tür- bzw. Fensteröffnung fertig eingezimmert sind, werden die Holzklötze herausgenommen und die Pfostenbohle wird eingeschlagen. Lassen Sie im Rähm über der Öffnung das ausreichende Sinkmaß (Setzluft) für die Pfostenbohle.

Blockwände einer Sauna von 310 × 310 cm Innenmaß. Sie wurden mit geradem, doppelt geschnittenem Eckverband aus Kantholz gezimmert, das von Windwürfen aus einem Kiefern-Samenschlag stammt. Bei solchen Kanthölzern kann es schwierig sein, die Balken genau ins Lot zu legen. Die senkrechten Schnitte müssen mit der Wasserwaage vorgezeichnet werden.

Die Tür- und Fensteröffnungen werden hier herausgesägt, wenn die Blockwände fertig sind. Die Löcher für die Nut der Pfostenbohle werden in jedem Balken gebohrt, sobald er eingezimmert ist.

Der Rahmenkranz (Rähm und Giebelmutter)

Der oberste Blockbalken der Längswand ist das Rähm. Der oberste lange Balken der Giebelwand, der an beiden Enden im Eckverband verzimmert ist, heißt Giebelmutter. Er trägt den Giebel. Rähm und Giebelmutter bilden den Rahmenkranz. Im Rahmenkranz müssen durchgehende Blockbalken eingezimmert werden; sie dürfen nicht gestoßen werden, denn sie halten die Wand zusammen. Auch der Schwellenrahmen, auf dem die Wände ruhen, besteht aus durchgehenden Blockbalken.

Bis auf die Giebelspitzen und die Pfetten ist das Haus fertig gezimmert. Die beiden Balken des Rähms gehen soweit über den Vorstoß der Längswände hinaus, wie das Dach überstehen soll. Diese überstehenden Balkenköpfe kann man soweit abfasen, daß ein weicher Übergang zum seitlichen Windschutz entsteht, der von den Balkenköpfen des Vorstoßes gebildet wird. Bei vielen Hütten endet das Einzimmern der Blockbalken in dem Zustand, den die Zeichnung zeigt. Die Pfetten werden dann von einem Ständer an jedem Giebel getragen. Die Giebelspitzen werden mit einem auf Luke genagelten, stehenden Zimmermannspaneel geschlossen, bei dem abwechselnd ein Brett Unterpaneel und das nächste Oberpaneel ist. Das Haus wird mit einem geschlossenen Innendach aus Paneelen gedeckt, auf die eine Wärmeisolierung aus Sägespänen kommt.

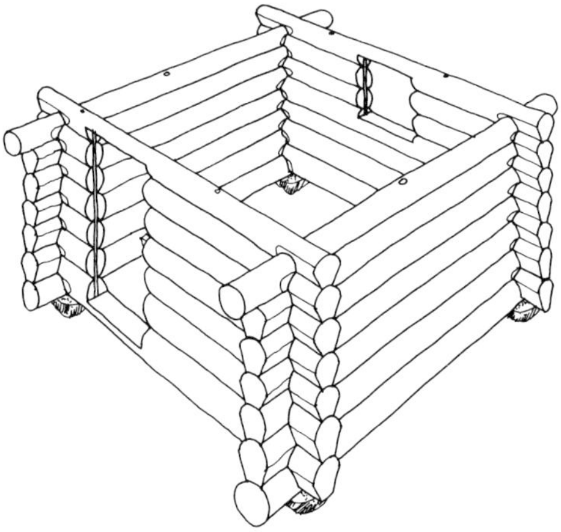

Die Giebelmutter liegt an ihrem Platz, vorbereitet für das Anreißen der Längsnut. Man sieht, daß das Rähm weiter übersteht als die übrigen Balken des Vorstoßes. In der Hütte sind bereits einige Planken auf die Fußbodenbalken aufgelegt worden. Diese Planken werden als Standfläche bei den Arbeiten an den oberen Blockbalken in den Wänden gebraucht. An der Außenseite kann man eine stabile Bank verwenden, um an die oberen Balken der Blockwand zu kommen. Für ein so kleines Häuschen braucht man kein Baugerüst. Wenn man an den Giebelspitzen und Pfetten arbeitet, werden einige Planken festgenagelt, die man zwischen die Rähmbalken gelegt hat.

Ausschnitte für die obere Fensteröffnung in der Giebelmutter. Der Balken liegt zur Bearbeitung „kopfüber" auf der Wand. Man sieht das Sinkmaß (Setzluft), die Nut für die Pfostenbohle, die „Tropfnase" und die Längsnut (mit Dübellöchern).

Dachneigung

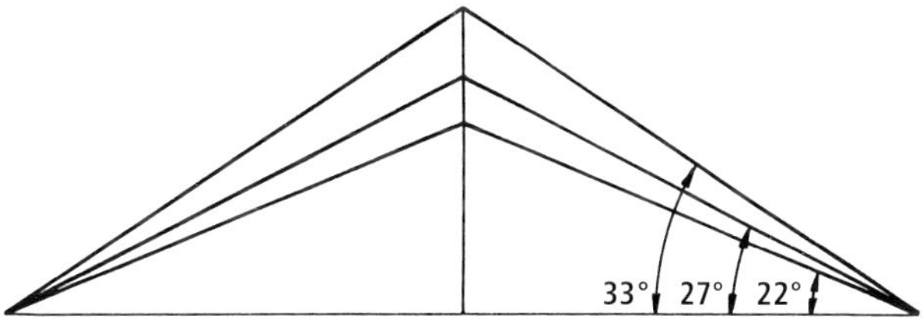

Verschiedene Dachneigungen. Man bekommt eine Dachneigung von 33°, wenn die Sparrenlänge von der Außenwand zur Mittelpfette 3/5 der Breite des Hauses beträgt. (Nehmen Sie eine Schnur, deren Länge der Breite des Hauses entspricht. Legen Sie die Schnur fünffach. Drei Teile der Schnur entsprechen dann der Sparrenlänge, ohne den Dachüberstand. Auf diese Sparren nagelt man längsliegende Bretter, die die Dachhaut tragen.)

Die Dachneigung hat große Bedeutung für das Aussehen des Hauses. Sie ist verschieden in den einzelnen Landesteilen, und sie wird bestimmt von technischen Anforderungen und örtlichen Besonderheiten. Wenn Sie sich für einen Dachwinkel entscheiden, müssen Sie die örtlichen Bautraditionen oder Bauvorschriften und die technischen Gegebenheiten des Dachmaterials berücksichtigen. Wenn man im Anschluß an andere Häuser baut, sollte man denselben Dachwinkel wählen, den die anderen Häuser haben. Das gibt ein einheitliches Bild in der Häusergruppe.

Ein Grasdach aus Rasensoden erfordert ein relativ flaches Dach, damit die Soden nicht abrutschen. Die Dachneigung des Hauses, das wir hier bauen, beträgt 22° und ist damit gut für ein Grasdach geeignet. Wenn die Dachhaut aus Brettern oder Schindeln besteht, kann die Dachneigung steiler sein, damit das Wasser besser abläuft.

Wenn das Dach mit Ziegeln gedeckt wird, hat man mehr Freiheit bei der Wahl der Dachneigung. Weniger als 20° sollte der Dachwinkel aber nicht betragen. Die flachesten Dächer kann man mit Dachpappe oder Blech bauen.

Jetzt sind an den Blockwänden nur noch die Dachneigungen der Giebel auszuhauen. Fluchten Sie die Blockwände so ein, daß zwei symmetrische Giebel entstehen. Der Rahmenkranz, eventuelle Fußpfetten und die Firstpfette müssen waagerecht und parallel liegen.

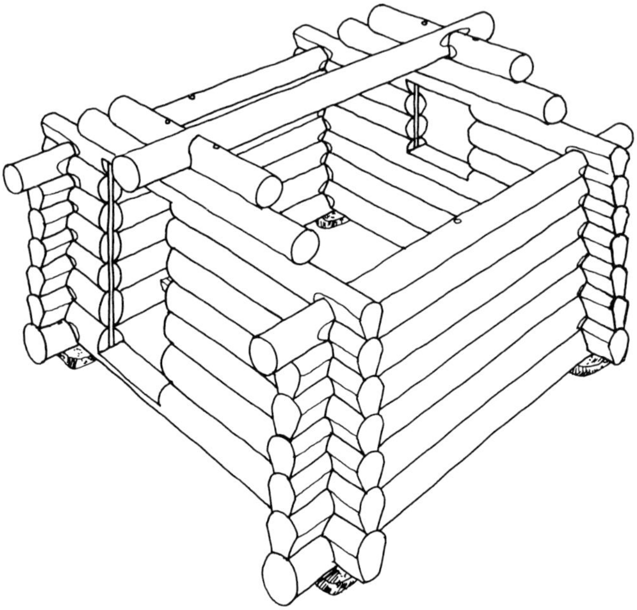

Das Aushauen der Dachneigung

Das Dach eines stabilen Hauses ist aufwärts gebogen, und das Haus weist im übrigen mehr aufwärts als abwärts, so schreibt Halvor Vreim in Laftehus.

Das linke Haus macht einen stabilen, soliden Eindruck. Das rechte sieht so aus, als wenn es jeden Augenblick zusammenfallen könnte. Man kann die Balkenköpfe in den Vorstößen mit einer geringen Schräge nach oben hin kappen, wie in dem linken Haus gezeigt, wenn man den stabilen Eindruck des Hauses optisch unterstreichen will.

Für die Pfetten wurden gerne krummgewachsene Stämme ausgewählt, die mit dem Bogen nach oben eingebaut wurden. Dadurch bekam das Dach eine etwas gebogene Dachlinie – es „machte einen Buckel“. Das Haus bekommt dadurch einen stabilen, soliden Eindruck. Der gewölbte First kann unter der Dachlast mehrere cm sinken, ehe man ein Durchbiegen bemerkt. Auch die im Dachstuhl liegenden Pfetten wurden gerne aus krummwüchsigen Stämmen gezimmert.

Die nachstehende fotografische Bildserie zeigt, wie man die Dachneigung auf einfache Weise aushauen kann.

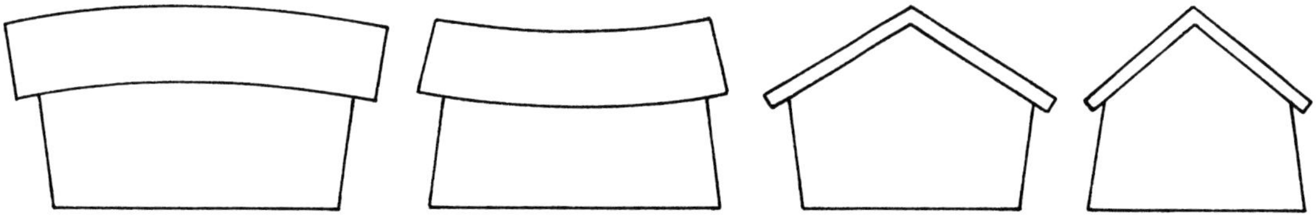

Oben links:
Nageln Sie ein Brett an jeder Seite der Giebelbalken an, die beigeschnitten werden sollen. Sägen Sie mit der Motorsäge oder mit der Handsäge senkrechte Schnitte bis an die Bretter.

Oben rechts:
Hauen Sie sodann mit der Axt schräg von oben nach unten gegen die Balkenenden. Je mehr Schnitte man macht, desto leichter ist das Aushauen.

Aus einigen übriggebliebenen Balkenstücken wird eine einfache Treppe vor der Eingangstür gezimmert.

Unten links:
Die Dachneigung ist auf einer Seite fertig gehauen. Hier hat man kurze Balkenstücke als Giebelnock verwendet. Sie werden zugehauen und mit kräftigen Nägeln festgenagelt.

Bohren Sie die Nagellöcher vor, weil man sonst den schräg gehauenen Balken leicht spalten kann. Die Giebelnock ist der oberste, kürzeste Balken der Giebelwand.

Blockwände, Giebel und Pfette sind fertig. Die Pfostenbohlen für Tür und Fenster sind eingesetzt. Schützen Sie dieses Gerippe des Hauses mit einer Plastikfolie als provisorischem Dach, wenn Sie das Dach nicht alsbald fertigstellen können. Das halbfertige Blockhaus darf nicht dem Regen und der Nässe ausgesetzt werden, da die Eckverbände und die Längsnuten schon mit Dichtungsmaterial, wie Moos, Teerwerg oder Mineralwolle, gefüllt sind. Diese Materialien saugen sich voll, wenn sie nicht durch ein Dach geschützt sind. An halbfertigen Blockhäusern wurden Schäden durch Verblauen und sogar durch Rotfäule festgestellt, wenn sie ohne Dach oder provisorische Abdeckung dem Regen und der Nässe ausgesetzt waren.

Ventilation im Blockhaus

Unter der Firstpfette muß eine 15–20 cm große Lüftungsöffnung gelassen werden, wenn das Dach bis zur Giebelnock reicht. Es ist wichtig, daß es eine solche Ventilationsöffnung am Fußboden, in der Nähe des Kamins und eine am höchsten Punkt des Daches gibt. Diese Lüftungslöcher müssen jederzeit offen stehen, auch wenn man nicht im Hause ist. Die aufsteigende Wärme muß unter dem Dach entweichen können. Dadurch wird ein gesundes Innenklima mit guter Luftzirkulation geschaffen. Wenn das Haus einen Dachboden hat, muß es zwei Lüftungsöffnungen in den beiden Giebelwänden für die Querventilation im Dachboden haben.

Dach und Fußboden

Die folgenden Ratschläge gibt Hans Åkerlind für die Wahl des Daches in älteren Holzhäusern:

Belassen Sie die schwarze oder dunkelgraue Farbe des Daches. Früher waren Schindeln die gewöhnliche Dachdeckung. Wenn das Dach neu gedeckt werden muß, sollten Sie eine der folgenden Alternativen wählen (sie werden in der Reihenfolge des Aussehens angegeben): a) rote, einfach gewölbte Dachziegel (sehen am besten aus, sind aber schwer und vielleicht etwas kompliziert einzudecken), b) schwarze Eternit-Wellplatten (ein leichtes Dach), c) schwarze oder rote Beton-Dachpfannen, d) schwarze, trapezförmig gewellte Aluminiumplatten, e) schwarze, geteerte Wellplatten (leicht, leicht zu bearbeiten), f) Blechdachplatten, die schwarz gestrichen werden. Wählen Sie bitte niemals ein grünes oder gelbes Dach. Die gehören nicht in die Tradition des Blockhausbaues und sind ein Schandfleck in der Landschaft.

Västerbottens Museumsskrift, *Västerbottensgården*, 1973

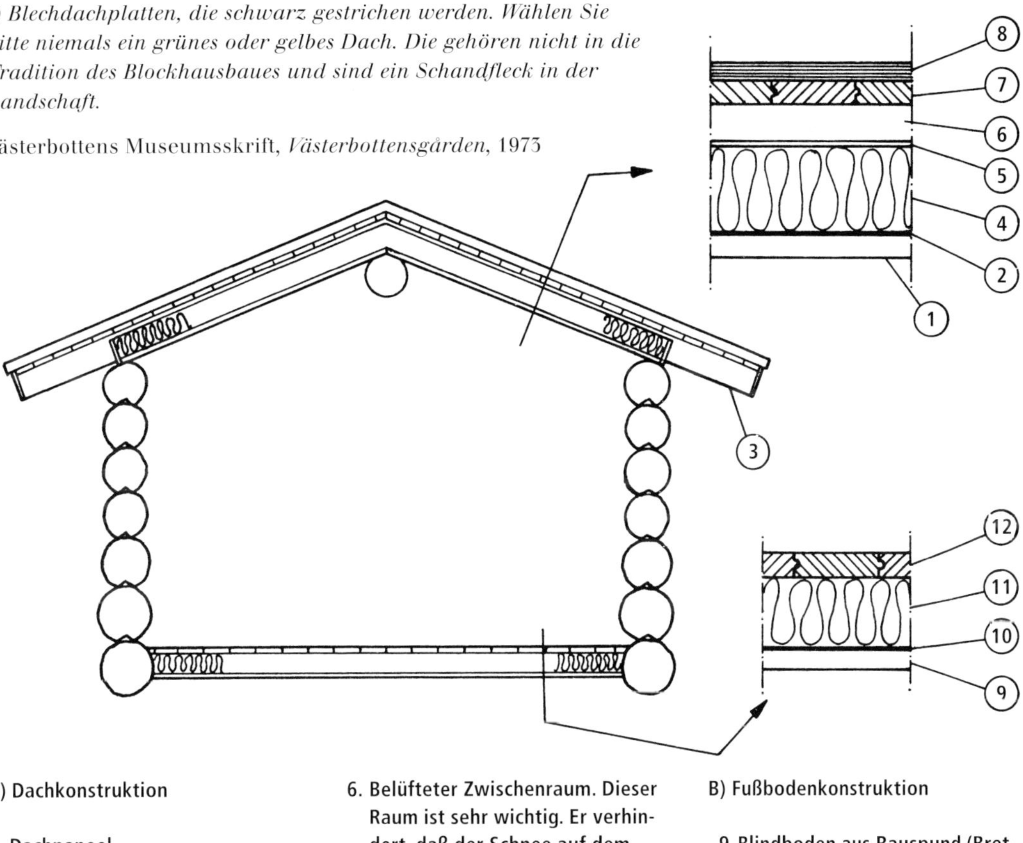

A) Dachkonstruktion

1. Dachpaneel
2. Pappe, feuchtigkeitsdurchlässig In zeitweilig ungeheizten Häusern darf man keine Diffusionssperre einbauen.
3. Sparren oder Dachbalken
4. Mineralwolle
5. Holzfaserplatte, winddicht, aber feuchtigkeitsdurchlässig, z. B. Masonit
6. Belüfteter Zwischenraum. Dieser Raum ist sehr wichtig. Er verhindert, daß der Schnee auf dem Dach durch aufsteigende Wärme abschmilzt und daß die Feuchtigkeit im warmen Innenraum an der kalten Unterseite des Daches kondensiert.
7. Rauspund (Bretter mit Nut und Feder)
8. Dachhaut, z. B. Rasensoden, Ziegel, Schindeln, Bretter usw.

B) Fußbodenkonstruktion

9. Blindboden aus Rauspund (Bretter mit Nut und Feder) oder asphaltierte Platten auf Stützbrettern
10. Wasserdurchlässige Pappe
11. Mineralwolle
12. Fußbodenbretter. Für die Sauna nimmt man Fichtenbretter.

Die Sparren (die Dachbalken) sind eingezimmert. Die Fächer für die Isolierung sind fertig. Vergessen Sie nicht den Ausschnitt für das Ofenrohr. Das Innendach liegt auf der Firstpfette und den Rähmbalken, weil das die größtmögliche Innenhöhe ergibt. Das hat aber zur Folge, daß die Balkenköpfe der Firstpfette und der beiden Rähmbalken, die über den Vorstoß der anderen Balken hinausragen, nicht von den Giebelbrettern abgedeckt werden. Wenn man ein einfaches, nicht isoliertes Dach hat, legt man das Innendach unter die Firstpfette. Die Giebelbretter decken dann einen größeren Teil der überstehenden Balkenköpfe von Pfette und Rähm. Das sieht besser aus und gibt einen besseren Nässeschutz.

Während man am Dach, am Fußboden und am Innenausbau arbeitet, werden viele Schritte durch die Tür hinein und hinaus getan. Deswegen sollte man die Eingangstreppe nicht als letztes bauen. So mancher Arbeitsunfall wurde durch unsicheren Untergrund verursacht.

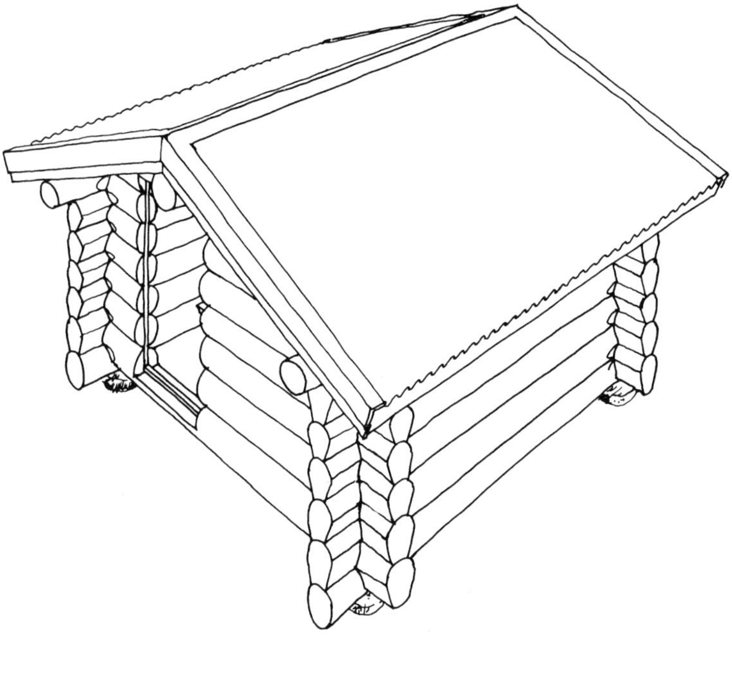

Das Dach ist gedeckt. Hier wurden schwarze, gewellte Asphalt-Faserplatten verwendet. Decken Sie zuerst das Dach, setzen Sie dann Tür und Fenster ein, und legen Sie als letztes den Fußboden.

Das fertige Haus

Das Haus ist fertig. Es wurde als Sauna eingerichtet. Das Ofenrohr muß isoliert werden, weil es sonst vom Schornsteinfeger beanstandet würde.

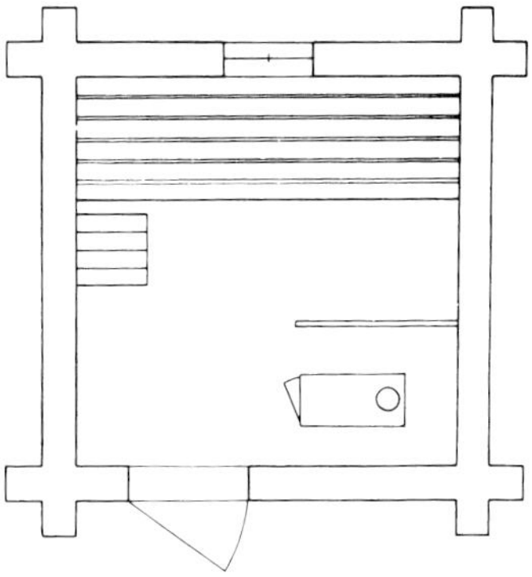

Saunahäuschen in der Einöde. In Finnland stößt man an den abgelegensten Orten auf kleine, einfache Blockhäuschen, die dort nicht „Bastu“ heißen, wie in Schweden, sondern als „Sauna“ mit einem Zusatz bezeichnet werden. Sie sind ursprünglich als einfache, zeitweilig genutzte Wohnhütten für Leute gebaut worden, die weitab von ihrer Wohnung als Jäger, Fischer, Waldarbeiter, Torfstecher, Senner, Schwender oder Wildheuer arbeiteten. Diese Saunahütten hatten also ursprünglich einen anderen Verwendungszweck als die bei den Gehöften gebauten Saunen, haben aber auch manche Ähnlichkeiten. Hier folgt eine kurze Übersicht über diese Hütten in der Wildmark.

1. Die Fischer-Sauna. Während der Fischsaison am Meer oder für Fischzüge an den Seen im Inland dienten sie, überall im Land, den Fischern als Wohnplatz.

2. Die Wald-Sauna. Auch diese Hütten dienten ursprünglich als zeitweiliger Wohnplatz für Jäger, Schwender (Brandrodungs-Waldbauern) oder Köhler. In späteren Zeiten wurden sie auch als Wohnstätte für Waldarbeiter genutzt.

3. Die Wildheu-Sauna. Hier wohnten die Kleinbauern, die während einiger Sommerwochen auf Mooren und Sümpfen Heu ernteten.

Ilmar Talve, *Bastu och torkhus i Nordeuropa*, 1960

Die Blockbalken der Wände sind mit Eisenvitriollösung behandelt worden. Der Schornstein wird vorteilhafterweise nahe der Firstpfette eingebaut, damit der Schneedruck gering bleibt und das Rauchrohr einen guten Zug hat. Denken Sie daran, daß der Schornstein das Setzen des Blockhauses nicht mitmacht.

Einige verschiedene Dächer

Die Dachkonstruktionen

Die einfachste Dachkonstruktion hat eine Mittelpfette, die das Dach trägt. Dächer ohne Isolierung werden aus stärkerem Holz gebaut, etwa aus Halbspältern, als Unterlage für die Dachhaut. Für isolierte Dächer verwendet man ein Paneel aus dünneren Brettern. Darüber liegen dann die Sparren, zwischen denen die Isolierung angebracht wird, wie auf Seite 101 gezeigt wurde.

Das Gewicht des Daches drückt auf die Mitte des Giebels und auf die beiden Längswände. Somit werden alle Wände gleichmäßig und vertikal belastet. Bei größeren Dächern legt man ein oder mehrere Paare Seitenpfetten auf. Auch dabei werden die Blockwände gleichmäßig und nur vertikal belastet.

Wenn Rähmbalken und Firstpfette durch die Sparren fest miteinander verbunden sind, entstehen horizontale Kräfte, sobald der Giebel sich setzt und die Pfette sich durchbiegt. Diese Kräfte drücken die Längswände nach außen. Um dem entgegenzuwirken, kann man zwei oder drei Querbalken im Rahmenkranz einzimmern, damit die Wände an den Langseiten des Hauses zusammengebunden werden.

Bei steilen Dächern (mit einem größeren Winkel als 35°) muß man das Setzen der Wände besonders beachten. Da die Sparren dem Zusammensinken der Wände nicht folgen, darf man die Sparren nur mit der Firstpfette fest verzapfen. Auf den Rähmbalken müssen die Sparren gleitend aufliegen.

Der Abstand zwischen den Pfetten und deren Spannweite ist ausschlaggebend dafür, wie stark sie sein müssen. Am gebräuchlichsten ist ein Abstand von 80–90 cm von Mitte zu Mitte der Pfetten.

Bei isolierten Dächern und dann, wenn Sparren das Außendach tragen, kommt man mit weniger, aber stärkeren Pfetten aus.

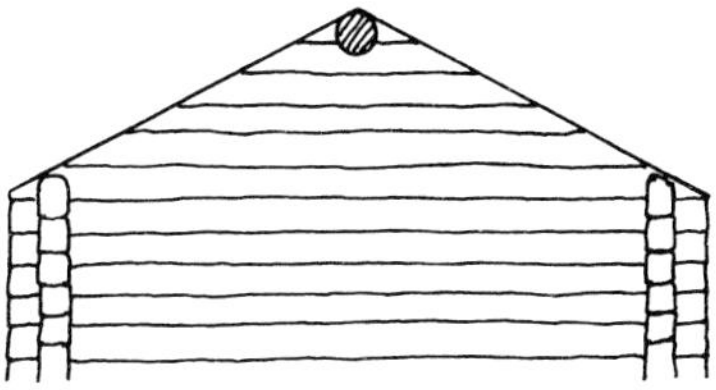

Pfettendach mit Firstpfette

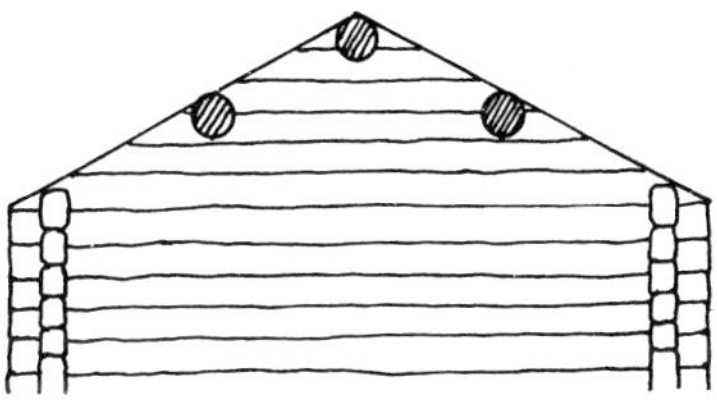

Pfettendach mit Firstpfette und Seitenpfetten.

Ich bevorzuge es, die Pfetten voll in die Giebelwände einzuzimmern. Der Giebel und die Sparren liegen dann in einer Ebene, so wie es in der Zeichnung dargestellt ist. Die Fotos auf Seite 164 zeigen ein Dach mit eingelassenen Pfetten.

In Abhängigkeit von der Spannweite müssen die Pfetten diesen Mittendurchmesser haben:

Spannweite cm	Durchmesser cm
300 cm	17,5 cm
400 cm	21,0 cm
500 cm	24,5 cm
600 cm	28,5 cm
700 cm	30,0 cm

Das Schindeldach

Die wichtigste Funktion des Schindeldaches ist es, das Wasser abzuleiten. Wenn die Schindeln frei von Rissen oder anderen Fehlern sind, hat es auch eine gewisse Dichtigkeit.

Handgespaltene Schindeln aus Kernholz sind sehr dauerhaft. Maschinell gesägte Schindeln sind weniger haltbar.

Bei steilen, nicht isolierten Dächern kommen die Schindeln auf ein 25 mm dickes Paneel, das mit Ritzen zwischen den Brettern verlegt wurde. Wenn man Schindeln auf einem dichten Paneel mit Dachpappe verlegt, müssen sie wie ein Ziegeldach auf unterlüfteten Dachlatten liegen.

Das Material für Schindeln ist astfreie, relativ frische, geradwüchsige Kiefer, Fichte oder Aspe.

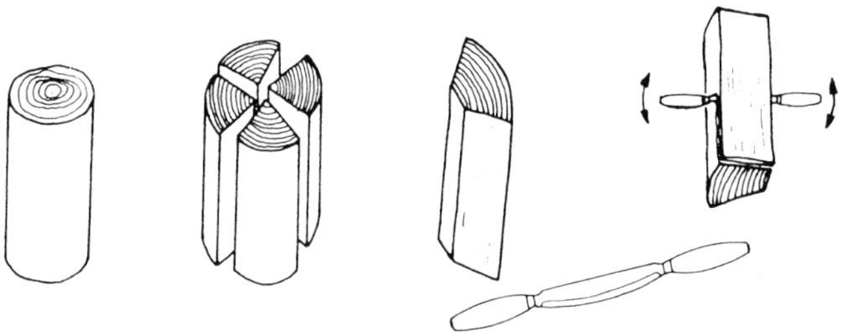

Die obigen Zeichnungen zeigen den Arbeitsgang bei der Herstellung von handgespaltenen Schindeln. Schneiden Sie die Stämme zu ca. 40 cm langen Klötzen ein, spalten Sie die Klötze über Kreuz in 4 Teile. Spalten Sie ggf. einige cm im Kern ab, entsprechend der Klingenlänge des Zugmessers. Will man breitere Schindeln haben, braucht man ein entsprechend längeres Schindelmesser.

Spalten Sie ca. 5 mm dicke Späne ab, die im Querschnitt etwas keilförmig sein sollen. Drücken Sie das Schindelmesser mit wiegenden Bewegungen in das Holz. Nach einiger Zeit lernt man die Technik, und die Arbeit geht dann schneller voran. Man kann für einen Quadratmeter Schindeln mit einem Zeitaufwand von 1–2 Stunden rechnen.

Das Decken des Schindeldaches einer Sennhütte

Für das Decken des Schindeldaches braucht man nur Nägel, Hammer und ein Richtbrett. Beginnen Sie an der Unterkante des Daches, an der zwei Lagen, um ½ Schindelbreite versetzt, aufeinandergelegt werden. Nach oben hin wird die nächste Schindellage um ¼ Schindellänge verschossen, in diesem Fall sind das 10 cm. Somit liegen immer 3 Lagen Schindeln übereinander. Nageln Sie die Schindeln an den Kanten.

Das Richtbrett wird von 2 oder 3 Leisten gehalten, die an ihrem oberen Ende mit einem Nagel am Dach angeheftet werden. Das untere Ende jeder Schindel wird gegen das Richtbrett gelegt, so daß die Schindellagen schnurgerade werden.

Man kann die Schindeln in heißen Holzteer oder in ein geeignetes Imprägnierungsmittel tauchen, um ihre Haltbarkeit zu verbessern. Dazu taucht man üblicherweise nur den untersten Teil der Schindeln, der nach dem Verlegen sichtbar bleibt.

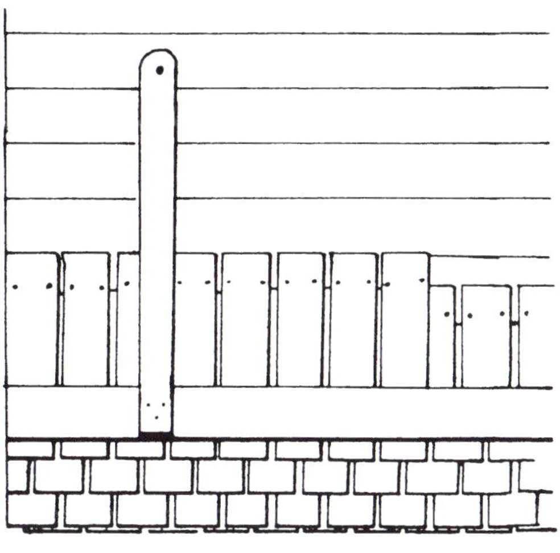

Das Rundbohlendach

Die meisten Häuser in Dalarna sind eingeschossig, das Dach ist mit Birkenrinde und Bohlen gedeckt, niemals mit Grassoden . . .

Linnés Bergslagsresa, *Svenska Linnésällskapet*, 1953

Das Holzdach gab es in ganz Nordschweden. Als wasserdichte Schicht wurden bis zu sechs Lagen Birkenrinde verwendet. Die Dachhölzer sollten die Birkenrinde an ihrem Platz halten. In der Regel hatte man ein Unterpaneel, auf dem wärmeisolierendes Moos lag, darauf lagen mehrere Schichten Birkenrinde und zu oberst die Dachhölzer. Nur in einfachen Hütten hatte man kein Unterpaneel.

Wenn man heute sein Haus mit Holz decken will, wird man kaum Birkenrinde verwenden können. Die für ein Dach erforderlichen Mengen wird man nicht bekommen. Nur die Rinde der in Deutschland seltenen Moorbirke (Betula pubescens) wäre geeignet. Sie dürfte selbstverständlich nicht von stehenden Bäumen gewonnen werden. Verwenden Sie statt dessen gewellte Teerpappe, eine Bodenisolierungsmatte oder Zinkblech als wasserdichte Schicht. Wenn man eine Lage Birkenrinde mit der Unterseite nach oben längs des Dachtraufes legt, rollt sie sich um die Dachkante. Dadurch wird die wasserdichte Schicht aus Teerpappe oder ähnlichem verborgen. Am einfachsten ist es, das Unterdach aus Rauhspund zu bauen, auf das man eine Schicht Dachpappe legt. Darauf kommen Dachlatten wie für ein traditionelles Ziegeldach. Die Dachhölzer liegen unterlüftet auf den Latten; das Unterdach ist die wasserdichte Schicht.

Die Dachbohlen werden von einer Planke am Dachtrauf gehalten. Sie ruht ihrerseits auf Haken, die aus Wurzelanläufen der Fichte oder aus Asthaken des Wacholders geschnitten wurden. Am First kann man die Dachhölzer auf verschiedene Weise verbinden. In der Zeichnung sind die Dachhölzer mit einem Kamm aufgelegt, der das Dachholz der einen Seite überschießt.

Eine andere Lösung wäre das „Knöpfdach", bei dem die Hölzer beider Seiten im First miteinander verkämmt sind.

Hütte mit „Knöpfdach" aus Holz im Heimatmuseum von Rättvik

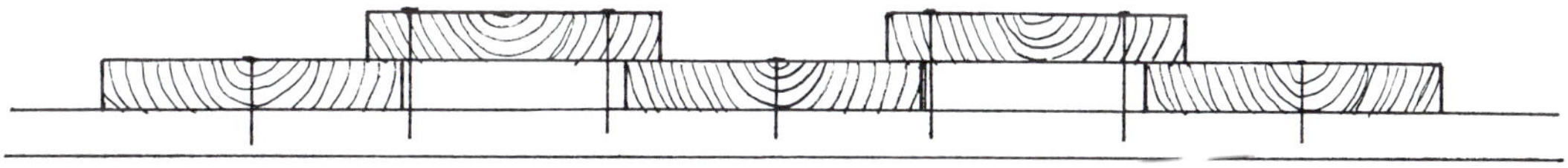

Die Dachhölzer werden dabei paarweise zusammengefügt und zur Hälfte schwalbenschwanzartig ausgekerbt, so daß die Bohlen sich gegenseitig halten. Die Enden der Dachhölzer bilden einen doppelten Kamm.

Die Dachhölzer wurden aus geradwüchsigen Stämmen herausgespalten. Heutzutage wird man der Einfachheit halber gesägte Halbstämme nehmen. Will man die Lebensdauer des Daches verlängern, muß man druckimprägniertes Holz verwenden. Das Holz wurde früher mit der gröberen unteren Seite in die untere Lage gelegt. Darauf kamen Schwarten aus den Außenteilen des Stammes als obere Lage.

Die Dachbretter werden in der Unterlage und in der Oberlage mit der Kernseite nach außen verlegt. Die Bretter wölben sich dann nach außen, und die größtmögliche Oberfläche mit Kernholz kommt dabei an die Wetterseite. Das Paneel liegt fest auf den Tragleisten, wo es beim Trocknen nicht reißen wird.

In die Außenkanten der Bretter der Unterlage des Paneels wurde eine Wasserrinne gehobelt. Die Bretter mit Waldkante wurden so verlegt, daß ihre leichte Trapezform, die der Abholzigkeit des Stammes entspricht, das Abrinnen des Wassers verbesserte. In der Unterlage kamen die breiteren Stammenden nach unten, in der Oberlage dagegen nach oben. Das Wasser läuft dann von der Oberlage in die Unterlage, wo es auf dem wasserdichten Unterdach abfließt. Die Bretter der Unterlage werden mit einem Nagel in der Mitte, die der Oberlage mit zwei Nägeln an den Kanten gehalten, wie es die Abbildung zeigt.

Das Rasendach

Das Rasendach besteht aus einer oder zwei Lagen Rasensoden, die auf mindestens sechs Lagen Birkenrinde liegen. Die Birkenrinde hält das Dach dicht. Sie wird mit der Innenseite nach oben und mit der Faserrichtung der Rindenstücke so in der Gefällrichtung verlegt, daß die einzelnen Rindenstücke sich schindelartig überdecken. Die Rindenstücke der untersten Lage werden an den Oberkanten auf den Brettern des Unterdaches angenagelt, damit sie nicht abrutschen.

Über dem First müssen breite Rindenbahnen bester Qualität verlegt werden. Im übrigen brauchen die Rindenstücke nicht breiter als eine Handfläche zu sein, wenn sie nur gut verlegt werden.

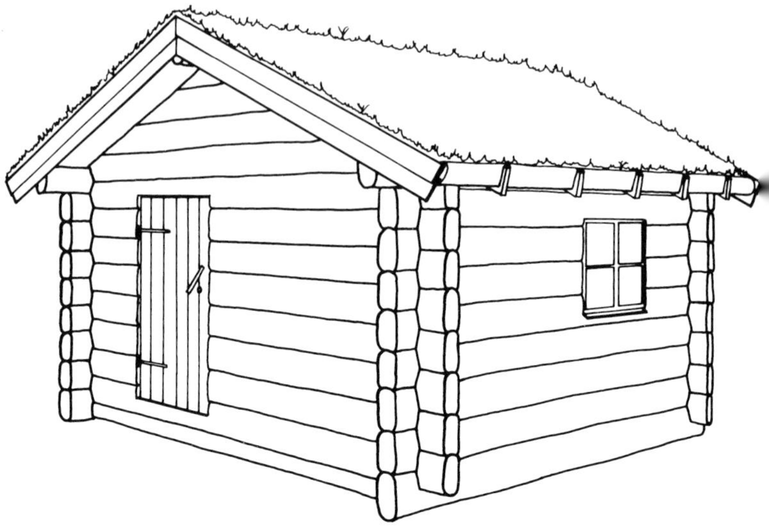

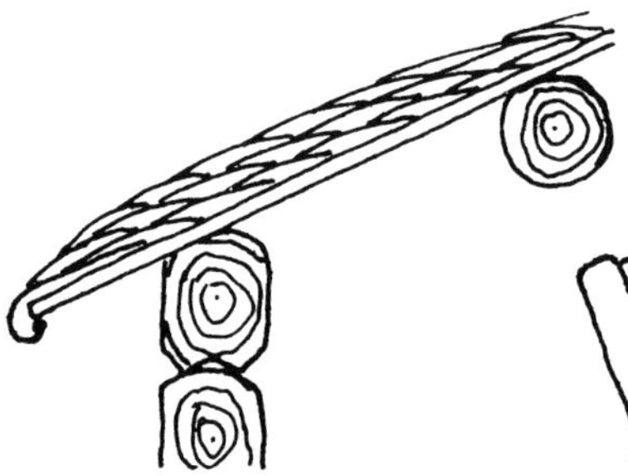

Birkenrinde als Unterlage für das Rasendach. Je mehr Lagen der Birkenrinde man auflegt, desto dauerhafter wird das Dach.

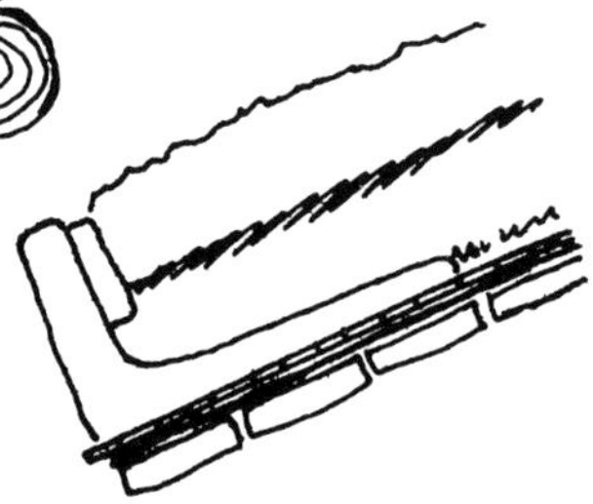

Die Rasensoden wurden hier in zwei Lagen aufgelegt.

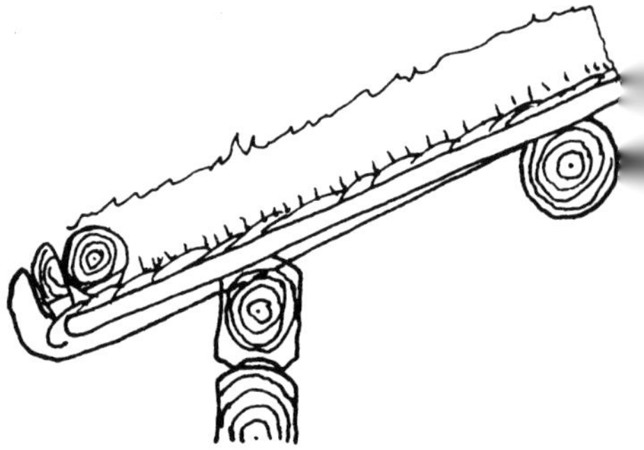

Am Dachtrauf wird ein Dachfußbrett angebracht, das die Rasensoden an ihrem Platz hält. Vor dem Brett liegt zu dessen Schutz noch ein Rundholz, das in Norwegen „röytestokk" oder „torvemat" genannt wird.

Giebellaubenhaus mit Rasendach in Ankarede

Als wasserdichte Unterlage für das Rasendach eignen sich auch andere Materialien, wie z. B. Eternit, Dachpappe, Bauplastikfolie oder Isolierungsmatten. Die Eternitplatten werden Kante an Kante verlegt; alle Fugen werden gespachtelt. Dachpappe als Unterlage muß doppelt verlegt werden. Man kann auch Dachpappe mit drei Lagen Birkenrinde kombinieren. Bauplastikfolie und Dachpappe erfordern eine sehr gute Unterlage, da sie an scharfen Kanten leicht einreißen. Es ist fast unmöglich, undichte Stellen in der Dachdeckung zu finden, wenn das Rasendach einmal aufgelegt ist.

Die besten Rasensoden kann man von alten Weideflächen gewinnen, die älter als drei oder vier Jahre und daher gut durchwurzelt sind. Am besten ist es, zwei Lagen Rasensoden übereinander zu legen. Dabei kommt die untere mit dem Gras nach unten und die obere mit dem Gras nach oben. Wenn man nur eine Lage Soden hat, kommt die Grasseite auf die Unterlage. Pflanzen Sie Fetthenne oder die echte Hauswurz in die Soden, und säen Sie Grassamen.

Man kann die Grassoden auf glatten Unterlagen, wie z. B. Plastikfolie, mit starken Leisten an ihrem Platz halten, die in etwa 1 m Abstand im Quadrat über die ganze Dachfläche gelegt werden. Für lose Erde legt man Latten so auf das Dach, daß sie quadratische Fächer bilden. Der First wird mit ganzen Soden überdeckt. Die Erde liegt erst sicher, wenn sie gut durchwurzelt ist und einen Filz bildet. An der unteren Dachkante hat man ein Dachfußbrett, das von Haken gehalten wird, die aus gewachsenen Wacholder-Astgabeln oder aus Fichten-Wurzelanläufen gewonnen werden. Man kann auch eiserne Haken verwenden.

Die Dachfußbretter werden an der Unterseite in kurzen Abständen eingekerbt, damit Regen- und Schmelzwasser ablaufen kann.

Ein Rasendach ist schwer. Man hat das Gewicht der Rasensoden, der Unterlage und der Dachbretter mit 400 kg pro Quadratmeter berechnet. Es hält viele Jahrzehnte, wenn es gut gemacht wurde.

Lesen Sie mehr über das Rasendach auf den Seiten 140–143.

Die gezimmerte Treppe

Beim Bau eines Blockhauses bleiben viele kurze Balkenenden übrig. Bevor man sie zu Brennholz einschneidet, sollte man einen besseren Verwendungszweck für dieses Bauholz suchen. Hier wird eine Treppe gezeigt, die aus solchen Reststücken gezimmert werden kann. Früher wurden solche einfachen Treppen vor Schuppen und Speichern gebaut.

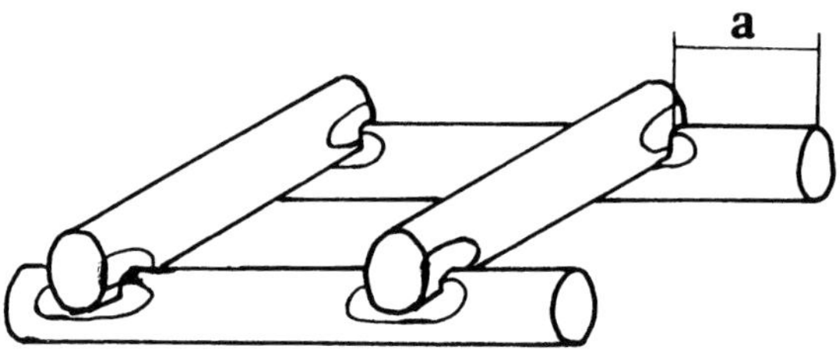

Beginnen Sie mit dem Anschalmen der beiden untersten Balken. Flachen Sie die Balken an den Seiten zum „Knoten" hin ab, ohne zuviel wegzunehmen. Legen Sie die Querbalken auf, schalmen Sie auch diese und zimmern Sie die Bodenlage zusammen.

Die zwei untersten Balkenköpfe müssen soweit über die Querbalken vorstehen, wie die Breite der Treppenstufe ausmacht, was in der Zeichnung mit „a" bezeichnet wurde. Denken Sie daran, daß auch in der nächsten Lage die Köpfe der Längsbalken um das Maß „a", eine Stufenbreite, hinter den Querbalken zurückstehen müssen.

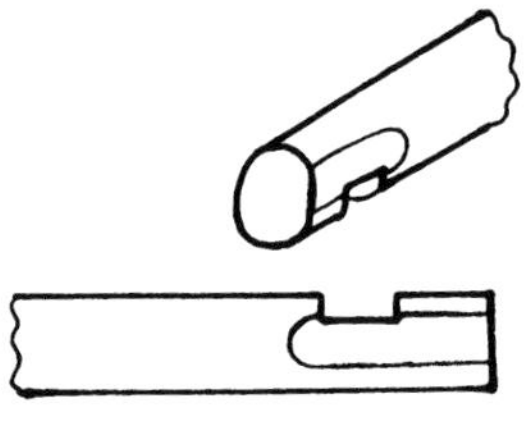

In dieser Beschreibung wird ein einfacher Eckverband mit senkrechtem Doppelhaken ohne Zapfen angewandt. Der Verband muß Zugkräfte in der Längsrichtung der Balken aufnehmen können.

Für die Treppe sollte man den gleichen Eckverband wählen wie für das Blockhaus, wenn man das selbst gezimmert hat.

Setzen Sie die Arbeit mit der nächsten Balkenlage fort.

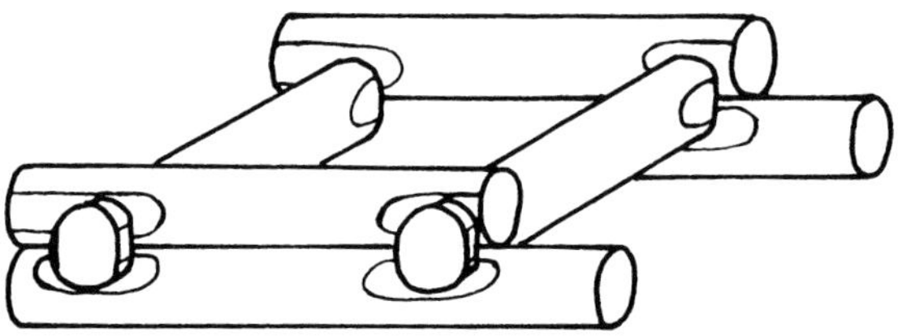

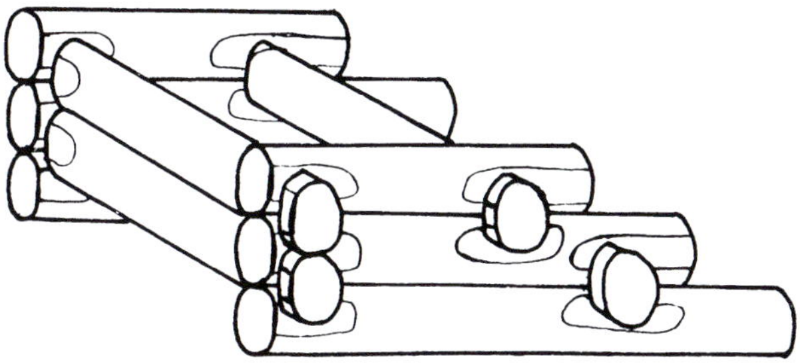

Das Balkengerüst der Treppe ist fertig. Wenn man die Balken imprägnieren will, sollte man das tun, bevor die Planken aufgelegt werden. Feuchtigkeit sammelt sich vor allem dort, wo die Planken auf den Balken aufliegen. Man kann die Balken z. B. teeren. (Man sitzt ja später nicht auf den Balken der Treppe, sondern auf den Stufen.) Es ist empfehlenswert, einen Streifen Dachpappe zwischen Balken und Planke zu legen.

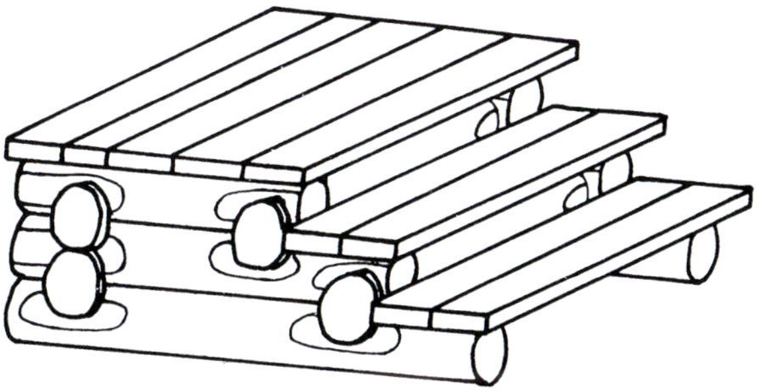

Die Treppe ist fertig: Lassen Sie die Planken um 3–4 cm über die Balkenköpfe hinausstehen. Verlegen Sie die Planken mit einigen cm Abstand voneinander, so daß das Wasser ablaufen kann. Die Planken trocknen besser, wenn die Luft zwischen ihnen zirkulieren kann. Die beiden untersten Balken liegen auf Steinen. Sie sollen keinen direkten Bodenkontakt haben.

Einfache Treppe an zweistöckigem Vorratsspeicher, bei der die Stufen in die Wangen der Treppe eingezapft sind.

Einige einfache Treppen für Blockhütten

a) Dreikantige Stufen, auf zwei gespaltene Balken gedübelt
b) Balken mit Trittstufen
c) Balken mit Leitersprossen
d) Leiter mit durchbohrten Holmen für die Sprossen
e) Gezimmerte Treppe aus Kanthölzern und Brettern

Bei Treppen im Haus muß das Setzen der Wände berücksichtigt werden. Vor Ablauf von 2–3 Jahren soll man die Treppe nicht an den Wänden befestigen. Sie können die Treppe entweder am Obergeschoß befestigen und sie auf dem Fußboden im Untergeschoß gleiten lassen, oder Sie befestigen die Treppe am Fußboden des Untergeschosses und lehnen sie im Obergeschoß nur an.

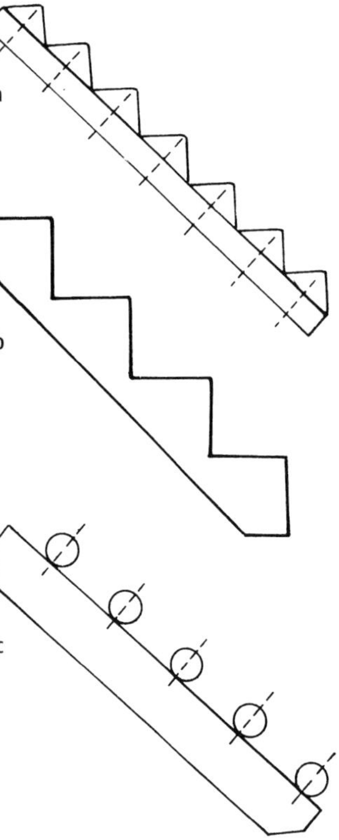

a

b

c

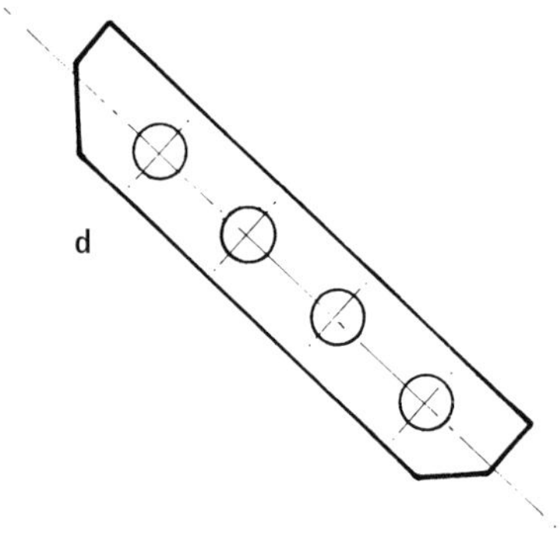

d

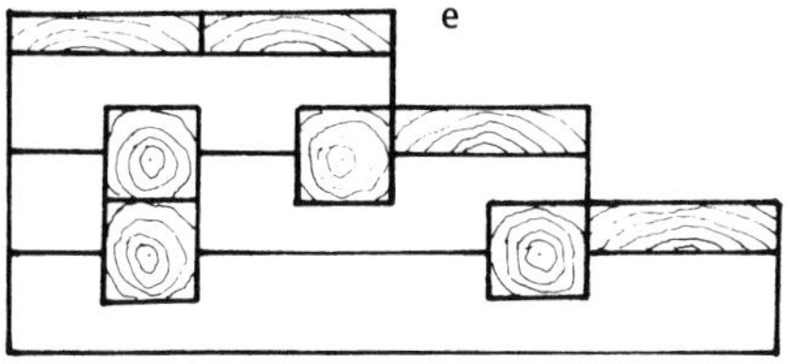

e

Hängende Treppenstufe auf gewachsenen Naturhaken

Beispiel für eine Treppe mit dreikantigen Stufen

Die Blockbautechnik vom Siljansee

Die Blockbauweise ist heute vor allem im Gebiet rund um den Siljansee in Dalarna zu finden. Dort gibt es eine ungebrochene Tradition in der Kunst des Blockhausbaues. Berufszimmerleute waren dort selten. Die Männer aus Dalarna bauten selbst die Häuser, die sie brauchten.

Wenn Sie ein größeres Blockhaus mit dem für Dalarna charakteristischen Eckverband, dem „Dalaknut“, bauen wollen, müssen Sie einen der Kurse mitmachen, die dort angeboten werden. An vielen Orten in Schweden gibt es solche Abendkurse für den Blockhausbau. Die Kunst des Blockhausbaues kann man sich nicht anlesen. Nur durch die praktische Arbeit an einem Eckverband gewinnt man den Blick für das Holz und die Geschicklichkeit des Fachmannes.

Die nachstehende Beschreibung der Blockbautechnik aus dem Siljan-Gebiet gibt eine Kostprobe davon, was alles zu solch einem Kurs gehört. Vergessen Sie jedoch nicht Ihre örtliche Bautradition. Den „Dalaknut“ gibt es in Dalarna. In anderen Gegenden hat man die gerade geschnittenen Eckverbände angewandt. Sie werden etwas undichter beim Schwinden des Holzes und sind daher Wetter und Wind mehr ausgesetzt. Die geraden Eckverbände soll man nicht verwenden, wenn mit unbearbeitetem, waldfrischem Rundholz gezimmert wird, was jedoch mit dem schräg geschnittenen „Dalaknut“ möglich ist.

Das Bauholz

Als Bauholz wird Kiefer verwandt, die zweiseitig auf 14 cm Stärke gesägt wurde. Man zimmert mit waldfrischem Holz, weil es leicht zu bearbeiten ist. Der Eckverband mit seinen schräggeschnittenen Verschränkungen ist besonders für das starke Schwinden des waldfrischen Holzes geeignet.

Die Balken werden so ausgelegt, daß man einen guten Überblick über das verfügbare Holz bekommt. Die Balken werden nach Höhe und Länge ausgewählt. Die Stärke ist ja bereits einheitlich. Man versucht, so viele Wandbalken wie möglich auszuwählen. Ein guter Zimmermann behält kaum unverwertbare Stammteile übrig, obwohl das Holz in fallenden Längen gehauen wurde. Bei den zahlreichen Öffnungen, die es in den Wänden eines Hauses gibt, finden auch die kürzesten Stücke ihre Verwendung.

Waldfrisches Holz wiegt erheblich mehr als trockenes Bauholz. Eine einfache, zweirädrige Karre wie auf dem Bild erleichtert den Transport der Balken vom Lager zum Bauplatz. Auch eine Schubkarre kann man anwenden, aber das ist bedeutend kippliger.

Der Balken wird in bequemer Arbeitshöhe auf zwei Böcke gelegt. Man soll bei allem Zimmern immer versuchen, die geeignete Arbeitsstellung zu finden. Wer die schwere, einseitige Arbeit mit der Axt nicht gewohnt ist, wird dabei leicht „flügellahm". Nehmen Sie sich nicht zuviel vor, wenn Sie nur einen Kurzurlaub haben. Das Zimmern soll ein Vergnügen bleiben und keine Plage werden. Das kann leicht der Fall sein, wenn man sich selbst überfordert.

Den Oberbalken, der in die Wand eingezimmert werden soll, kann man im allgemeinen in ergonomisch günstiger Stellung bearbeiten, wenn man ihn auf Böcke legt. Nehmen Sie sich die Zeit zum Anfertigen von mindestens zwei Böcken. Man sollte viel Zeit auf die Vorbereitung der Blockbalken verwenden. Die Zeit, die man mit dem Zugmesser aufwendet, gewinnt man beim Anfertigen einer sauber gearbeiteten Längsnut leicht zurück.

Beginnen Sie mit dem Schnurschlag an beiden Seiten des Balkens. Die Breite zwischen den Linien beträgt etwa 16 cm am dünnen und etwa 18 cm am dicken Ende. Für den Schnurschlag heftet man eine geschwärzte Schnur mit zwei Nägeln an die Enden des Balkens, spannt sie durch Anheben, läßt sie los und auf den Balken aufschlagen. Beachten Sie auf dem Bild das ästige Holz. Solche Stämme minderer Güte kann man verwenden, wenn sie nur nicht drehwüchsig sind.

Der Eckverband

Der Eckverband wird auf dem Balken aufgezeichnet, so wie es auf den Seiten 120–121 abgebildet ist. Wenn man nach den aufgezeichneten Hilfslinien arbeitet, bekommt man einen gut passenden Eckverband. Die schräg geschnittenen Seiten erfordern eine sorgfältige Arbeitsweise.

Abb. oben: Mit dem Ziehmesser werden die Waldkanten der Blockbalken weißgeschnitzt. Die Rundung des Stammes ergibt eine Pfeilhöhe von etwa 3 cm, die auf dem Balkenkopf im Foto oben rechts zu sehen ist. Das Weißschnitzen und Glätten der vorgesägten Balken erleichtert das Zimmern von dichten, gut passenden Eckverbänden und Blockwänden.

Wenn man mit dem Elektrohobel arbeitet, bekommt man Spuren auf dem Holz, die der gewissenhafte Zimmermann mit dem Ziehmesser nacharbeitet.

Abb. unten: Wir folgen zuerst dem Arbeitsgang für den unteren Haken. Linkes Bild: Schneiden Sie mit der Elektro-Kreissäge grob vor.

Zeichnen Sie die Mitte des Eckverbandes auf, wozu Sie ein biegsames Stahlbandmaß benutzen können.

Abb. links oben: Zeichnen Sie danach mit Hilfe von zwei Schablonen den Schalm an. Die eine Schablone ist ein 25 mm dickes Brett, auf dem zwei kurze Leisten rechtwinklig angenagelt sind (s. Zeichnung). Die andere Schablone ist ein Kreisabschnitt. (Aus den maßstabgerechten Zeichnungen auf Seite 120/121 ergeben sich folgende Maße der Schablone: Sehnenlänge = 32 cm, Pfeilhöhe über der Sehne = 9 cm, Kreisradius = 18 cm) Einige Zimmerleute hauen diesen Schalm ohne Schablone aus freier Hand. Die Eckverbände und der Vorstoß sehen dann eher nach „Handarbeit" aus.

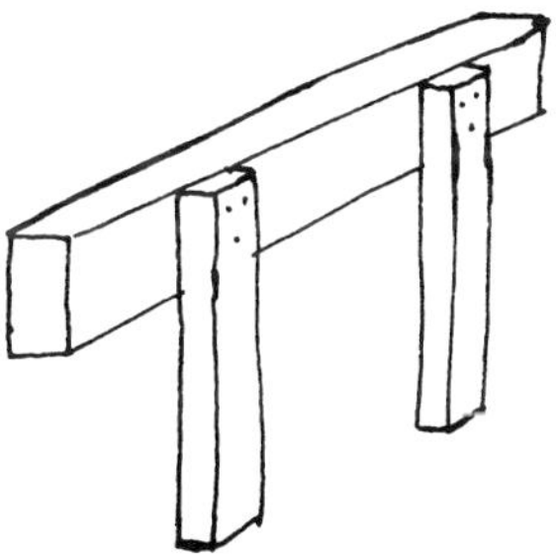

Abb. rechts oben: Die verschiedenen Maße des Eckverbandes gehen aus der Skizze hervor. Die Tiefe des Hakens wird davon bestimmt, um wieviel der Unterbalken übersteht. Die Hälfte dieses Maßes (h in der Skizze auf Seite 120) bestimmt die Höhe des Zapfens im Oberbalken und gibt damit die Tiefe des Hakens an.

Schneiden Sie den Haken aus, und hauen Sie danach den Schalm. Er soll so eben sein, wie man an dem in ganzer Länge aufliegenden Zollstock erkennt.

Danach schneidet man den oberen Haken im Unterstock.

Maßskizze des Eckverbandes in der Technik, die im Gebiet des Siljansees üblich ist. Die Höhe (h) gibt an, um wieviel der Unterbalken über den Balken hinausragt, auf dem er aufliegt. Damit ist die Tiefe des Hakens im Oberbalken bestimmt, der eingezimmert werden soll.

Oberer Haken

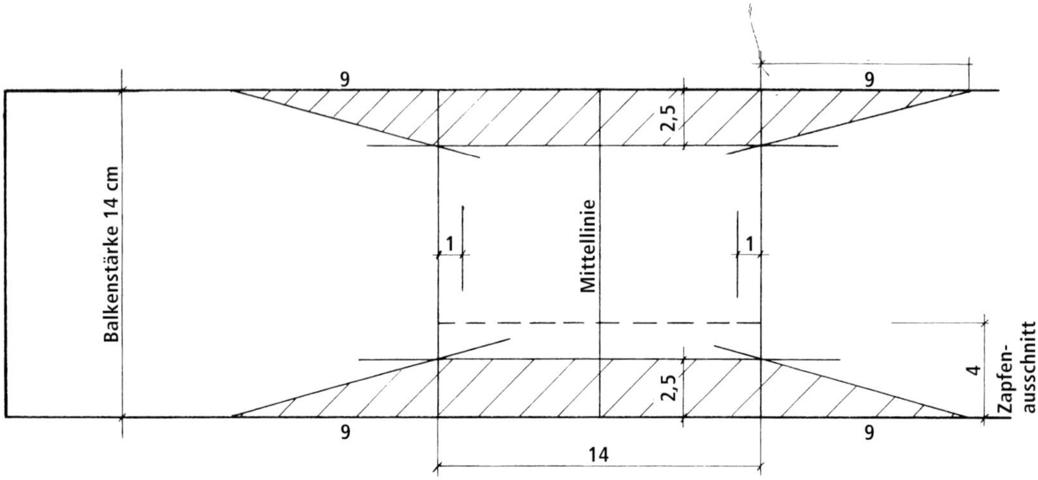

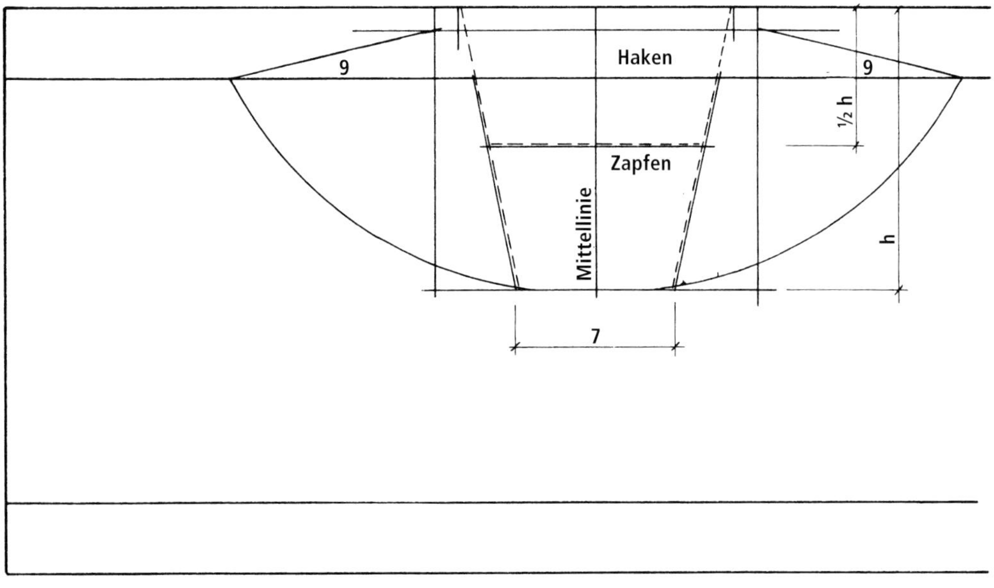

Unterer Haken

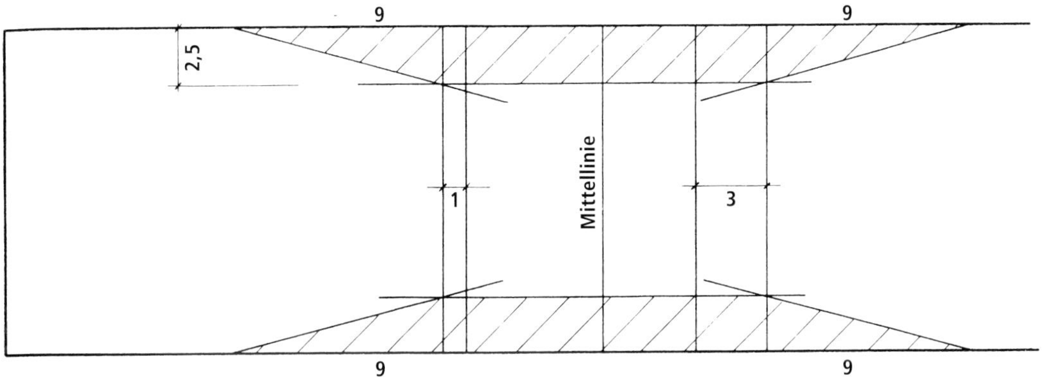

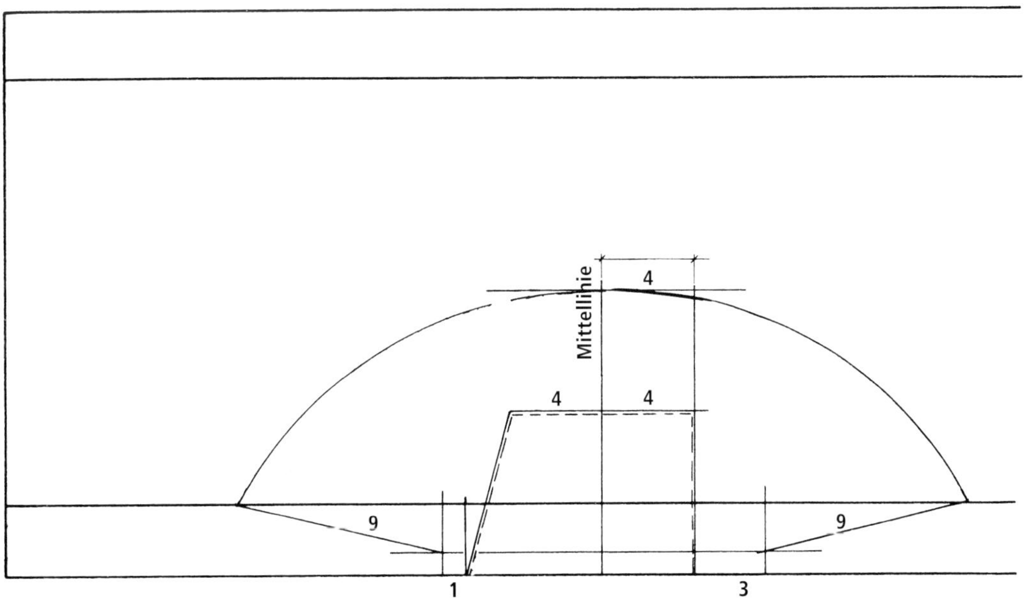

a

b

c

d

a) Zeichnen Sie den Schalm auf mit Hilfe der Schablone.

b) Sägen Sie entlang dieser Linien, und schneiden Sie den Haken mit dem Stemmeisen aus. Das Holz läßt sich leicht ausbrechen, wenn Sie von der Seite schneiden. Man haut den Schalm erst, wenn der Haken fertig ist.

c) Der Ausschnitt für den Zapfen liegt nach der Innenseite. Er ist etwa 4 cm tief. Der Zapfen verbessert einerseits die Winddichtigkeit der Wand in der Waagerechten, andererseits vergrößert er die Verwindungssteifigkeit des Eckverbandes, da er die Verbindungsfläche der beiden Balken von ½ der Balkenhöhe auf ¾ dieses Maßes vergrößert. Die Zugkräfte im Eckverband wirken auf den Zapfen.

Lassen Sie die Kanten „reiten", d. h., lassen Sie die aufgezeichneten Hilfslinien beim Ausschneiden stehen. Innerhalb der Linien schneidet man dagegen etwas tiefer. So erreicht man, daß die Kanten bei Belastung auf den Schalm des Oberbalkens drücken und der Eckverband sehr dicht wird.

d) Der obere Haken im Unterbalken ist fertig, bis auf die Dichtungskerbe.

Wenn man den Haken schalenförmig haut, ist es leichter, eine genaue Passung zu bekommen. Der Schalm liegt im Inneren der Verschränkung frei, und es ist somit leichter, die Außenkanten des Hakens auszurichten, als wenn man den Schalm nacharbeiten muß, um eine gute Passung zu bekommen.

Der obere Haken wird in der Mitte geteilt. Damit wird die Höhe des Zapfens bestimmt und die Tiefe des unteren Hakens. Bei der Arbeit mit vorgesägten Balken lotet man die Wände an einer der Seiten, beispielsweise an der Innenseite, wenn die nicht beigebeilt wird. Bei Rundbalken muß man dagegen die Mittellinie eines jeden Balken markieren, um die Wände ins Lot zu bekommen.

Der Oberbalken wird aufgelegt, und seine Passung wird geprüft, bevor die Längsnut angerissen werden kann.

Nach dem Einpassen und Ausrichten liegt der Oberbalken fertig für das Anreißen der Längsnut. Die H-förmigen Schraubzwingen als Balkenhalter erleichtern die Arbeit mit dem Zugmaß, besonders bei kurzen Balkenstücken.

Beachten Sie den Spielraum zwischen den Balkenköpfen im Vorstoß. Es muß mindestens 1 cm Luft vorhanden sein, damit das Setzen der Balken nicht behindert wird.

Der Zimmermann Pelle Berg aus Orsa zeigt, wie man die Lage der Längsnut mit Hilfe eines kleinen Zirkels anzeichnen kann. Auch der Balkenkopf muß die Längsnut bekommen, damit der Balken einwandfrei eingepaßt ist.

Abb. links: Ausschneiden der Längsnut. Schneiden Sie mit einer Elektro-Kreissäge entlang des Bleistiftstriches. Hauen Sie danach die Längsnut sauber nach dem Strich aus.

Mit der Motor-Kettensäge kann man senkrecht in die Mitte der Längsnut einschneiden und dann von den Kanten her gegen diesen Schnitt hauen oder sägen.

Die Längsnut darf am Grund gerne scharf V-förmig sein. Waldfrisches Holz schrumpft und reißt. Es ist vorteilhaft, wenn man den Hauptkernriß so steuern kann, daß er in die Mitte der Längsnut kommt. Der Riß kommt dadurch an eine geschützte Stelle, wo man ihn nicht sehen kann und wo auch kein Regen- oder Schneewasser eindringen kann. Bei schweren Rasendächern kann der Balken in diesem Riß aufspalten. Lesen Sie mehr darüber auf Seite 43.

Abb. rechts: Bevor der Balken endgültig aufgelegt wird, wird seine Außenseite mit dem Breitbeil behauen, um eine schöne Oberfläche der Wand zu bekommen. Der Haken des Eckverbandes wird ausgeschnitten, so daß die scharfen Kanten der Längsnut auf der Oberseite des Unterbalkens aufliegen. Die Balkenköpfe dürfen nicht belastet sein. Achten Sie darauf, daß ein Spalt zwischen den Balkenköpfen verbleibt.

Der Balken hat seine Längsnut und ist in die Wand eingelegt. Nun wird er eingedübelt. Mit der niedertourigen Elektrobohrmaschine und dem 35-mm-Bohrer werden die Löcher an der bezeichneten Stelle gebohrt. Schärfen Sie die Schneiden des Bohrers so, daß er nicht zu scharf angreift. Säubern Sie das Bohrloch von Spänen, indem Sie den Bohrer immer wieder herausziehen. Sorgen Sie für sicheren Stand, und stützen Sie die zwei waagerechten Griffe der Bohrmaschine an den Beinen ab. Im Vergleich zu altem, trockenem Bauholz ist waldfrisches Holz leicht zu bohren.

Die Dübel werden aus trockenen, vierkantigen Sprossen abgelängt, die einen Querschnitt von 35×35 mm haben. Die „schlanke Taille" bewirkt, daß der Dübel sich im Ober- und Unterbalken festsaugt. Er ist verhältnismäßig leicht einzutreiben; die Spannung wirkt in der Längsrichtung des Balkens. Brechen Sie die Kanten an dem herausstehenden Ende des Dübels, auf das der Oberbalken aufgelegt wird. Der Oberbalken darf nicht am Dübel hängenbleiben.

Das Eintreiben des Dübels mit dem Vorschlaghammer. Der Dübel ist am oberen Ende abgefast, damit er beim Einschlagen nicht so leicht „aufpilzt". Durch die Fase am unteren Ende findet der Dübel leichter seinen Weg im Bohrloch.

Der Dübel zieht die Balken mit großer Kraft zusammen. Man wendet Schraubzwingen an beiden Enden des Balkens an, um ihn in der richtigen Lage zu halten.

Hier wird ein Dübel neben jeden Eckverband gesetzt. Damit verbessert man die Verwindungssteifigkeit des Balkens in der Wand.

Oben: Der aufgelegte Balken ist nun Teil einer Wand, deren von Hand behauene Außenseite die Schönheit des Holzes und die Handwerkskunst der Zimmerleute viel besser zur Geltung bringt, als es der Fall wäre, wenn die gesägte Oberfläche der Balken sichtbar wäre.

Die Vorstöße der Balkenköpfe werden senkrecht gekappt, wenn die Wand fertig ist.

Links: Die freien Balkenenden einer Innenwand werden während des Bauens abgestützt. Die Innenwände werden nicht mit Eckverbänden in der Außenwand verzimmert, sondern nur eingelassen. Innerhalb des Blockhauses werden gewöhnliche Riegelwände eingebaut.

Die Blockwände müssen einige Monate austrocknen. Danach werden sie auseinandergenommen und am endgültigen Bestimmungsort wieder zusammengesetzt. Man kann dabei die Spalten ausgleichen, die beim Schwinden des Holzes entstanden sind.

Die Innenseite des Hauses wird mit Mineralwolle isoliert. Die Isolierung und die Innenverschalung der Wände wird durch Riegel und Latten gehalten. Die Riegelwände müssen ausreichende Setzluft gegen die Zimmerdecke haben. Sie werden an den Wänden mit Klötzen befestigt, auf denen sie gleiten können.

Wenn das Haus über Winter im Rohbau stehenbleibt, drückt die Schneelast die Wände zusammen. Am besten trocknet das Haus von März bis Juni.

Beim Neubau von Blockhäusern bekommt man fast immer Probleme mit dem Schwinden des Holzes. Allzu schnelles Bauen rächt sich.

Gezimmerte Innenwände schaffen eine durch und durch gesunde Atmosphäre. Störend kann es sein, wenn sich in der gut geheizten Hütte Spalten in der Längsnut der Wände öffnen, weil die Innenwände schneller trocknen.

Edgar Karlsen, *Laerebok i Lafting*, Oslo 1989

Abb. unten: Einzelhütte mit Kammer vom Typ der Orsa-Hütte. Sie wurde von Teilnehmern der Lehrgänge für den Blockhausbau errichtet, die das Gymnasium in Orsa durchführt.

Das Haus steht auf einer Bodenplatte, mit Isolierung der Schwellen durch Birkenrinde.

Das Feuerhaus

Das Feuerhaus ist einer der ältesten schwedischen Haustypen. Die Wohnstätte der Wikinger war ein Feuerhaus. Mitten im Raum lag ein offener Herd, dessen Rauch sich durch ein Loch im Dach seinen Weg nach außen suchte. Bis in das 20. Jahrhundert hinein waren diese Häuser noch als Unterkunft auf den Bergweiden in Gebrauch.

Lesen Sie, was Carl Fries von einem Besuch auf der Bergweide zu berichten hat, wo man noch immer im Feuerhaus wohnte:

Die Tür zum Feuerhaus sitzt in einem der Giebel, und über eine hohe Schwelle steigt man in die Stube. Auf dem offenen Herd, mitten im Raum, flackert das Feuer unter einem riesigen Kessel. Durch die Dachöffnung rieselt das Tageslicht herein und vermischt sich mit dem Feuerschein zu einem unsicheren Zwielicht. Man setzt sich auf die breite, an der Wand befestigte Bank. Das Dunkel in den Ecken des Raumes reizt die Phantasie: Ist dies nicht eine Wohnstatt aus grauer Vorzeit? Blinken nicht Schilde und Streitäxte dort hinten an der Wand? Aber das Auge gewöhnt sich an das Halbdunkel hier innen. Es sind keine Waffen, was dort hinten blinkt – es ist eine Milchzentrifuge! Und mit einemmal ist man zurück in der Wirklichkeit. Neben dem viereckigen Feuerplatz, der aus Steinen grob zusammengefügt wurde, steht der schwenkbare Kesselhalter, an dem der große Kessel, zum Kochen des Weichkäses, an seinen Haken hängt. An der dem Eingang gegenüberliegenden Giebelwand sind zwei Pritschen befestigt. Der Boden des Hauses besteht ganz einfach aus hartgestampfter Erde und ist mit gehackten Fichtenzweigen bestreut.

Carl Fries: *STF's årsskrift*, 1926

Das Feuerhaus ist ein Giebellaubenhaus. Der Eingang liegt im Giebel; die Laube wird vom überstehenden Dach sowie oft auch von den verlängerten Seitenwänden gebildet, wie auf der Zeichnung zu sehen. Statt einer Firstpfette gibt es hier zwei Seitenpfetten, die nahe beieinander liegen.

Das Haus steht unmittelbar auf dem gewachsenen Boden; an die Schwellenbalken wird von außen Erde angeschaufelt.

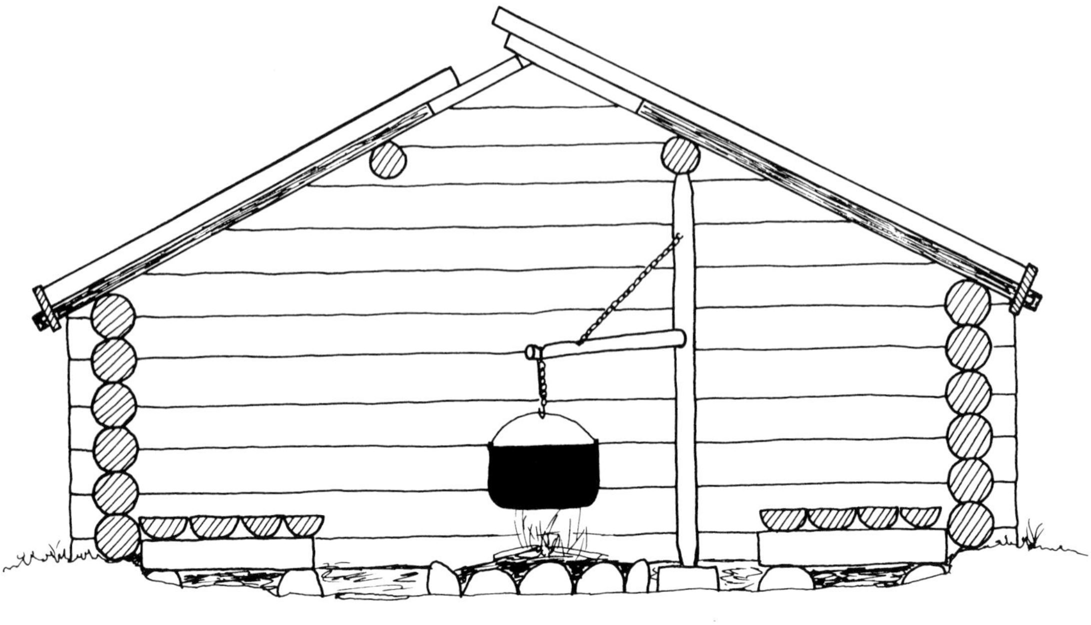

Auf dem gewachsenen Erdboden im Inneren der Hütte liegt die Feuerstelle. Manchmal ist sie mit Steinen umrandet. An den Längswänden und an der Giebelwand gegenüber dem Eingang sind Pritschen angebracht, die als Liegeplatz, als Tisch oder als Sitzbänke benutzt werden. Sie sind nicht so breit, daß man quer darauf liegen könnte. Auf der Zeichnung fehlt die Pritsche an der Giebelwand.

Der Kessel hängt hier an einem, „vinna" genannten, waagerechten Arm, der an einem drehbaren „Vinnstolpe" befestigt ist. Manchmal hat man auch zwei besondere Pfetten in die Giebel eingezimmert. Darüber werden Querhölzer gelegt, an denen der Kessel mit Ketten oder Kesselhaken aufgehängt wird.

Die Dachhölzer werden durch ein Fußbrett an ihrem Platz gehalten. Das Fußbrett ist hier mit Holzzapfen und Keilen befestigt. Üblicherweise benutzte man Dachfußhaken aus gewachsenen Astgabeln oder Wurzelanläufen. Das Rauchloch im Dach, „ljör" genannt, kann man nach Bedarf schließen oder öffnen, indem man die Dachhölzer am Rauchloch nach oben oder unten schiebt.

Einige Möglichkeiten, den Kessel im Feuerhaus aufzuhängen.

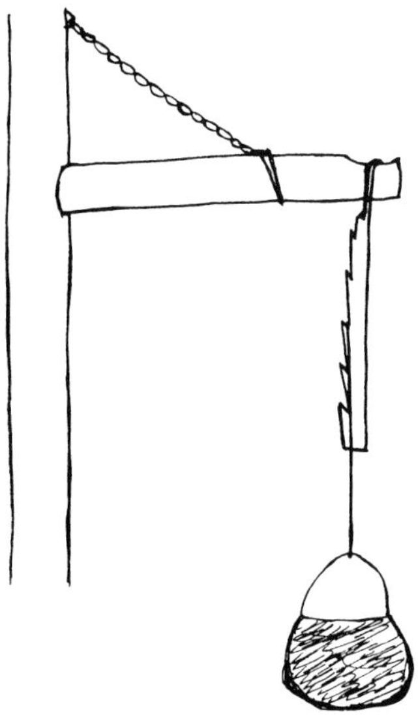

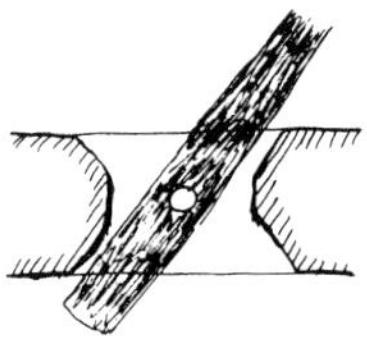

Querschnitt durch die Befestigung des waagerechten Armes.

Die Waldarbeiterhütte

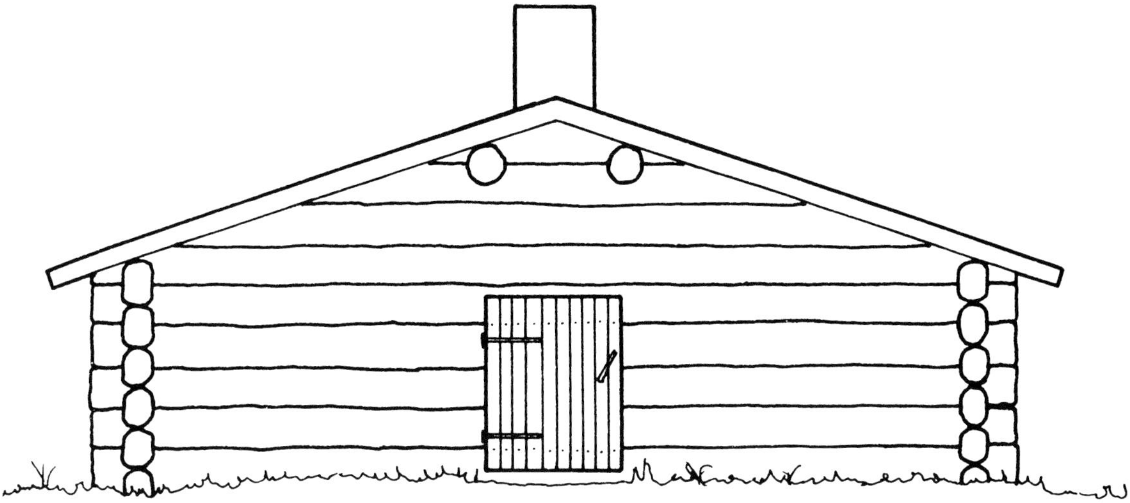

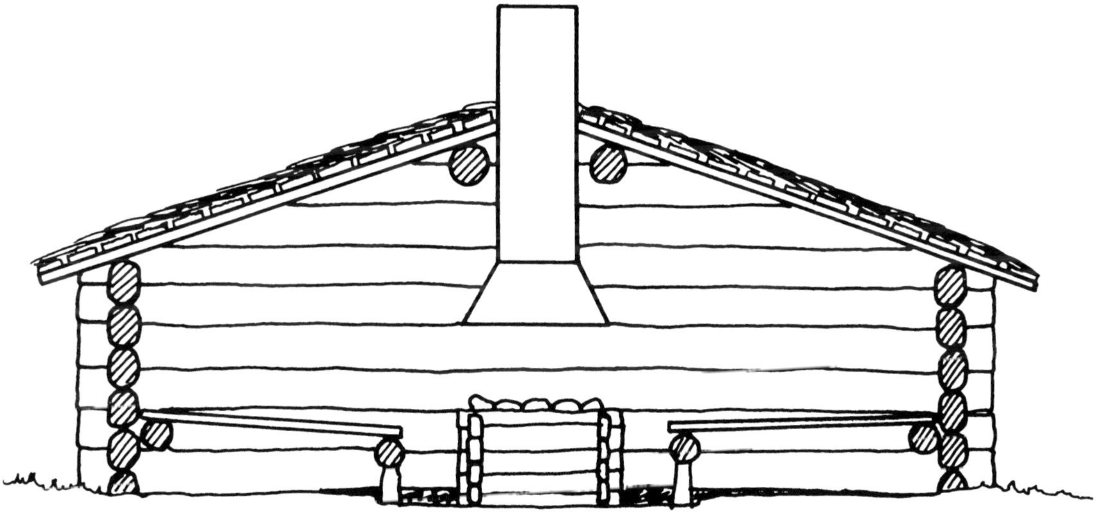

Oben: Auf das Feuerhaus in seiner ursprünglichen Form stößt man nicht überall. In abgelegenen Waldgebieten kann man dagegen diese Waldarbeiterhütte aus alter Zeit finden. Wenn man Glück hat, wird sie von interessierten Personen oder Gesellschaften unterhalten, so daß man eine Vorstellung davon bekommt, wie in früheren Zeiten die Waldarbeiter gewohnt haben.

Unten: Waldarbeiterhütte im Querschnitt. Diese Hütten sind eine Weiterentwicklung des Feuerhauses. Mitten in der Hütte steht ein gezimmerter Feuerkasten, der mit Erde und Steinen gefüllt ist. Über dem Feuer hatte man früher einen Rauchabzug aus Holz; später wurde er aus Blech gemacht. Es wird berichtet, daß man vorsichtig mit dem Feuer umgehen mußte, solange die hölzernen Rauchabzüge neu waren. Wenn sie erst einmal rußig und eingebrannt waren, wurde die Brandgefahr geringer.

Auf den Pritschen lag man mit den Füßen gegen das Feuer. Es war nicht ungewöhnlich, daß zwanzig Mann in der Hütte lagen. Nasse Kleidung und Pferdegeschirre hingen zum Trocknen rings um das Feuer, an dem sich alle drängten, um ihr Schweinefleisch zu braten.

Die folgenden Verse beschreiben das Leben in den Waldarbeiterhütten:

Das Feuer flackert in pechschwarzer Nacht,
wenn die Winde durchs Dachloch fauchen.
Sie packen die lodernden Flammen mit Macht,
während draußen die Waldbäume rauschen.

Die Kälte dringt ein, durch die Ritzen der Wand.
Sie kriecht herein, um zu beißen.
Das Feuer ist fast heruntergebrannt,
und Reif wird die Wände nun weißen.

Vor Müdigkeit schwer, nach dem Arbeitstag.
Wir schlafen beim Flackern der Scheiter,
bis die Kälte uns weckt, vor Tau und Tag.
Unser Bett, das sind Fichtenreiser.

Dan Anderson, I timmarkojan på Sami.
Kolvaktarens visor, 1915

Das Feuerhaus als Basislager

Wenn Wanderfreunde ein größeres Basislager bauen wollen, als es ein einfacher Schirmschutz ist, dann ist das Feuerhaus eine Alternative. An vielen Orten in Schweden stehen alte Ställe auf den Bergweiden, die seit langem nicht mehr benutzt werden. Kann man einen solchen alten Blockbau erwerben, dann ist ein Feuerhaus schnell gebaut.

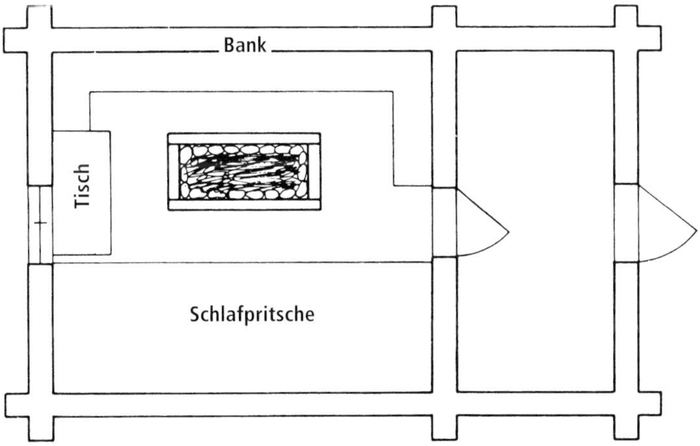

Ein alter Stall, der von einem Wanderverein zum Feuerhaus umgebaut wurde, um es als Basislager zu nutzen.

Im Vorraum lagert das Brennholz und wird die Ausrüstung verwahrt.

Für den Schwellenkranz, der unmittelbar auf dem Erdboden liegt, wurden alte druckimprägnierte Telefonmasten verwendet. Über dem Rauchabzug im Dach wurde eine Rauchhaube aus Blech angebracht.

Das Rauchloch mit der Rauchhaube liegt zwischen Firstpfette und Seitenpfette. Wenn sie ein solches Basislager neu zimmern wollen, dann lesen Sie bitte den Arbeitsgang für ein kleineres Blockhaus auf Seite 82.

Das Zimmern mit Halbspältern

Im nördlichen Dalarna wird manchmal auch heute noch mit gespaltenen Blockbalken gezimmert. Ich zeige hier einige Häuser, bei denen diese holzsparende Bauweise mit Halbspältern angewandt wurde.

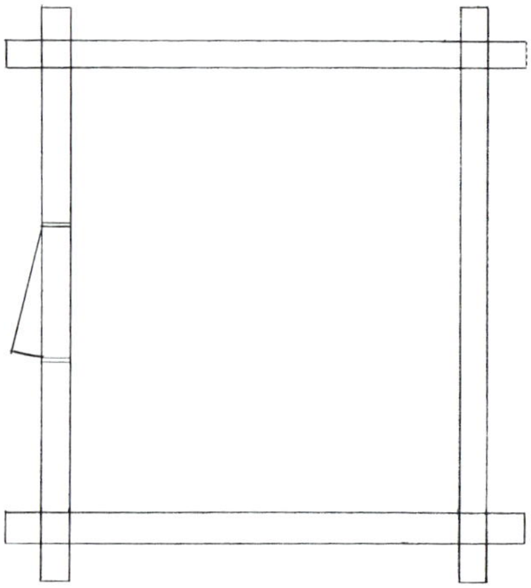

Göran und Kristina Bilskoog besitzen eine kleine Hütte auf ihrer Alm in Lima, die im Sommer als Schlafgelegenheit genutzt wird. Sie stammt von 1726 und wurde aus gespaltenen Stämmen gezimmert. Göran hat eine durchscheinende Plastik-Dachplatte an der Nordseite des Blechdaches eingelegt und dadurch ein wenig Licht in den fensterlosen Raum hineingelassen. Das gibt ein mildes Oberlicht, und wenn man dort mit einigen Schläfern auf dem Boden liegt, hat man das Gefühl, in einem Zelt zu liegen.

Das Haus ist ein 14 m² großes Musterhaus von Särna Trä & Timring.

In der Gegend von Särna, Idre und Älvdalen findet man öfter eine sogenannte Stangenhütte auf den Almen. Das ist eine einfache Schutzhütte mit zentral gelegener, offener Feuerstelle und Rauchabzug durch eine hölzerne Dachhaube, wie abgebildet. Diese Hütten werden oft aus Halbspältern gezimmert, mit den flachen, gesägten Seiten nach innen. Die Balken liegen mit den besäumten Kanten aufeinander und werden so eingepaßt, daß eine ebene Wand entsteht. Es sind Hütten vom Typ des Giebellaubenhauses, die als Aufenthaltsraum an Sommerabenden dienen, um sich vor den Schwärmen der Moskitos und Kriebelmücken zu schützen. Die Inneneinrichtung besteht aus einigen Pritschen an den Längswänden und an der hinteren Giebelwand. Die Mückenplage kann jedoch unerträglich werden, wenn das Feuer im Laufe der Nacht ausgeht und wenn damit der Rauch fehlt, der die Insekten ferngehalten hat. Im Winter dringt die Kälte ein, sobald die Wärme durch die große Rauchöffnung im Dach abgezogen ist. Ein einfacher Kanonenofen würde sehr viel wirksamer heizen, aber der Zweck des Hauses ist es, rund um das offene Feuer beisammenzusitzen. Da spielt der Wirkungsgrad der Heizung keine Rolle.

Kanuhaus, Bootshaus

Auf Seite 38 wurde beschrieben, wie aus Rundholz eine einfache, doppelt geschnittene Verschränkung ohne Zapfen gezimmert wird. Dieser Eckverband ist einfach zu lernen und gibt befriedigende Ergebnisse beim Bau einfacherer Häuschen.

Die Arbeitsgänge für die gerade, doppelt geschnittene Verschränkung ohne Zapfen in Rundholz:

a) Schalmen Sie die Balkenenden vorsichtig an. Versuchen Sie, die vier Schalme an jedem Stamm in eine Ebene zu bekommen. Die Schalme an den untersten, stärkeren Stämmen in der Wand dürfen etwas breiter werden.

b) Zeichnen Sie die Breite des Schalmes (h in der Zeichnung) auf den Unterbalken. Zeichnen Sie etwas nach innen, damit Sie für das spätere genaue Einpassen etwas Spielraum haben.

c) Sägen Sie entlang jeder Linie bis zu etwa ¼ des Durchmessers, und hauen Sie den Haken aus. Hauen Sie in Längsrichtung in die Mitte des Balkens, oder hauen Sie von der Seite. Achten Sie darauf, daß der Balkenkopf nicht abgespalten wird. Wenn das passieren sollte, nageln Sie ihn mit einem verzinkten Nagel wieder fest.

d) Zeichnen Sie die Unterseite des Oberbalkens an.

e) Hauen Sie den Haken aus.

f) Passen Sie Oberbalken und Unterbalken ein. Setzen Sie das Zimmern fort.

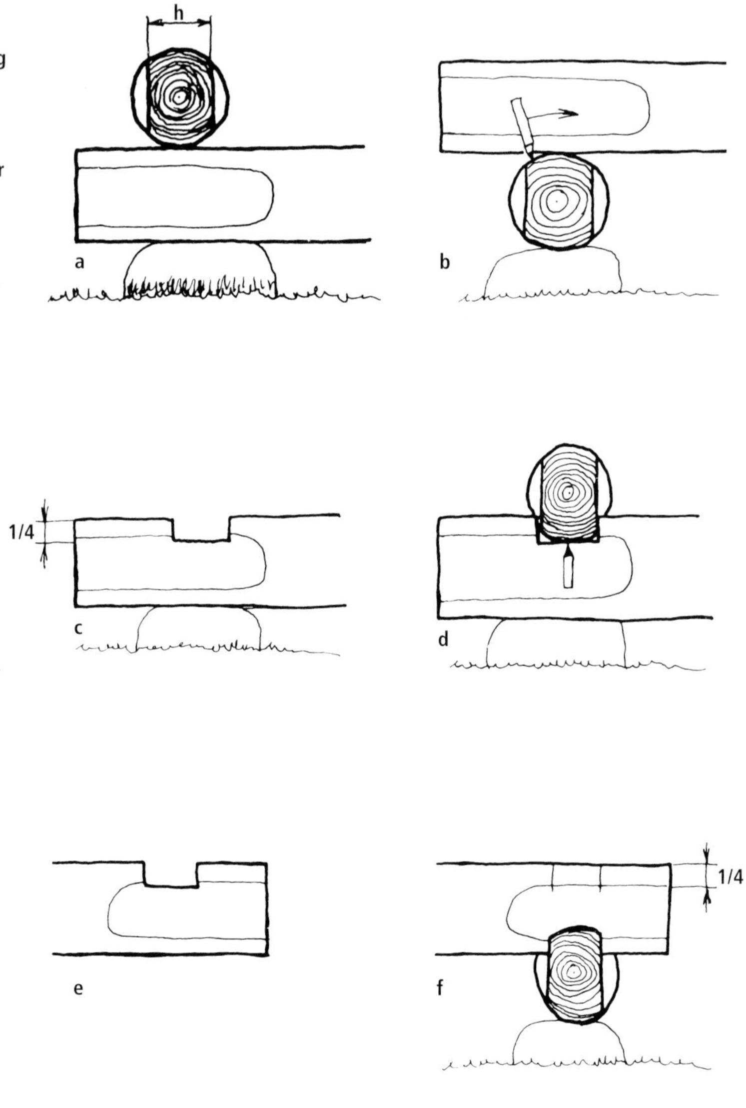

Dieses Haus wurde mit dem geraden Eckverband gezimmert, der auf der vorhergehenden Seite beschrieben wurde. Die Blockwände wurden in wenigen Tagen von einem interessierten Lehrgang aufgezimmert. Wir begannen mit dem Fällen der Bäume und dem Anrücken des Holzes. Das frisch gefällte Fichtenholz war leicht zu bearbeiten, aber die Blockwände müssen einen Sommer austrocknen, ehe sie am endgültigen Platz neu aufgeschlagen werden.

Das Haus soll an einem Lagerplatz als Kanuhaus dienen. Die Maße wurden von einem vorhandenen Fundament und von der Länge der Kanus bestimmt. Der Dachwinkel und die übrigen Maße sollten von den Bootshäusern genommen werden, die man überall in Norrland finden kann.

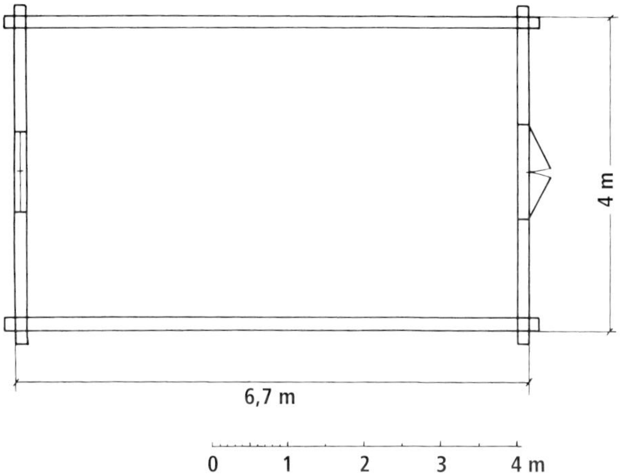

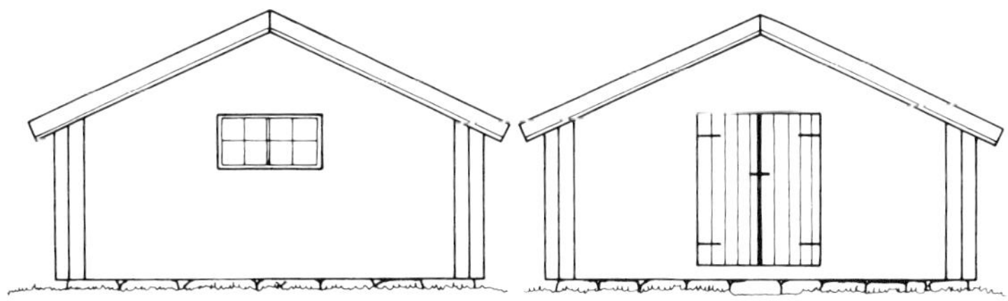

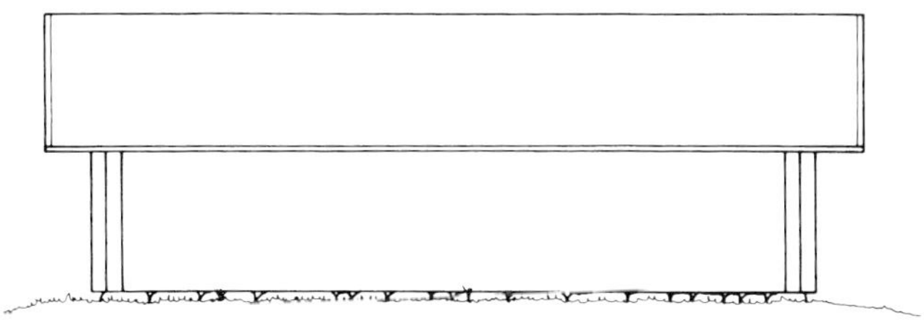

Der Vorstoß der Balkenköpfe ist annehmbar gelungen. Fast alle Wandbalken haben eine Längsnut. Am Türgiebel soll das Dach überstehen, um eine Giebellaube zu bilden.

Wir wollen einen Holzfußboden haben, und der wird von eingezapften Fußbodenpfetten getragen.

Die Längsnut in den Balken war sehr wichtig, da mit waldfrischem Holz gezimmert wurde. Ohne Längsnut würden die Rundbalken starke Mantelrisse bekommen. Mit der Längsnut wird die Rißbildung so gesteuert, daß der Trocknungsriß an der unteren Seite des Balkens in den Boden der Längsnut kommt.

Wir haben mit der Motorsäge zunächst einen Schnitt geführt, den die Lehrgangsteilnehmer zur Nut ausgehauen haben. Die Balken wurden zur Bearbeitung auf den Boden gelegt und mit Bauklammern auf den Unterlagen gehalten.

Auch in die Unterseite der Schwellen, die keine Längsnut bekommen, sägten wir einen 6 bis 10 cm tiefen Schnitt. In einen Trocknungsriß an der Balkenunterseite kann kein Niederschlagswasser eindringen.

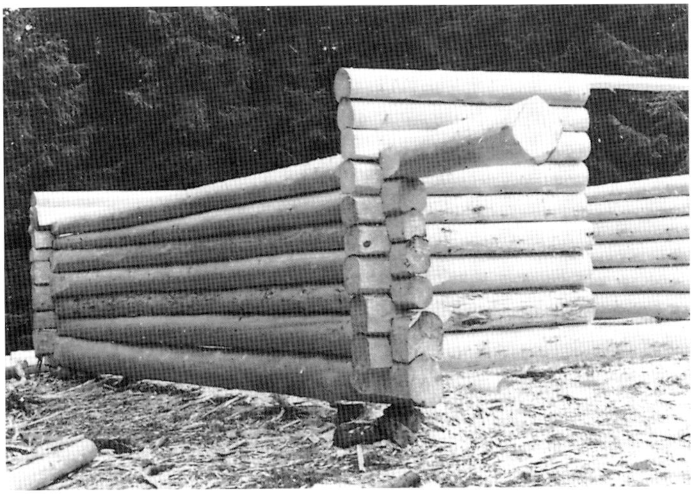

Es kann schwierig werden, ausreichend starkes Holz für so lange Wände zu bekommen. Die Balken Nr. 3 und 6, von unten gezählt, haben sehr dünne Zopfenden und deshalb fast keinen Schalm bekommen. Trotzdem sind die Wände im großen und ganzen dicht geworden. Die wenigen Spalten kann man mit Werg oder ähnlichem abdichten.

Die Giebelnock, der oberste Balken in der Giebelwand, fehlt noch. Sie wird erst eingezimmert, wenn die Blockwände an ihren Bestimmungsort gebracht und dort neu aufgeschlagen wurden.

Die Dachneigung wurde mit der Motorsäge ausgesägt. Zur sichereren Schnittführung wurden zwei Stützbretter auf den Pfetten aufgelegt.

Kellervorbau mit Grasdach

Der Vorbau zum Erdkeller des Hofes mußte ausgebessert werden. Die alten Blockbalken waren verrottet, und das Blechdach über dem Vorbau und über dem Erdhügel des Kellers war ein Schandfleck für den Hof.

Im Winter entstanden leicht Minustemperaturen im Keller, weil die Erdabdeckung zu dünn war. Der Schnee wirkte nicht als Isolierung, da er auf dem Blechdach der Erdabdeckung nicht liegen blieb. Das Dach sollte das Eindringen von Wasser verhindern, da der Keller aus Bruchsteinen gebaut und folglich nicht wasserdicht war.

Zum Grundstück gehörten sieben Fichten. In wenigen Tagen wurden aus ihren Stämmen die Blockwände in der Nähe des Fällortes gezimmert, um Beschädigungen beim Rücken des frisch gefällten Holzes zu vermeiden.

Die Wände werden im hinteren Teil mit einem Zugbalken zusammengehalten. Der ist so eingezimmert, daß man bequem darunter durchgehen kann, wenn man die Kellertreppe hinuntersteigt. Auf dem Rähm steht auch an der Rückwand ein normaler Giebel, der die Pfetten auf diesel-

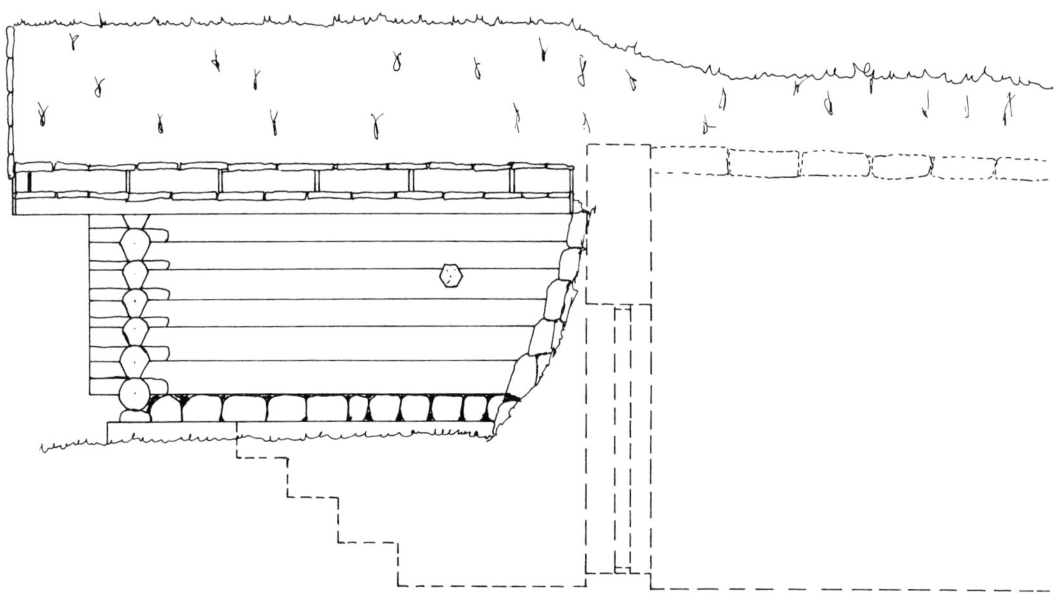

be Weise trägt wie auf der sichtbaren Vordachseite. Beachten Sie, daß ich bei einem so kleinen Dach Seiten-pfetten eingezimmert habe. Die werden wegen des schweren Rasendaches gebraucht. Als die Rasensoden aufgelegt wurden, knisterte und knackte es in den Wänden, die von der Dachlast zusammengedrückt wurden.

Die Blockwände des neuen Kellervorbaues wurden zuerst mit Eisenvitriollösung behandelt und später mit Holzteer gestrichen.

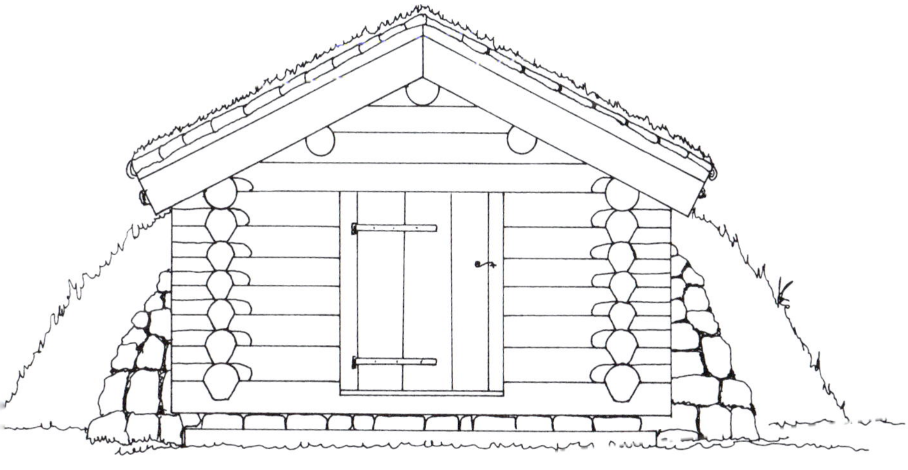

Der Baugrund wird vorbereitet, und eine Mauer aus Bruchsteinen wird gegen den Erdkeller hochgezogen. Die Blockwände sollen an diese Steinmauer angelehnt werden; nicht an den Erdhügel des Kellers.

Ein Fundament wurde gegossen. Die Ecksteine wurden in diese Sohle mit eingegossen, da sie in der Breite etwas über die Ecksteine hinausragt. Die Blockwände wurden am Zimmerplatz auseinandergenommen, Stück für Stück mit der Schubkarre an den Bauplatz gebracht und dort auf dem vorbereiteten Grund wieder aufgebaut. Die Stammenden wurden so zugeschnitten, daß sie sich gut gegen die Steinmauer abstützen. Eine Feuchtigkeitsisolierung gegen die Mauer, aus Birkenrinde, Dachpappe oder Platonmatten, ist wichtig.

Sparren aus Hölzern von 45× 150 mm, Rauhspund und Dachpappe werden aufgelegt. Die Dachpappe dient auch als Regenschutz, bis das Rasendach fertig ist. Auf dem Bild ist die Ausformung der Stützmauer ersichtlich. Die Überbrückung zwischen Dach und Erdabdeckung des Kellers erfolgt mit druckimprägniertem Holz.

Auf einer Wiese des Grundstückes werden 10 bis 15 cm dicke Rasensoden ausgestochen. Mit einem Pkw-Anhänger werden sie an den Bauplatz gebracht.

Die erste Lage der Rasensoden wird mit der Grasseite nach unten aufgelegt. Als Dichtungsschicht werden Bodenisolierungsmatten Platon auf den Kellervorbau und auf den Erdhügel über dem Keller aufgelegt. Birkenrinde wird entlang der Dachkanten gelegt. Die Innenseite kommt nach oben, damit sie sich um die Kanten rollt. Die Dachfußbretter sind druckimprägnierte Bohlen.
Die Dachfußhaken sind aus altem Schmiedeeisen, das von einem Abriß stammt.

Die zweite Lage Grassoden kommt mit der Grasseite nach oben auf das Dach. Bevor die zweite Schicht aufgelegt wird, werden die Unebenheiten in der ersten Rasenschicht mit Erde ausgeglichen. Es ist wichtig, daß möglichst keine Hohlräume zwischen den beiden Rasenschichten entstehen, damit sie nicht austrocknen.

Die Rasenabdeckung des Kellervorbaues ist fertig. Der Kellerhügel wurde ebenfalls mit Rasen abgedeckt. Er hat nur eine Lage Grassoden bekommen, die mit der Grasseite nach oben aufgelegt wurden. Auch der Kellerhügel ist mit den Bodenisolierungsmatten abgedeckt worden. Bei Regen und bei der Schneeschmelze verhindern sie das Eindringen von Wasser in den Keller. Man kann auch Bodenisolierungsscheiben unter die Matten legen, um die Isolierung weiter zu verbessern.

Holzschuppen und Remise

Außer einem Holzschuppen wurde auch eine Remise gebraucht, um einen Pkw und einen Anhänger unterzustellen.

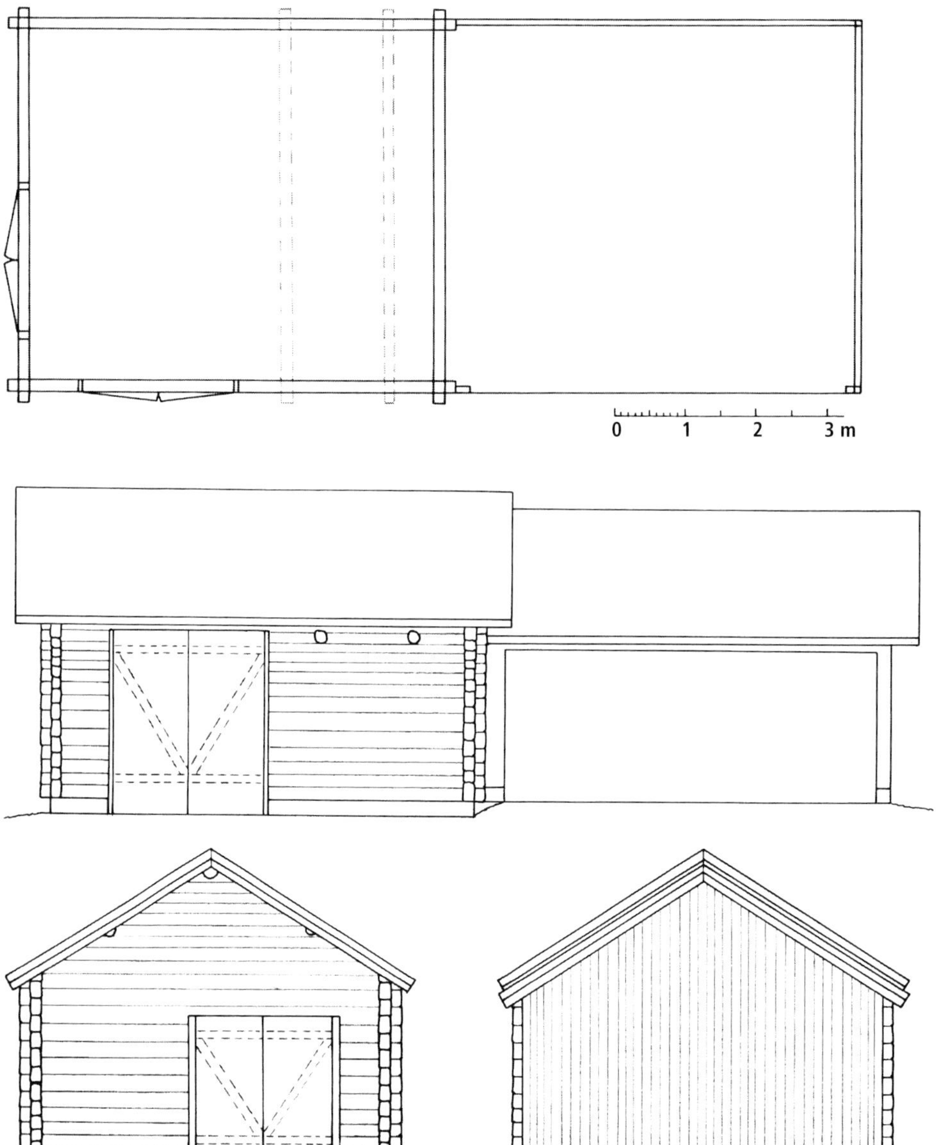

Das Ziegeldach wurde abgedeckt, um die gesunden Dachpfannen wiederverwerten zu können. Das Ziegeldach erfordert zwar ein teureres Unterdach, aber mit der Patina des Alters verleiht es dem Aussehen des Hofes etwas, das ihm das blanke, ausdruckslose Blechdach niemals geben kann. Im Winter bleibt der Schnee auf dem Ziegeldach liegen und schmückt Haus und Hof mit einer weißen Decke. Die Dachlatten können zum Teil wiederverwendet werden. Es ist oft erstaunlich, wieviel altes Dachholz noch gut erhalten ist.

Ein Schuppen, der früher zum Flachshecheln gebraucht wurde, mußte abgerissen werden, weil die Straße verbreitert werden sollte. Der Schuppen war fest mit dem Boden verbunden, der Schwellenrahmen daher verrottet, mit Ausnahme der Schwelle rechts von der Tür an der Längsseite. Die Blockwände hatten außerdem erhebliche Schäden durch Insektenfraß und schienen nur noch Brennholzwert zu haben.

Der Verkäufer hatte acht lange Bodenbalken aus Kiefernholz, von einem herausgeschnittenen Zwischenboden einer Scheune, die für einen geringen Preis mitverkauft wurden. Sie reichten gerade für einen neuen Schwellenrahmen und für die Pfetten, die ebenfalls ausgewechselt werden mußten. Kaufen Sie niemals ein altes, schadhaftes Blockhaus, wenn Sie nicht gleichzeitig die Ersatzbalken beschaffen

1. Hinter dem Haus, nahe zum Heizkesselraum, wird der Baugrund dort vorbereitet, wohin das Bauholz demnächst angeliefert werden soll. Der ganze Erdboden am Bauplatz wurde abgegraben, denn er bestand aus Lehm. Festgestampfter Füllschotter und Splitt 16–32, mit eingelegtem Drainageschlauch bilden die Unterlage für ein Fundament, das eine Reihe Hohlblocksteine trägt. Auf diese Weise kommt der Schwellenrahmen 20 cm über den gewachsenen Boden. Die Füllung deckt die ganze Grundfläche des Schuppens. Das Fundament aus armiertem Beton soll so lange wie möglich feucht gehalten werden, damit es gut aushärtet. Benutzen Sie die Zementsäcke und alte Zeitungen zum Abdecken.

2. Das Fundament für die Blockwände ist fertig. Ursprünglich sollte der Boden des Schuppens nur aus Splitt und aus einer darunterliegenden kräftigen Feuchtigkeitssperre aus Plastik bestehen. Als der Boden fertig war, entschied ich mich jedoch für eine Betonplatte. Sie wurde in dem Rahmen gegossen, den das Betonsteinfundament bildet.

Diese Gründung wird verhältnismäßig teuer, besonders dann, wenn man sie mit dem Wert der alten Balken vergleicht. Bedenken Sie jedoch, daß die Zukunft des Schuppens von der Gründung abhängt und daß es ein Vergnügen ist, auf einer ebenen Betonplatte zu zimmern, statt auf einem unebenen und weichen Schotterboden. Gönnen Sie sich eine feste, trockene Fläche, um Ihr Bauholz zu bearbeiten. Es ist nicht gut für Ihre Gesundheit und die Ihrer Familie, wenn das Brennholz, wegen der Bodenfeuchtigkeit im Holzschuppen, schimmelt.

3 und 4. Die Blockwände werden aufgebaut. Der Eckverband zur Linken der Tür wird abgestützt, damit er fest im Lot steht. Die Wand zur Rechten wird mit einer schrägen Strebe und mit der Balkenlage der Zwischendecke abgestützt, sobald die richtige Höhe der Wand erreicht ist. Umfangreiche Ausbesserungen sieht man rechts an der Giebelwand.

Die Feuchtigkeitssperre zwischen dem Schwellenrahmen und den Betonsteinen besteht aus Birkenrinde, die außerdem eine dekorative Wirkung hat.

5. Die Firstpfette wird mit Hilfe eines doppelten Seiles hochgerollt. Ein Mann alleine kann Balken dieser Stärke aufhieven, wenn er Stangen und Seile verwendet. Man kann auch zwei starke Stangen benutzen, auf die in passendem Abstand Holzklötze genagelt wurden. Die halten das eine Ende des Balkens, während man das andere hochschiebt oder hochhebelt. Das ist ein einfaches Hilfsmittel, um schwere Balken auf die Wand zu heben. Das hochzuhebelnde Gewicht des Balkens wird leichter, wenn die Stangen nahe zum Schwerpunkt des Balkens plaziert werden und wenn man den Balken nun abwechselnd links und rechts hinter den nächsten Klotz hebelt.

6. Die ursprünglichen Sparren konnten verwendet werden. Ein Unterdach von Rauhspund 22×95 mm wird aufgelegt.

Die Dachpappe ist aufgelegt, und so kann der Rohbau stehen, bis das Ziegeldach gedeckt wird. Alle Holzabfälle des Baues wurden sorgfältig gesammelt und so aufgestapelt, daß sie nicht verrotten, sondern als Brennholz genutzt werden können.

Wenn das Ziegeldach gedeckt ist und wenn die Wände rot gefärbt sind, kommen die Reparaturarbeiten innerhalb der Wände an die Reihe. Vergleichen Sie mit dem Bild auf Seite 145.

Zur Rechten des Holzschuppens wird die Remise angebaut. Sie wird als Ständerbau errichtet; das Dach wird von einem Dachstuhl getragen. Bei der Verbindung mit dem Schuppen muß das Setzen des Blockbaues berücksichtigt werden. Es ist vorteilhaft, wenn der Blockbau einen Winter über Zeit hat, um sich zu setzen. Dann ist das Setzen fast abgeschlossen, denn Wände aus altem Holz setzen sich weniger, als solche aus frischem Holz. Rechnen Sie trotzdem mit einem gewissen Zusammensinken der Blockwände.

Da es ein leichtes Gefälle in der Längsrichtung der beiden Bauwerke gibt, entsteht ein Niveauunterschied zwischen Holzschuppen und Remise.

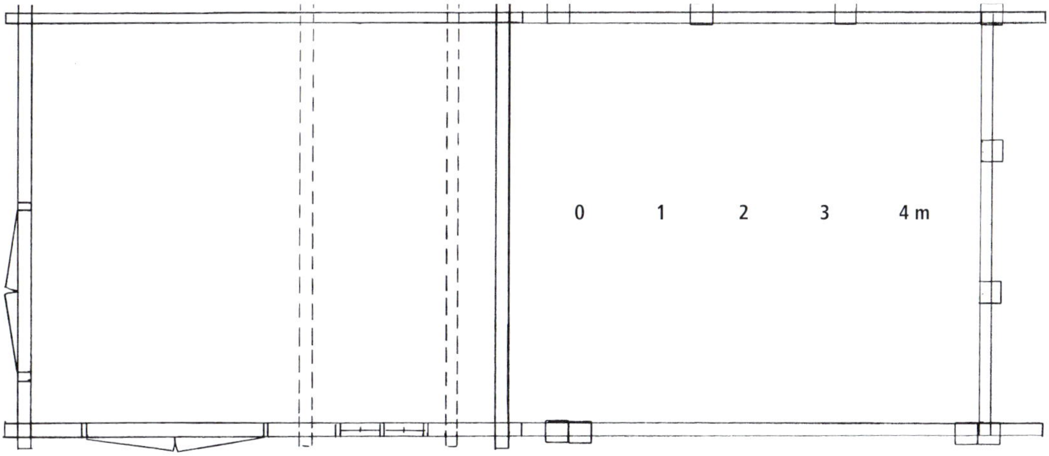

Oben: Zwei Jahre nach der Ausbesserung des Holzschuppens wurde die Remise in Ständerbauweise errichtet. Die Ständer sind 230× 230 mm stark; die Rahmen messen 150×200 mm. Die Ständer werden so ausgeschnitten, wie es die Profilzeichnung auf Seite 151 zeigt. Da die Ständer nicht durch einen Markschnitt vorbehandelt worden waren, bildeten sich teilweise Risse in den gesägten Oberflächen. Das Holz für die Ständer war ein knappes Jahr vor der Bearbeitung eingeschlagen worden; es war also noch nicht völlig ausgetrocknet. Vor dem Aufstellen wurden die Ständer zuerst mit Eisenvitriollösung, dann mit Alcros Hälsingetjära behandelt, um ihnen ein etwas dunkleres Aussehen zu geben als den Paneelbrettern der Wände. Die Schwellen liegen auf einer Reihe von Hohlblocksteinen, um sie vom Betonfundament und von der Bodenfeuchtigkeit zu isolieren. Als Isoliermaterial wurde Birkenrinde verwendet. Die Elemente des Dachstuhles, aus Bohlen von 45× 200 mm, wurden mit Nagelplatten zusammengenagelt.

Unten: Die Remise ist fertig; Regenrinne und Fallrohr sind montiert. Das Dach der Remise liegt höher als das des Holzschuppens, da das Haus auf leicht geneigtem Gelände steht. Das Wasser läuft in den beiden Regenrinnen entlang des Daches und wird unterhalb der Längswände durch die beiden Fallrohre abgeleitet. Am Hang unter-halb des hinteren Giebels wurde eine Reihe Johannisbeerbüsche gepflanzt, die mit dem Dachwasser bewässert werden.

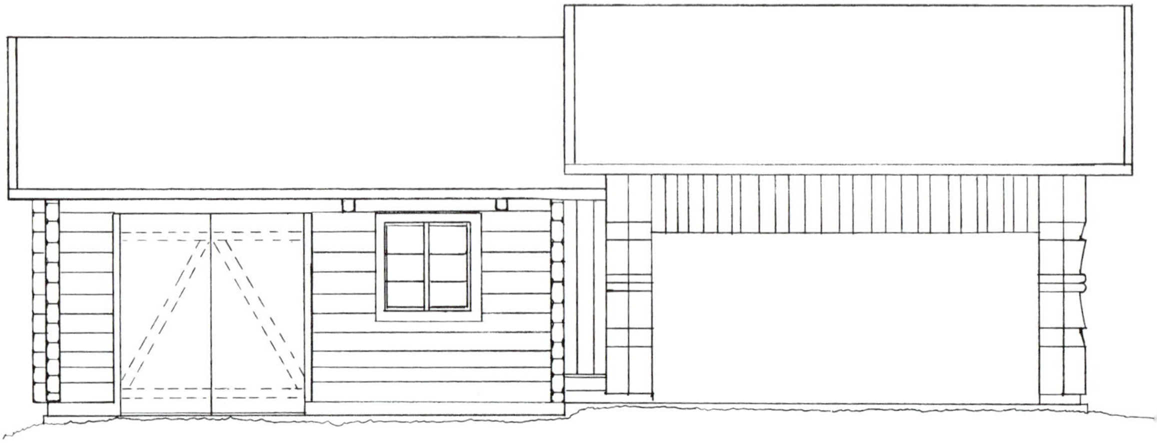

Die Ständerwand mit den Rahmen ist fertig. Auch die Elemente des Dachstuhls sind fertig zum Aufschlagen.

Die Wände sind für das Annageln des Paneels vorbereitet. Über der breiten Öffnung für die Einfahrt habe ich eine einfache Fachwerkkonstruktion aus Rähmbalken und Unterbalken eingebaut. Beide bestehen aus 150×200 mm starken Bohlen; die Verstrebungen sind aus 25×125 mm starken Brettern aufgenagelt. Der untere Balken wurde in die Ständer beiderseits der Öffnung eingelassen. Daneben die Doppelständer, die einen kraftvollen Eindruck von Massivholz vermitteln.

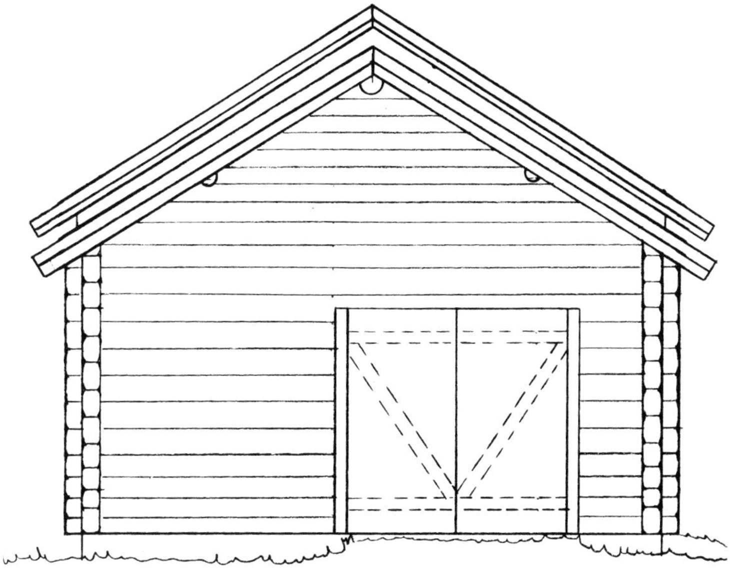

Das Profil ist 80 mm tief, was diese kräftigen Ständer von 230×230 mm erforderte. Eine Profiltiefe von 50 bis 60 mm würde ausreichen, um den optischen Eindruck zu erzielen. Normalerweise haben die Ständer eine Stärke von 200×200 mm, was eine Profiltiefe von 50 mm erlaubt, wenn man ein Rahmenwerk von 150×200 mm hat. Die Profile an den Ständern der Remise sind etwas zu tief ausgeschnitten; ich bevorzuge eine etwas sparsamere Profilierung. Wenn man den oberen und den unteren Haken wegläßt, bekommt man ein Profil, das an anderer Stelle im Buch beschrieben wird.

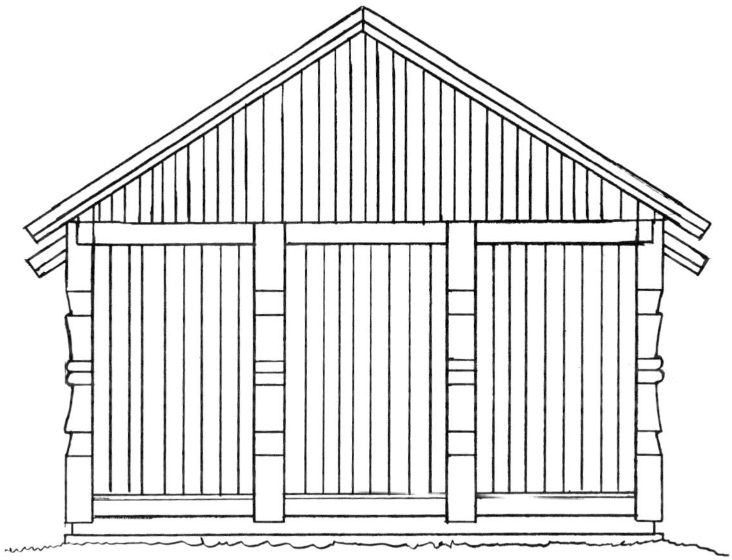

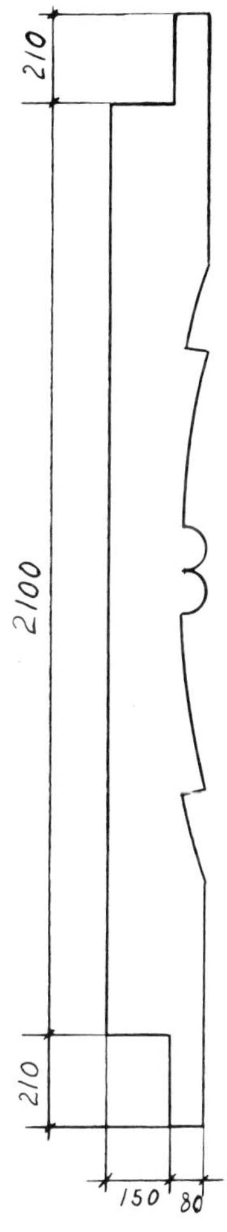

Das Paneel wird an Nagelleisten auf den Rahmen und an einen Mittelriegel genagelt. Die Schrägverstrebungen konnten zwischen die Mittelriegel und die Nagelleisten gesetzt werden, da die Wände nicht isoliert werden. Der Einzug beträgt doppelte Paneelstärke, hier etwa 55 bis 60 mm. Es wird keine Winddichtung benötigt.

Oben: Breites, unbesäumtes Paneel aus den Stammseiten. Man kann es sehr gut mit der SOLO Schneidebank zur Motorsäge, mit einer Bandsäge oder einer Blattsäge mit Druckrolle zuschneiden. Das Unterpaneel wird mit der Kernseite nach außen angenagelt, damit es sich nach außen wölbt. Das Oberpaneel wird sich nach innen wölben, wenn unbesäumte Bretter verwendet werden. Dabei entsteht ein Spalt, weswegen es vorteilhaft ist, Paneelbretter aus der Stammitte zu verwenden, weil die sich am wenigsten wölben.

Mitte: Wenn man die Waldkanten der Paneelbretter besäumt, aber dabei die natürliche Keilform der Bretter beläßt, werden auch die Bretter des Oberpaneels mit der Kernseite nach außen angenagelt. Wie das Bild zeigt, macht das unbesäumte Paneel jedoch einen rustikaleren Eindruck. Der Eckständer an der Innenseite der Giebelwand ist im unteren Teil falsch abgeschnitten worden. Der Ständer soll die Ecke des Schwellenkranzes abdecken. Man muß jetzt dort einen Klotz annageln. Ehe man die Säge an die Eckständer setzt, muß man überprüfen, ob das Profil richtig aufgezeichnet ist. Die Mittelständer sind danach schnell zugeschnitten. Im Abschnitt „Ständerhaus mit Rahmenwerk“ wird eingehend beschrieben, wie man die Ständer zuschneidet.

Das Paneel wird von einem Wasserbrett abgeschlossen. Im mittleren Feld löste sich ein Schwarzast, was einen passenden Einschlupf für den Nistkasten des Fliegenschnäppers ergab, der an der Innenseite des Paneels aufgehängt wurde.

Unten: Das Wasser wird vom oberen Dach zum unteren weitergeleitet. Der Höhenunterschied zwischen den Gebäudeteilen ist aus dem Bild ersichtlich. Zwei Pkws stehen luftig, trocken und vor Rost geschützt in der Remise. Die Betonplatte hat ein Winkeleisen als Kantenschutz.

Der Speicher

Neben dem Dachboden war früher der Speicher der wichtigste Raum des Gehöftes für das Verwahren von Erzeugnissen der Landwirtschaft. Hier wurden geräuchertes und getrocknetes Fleisch, Getreide, Trockenfisch, Textilien usw. aufgehoben.

Der Speicher wurde außerhalb des Hofviereckes plaziert. Das gilt für den Giebelspeicher mit der Tür im Giebel. Langspeicher kamen dagegen in das Hofviereck. Der Speicher konnte auf einen Unterbau aus Pfählen oder auf Steine gesetzt werden. Untergestelle aus Pfählen, die gegen Feuchtigkeit und Mäuse schützen sollten, gab es von Dalarna nach Norden.

Samuli Paulaharju beschreibt, wie die Bauern in Tornedalen ihre Reichtümer aufbewahrten:

Einem richtigen Bauern steht ein zweigeschossiger Speicher gut an, aber ein Großbauer braucht einen dreigeschossigen Speicher. Der dreigeschossige Speicher hat drei Türen, steht auf Schwellenbalken und Ecksockeln und erfordert eine Treppe mit vielen Stufen. Aber noch mächtiger ist der Bauer, der einen Doppelspeicher mit drei Stockwerken hat. Der prunkt mit sechs Türen, drei übereinander und zwei in der Breite. Am stolzesten steht ein Großspeicher da, wenn eine kleine Hütte dicht daneben steht.

Giebelspeicher auf Pfahlgestell, mit Auskragung

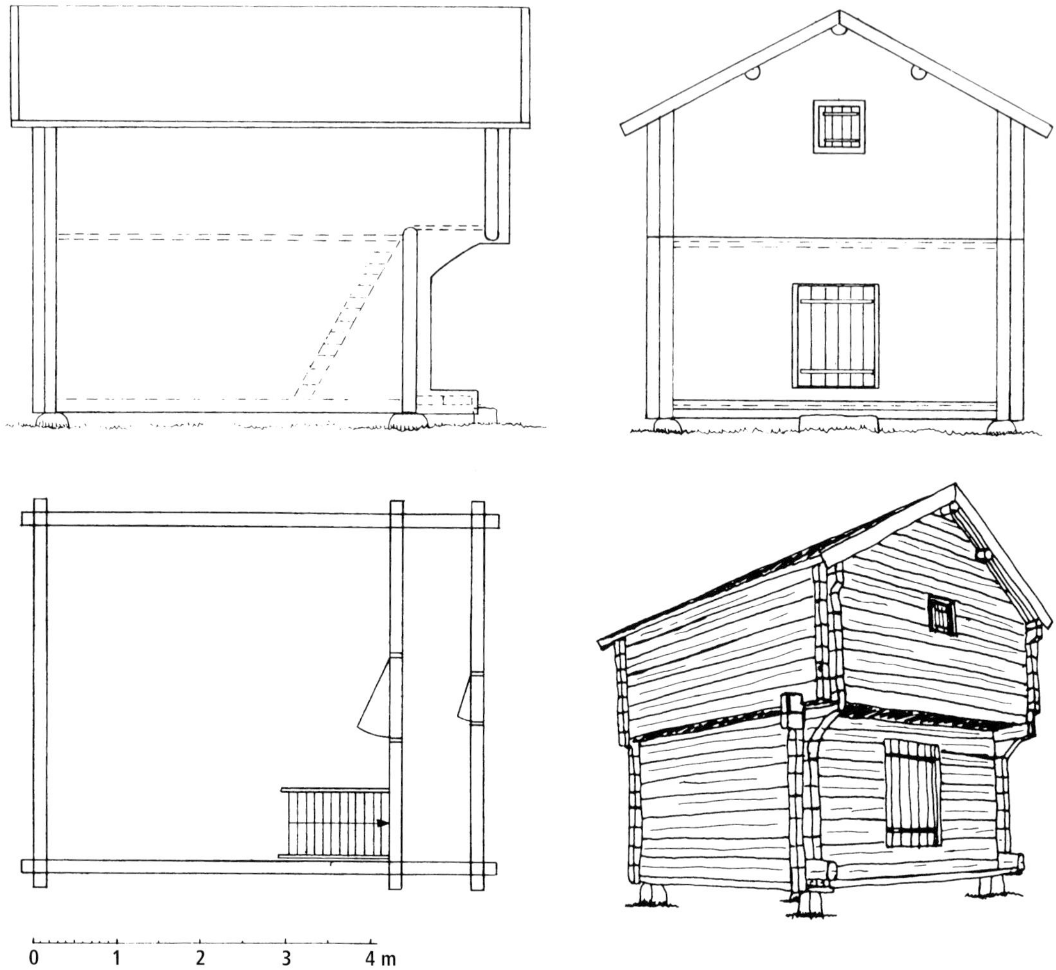

Giebelspeicher mit Giebelauskragung. Der in der Ansicht gezeichnete Speicher hat auch seitliche Auskragungen. Der Speicher ist häufig das zweite Haus, an dessen Bau sich viele versuchen, nachdem sie eine kleine Hütte oder Sauna gezimmert haben.

Giebelspeicher mit Giebelvorsprung. Zimmern Sie keine zu niedrigen Wände, wenn Sie Ihren Speicher bauen. Es geschieht oft, daß man mit der Arbeit aufhört, ehe die ausreichende Dachhöhe erreicht ist. Das hat zur Folge, daß man sich in aller Zukunft den Kopf an der Zwischenbalkenlage oder an den Dachpfetten stoßen wird.

Langseitenspeicher mit Pfahlgestell und Holzdach.

Auf dem Hof meiner Eltern steht dieser anspruchslose Speicher. Da er gänzlich unbehandelt ist, hat er mit der Zeit an der Oberfläche der Süd- und Westwand Sonnenbrand bekommen. Ursprünglich stand der Speicher auf einem Pfahlgestell, aber nach dem Umsetzen wurde er auf große Ecksteine gestellt.

Speicher von Ytterhogdal

Sören und Eva Olsson haben einen kleinen Hof in Ytterhogdal. Als sie den kauften, war der Speicher schon verkauft und abgeholt. Eva hatte sich schon lange einen gezimmerten Speicher gewünscht, um das ursprüngliche Bild des Gehöftes wieder herzustellen. Der Sohn Peter und Bruder Gunnar versprachen, den Speicher zu bauen.

Ein Speicher in der Nachbarschaft diente als Vorbild. Der Bau begann damit, daß wir dort hinfuhren und die Maße aufnahmen. Große Ecksteine wurden zum Hof gebracht und auf dem Bauplatz verlegt, nachdem die Grassoden abgegraben wurden und Sandboden aufgetragen war. Bei den ersten Balkenlagen wurden Peter und Gunnar angeleitet, aber dann zimmerten sie allein weiter und stellten diesen schmucken Speicher hin.

Oben rechts: Gesägte Fußbodenbalken werden mit Balkenschuhen an der Blockwand verankert.

Oben u. Mitte links: Als Dichtungsmaterial wurde Moos gewählt. Der Eckverband ist eine gerade, doppelt geschnittene Verschränkung mit Mittelzapfen. Die Balken waren auf 12 cm vorgesägt worden, was ich für etwas zu dünn halte, da sie durch das Behauen der Außenseiten noch einige Millimeter dünner werden. Der Grund für die Wahl der 12-cm-Balken ist der, daß ältere Häuser der Gegend oft mit dieser Holzstärke gebaut wurden. Ich meine, daß die Balken mindestens 13 cm, am besten aber 14 bis 15 cm stark sein sollten. Sonst besteht die Gefahr, daß die Kanten der Längsnut bis an die Außenkante der Balken kommen, wodurch die Verbindung zwischen den Balken schlechter wird.

Unten: Peter sägt die Längsnut mit der Motorsäge aus. Der Balken liegt in bequemer Arbeitshöhe, um eine gute Arbeitsstellung zu haben, und wird da von Bauklammern gehalten. Vergessen Sie den Gehörschutz nicht.

Dachbodenschuppen

Der Dachbodenschuppen ist einer unserer ältesten Gebäudetypen. Er stellt einen Übergang zwischen Hütte und Schuppen dar. Im Sommer schlief die Jugend des Hofes oft im oberen Stockwerk des Dachbodenschuppens, wovon das folgende Zitat ein Beispiel gibt. Der Hauptverwendungszweck war jedoch das Aufbewahren von Kleidung und Lebensmitteln.

Am Dachbodenfenster sah man was huschen;
man hört auch wisperndes Kichern und Tuscheln.
Der stattliche Herrschaftskutscher kennt seine Pflicht.
Doch der eifersüchtige Kuhstall-Olle, der Wicht,
lauert am Fliederbusch, denn da sieht man ihn nicht.

Erik Axel Karlfeld, *Inom hässjorna*
aus *Vildmarks- och kärleksvisor*

Dieser Dachbodenschuppen stammt aus dem achtzehnten Jahrhundert und steht in Västerbergslagen. Er hat einen einfachen Grundriß, mit einem Raum unten und zwei Räumen oben, die als Zellen bezeichnet werden, weil es keine Verbindungstür zwischen ihnen gibt.

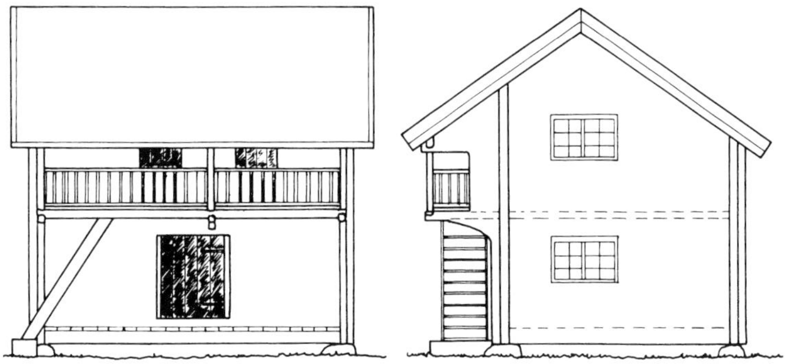

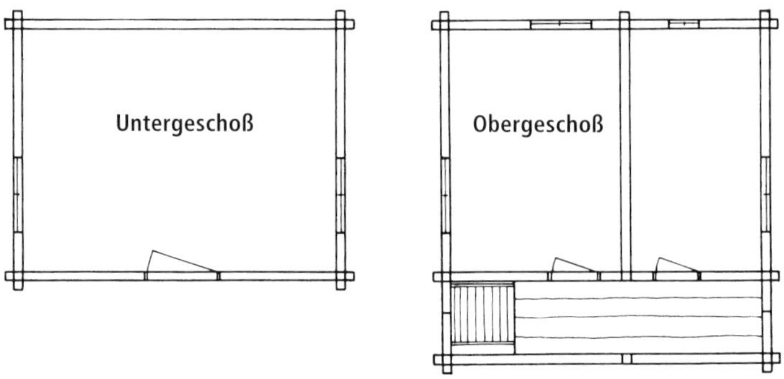

Der Dachbodenschuppen war ein eindrucksvolles Gebäude in den Gehöften der Bauern und Großbauern. Der bekannteste Dachbodenschuppen Schwedens steht in Ornäs, wo Gustav Wasa zu Weihnachten 1520 übernachtete. In Norwegen gibt es viele großartige Dachbodenschuppen aus dem dreizehnten und vierzehnten Jahrhundert.

Die klassische Landschaft der Dachbodenschuppen war Bergslagen, von Filipstad bis zum Gebiet um Hedemora und Sala im Osten.

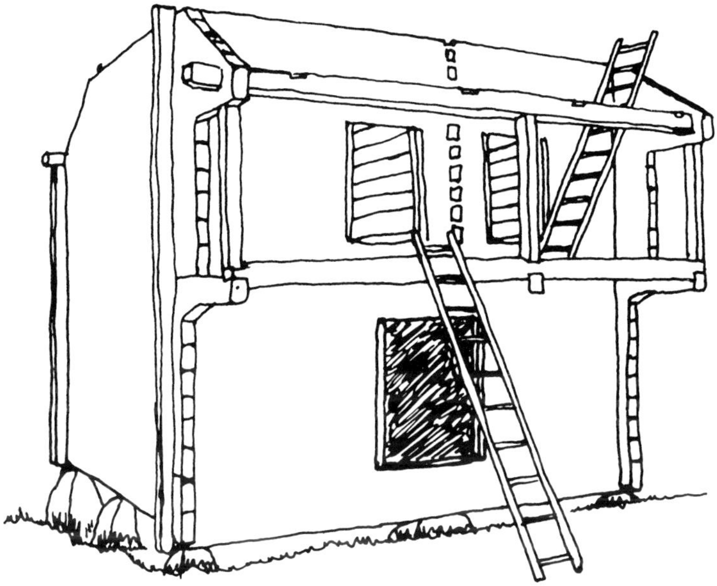

Der Dachbodenschuppen kann ein interessantes Projekt für den sein, der schon einige Blockhäuschen gezimmert hat. Mit seiner Galerie gibt er einen wirkungsvollen Beitrag zum Erscheinungsbild des Hofes.

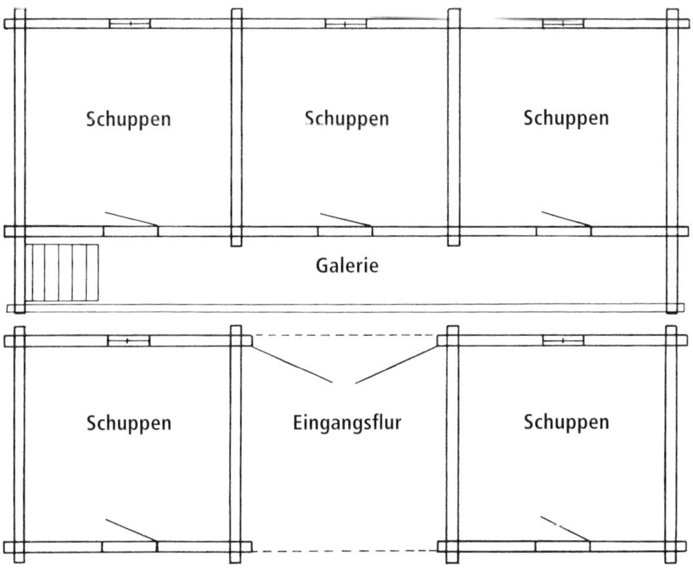

Ein häufiger Typ hat zwei Räume im Untergeschoß mit dem Eingangsflur dazwischen sowie drei „Zellen" und der Galerie im oberen Stock. Er hat seinen angestammten Platz im Hofviereck, mit der Einfahrt durch den Eingangsflur.

Doppelgarage

Eine Doppelgarage ist ein häufiges Projekt für Besitzer von Einfamilienhäusern. Hier habe ich eine Garage mit Pfettendach gezeichnet, die ein überstehendes Dach vor den Türen ermöglicht. Das Dach hält den Schnee von den Türen fern, so daß man sie auch im Winter ohne Schwierigkeiten öffnen kann. Es gibt auch Regenschutz bei Arbeiten, die man nicht in der geschlossenen Garage ausführen will.

Statt eines Pfettendaches kann man auch einen Dachstuhl aufsetzen. Man kann dann auf dem Dachboden so mancherlei verwahren. Ein Dachstuhl mit Raumdecke ist vorzuziehen, wenn die Garage beheizt werden soll, weil dann der zu beheizende Raum wesentlich kleiner ist. Wenn man trotzdem ein Vordach haben will, kann man die Seitenwände so weit vorziehen, wie man es wünscht, und den Dachstuhl und den Giebel auf die Seitenwände stellen.

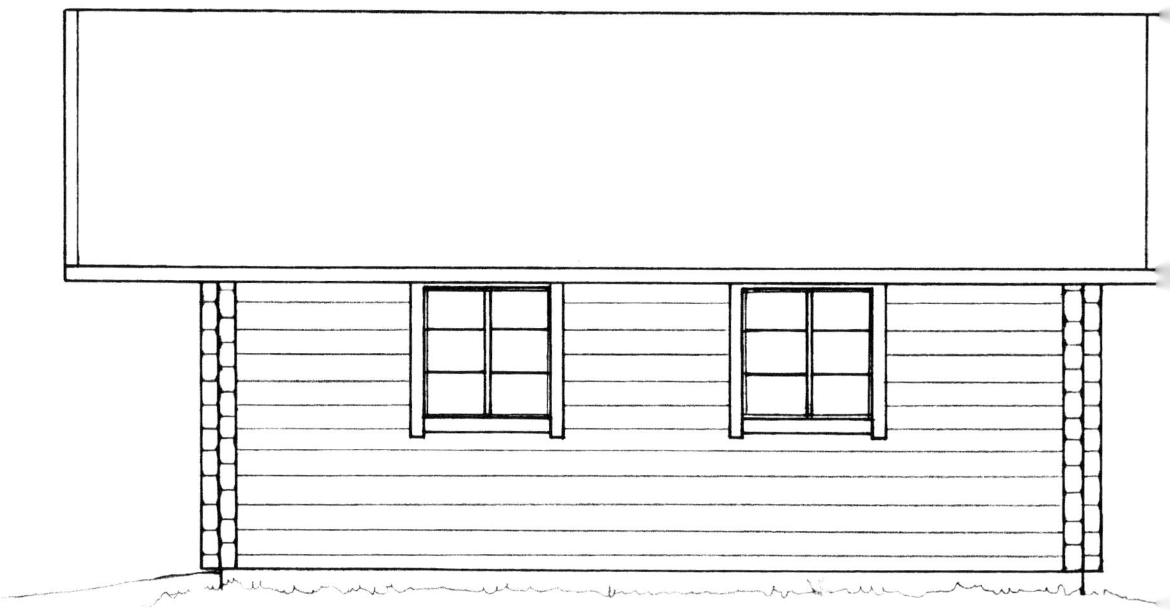

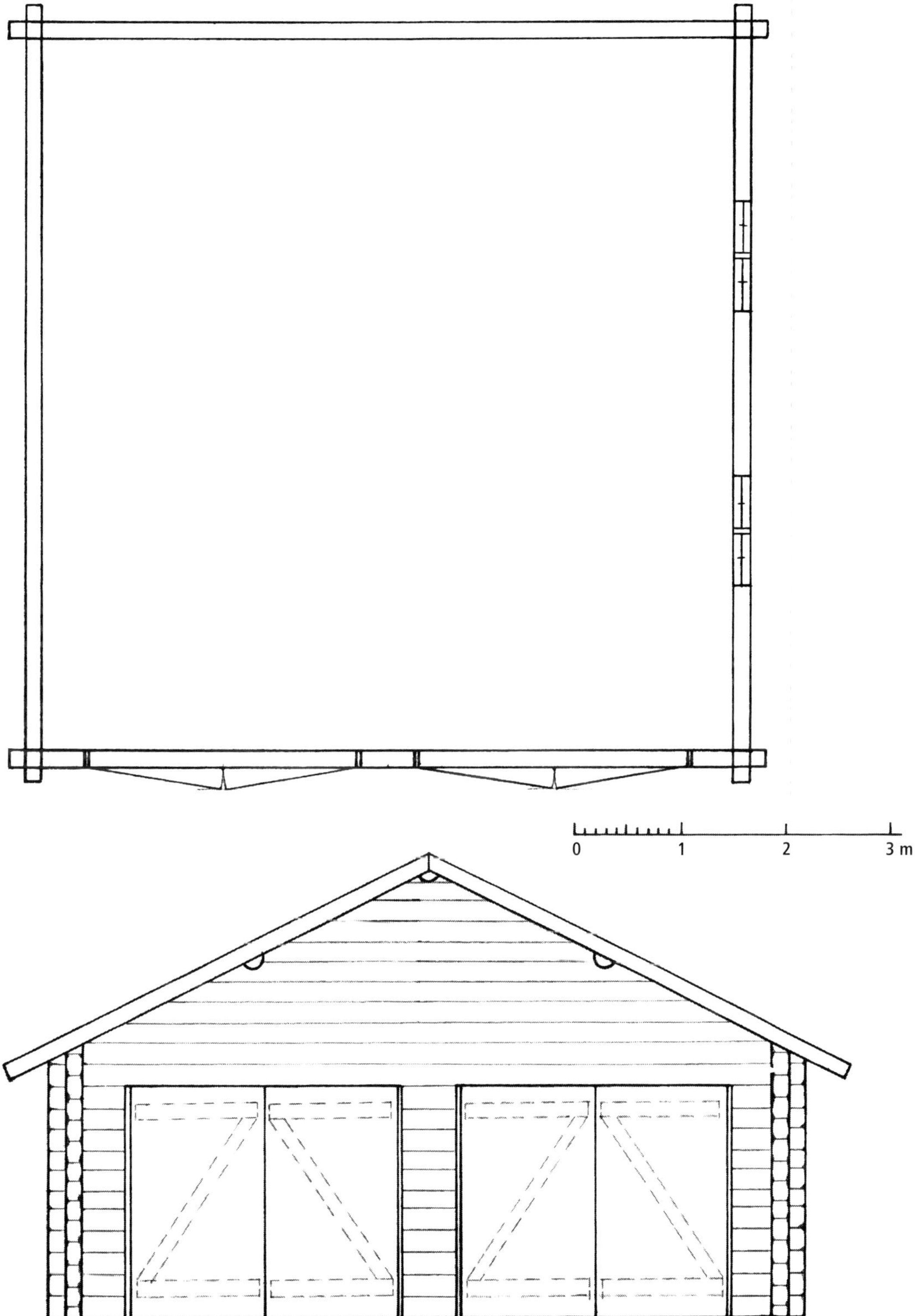
0
1
2
3 m

Jagdhütte

Einfache Jagdhütte mit Vorlaube am Eingangsgiebel. Sie wurde aus 13 cm starken Balken gebaut und hat eine Innenfläche von 24 m^2. Der Eckverband ist eine gerade, doppelt geschnittene Verschränkung mit Zapfen in der Mitte. Die Hütte wurde von der Jagdgesellschaft in etwa neun Tagen gezimmert.

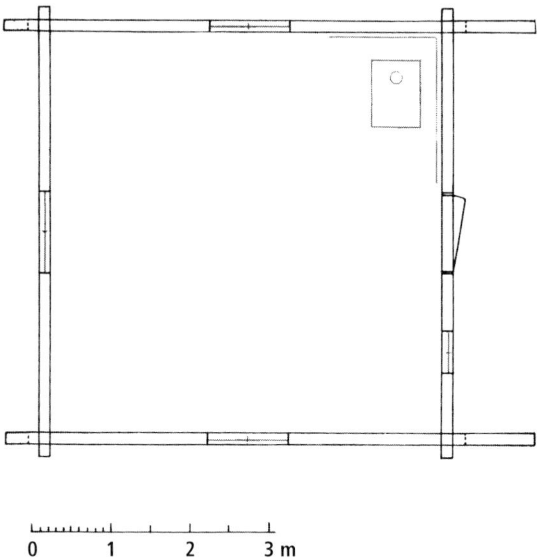

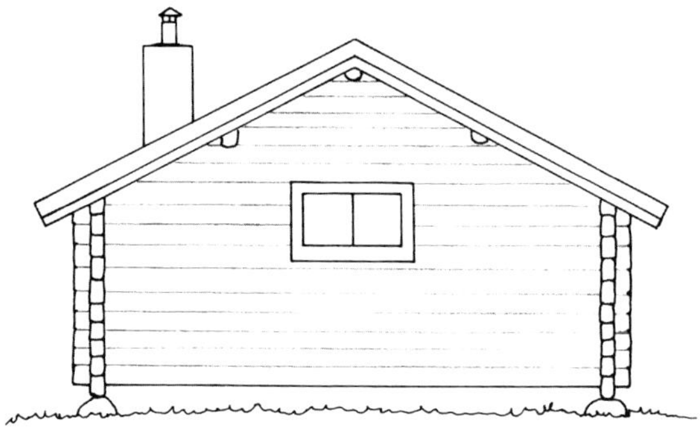

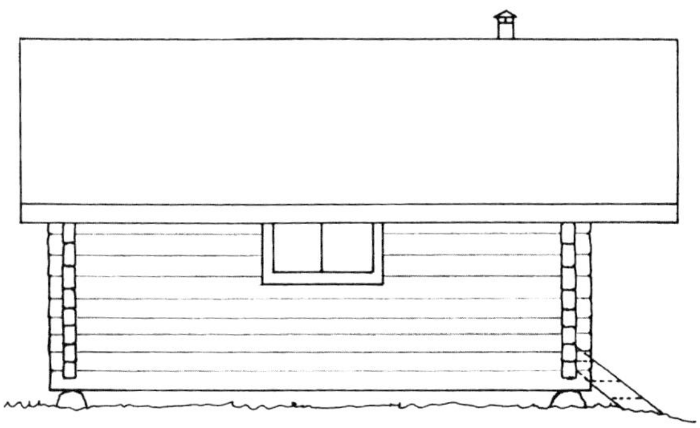

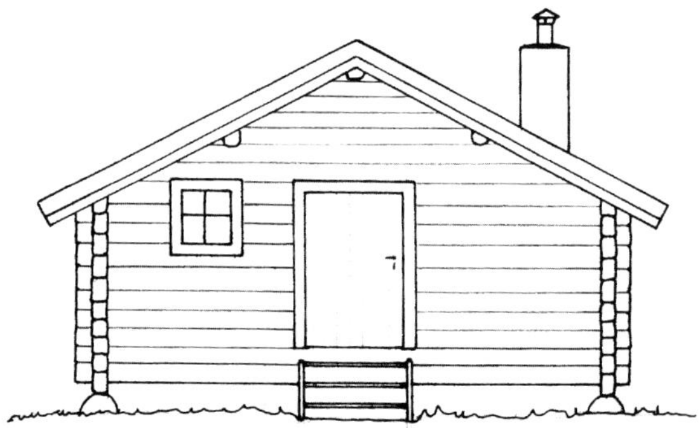

Die Blockwände wurden auf einem Schotterplatz gezimmert, der Stromanschluß für die Bohrmaschine hat.

Im Sommer nach dem Zimmern wurden die Blockwände an den vorgesehenen Platz im Revier gebracht. Zum Abdichten der Wände wurde Moos verwendet. Es wurde angefeuchtet und dann in einer dicken Lage in die Längsnut gepackt, bevor der Balken eingedübelt wurde. Die Balken haben jeweils zwei Dübel, um sie gegen das Verwinden zu sichern.

Wenn das Stammholz besäumt wird, um Blockbalken einheitlicher Stärke zu bekommen, fallen dabei Seitenbretter mit Waldkante an. Diese Bretter werden zum Trocknen ausgelegt und später auf einer Hobelmaschine abgerichtet. Sie werden für ein Innendachpaneel gebraucht, das auf den Pfetten aufliegt. Das Bild zeigt, wie die Bretter auf die überstehenden Enden der Pfetten aufgelegt werden. Ein Bretterdach über der Vorlaube sieht besser aus, als wenn man dort ein Blechdach hätte.

Dachpappe ist wichtig für die Isolierung. Sie wird von den Sparren gehalten und dicht auf das Bretterdach gedrückt. Beachten Sie, daß die Pfetten so tief in die Giebelwände eingelassen sind, daß die Sparren in eine Ebene mit der schräggeschnittenen Giebelwand zu liegen kommen. Ein schwacher Punkt der Wärmeisolierung ist der Kontakt des Daches mit dem Rähm. Das kann man durch eine Dachlatte verbessern, die innen zwischen Rähm und Dachpaneel angenagelt wird.

Die Isolierung des Daches wurde zwischen den Sparren aufgelegt. Darauf kam ein Unterdach aus Rauhspund, das ebenfalls mit Dachpappe abgedeckt wurde. Das Unterdach deckt nur die Isolierung und den hinteren Giebelüberstand. Die Fensteröffnungen wurden mit der Motorsäge aus den Wänden herausgeschnitten, nachdem die Blockwände am endgültigen Bestimmungsort aufgestellt worden waren.

Die fertige Hütte mit Fensterläden und Türbeschlag. Die Türschwelle wurde als Trittstufe ausgeformt, wie es früher üblich war. Das Bild läßt erkennen, daß ein Blechdach als äußere Dachhaut aufgelegt wurde.

Das Zimmern der Saunahütte

Manche Vereinigungen haben ein eigenes Freizeitgelände, wo man dann eine Saunahütte braucht. Hier wird das Zimmern einer Saunahütte gezeigt, die von einer Gruppe der Vereinsmitglieder in fünf Tagen, von Sonnabend bis Mittwoch, errichtet wurde. Das Bauholz war starke Fichte, die im vorhergehenden Herbst in der Nähe des Bauplatzes gefällt wurde. Einige Fichtenstämme mußten noch nachträglich, während der Bauzeit, gefällt werden. Der Eckverband hat schräge Schalme und Mittelzapfen.

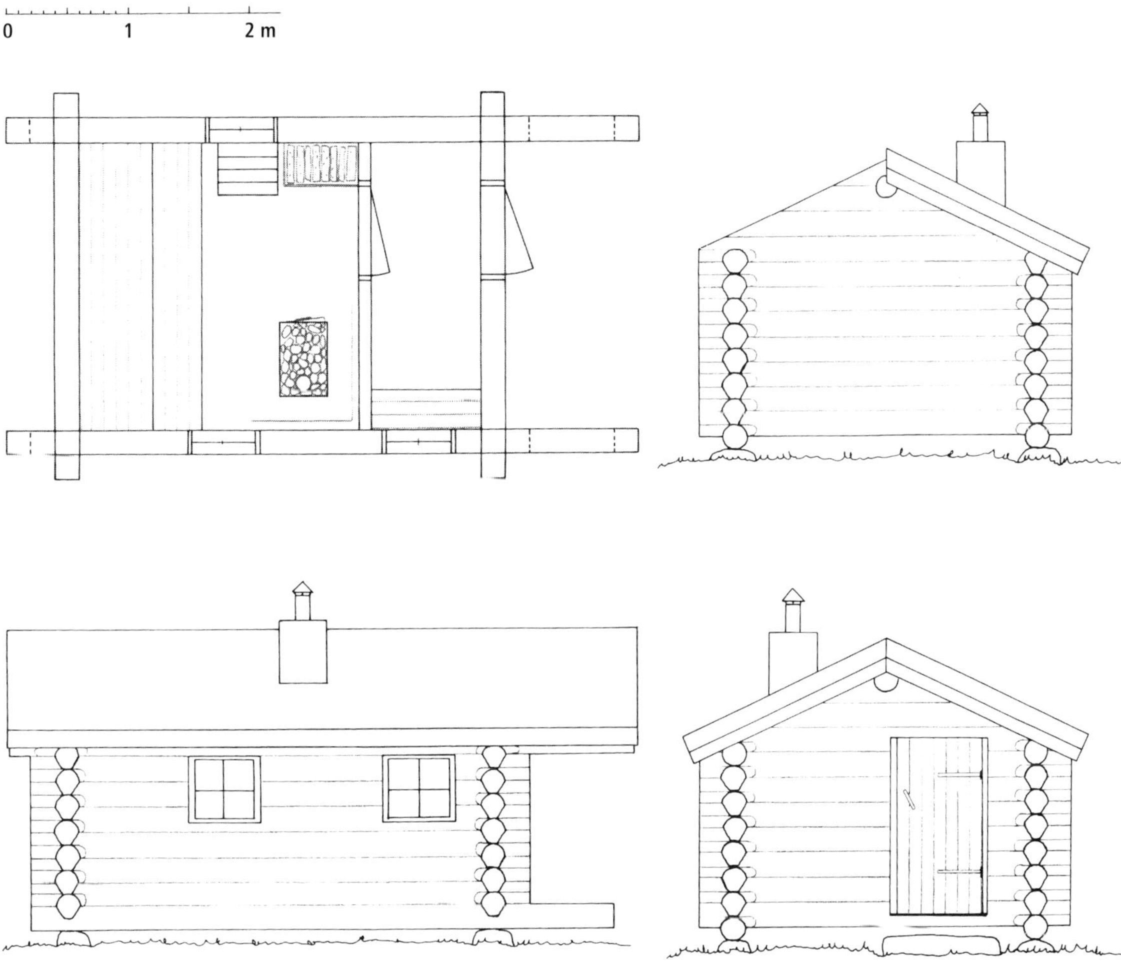

Der Schwellenrahmen ist fertig. Jetzt wird kontrolliert, ob die Fußbodenbalken in der Waage liegen. Wie man auf dem Bild sieht, haben die Blockbalken eine beachtliche Stärke. Man kann die Lage des Markrisses durch einen Schnitt mit der Motorsäge in die Unterseite der Stämme bestimmen, wie es auf Seite 25 beschrieben wurde.

Die Saunahütte liegt an einem Abhang zum See. Da sie mit der Längsseite zum See hin gebaut wird, vermindern sich die Planierungsarbeiten.

Zwei frisch gefällte Stämme sind in die Wand eingezimmert worden. Vier Zweimanngruppen können gleichzeitig an den Wänden arbeiten.

Die Blockbalken sind schwer, weil sie noch nicht gut ausgetrocknet sind. Mit Hilfe von Stangen und Seilen werden sie auf die Wände hinaufgezogen. Wenn irgend möglich vermeidet man es, die Balken zu heben, weil die Arbeitsstellung oft ungünstig ist. Die Balken werden erst auf die Wand gehievt, nachdem die Schalme gehauen wurden. Dazu muß man die senkrechte Mittellinie und die Länge des Schalms vorher anzeichnen.

Die Balken an der Türöffnung werden durch Klötze in der Nut für die Türrahmenbohle fixiert.

Das Rähm wird eingezimmert. Beachten Sie die sparsamen Schalme. In Rundholz werden häufig zu tiefe Schalme gehauen, wodurch die Tragkraft der Balken geschwächt werden könnte. Das Rähm soll das vorstehende Giebeldach tragen und muß daher so stabil wie möglich sein. In den Fensteröffnungen wurde ein schräger Zapfen für die Fensterbretter ausgehauen.

Die Stärke der Blockbalken ist sehr unterschiedlich, da nur eine begrenzte Anzahl von Bäumen gefällt werden sollte, die dann vom Stammende bis zum Zopf genutzt werden mußten. Die Vorstöße der Balkenköpfe werden ungleich, obwohl man die stärksten Wurzelanläufe beischneiden kann.

Die Giebel werden gezimmert. Am linken Giebel ist zu sehen, wie der Giebel während der Arbeit mit einer Planke abgestützt wird.

Die Blockwände sind fertig. Nun wird mit dem Verlegen der Zimmerdecke begonnen. Am linken Giebel wird gezeigt, wie die Dachneigung mit Hilfe eines Sparrens geschnitten wurde. Dadurch bekommt man eine gute Abdichtung der Isolierung gegen den Giebel.

Das Dachpaneel und die Isolierung sind fertig. Die Dachplatten sind aufgelegt und provisorische Giebelbretter werden angenagelt. Jetzt kann die Hütte einige Monate austrocknen, bevor Fußboden, Fenster, Tür, Feuerstelle usw. eingebaut werden.

Die Saunahütte ist im großen und ganzen fertig. Unter dem Vordach wurde ein kleiner Fußrost auf die vorstehenden Schwellenbalken gelegt. Man kann auch eine niedrige Bank zwischen die Schwellenbalken stellen, die dann als Treppenstufe dient, wenn man sie unter der Tür hervorzieht. Man kommt so in die Sauna, ohne sich den Kopf am Türrahmen zu stoßen. Eine Regenrinne an der Bergseite fehlt noch. Sie verhindert, daß das Regenwasser die Schwellenbalken bespritzt.

Gästehütte auf der Bergweide

Einfache Gästehütte mit einer Wohnfläche von 9 m² und einer Vorlaube von 2,4 m². Sie hat eine Pritsche an jeder Längsseite und einen Tisch unter dem Giebelfenster. Zur Rechten ein Regal für Hausrat und Lebensmittel. In der Vorlaube können Ausrüstung und Lebensmittel schattig und luftig verwahrt werden. Die Vorlaube dient als Windfang bei kaltem und stürmischem Wetter.

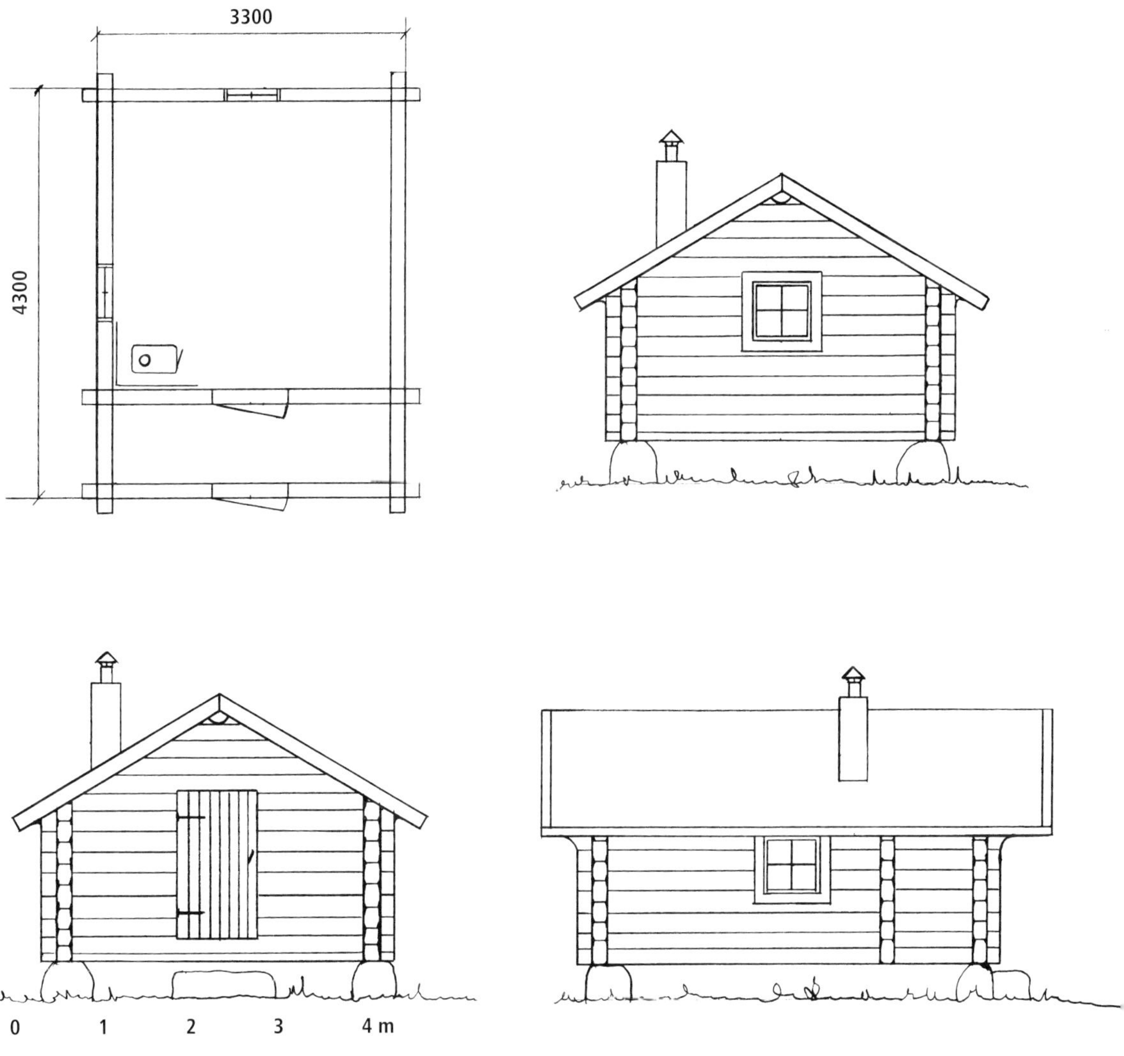

Nebenhäuser

Das Nebenhaus (schwedisch Enkelstuga) gibt es als Haustyp seit dem Mittelalter. Es besteht aus einem Raum mit Feuerstelle, einer Kammer und einem Vorraum. Der Eingang an der Längswand liegt näher zu der einen Giebelseite.

Das Nebenhaus galt als Wohnung für Kleinbauern oder Arbeiter. Auf vielen Bauernhöfen fand man es neben dem Doppelhaus. Es diente dann als Sommerhaus, als Altenteil, Backhaus oder ähnliches.

In Övre Dalarna war das Nebenhaus die vorherrschende Wohnungsform. In Norwegen ist das Nebenhaus der älteste Haustyp, mit Vorläufern aus dem 13. Jahrhundert.

Im 18. Jahrhundert wurden Hofteilungen in Schweden häufiger. Das hatte zur Folge, daß auch die Zahl der Nebenhäuser zunahm. Bei der Erbteilung schnitt man einfach ein Doppelhaus in der Mitte durch und machte zwei kleine Häuser daraus.

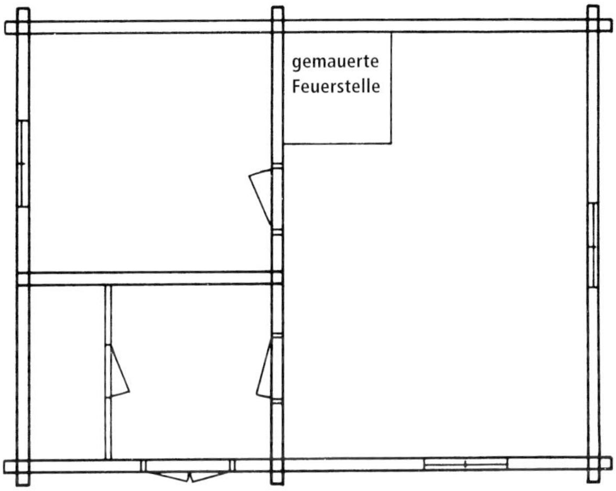

Enkelstuga von einer Siedlerstelle in Lappland.

Diese Hausgröße ist für Freizeit-Zimmerleute geeignet. Bei größeren Blockhäusern müssen Sie mit etwa 3–4 Monaten Arbeitszeit und mit Arbeitstagen von 7 bis 17 Uhr rechnen. Viele Freizeit-Zimmerleute unterschätzen den Zeitbedarf für den Bau ihres Blockhauses. Mit ein paar Stunden Arbeit während des Tages baut man kein Blockhaus.

Die Fenster sind groß, um soviel Tageslicht wie möglich hereinzulassen. Der Lebensrhythmus wurde früher von der Tageslänge bestimmt. Alle Arbeiten im Haus konnten nur bei Tageslicht ausgeführt werden, das durch die Fenster hereinkam, oder aber beim flackernden Feuerschein des offenen Herdes.

Sennhütte, die mit einer Veranda und mit Fensterläden zur Dekoration ausgebaut wurde. Das Fundament wurde nachträglich aus Natursteinen gemauert.

Der Charakter eines Blockhauses verschwindet durch die Entwicklung, deren Richtung dieses Haus anzeigt. Viele moderne Blockhäuser haben verschiedenerlei Anbauten und Altane, die den traditionellen Haustyp vergessen lassen.

Die überlieferten schwedischen Haustypen und deren Proportionen sind in Jahrhunderten der Bautradition entwickelt worden. Sie sind für das schwedische Klima geeignet und passen in die Landschaft. Wenn Sie selbst Ihr Haus planen und dabei den Dachwinkel, die Höhe des Hauses usw. bestimmen können, sollten Sie sich die Erfahrung früherer Generationen in ihrer Gegend zunutze machen. Wenn Sie das tun, wird sich Ihr Haus in das Bild der Kulturlandschaft einfügen und für Sie selbst und für die Vorbeigehenden eine Augenweide sein.

Ein Blockhaus, das am Seeufer oder am Waldrand wie ein Ausrufungszeichen wirkt, ist ein Mißbrauch der Zimmermannskunst.

Enkelstuga, die als Sommerhaus/ Backhaus auf einem Bauernhof genutzt wird. Im Sommer zogen die Bewohner des Bauernhofes in das Sommerhäuschen. Das war ein Merkmal des Sommerhalbjahres und ermöglichte ein einfacheres Wohnen während der arbeitsreichen Zeit der Heuernte. Das war eine Abwechslung im Wohnen, ohne daß man den Hof verlassen mußte, an den man ja durch Viehhaltung und Ackerbau gebunden war.

In den Sennhütten oben im Fjäll wohnten nur die Sennen. In späteren Jahren hörte in den meisten Gegenden die sommerliche Bergweide ganz auf. In meiner Kinderzeit, während der 40er und 50er Jahre, wohnte unsere Familie während des Sommerhalbjahres im Sommerhäuschen, und diese Tradition lebt in manchen Höfen noch heute fort.

Einige Erinnerungsbilder:
Frühjahrsputz im Wohnhaus
Abgenommene Gardinen
Umzug ins Sommerhaus
Waschküche
Tischschublade
geräuchertes Schweinefleisch
Fladenbrot
Dickmilch
Bretterfußboden
Mücken
Herbstdunkel
Kartoffelernte

Sennhütte vom Typ Enkelstuga mit einer durch Bretter geschützten Giebelwand. Dem Wetter besonders ausgesetzte Blockwände, die schon durch Regen und Wind angegriffen waren, wurden oft mit Brettern verkleidet, während die ungeschädigten Wände belassen wurden, wie sie waren.

Sennhütte auf der Bergweide

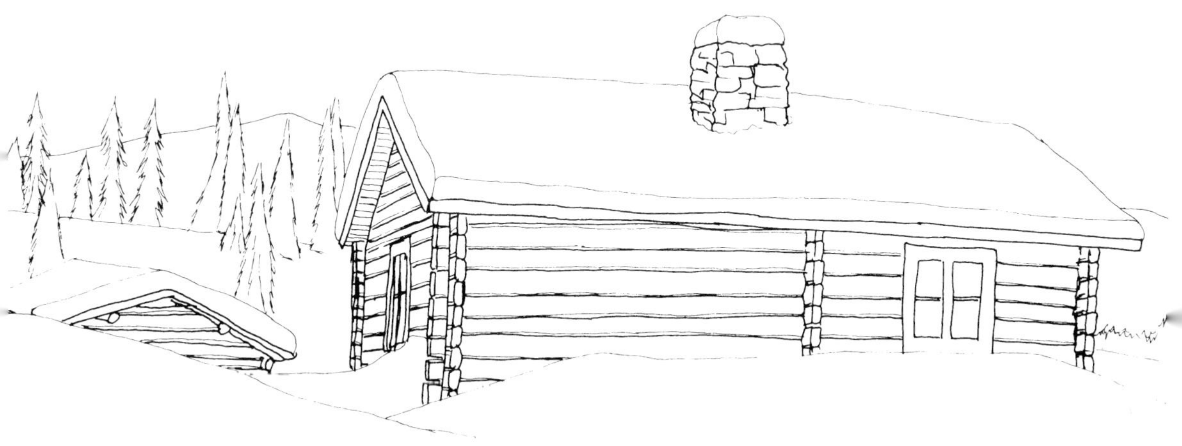

Gästehäuschen

Birgitta Wallgren hat in ihrem Buch *Bastu*, 1966, einige Ratschläge für die Raumeinheiten gegeben, die zu einer Sauna gehören:

„Saunakammer" ist eine alte, treffende Bezeichnung für den Umkleideraum. Aus der Saunakammer kann man einen richtig gemütlichen und anheimelnden Raum machen, mit offenem Kamin und großen Fenstern mit schöner Aussicht – je nach den persönlichen Möglichkeiten und den Gegebenheiten des Grundstücks. Wenn es sich um eine freistehende Sauna auf dem Lande oder auf dem eigenen Grundstück handelt, kann man die Saunakammer auch zu einem Gästehäuschen verwandeln; oder warum sollte man sie nicht als Partyraum nutzen?

In der Saunakammer sollte man sich nach dem Saunagang und dem abkühlenden Bad ein Weilchen ausstrecken können. Dabei möchte man eine gemütliche Umgebung haben, für das Plauderstündchen in der Familie, bei einer Tasse Saunakaffee oder bei einem kühlen Glas Bier. Darum sollte die Saunakammer doppelt so groß sein wie der Warmraum der Sauna.

Zu einer guten Sauna gehören das eigentliche Dampfbad, der Waschraum und die Saunakammer. Die einzelnen Räume erfüllen ihre Funktion am besten, wenn ihre Größe sich wie 1 : 1,5 : 2 verhält.

Das nachstehend beschriebene Gästehäuschen kann für den Anfang das Richtige sein, wenn Sie ein Haus bauen wollen, das etwas größer als die Saunahütte ist. Auch für eine Sauna mit Saunakammer ist mindestens diese Hausgröße erforderlich.

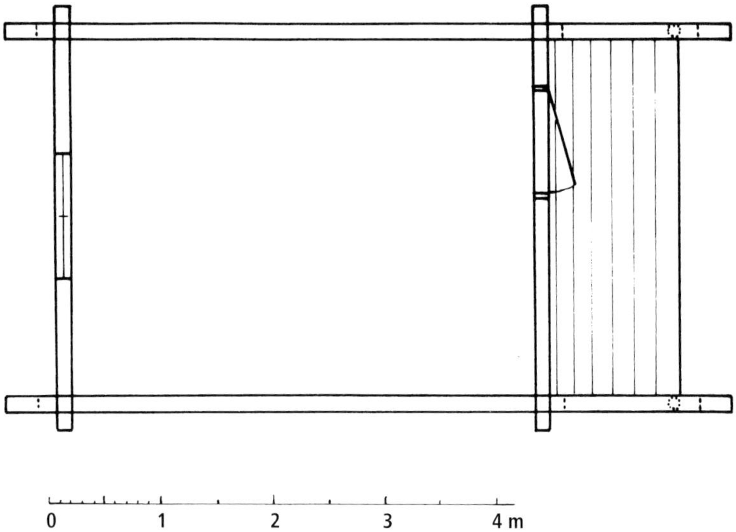

Schwellenrahmen mit den Fußbodenbalken. Die Fußbodenbalken sind mittels Schwalbenschwanzblatt im Schwellenbalken verblattet.

Die Schwellenbalken sind an der Giebelseite vorgezogen. Sie sollen den Fußboden für die Giebellaube tragen, wo man unter Dach im Freien sitzen kann. Die Blockwände werden auf einem provisorischen Bauplatz gezimmert und später an den vorgesehenen Platz gebracht.

Die Wände werden mit Rundholz gezimmert. Es handelt sich um die ästige, kurschaftige Kiefer aus dem südlichen Lappland. In diesem astigen Holz ist das Aushauen der Längsnut mühsam und zeitraubend, aber es ist möglich.

Ein Balken der Längswand ist vor dem Einzimmern auf die Wand gelegt worden. Hier wird nach dem System „Stammitte über Stammitte" gearbeitet. Man könnte auch entweder die Außenseite oder die Innenseite im Lot halten. Den ästigen Balken sieht man an, daß sie nicht die beste Holzqualität haben.

Bauen Sie sich ein ordentliches Arbeitsgerüst. Man muß einen sicheren Stand haben, um sicher arbeiten zu können. Wenn Sie zwei Balken am Tag einzimmern, können Sie mit Ihrer Leistung zufrieden sein. Wenn man die nötige Übung hat und wenn man Hilfsmittel wie Motorsäge oder Bohrmaschine benutzt, kann man möglicherweise eine ganze Balkenlage schaffen. Mindestens 10 Balkenlagen braucht man für eine ausreichende Stehhöhe an den Seitenwänden. Das bedeutet, daß man 50 bis 60 Balken in die Wände einzimmern muß, was man in 25 bis 30 Arbeitstagen schaffen kann. Dabei ist das Fällen, Entrinden und der Transport des Holzes zum Bauplatz nicht mitgerechnet.

Hier wird als Eckverband eine gerade, zweiseitig geschnittene Verschränkung mit Mittelzapfen angewendet. Der Balken wurde so geschalmt, daß ein weicher Übergang zwischen seiner runden Oberfläche und dem ebenen Schalm entsteht. Beachten Sie die Dichtungskerbe im Eckverband.

Unten links: Ein Balken der Seitenwand liegt zum Aushauen der Längsnut bereit. Man könnte den Balken auch wieder herunternehmen, um ihn am Boden in passender Arbeitshöhe auf zwei Böcke zu legen. Man kann dann zum Aushauen der Längsnut von beiden Seiten an den Balken heran. Der Balken paßte jedoch so gut in der Länge und er war so schwer, daß ich es vorzog, die Längsnut auf der Wand auszuhauen.

Auf dem Bild erkennt man, daß die Balkenköpfe nicht aufeinander liegen. Das Gewicht der Balken soll auf die Längsnut drücken und nicht auf die Balkenköpfe, weil die Wand sonst undicht wird.

Unten rechts: Die Türöffnung mit der Nut für die Rahmenbohle oder Zarge. Während des Zimmerns werden die Balkenköpfe provisorisch mit Holzstücken in ihrer Lage gehalten. Wenn die Türöffnung fertig ist, werden die Klötzchen herausgenommen, und die Rahmenbohle wird in die Nut eingeschlagen. Die kurzen Balken zwischen dem Eckverband und der Türöffnung müssen selbstverständlich verdübelt werden.

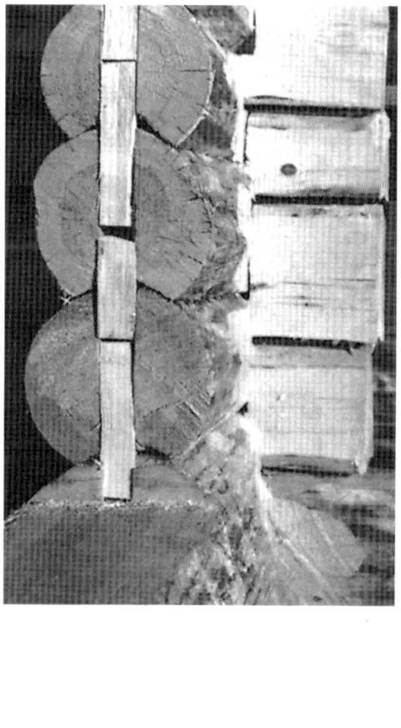

Das Häuschen wird mit einer offenen Giebellaube gebaut. Die Ständer haben keine tragende Funktion, sondern dienen nur zur Dekoration. Verbindungen zwischen liegendem und stehendem Holz sind problematisch, weil das Holz in diesen beiden Richtungen beim Austrocknen so unterschiedlich schwindet.

In den überstehenden Balken muß genügend Setzluft für die Ständer gelassen werden, damit sie das Setzen der Wand nicht behindern. Wenn die Ständer eine tragende Funktion haben, muß eine Konstruktion, entsprechend der Skizze, an-gewandt werden.

Wenn man ein Haus mit mehreren Ständern bauen will, beispielsweise ein Dachschuppenhaus, muß man die Blockbalken provisorisch auflegen. Passen Sie die Ständer während des Zimmerns ein und nehmen Sie sie fort, während sich die Wände setzen. Wenn das Haus später am endgültigen Standort aufgeschlagen wird, kann man das stehende Holz endgültig einzimmern.

Das Einpassen des Ständers

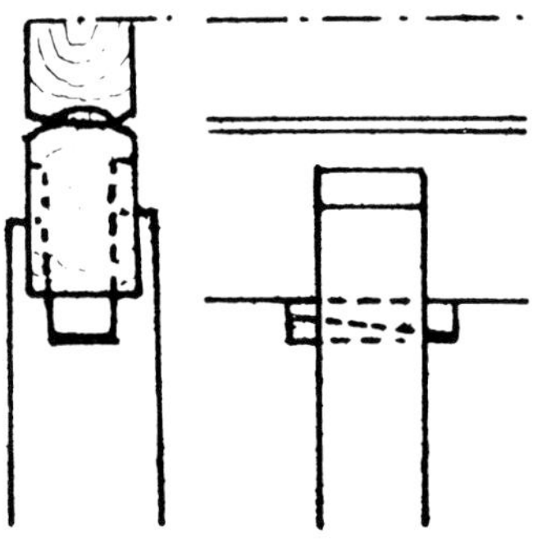

Zwei Rähmbalken am Giebel stehen vor, um den Dachvorsprung zu tragen. Die darüberliegenden Giebelbalken, die nicht durch den Eckverband gehalten werden, müssen mit zwei Dübeln in jedem Balken fest verdübelt werden.

Die Dachschräge soll ausgehauen oder mit der Motorsäge geschnitten werden.

Die Blockwände wurden auf dem provisorischen Bauplatz fertig gezimmert. Ein einfaches Blechdach wird aufgelegt, um sie vor Schnee und Regen zu schützen. Die Wände bleiben ein volles Jahr zum Austrocknen stehen, bevor sie auseinandergenommen, nachgearbeitet und am endgültigen Bestimmungsort wieder aufgeschlagen werden.

Häuschen mit Sauna

Dieses Häuschen soll auf einem Bauernhof, rechtwinklig zum Wohnhaus, aufgestellt werden. Es soll als Sauna mit Saunakammer genutzt werden. Außerdem hat es einen unbeheizten Flur, der auch als Abstellraum und als Holzschuppen dient. Während des Saunaganges kann man in den Flur gehen, um sich abzukühlen.

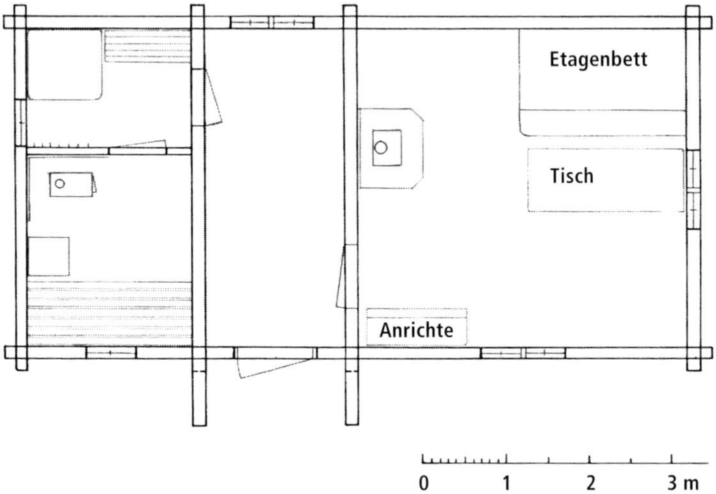

Nachdem man in der Sauna war und geduscht hat, kann man in die Saunakammer bzw. den Wohnraum gehen, wo das Dach bis unter die Firstpfette reicht, um sich dort vor dem offenen Kamin ein erfrischendes Bier zu gönnen.

Dieser Raum ist auch als Gästewohnung sehr geeignet. In dem breiten Etagenbett kann eine ganze Familie schlafen, zwei oben und zwei unten.

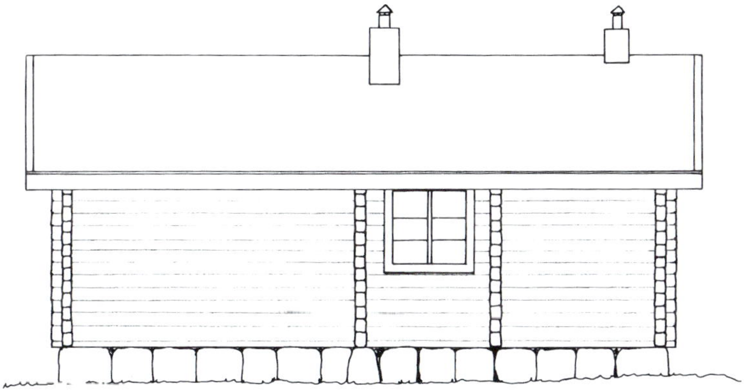

Erste Balkenlage zu einem Doppelhaus in Lunån – entsprechend dem hier beschriebenen –, mit dessen Bau Ingemar Johansson begonnen hat.

Ein großes Projekt, das seinen Mann fordert. Ich rate jedem, der wenig Zeit übrig hat, Blockbalken dieser Stärke bei einem Berufszimmermann zu kaufen. Die verbleibenden Arbeiten mit dem Hausbau reichen völlig aus, so daß die Zeit trotzdem knapp werden wird.

Sennhütte in Särna

Der Zimmermann Axel Eriksson hat nach seiner Pensionierung diese Sennhütte in Nord-Dalarna gebaut. Er hat selbstverständlich den Eckverband gewählt, mit dem er auch in seinem Beruf gearbeit hat, den „Dalaknut“, der auf Seite 115 beschrieben wurde.

Der Entwurf sieht einen offenen Raum mit einer Zwischenwand vor, die nur ⅓ des Raumes abteilt. Auf diese Weise wird in der verhältnismäßig kleinen Sennhütte von nur 24 m^2 Grundfläche ausreichend Raum geschaffen. Die Balken des Vorbaues für den Eingang sind teils nach oben und unten mit dem Giebel verbunden, teils werden sie auf beiden Seiten von einer verstärkenden Zange gehalten, wie es aus der Zeichnung ersichtlich ist.

Die Zimmerdecke hat beiderseits eine Dachschräge, denn sie ist in der Mitte höher als das Rähm. Das schafft ein größeres Raumvolumen als eine traditionelle Balkenlagendecke und läßt trotzdem Raum für einen Dachboden. Die Deckenisolierung kann durch die kleine Luke im Dachboden angebracht werden. Das Außendach bleibt im Winter kalt, da es durch den Dachboden gegen die Zimmerwärme isoliert ist. Die Decke liegt auf dem Rähm und auf den zwei Seitenpfetten, eine Lösung, die es traditionell in niedrigen Hütten gab, wo der Innenraum trotzdem nicht bis zur Firstpfette reichte.

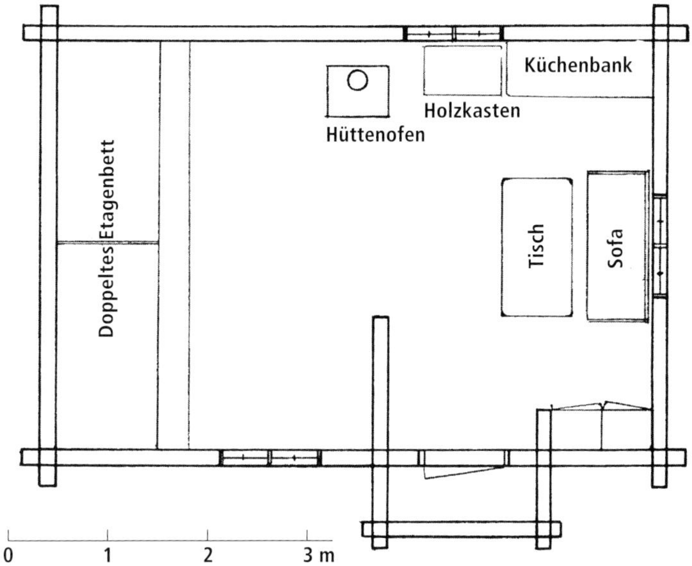

Aber der Fjätälv schlängelt sich abwärts durch den Hochwald, immer weiter südwärts, und nimmt dabei eine Unzahl vom Bächen mit sich, die aus Waldseen und Mooren gespeist werden – den großen Fiskvassla von Westen, oberhalb von Fjätervåla, sowie fast alle übrigen vom Fjällkamm im Osten, der die Grenze zu Lillherrdal bildet; und fast jeder von ihnen bewässert eine Bergweide im Wald. Da gibt es den Styggbäck und den Örebäck, die den Näverberg umfließen, dort ist der Öjvassla vom Vedungfjäll, der, hoch oben gegenüber dem Bergfuß, durch die Bergweiden von Nysätra fließt und durch Öjvassla by mit zehn Höfen. Zwei sind verlassen, der Stadighof und der Svarvhof, zwei sind rot gemalt, die übrigen grau, mit deutlichen Spuren des Alters, besonders der Einödhof „Opp ve Loken", der oberste von den drei Lokhöfen des Ortes. Eine lange, zusammengebaute Häuserreihe mit Eingangsgiebeln und kleinen Fenstern.

Aus *Forslund:* Med Dalälven från källorna till havet. (Mit dem Dalälv von den Quellen zum Meer)

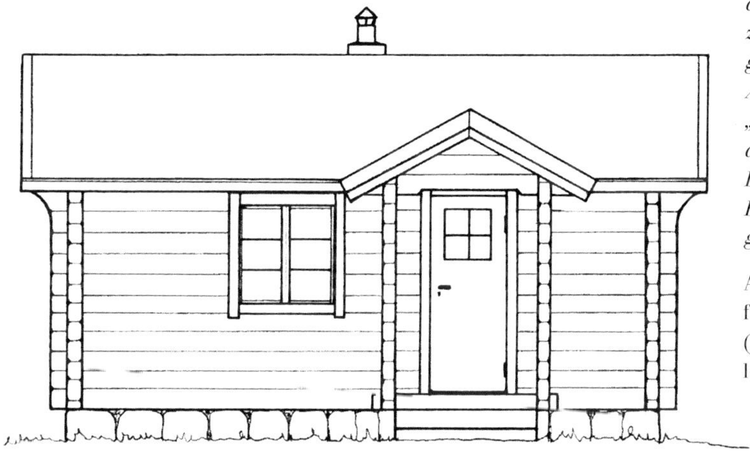

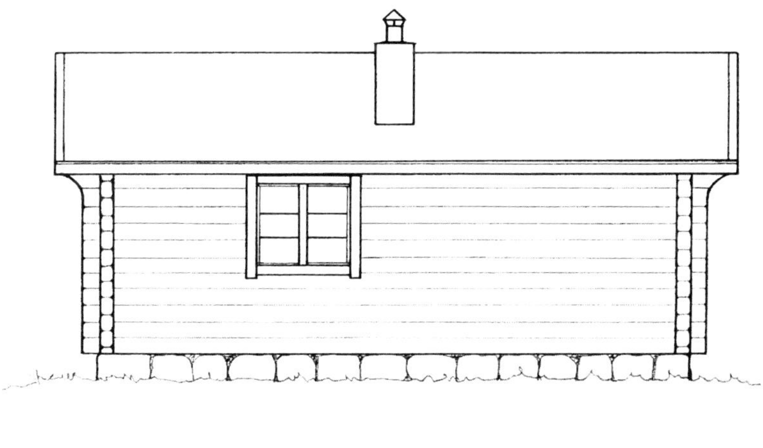

Durch die gestrichelte Linie in der rechten Zeichnung ist die Lage der Zimmerdecke angedeutet, die auf Seite 182 beschrieben wurde.

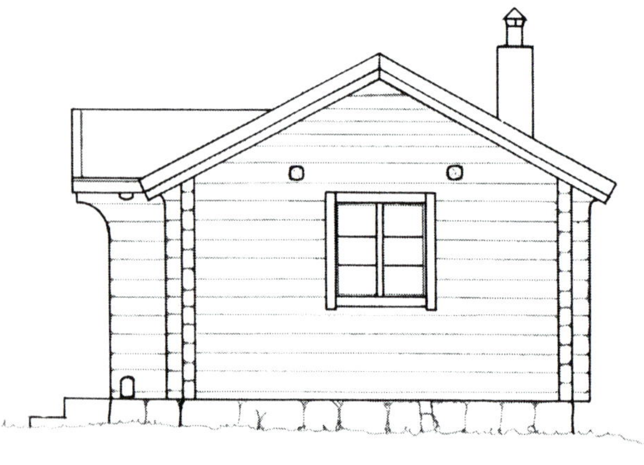

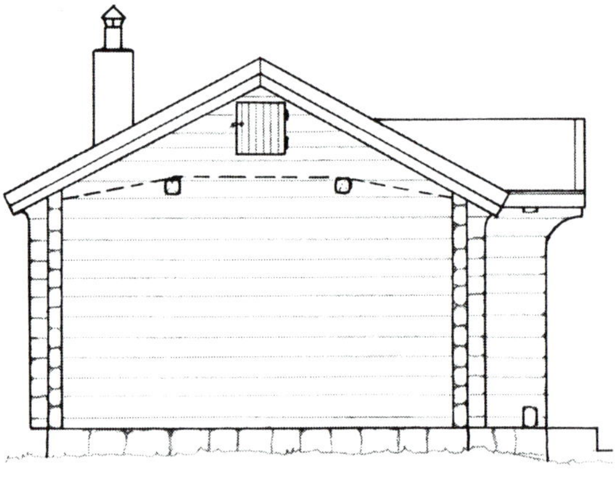

Sennhütte von Morvallen

Diese Sennhütte von Morvallen im Vedungsfjäll liegt hoch oben nahe am Bergkamm und ist ein Ausgangspunkt für Bergwanderungen in dieser Gegend. Auf Skiern und Hundeschlitten kommen die Naturfreunde im tiefsten Winter zu dieser Hütte, wo sie ein einfaches Nachtquartier bekommen können. Die geräumige Hütte hat schon so manchen auf ihren Pritschen beherbergt.

Ich war zu Hause. Und in der nächsten Nacht würde ich wieder zu Hause sein. In einer neuen, kleinen Hütte an einem Bach, die ich noch nicht gesehen hatte, aber von der ich wußte, daß sie mich mit frischem Kaffeewasser erwarten würde und mit einem erfrischenden Bad, so eiskalt, daß man seine Beine nicht mehr spürt, wenn man herauswatet. Vielleicht sind schon Leute in der Hütte, wenn wir ankommen. Vielleicht ist die Eingangstür nur angelehnt und die Fensterladen sind geöffnet. Brennholz liegt aufgestapelt neben dem Herd, und die Glut des Feuers schimmert durch die Spalten zwischen den Dielen des Fußbodens. Freundliche Menschen schieben rücksichtsvoll ihre Kasserollen zur Seite, damit sich der Neuankömmling sein Essen zubereiten kann. Bald hängen nasse Socken zum Trocknen auf dem Hängegestell unter dem Dach, Milchpulver schäumt im Topf, und der Duft einer Erbsmehlsuppe obsiegt über den Qualm von gebratenem Fisch und nassem Leder.

Elly Jannes, *STF Jahrbuch* 1945

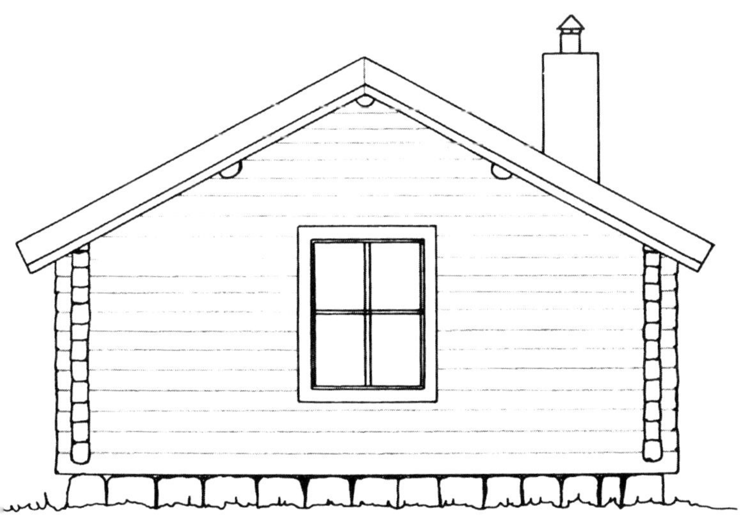

Alles wird unter den langen Seitenwänden untergebracht. Holzstall und Vorratsraum liegen unter demselben Dach wie die Stube, deren Tür von dem Vordach an der Seitenwand geschützt wird. Der Wintersturm mag kraftig rütteln und schütteln, ohne daß man allzuviel davon spürt. Um den Gang zum Außenklo kommt jedoch niemand herum.

Daß es hier kräftig blasen kann, das bekam ein Fjällwanderer in diesem Winter zu spüren. Er fand die Stube voller Schnee. Der Türriegel war nicht ordentlich eingehakt worden, und so hatte der Sturm die Tür aufgedrückt. Der müde Wanderer war gezwungen, stundenlang Schnee zu schaufeln, ehe er in die Hütte hineinkam.

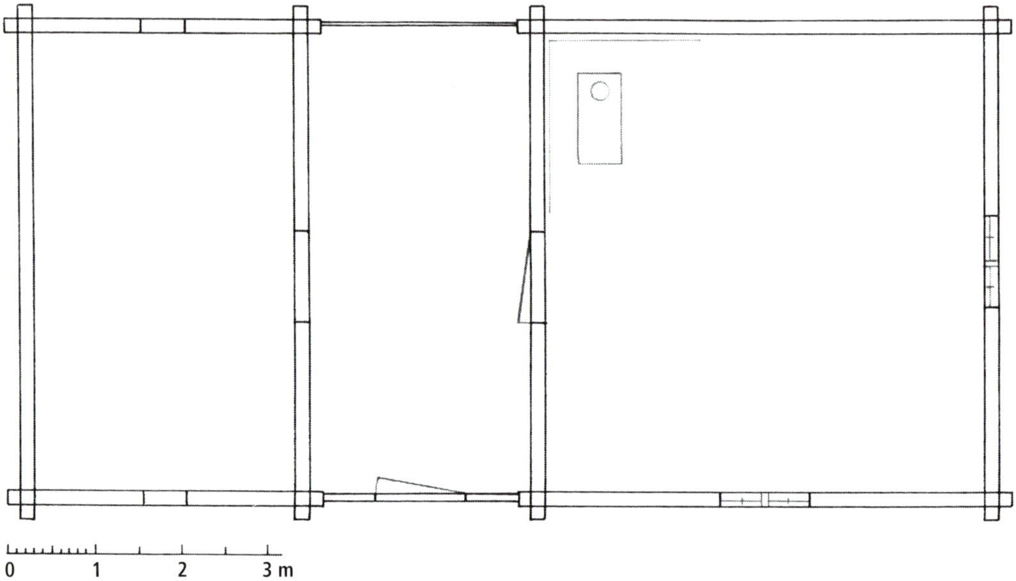
0
1
2
3 m

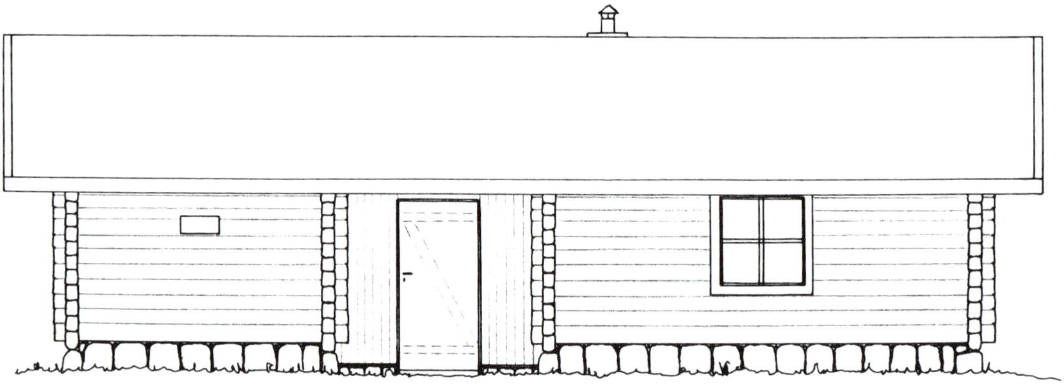

Sennhütte von Lima

Sennhütte von Lima mit Vordach über der seitlichen Eingangstür. Die Hütte wurde um vier Balkenlagen erhöht, aber die niedrige Eingangstür blieb so, wie sie war.

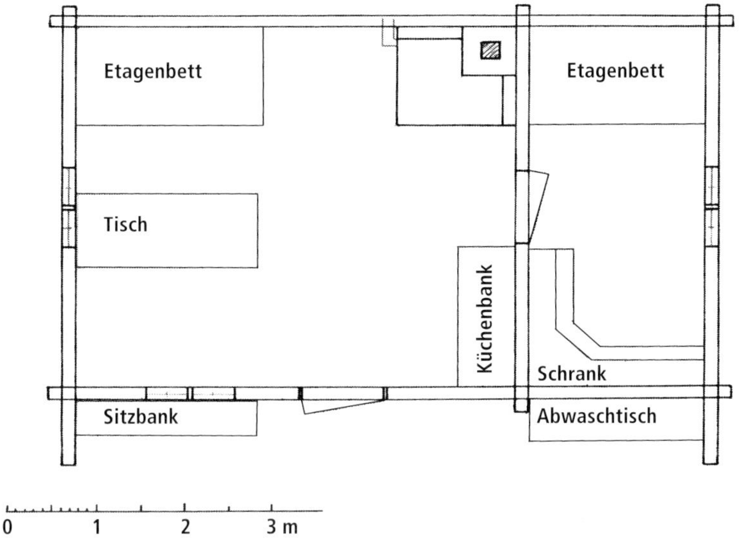

Wir sind so daran gewöhnt, daß wir das Feuer gezähmt und in unsere Wohnungen gebracht haben, daß wir uns im täglichen Leben gar nicht mehr darum kümmern und keinen Gedanken daran verschwenden. Wir wissen natürlich, wie wichtig das Feuer für uns ist, wenn wir nur darüber nachdenken, aber es ist uns nicht bewußt, daß das Feuer eine Hauptrolle in unserem Alltag spielt. Nur am offenen Kamin erleben wir das Feuer – und da beten wir es nahezu an.

Aber in der Sennhütte ist das Feuer etwas ganz anderes. Da erlebt man es als eine Naturkraft, wild aber gebändigt, gefährlich aber nützlich, ständig bereit, seine Wildheit zu zeigen.

Hier oben auf den Bergweiden können wir unsere Sehnsucht nach dem Ursprünglichen und Unmittelbaren vielleicht besser stillen, als irgendwo anders. Welch eine Erfahrung, wenn man sein Mahl direkt über dem offenen Feuer oder über der heißen Glut zubereitet, wenn man sich auf nichts mehr verlassen kann von all dem, was so perfekt standardisiert und industrialisiert ist und was einen großen Teil unseres Lebens bestimmt.

Erik Lundberg, *STF Jahrbuch* 1949

Die Hütte wird durch eine offene Feuerstelle gewärmt, die durch ein besonderes Rohr von außen Luft ansaugt. Wenn man das Feuer gleichmäßig brennen läßt – und wenn man kein Fichtenholz nachlegt, das gerne Funken sprüht –, hält man die Wärme selbst in der strengsten Kälte. Ein gemauerter Herd ist sicherlich praktischer, aber er läßt uns die Stimmung vermissen, die das Feuer auf dem offenen Herd schafft. Zwei schwenkbare Arme aus Schmiedeeisen halten die Kessel auf passender Höhe über der Glut. Da hängt ständig ein Kessel mit warmem Wasser.

Im Sommer möchte man zum Kochen vielleicht nicht den Herd anheizen. Dann kann ein Propangaskocher benutzt werden, der auf der Küchenbank zur Rechten steht. Die Propangasflasche wird in einem verschlossenen Kasten, außerhalb des Hauses, unter dem Abwaschtisch aufbewahrt.

Der Raum zur Rechten hatte ursprünglich keine Fenster und war nicht isoliert. Er wurde als Milchkammer genutzt und sollte daher so kühl wie möglich sein.

Die Betten sind breite Etagenbetten, in denen in jeder Etage zwei Personen schlafen können. Auf diese Weise können acht Personen in der Hütte schlafen, was praktisch sein kann, wenn man eine große Familie zu Besuch hat.

Der Dachüberstand an der Längswand ergibt einen geschützten Außenplatz, mit der Sitzbank zur Linken, und mit dem Abwaschtisch rechts von der Tür. Die Regenrinne ist wichtig. Man kann dann den geschützten Platz unter dem Dachüberstand auch bei leichtem Regen nutzen. In der Seitenansicht habe ich die Holzrinne eingezeichnet, die ebensogut funktioniert, aber besser zum Stil des Hauses paßt als eine Blechrinne. Vor der Tür liegen ebene Schieferplatten, so daß es bei Regen nicht schmierig wird.

Eine andere Hütte von dieser Bergweide. Sie hat denselben Grundriß und dieselbe Höhe wie die vorher beschriebene Hütte. Sie hat keinen Dachüberstand an der Längswand, wohl aber eine Regenrinne. Eine Besonderheit dieser Hütten ist die Abdeckung des Schornsteins mit Schieferplatten und mit einem Stein in der Mitte. Diese Hütte ist mit einem Anbau verlängert worden, der mit einer Schutzwand aus senkrecht stehenden Brettern versehen wurde.

Wir haben hier ein Beispiel für örtliche Bautraditionen. Die Zimmerleute haben sich gegenseitig beeinflußt, und so haben die Häuser für einen bestimmten Verwendungszweck mit der Zeit auch ein ähnliches Aussehen bekommen. Im nächsten Flußtal kann man eine ganz andere Auffassung dazu haben, wie ein Haus für den gleichen Verwendungszweck aussehen soll.

Spültisch und Waschplatz im Freien

In einzeln stehenden Ferienhäuschen, ohne fließendes Wasser und Ablauf, kann das Geschirrspülen und Wäschewaschen problematisch sein. Hier sehen wir eine einfache Lösung, wie man den ganzen Tag über warmes Wasser haben kann. Uno Burman heißt der Mann, der sich das Ganze ausgedacht hat. Am Hof der Familie in Mjödvattnet in Västerbotten hat er diesen feinen Waschplatz in der Nähe des Ziehbrunnens geschaffen.

Auf den Almen hatte man oft einen einfachen Kochplatz in der Nähe des Wassers, unter einem provisorischen Dach. An warmen Sommertagen konnte man in der Hütte kein ständiges Feuer zum Einkochen der Molke unterhalten.

Die Sennerin kocht Weichkäse.
Gränjesåsvallen Idre.
Carl Fries, *STF Årsskrift*, 1926

Ein alter Waschkessel wird mit Wasser vom Brunnen gefüllt. Uno hat aus einem Rohr einen Schornstein für den Kessel gebastelt. Jeden Morgen wird der Kessel mit Wasser gefüllt, und dann wird ein Feuer angezündet. Das Wasser hält die Temperatur über eine so lange Zeit, daß man kaltes Brunnenwasser beimischen muß, um die richtige Temperatur für das Spül- und Waschwasser zu bekommen.

Der Waschplatz wird mit einigen Bretterwänden gegen unerwünschte Einblicke abgeschirmt.

Der Sohn Mats zapft etwas Warmwasser ab. Der Waschkessel ist mit einem Holzdeckel abgedeckt, damit keine Insekten und kein Unrat ins Wasser fallen. Im Hintergrund zur Rechten sieht man den Brunnen mit der Brunnenwinde.

Ein einfacher Spültisch aus rostfreiem Blech und einem Rohrgestell. Das Brennholz wird unter dem Tisch gelagert, damit es bei Regenwetter nicht naß wird. Das Geschirr wird mit einem Plastikkorb rein- und rausgetragen

Von Lesern gebaute Blockhäuschen

Ich werde mitunter von Lesern zu besonderen Aspekten der Blockbauweise um Rat gefragt. Hier sind einige Beispiele von Blockhäusern, die Leser des Buches gebaut haben.

Göran Jonzon hat auf einer Landzunge im Vomsjön außerhalb von Vilhelmina eine Anzahl Blockhäuser gebaut. Hier zeigt er eines seiner Häuser.

Er begann mit den Nebengebäuden – hier eine stabile Doppelgarage aus Rundholz –, ehe er sich an den Bau des Wohnhauses heranwagte. Die Zimmermannskunst ist ein praktisches Handwerk, das man nur aus Erfahrung lernt. Man muß einige kleinere Häuser gezimmert haben, ehe man ein etwas größeres Projekt beginnen kann.

Robert Grundström heißt ein anderer fleißiger Zimmermann in Älvsbyn. Er hat eine Anzahl Häuser gezimmert und zeigt hier einen kleinen Speicher im alten Baustil der Skogssami (Waldlappen), wie er im Inneren des nördlichen Norrland häufig ist.

Das Holz wurde mit Roberts „Superschmiere" behandelt. Sie besteht aus:

10 Liter Warmwasser von
50–60 °C
500 Gramm Eisenvitriol
30 Gramm Kupfervitriol
½ Beutel Herdin's Silberbeize.

Die Mischung muß einen Tag stehen. Robert weist darauf hin, daß man nicht in einem Blechgefäß anmischen darf und daß auch der Pinsel keinen Blechbeschlag haben darf, weil das Blech schwarz wird und die Mischung verfärbt.

Kleine Hütte aus dem Holz von „stammtrockenen" Kiefern, das eine schöne graue Oberflache bekommen hat.

Vorbau eines Erdkellers mit Regenrinne aus druckimprägniertem Holz

Jerker Stenberg hat diesen Speicher auf einem Hof außerhalb von Älvsbyn gezimmert.

Mein Nachbar Arne Carlsson in Arkhyttan, Stora Skedvi, ließ ein ganzes Gehöft in Blockbauweise errichten, nachdem er sich als Landwirt zur Ruhe gesetzt hatte. Die Häuser wurden von Berufszimmerleuten gebaut, aber er war an dem Handwerk interessiert und nahm an einem Kurs in Orsa teil. Seither hat er jedes Jahr mindestens ein kleineres Haus gebaut. Hier wird der Bau eines Freizeithauses mit Wohnraum und Schlafkammern gezeigt. Die Balken des Wohnraumes werden in- und auswendig beigebeilt. Außer dem Wohnraum und der Schlafkammer/Toilette gibt es einen Bodenraum mit Schlafgelegenheiten, dessen Decke bis zur Giebelnock reicht und der mit einer Leiter vom Wohnraum aus zugänglich ist.

In niedrigen Häusern kann man den Dachboden mit abgesenktem Mittelteil bauen. Man hat dann Stehhöhe in der Mitte des Dachbodens und Platz für Schlafpritschen an beiden Seiten unter der Dachschräge an den Außenwänden. Den Platz unter den niedrigeren Teilen des Fußbodens im Obergeschoß kann man im Erdgeschoß für Schränke, Betten oder dgl. benutzen. Das muß von vornherein so geplant werden, da die Pfetten für den Dachboden für diese Absenkung vorbereitet werden müssen.

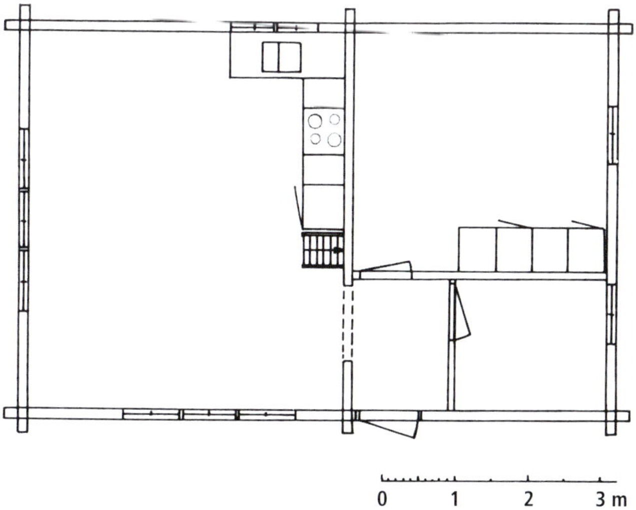

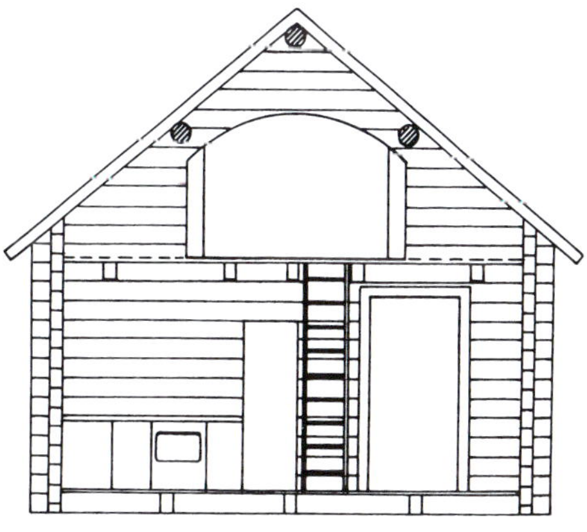

Die Blockwände wurden zu Hause, hinter dem Wohnhaus gezimmert, um sie später auf das Freizeitgrundstück zu bringen. Der Eckverband ist der „Dalaknut", der aus waldfrischem Holz gezimmert wurde. Arne bevorzugt es, die Türöffnungen auszuloten und mit Leisten in der Nut für die Zarge zu fixieren, wie es die Abbildung auf Seite 195 zeigt. Er hat 495 laufende Meter Blockbalken für die Wände gebraucht.

Arne hat ein kleines hübsches Häuschen für einen seiner Söhne gezimmert. Das wird hier mit den Grundrissen und Seitenansichten gezeigt. Das Häuschen hat drei Schlafräume und Toilette, außerdem eine Wohnküche mit großzügiger Herdwand und offenem Kamin.

Das Häuschen wurde aus Fichtenholz gezimmert.

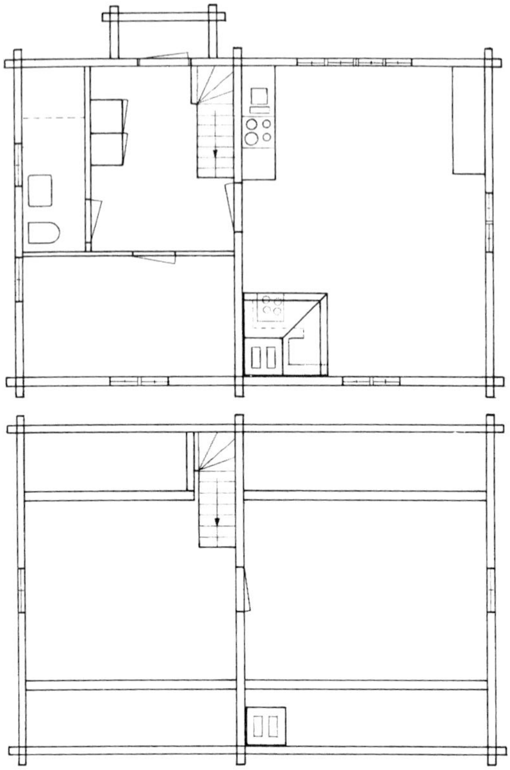

0 1 2 3 m

Das Doppelhaus

Das Doppelhaus war früher das gebräuchlichste Wohnhaus auf mittelgroßen und großen Bauernhöfen. In der Bauverordnung von 1681 heißt es: „Und deswegen sollen Bauern und Erbpächter nicht gezwungen werden, mehr Häuser zu bauen, als sie brauchen, und man soll beachten, daß es vorschriftsmäßige und notwendige Häuser sind, mit so vielen Kammern und Gästezimmern, wie sie der Größe des Hofes entsprechen." Das Doppelhaus wurde hier als normaler Wohnhaustyp auf größeren Höfen vorausgesetzt.

Das Doppelhaus besteht aus Küche, Vorzimmer/Kammer und Saal. Es ist ein langgestreckter Bau mit acht Eckverbänden. Im Winter wurde nur die Küche und evtl. die Kammer geheizt. Der Saal, das zweite Zimmer, wurde nicht geheizt. Er wurde als Aufbewahrungsraum, Gästezimmer und als Wohnraum im Sommer benutzt.

Die alte Bedeutung des Wortes Alltagsraum oder „dagligrum" ist mehr als irgend etwas anderes bezeichnend für die soziale Struktur des Lebens der Landbevölkerung. Bis in unsere Zeit hat in vielen Gegenden die ganze Familie hier gewohnt, gegessen und geschlafen – auch Bedienstete und zufällige Gäste. Vor dem Aufkommen einer besonderen Küche, die jedoch niemals konsequent eingeführt wurde – außer im südlichen Schweden –, wurden auch die Mahlzeiten in diesem Raum zubereitet.

Sigurd Erixon in *Svensk byggnadskultur*, 1947

Doppelhaus von Västerbotten. Ich zeige hier das Doppelhaus, das mein Urgroßvater mütterlicherseits in seiner Jugend baute; wobei ihm drei Männer geholfen haben, die mit der Axt umgehen konnten. Den Begriff „Västerbottenpar-stuga" verbindet man gewöhnlich mit einem Doppelhaus, entsprechend dieser Zeichnung.

Jede Gegend hat ihre besondere Form des Doppelhauses. Sie sollten sich in ihrer Gegend umschauen, bevor Sie Ihr Doppelhaus planen. Für ein Ganzjahreshaus bietet dieser Bauplan nur begrenzten Raum, aber für ein Ferienhaus ist er ausgezeichnet – im Gegensatz zu alldem stilistischen Mischmasch, den man in modernen Blockhäusern finden kann.

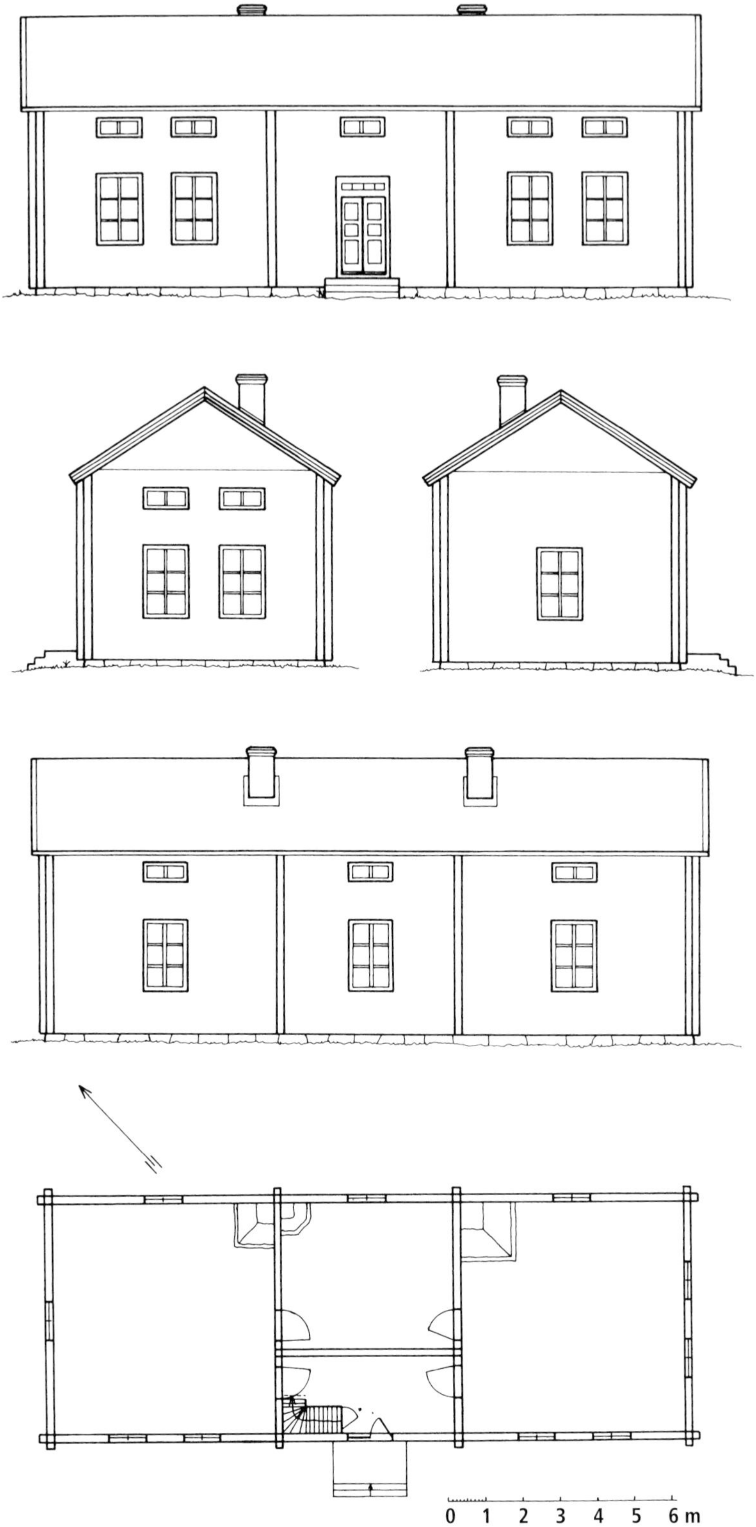

Diesen Hof habe ich abgezeichnet, bevor er renoviert wurde. Er hat ca. 25 Jahre leer gestanden. Mein Onkel entschloß sich, einen „Nistkasten" für die Sanitärräume an der Rückseite des Hauses zu bauen. Von der Vorderseite sieht man ihn nicht, und somit stört er weder den Stil des Hauses noch die klaren Linien der Fassade.

Das Paneel wurde belassen; die Isolierung wurde an die Innenseite der Wände gelegt. Auf der Zeichnung des renovierten Hauses sieht man, daß das rückwärtige Küchenfenster wieder eingesetzt wurde. Dort wurde auch der Vorbau rechtwinklig mit Satteldach plaziert.

Doppelhaus mit zwei Stockwerken. Es ist ein schönes Beispiel für traditionsbewußte Zimmermannskunst. Das Haus wurde stilecht renoviert und ist jetzt ein Schmuck für die ganze Umgebung. Da das Haus zwei Stockwerke hat, sind Wohnfläche und Anzahl der Räume auch für eine Familie mit Kindern annehmbar, obwohl es relativ schmal ist.

Anbau in Blockbauweise

Wenn Sie Ihr altes Blockhaus ausbauen wollen, kommt vielleicht ein Anbau in Frage.

Das vorhandene Wohnhaus hatte etwa 90 m² Wohnfläche, mit kleiner Küche, zwei Räumen im Untergeschoß und zwei Räumen im Obergeschoß. Das war zu wenig für eine Familie mit mehreren Kindern, und außerdem waren die Sanitärräume völlig unzureichend.

Ziemlich schnell stand fest, daß ein verschobener Anbau in der Längsrichtung des Hauses am geeignetsten war. Auf dem Grundstück gab es keine Hindernisse, außer einer Eberesche und einer Birke, die gefällt werden mußten, und einem Lichtmast, der umgesetzt werden mußte.

Ein Blockbau von etwa 6×9 m würde ausreichend Raum für ein großes Bad und Waschraum sowie für zwei Schlafräume bieten.

Es wäre möglich gewesen, den Rohbau für diesen Anbau in der Siljanstechnik bei einem Zimmermann zu bestellen. Der Blockbau würde zu groß sein, um ihn selbst zu zimmern.

Schließlich wurde als Rohbau ein alter Getreidespeicher angekauft.

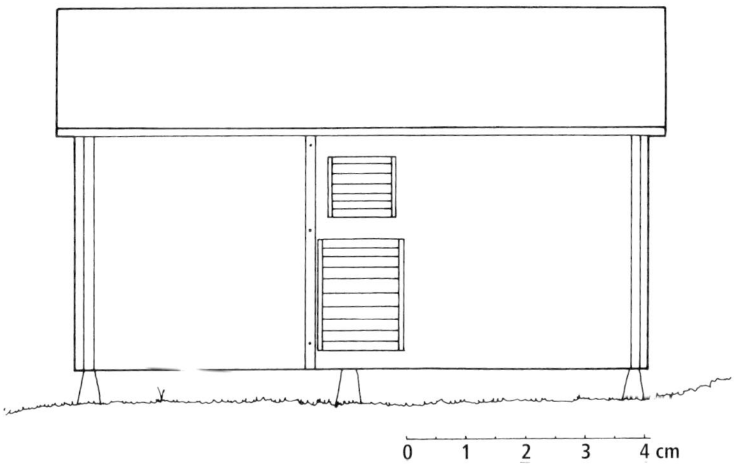

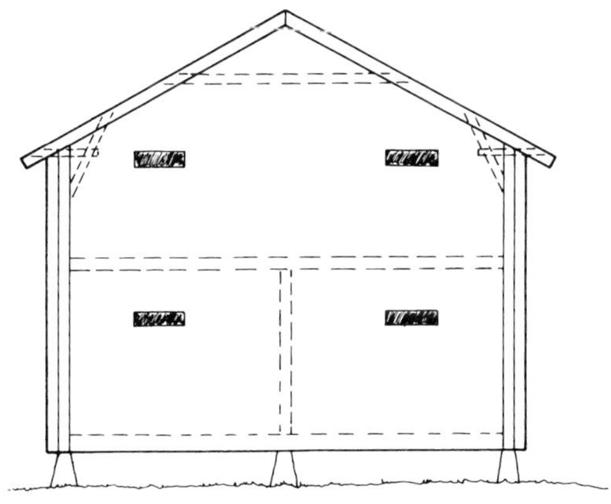

Der 1886 gebaute Getreidespeicher stammte von einem aufgeteilten Bauernhof. Das Balkenwerk war in gutem Zustand und gab im Inneren einen urigen Eindruck.

Oben links: Das Ziegeldach des Getreidespeichers wurde abgedeckt.

Oben rechts: Die Balken wurden mit Blechplättchen mit eingestanzter Nummer markiert. Durch die hohe und trockene Gründung war der Schwellenrahmen von Schäden verschont geblieben, obwohl der Dachüberstand nur gering war.

Unten links: Die Blockwände wurden von zwei Mann in vier Tagen niedergelegt. Wenn die Balken für einen anderen als den ursprünglichen Zweck verwendet werden sollen, ist es ein großer Vorteil, daß die Wände nur wenige Öffnungen haben. Man ist dann frei in der Plazierung der Fenster.

Unten rechts: Die Balken waren an der Innenseite völlig ohne Schäden, und das war der Grund dafür, den Anbau an der Außenseite mit einem stehenden „Zimmermannspaneel" zu isolieren.

Die niedrige Deckenhöhe im Untergeschoß war ein Problem, das beim Wiederaufbau gelöst werden mußte.

Front- und Seitenansicht des Hauses mit dem Anbau.

Links vom mittleren Fenster im Anbau sitzt eine kräftige Zange, die von der Schwelle bis zum Rähm reicht. Die Zangen werden mit Zugeisen und Bolzen an einer Pfette der Zwischendecke gehalten. Sie versteifen somit die 9,6 m langen Seitenwände. So lange Blockwände brauchen eine Stütze durch Zwischenwände oder Zangen.

Die Konstruktion des Dachstuhls hat zur Folge, daß die Seitenwände auch durch die Dachlast nach außen gedrückt werden. Die Seitenwände würden sich nach außen „aufblähen", wenn sie nicht zusammengehalten würden. Die Pfetten der Zwischendecke, die mit einem Schwalbenschwanz in der Längswand eingeblattet sind, nehmen ebenfalls nach außen drückende Kräfte auf.

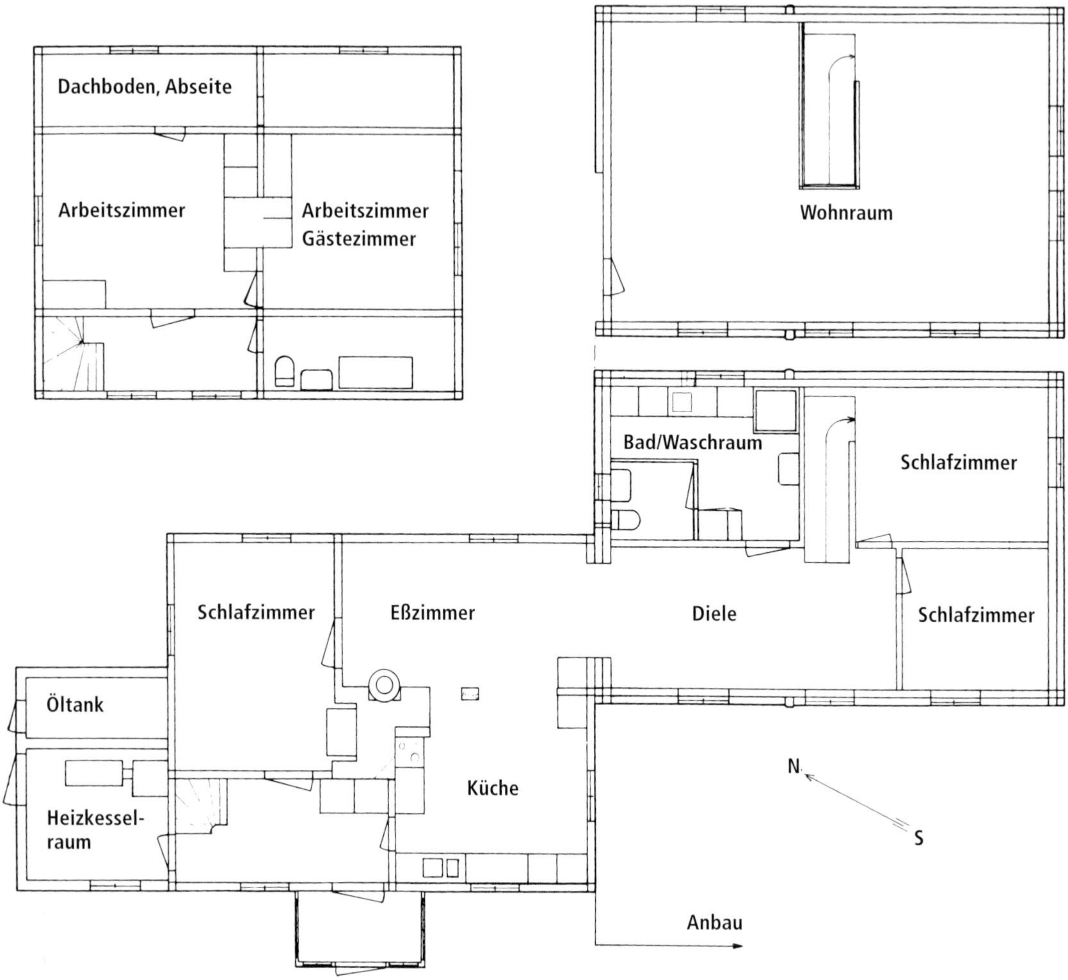

Grundriß des Altbaues und des Anbaues. Oben links: Obergeschoß des Altbaues, oben rechts: Obergeschoß des Anbaues, unten: Erdgeschoß von Altbau und Anbau.

Es hätte wohl keinen Wohnraum im Obergeschoß gegeben, wenn der Anbau neugezimmert worden wäre. Der Ausbau des alten Getreidespeichers ergab einen schönen Wohnraum, wo sich die Familie an den Abenden zum Beisammensein und für Heimarbeiten versammeln kann.

Die 17 cm dicke Isolierung liegt an der Außenseite und „schluckt" die hervorstehenden Balkenköpfe. Um die alten Maße und die Symmetrie des Hauses zu erhalten, wurden die Vorstöße der Balkenköpfe an den Eckverbänden und die Zangen der Längswand mit Vorstoßkästen verblendet und dadurch optisch betont.

Der Altbau bekam ebenfalls eine Außenisolierung und Vorstoßkästen, obwohl er ohne Vorstoß mit einer Schwalbenschwanzverblattung gezimmert worden war.

Zum Anheben dieser langen und schweren Balken ist eine technische Hilfe unverzichtbar. Die Wände wurden auf eine betonierte Bodenplatte gestellt.

Die Außenwände sind fast fertig. Sie sind um 40 cm angehoben worden, um so eine ausreichende Höhe der Räume im Untergeschoß zu bekommen. Da sie an der Außenseite isoliert werden sollen, wurden keine neuen Balkenlagen eingezimmert. Das Holzpaneel und die Isolierung verdecken die Öffnungen in der Außenwand. Eine hohe Bohle deckt den Spalt zwischen der Bodenplatte und dem Schwellenbalken.

Alle Originalhölzer von Boden, Zwischendecke und Dachstuhl wurden wiederverwendet.

Schon beim Aufstellen der Blockwände muß bestimmt werden, wo die Fenster und die übrigen Öffnungen hinkommen. Die Balkenlagen werden mit dem Emporwachsen der Wände verdübelt. Markieren Sie mit einem Bleistiftstrich, wo der vorige Dübel sitzt, damit Sie ihn beim Bohren des nächsten Dübelloches nicht anbohren.

Eine Bohrmaschine ist Voraussetzung für einen befriedigenden Arbeitsfortschritt. So viele Löcher von Hand in das alte, trockene Kernholz zu bohren, wie es hier erforderlich ist, würde viel Zeit in Anspruch nehmen.

Wenn die Wände fertig sind, beginnt man mit den Fensteröffnungen, mit der Isolierung und mit dem Paneel.

In alten, trockenen Balken, die schwer zu verdübeln sind, kann man eine einfachere Methode für die Fensterrahmenbohle anwenden. Eine 50×150 mm starke Bohle wird als Zarge auf die Balkenköpfe genagelt. Beachten Sie, daß dieses Verfahren nicht geeignet ist, wenn mit frischem Holz gezimmert wird.

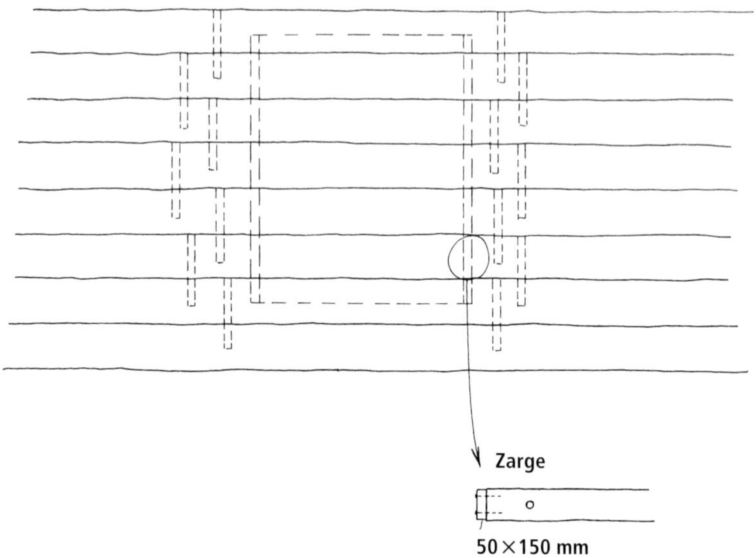

Dann muß man ein Setzmaß für die Fensteröffnungen berechnen.

Für das Aussägen der Öffnungen in der Balkenwand wird die Motorsäge benutzt.

Es ist verhältnismäßig einfach, die Nut für die Fensterrahmenbohle in den Balken auszusägen, so wie es auf Seite 51 beschrieben ist. Seien Sie jedoch vorsichtig, da die Motorsäge unvermittelt hochschlagen kann, wenn nur mit der Schienenspitze gesägt wird. Lassen Sie diese Schnitte von einem erfahrenen Motorsägenführer machen, wenn Sie selbst nicht in der Handhabung der Motorsäge geübt sind.

Der Rauhspund wird angenagelt. Die Isolierung gegen das Dach, mit inwendiger Feuchtigkeitssperre aus Plastikfolie und Holzpaneel bis in die Giebelnock, ist 12 + 15 = 27 cm dick. Vergessen Sie nicht die Luftspalte zwischen Isolierung und Außendachpaneel.

Teile des Dachstuhles stehen im Wohnraum. Sie bilden mit ihrer rotbraunen, leinölbehandelten Oberfläche einen guten Kontrast gegen die blaugraue Eier-Öl-Temperafarbe der Blockwände. Das Dachpaneel ist aus unbehandelter, profilgehobelter Kiefer; der ursprüngliche Plankenfußboden wurde geschliffen und hartlackiert.

Das vorhandene Ziegeldach des Getreidespeichers war vorsichtig abgedeckt worden, um die Ziegel wiederverwenden zu können. Sie reichten für ¾ der Dachfläche. Von einem hilfsbereiten Bauern konnte ein Aufzug ausgeliehen werden, der den Transport der Ziegel sehr erleichterte. Etwas zu sehr sogar, denn hier holen wir Ziegel wieder vom Dach herunter, die zu voreilig hinaufbefördert worden waren.

Zwischen den Häusern bleibt ein Spalt offen, damit sich die Wände frei gegeneinander bewegen können.

Die Fassaden werden reihum behandelt. Der Dachvorsprung wurde wesentlich vergrößert, weil die Isolierung auf der Außenseite aufträgt und weil der Regenschutz der Wände verbessert werden sollte.

Die Fassaden des Altbaues wurden gleichzeitig behandelt. Die zuvor ausgebauten Fenster wurden gegen Dreiglas-Sprossenfenster ausgewechselt. Das Fenster für das Badezimmer im Obergeschoß wurde wieder eingesetzt, um eine stilreinere Fassade zu bekommen. Dieses Badezimmer wird künftig nur als zusätzliche Toilette benötigt.

Zum Abdecken der Sparren und Pfetten am Dachrand wurden doppelte Bretter angebracht. Vergleichen Sie mit dem Altbau.

Das Auswechseln der Fenster am Altbau. Beachten Sie die vorstehenden Fensterrahmen am Anbau. Die Fenster sollen in einer Ebene mit den Außenwänden liegen, wenn die Isolierung angebracht ist.

Zur Linken der Türöffnung ist die kräftige Zange zu sehen. Die Türöffnung und die Luke darüber werden wieder auf das passende Fenstermaß gezimmert.

Die Isolierung ist angebracht worden. Man sieht, daß die Platten sich kreuzweise überdecken. Zuerst 10 cm stehende, dann 7 cm liegende Platten. Darauf kommen 13 mm Asphaltplatten, 22-mm-Nagellatten und 25×150 mm Zimmermannspaneel.

Das fertige Haus im Winter, mit „Falu-Rot" gestrichen. Die Abdeckung der Dachkante wurde mit Holzteer gestrichen, aber mit Eisenvitriollösung vorbehandelt, damit sie einen etwas dunkleren Ton bekommt, als ihn der einfache Teeranstrich ergibt. Die Vorstoßkästen an den Hausecken sind ebenfalls mit „Falu-Rot" gestrichen; nicht etwa geteert oder weiß. Die Dachrinne und das Fallrohr sind schwarz.

Der Hofraum

Wenn ein Blockhaus in der falschen Umgebung steht, bietet es einen wunderlichen Eindruck. In einem Villenviertel, umgeben von 1½ stöckigen Ziegelhäusern mit steilem Dach, die verwachsenen Mützen ähneln, kommt es nicht zu seinem Recht.

Denken Sie bei der Planung Ihres Blockhauses daran, wie der Hofraum gestaltet werden soll.

Das Bauerngehöft hatte oft einen umschlossenen Hofraum, wo die Häuser rechtwinklig zueinander lagen. Das Wohnhaus mit der dazugehörigen Braustube/Waschküche, der „Ausnahmestube" und dem Außenhaus liegt auf einer Erhöhung in der Landschaft. Die Wirtschaftsgebäude, wie Scheunen, Ställe, Schuppen und Vorratshaus liegen etwas abseits davon.

Weiter vorne im Buch habe ich die verschiedenen Anbauten eines Bauernhofes beschrieben. Dieser Lageplan zeigt, wie die verschiedenen Gebäude gelegen waren, um einen geeigneten Hofraum zu formen.

Die traditionelle Gruppierung ergab zwei Haupthöfe; A = den Wohnplatz, B = den Viehhof. Der heutige Viehhof wird jedoch nicht mehr von Klauen und Hufen gestampft, sondern von Gummireifen gewalzt. Das Wohnen auf dem Lande ist heute vollständig vom Transportmittel Auto abhängig.

In den meisten Fällen werden zwei Autos gebraucht, unabhängig davon ob jemand Heimarbeiter ist oder nicht. Das erfordert den Garagenplatz für zwei Autos. Der „Viehhof" wird heute zum Fahrplatz, Autowaschplatz, Werkstattplatz, Holzschuppen usw. Alle gröberen Tätigkeiten erfolgen an einer Stelle, wo der Boden geschottert oder auf andere Weise befestigt werden kann.

Der Wohnplatz A kann eine Rasendecke haben, wenn man hier den schwereren Verkehr fernhält.

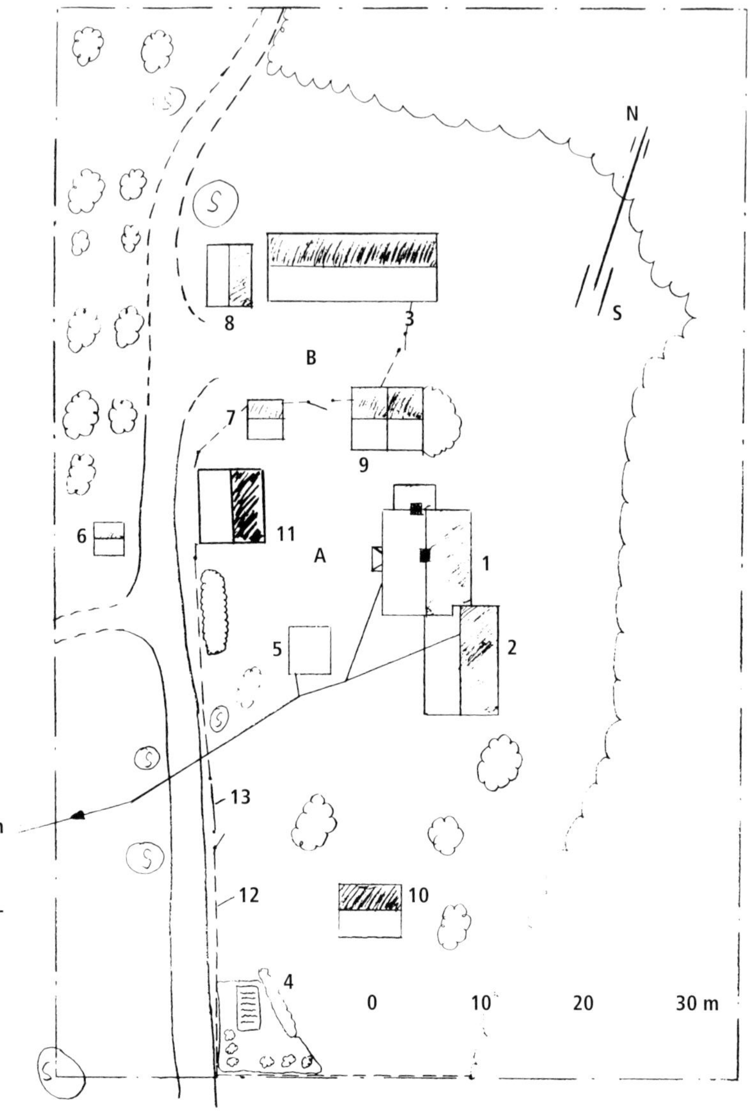

Die folgenden Ziffern 1 bis 13 erläutern die nebenstehende Lageskizze.

1. Ursprüngliches Wohnhaus mit angebautem Heizkesselraum.
2. Anbau, entsprechend der Beschreibung im Buch.
3. Ursprüngliches Außenhaus, mit Tischlerwerkstatt, einem Garagenplatz, Brennholzschuppen, Bretterschuppen und Dachbodenspeicher.
4. Gemüsegarten mit Himbeerhecke und Johannisbeeren.
5. Altes Fundament, heute das Pumpenhaus für die Wasserpumpe. Hier stand früher eine kleine Hütte mit zwei Räumen im Winkel zum Wohnhaus. Sie wurde 1950 abgerissen, um die Aussicht nach Süden zu öffnen.
6. Ursprüngliche Waschküche, heute Spielhaus.
7. Neugebaute Sauna, entsprechend der Beschreibung im Buch.
8. Neugebauter Carport, aus einem alten Stall bestehend.
9. Ursprünglicher Erdkeller, mit neugebautem Eingangsvorbau.
10. Neuaufgebaute kleine Hütte, entsprechend der Beschreibung im Buch. Ein umgesetztes altes Blockhaus.
11. Neuaufgebauter Dachbodenschuppen, der umgesetzt wurde.
12. Zaun aus Fichtenstangen, der den Hof umschließt.
13. Der Hofzaun muß eine Einfahrt haben, die mit lose aufgelegten Stangen verschlossen wird, damit auch ein Traktor zur Bodenbearbeitung oder zum Ausbaggern einfahren kann.

Es ist einfach, wenn man einen alten Hofplatz hat, von dessen Anordnung man ausgehen kann. Die Alten wußten, wie man einen Hof anlegen mußte. Man braucht ein wenig Gefälle für die Drainage und günstige Bodenbeschaffenheit. Der Wohnhof nach Südwest offen, für Sonne und Wärme, mit dem Rücken nach Nordost für den Schutz, möglichst im Windschatten eines Waldrandes.

Die Lage des Hauses beruht auf sehr alten Traditionen. Das geht aus den nebenstehenden Formulierungen des 2. Kapitels der Bauvorschrift von 1734 hervor:

Das Grundstück soll zum Wohnhof und zum Viehhof ausgebaut werden. Im Wohnhof sollen Stube, Vorstube und Kammer sein, auch eine Gästestube, wenn der Hof so groß ist, und Keller, Speicher, Getreidespeicher, Gerätehaus, „stilles Örtchen" und Einfahrtshalle. Braucht der Bauer mehr Häuser, soll er sich zur Wohnung das beste bauen, was er vermag. Der Viehhof wird abgesondert vom Wohnhof gebaut, und dort soll ein Pferdestall, Kuhstall, Schafstall und Schweinestall sein mit den notwendigen Räumen für das Futter, ebenfalls Scheunen und Schuppen, je nach Größe des Hofes. Sauna und Malzhaus sollen auch gebaut werden, und so soll man auch bauen, wo Wald oder Waldweide abseits vom Hof gelegen sind.

Die verschiedenen Außenhäuser haben starke raumbildende Wirkung. Vor allem der Dachbodenspeicher und das Vorlaubenhaus mit seinem vorspringenden Dach bewirken, daß der Wohnhof als umschlossen, umhegt empfunden wird. Der Rasen wird zum widerstandsfähigen Teppich für die wilden Spiele der Kinder an milden Sommerabenden.

Das Blockhaus wirkt am besten, wenn es frei in der Landschaft steht, von seinen Außenhäusern in rechten Winkeln umgeben. Das Gehöft macht so aus der Entfernung einen geschlossenen Eindruck und wird zu einem schmückenden Bestandteil der Kulturlandschaft.

Das Einfamilienhaus in Blockbauweise paßt am besten an einen Waldhang. Wenn es Bauplätze nur in einem geschlossenen Wohngebiet gibt, sollte die Blockhausvilla in Gesellschaft anderer Blockhäuser stehen. Eine Gruppe von Blockhäusern, die früheren Haustypen ähneln, und dazu passende Außenhäuser bilden ein geschlossenes Milieu.

Holzhäuser und besonders Blockhäuser sind die ältesten nordischen Haustypen. Sie stellen dauerhafte, stabile Häuser dar, deren Ursprünge weit in die Vergangenheit zurückreichen, als man einfacher wohnte als heutzutage.

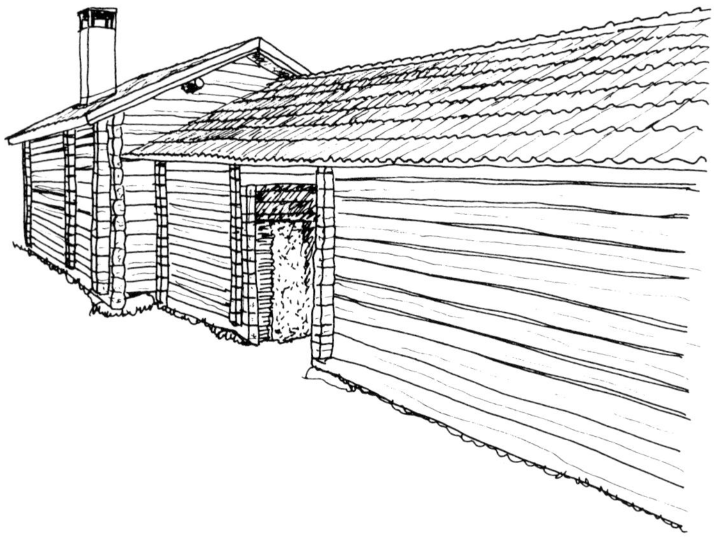

Die Außenhäuser haben eine Größe, die es Ihnen als Amateurzimmermann ermöglichen, sich an ihren Bau heranzuwagen. Die Anforderungen an die Präzision der Eckverbände und der Wände sind nicht so hoch, und Sie vermeiden die zeitraubende Inneneinrichtung. Bestellen Sie Ihr Wohnhaus in Blockbauweise bei einem erfahrenen Berufszimmermann, und lassen Sie Ihrer Phantasie und Schaffenskraft freies Spiel bei den Außenhäusern.

Von einer Hofeinfahrt träumen viele, und warum wollen Sie sich nicht selber Ihre Hofeinfahrt zimmern, wenn Sie Ihr eigener Baumeister sind?

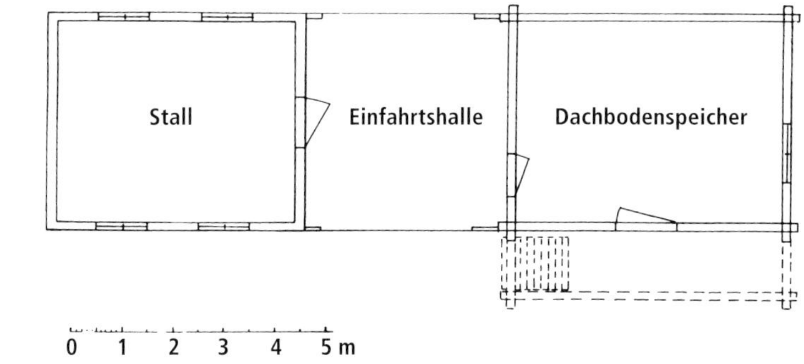

Den Dachbodenspeicher, den ich weiter vorne im Buch beschrieben habe, kann man beispielsweise mit einem Stall verbinden, wenn es reitsportbegeisterte Jugendliche in der Familie gibt. Die Einfahrtshalle bietet Raum für Sättel, Geschirre, Hufpflege usw. Die untere Etage des Dachbodenspeichers bietet Platz für den Heuvorrat. Die beiden Kammern im Obergeschoß sind als „eigenes Reich" für die Jugendlichen geeignet.

Diese Kombination der Außenhäuser erfordert eine andere Lage im Hofplan als für den Dachbodenspeicher im früheren Lageplan. Sie sollte gegen den Kuhstall gewandt, zwischen dem Kellerhügel Nr. 9 und dem Außenhaus Nr. 3 gelegen sein.

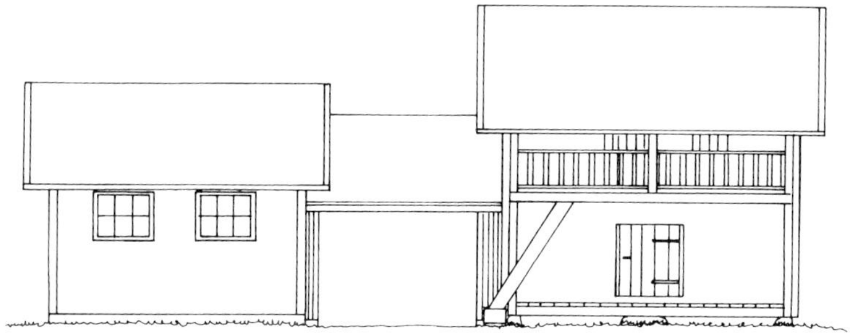

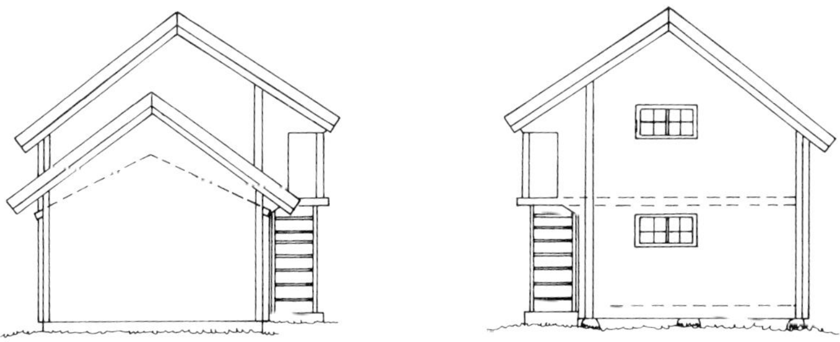

Der Hofraum besteht nicht nur aus Häusern und Zäunen. Büsche, Hecken und Bäume sind wichtige Bestandteile eines guten Lebensraumes im Außenbereich.

Tischlerwerkstatt und Holzschuppen

Dieser alte Getreidespeicher war zu verkaufen, und es zeigte sich, daß er gesunde Balkenwände hatte. Er hatte an einem erhöhten und luftigen Platz auf großen Ecksteinen gestanden. Die Dachstühle, das Dachholz und die Fußbodenbretter des oberen und unteren Geschosses waren ohne Schäden. Einige Dachziegel waren gebrochen. Der alte Getreidespeicher war also zum Umsetzen gut geeignet. Er würde als Tischlerwerkstatt dienen, an die ein Holzspeicher in Ständerbauweise angebaut werden konnte.

Obergeschoß

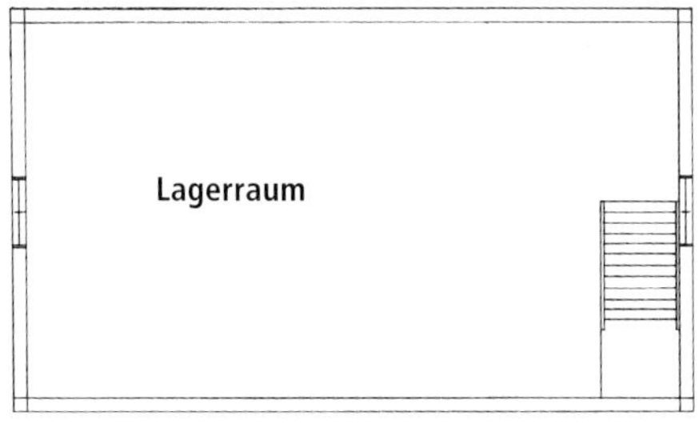

Erdgeschoß

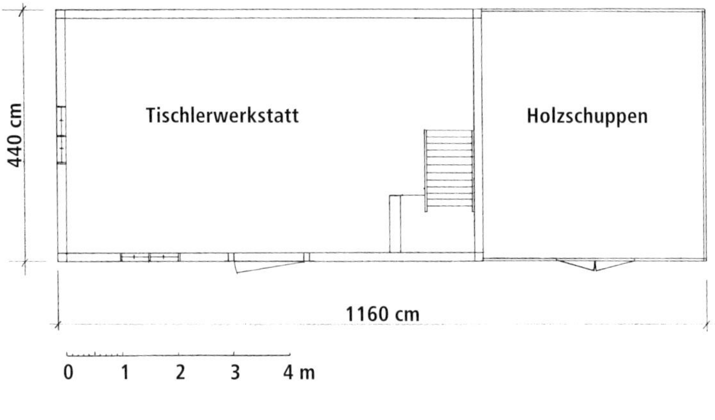

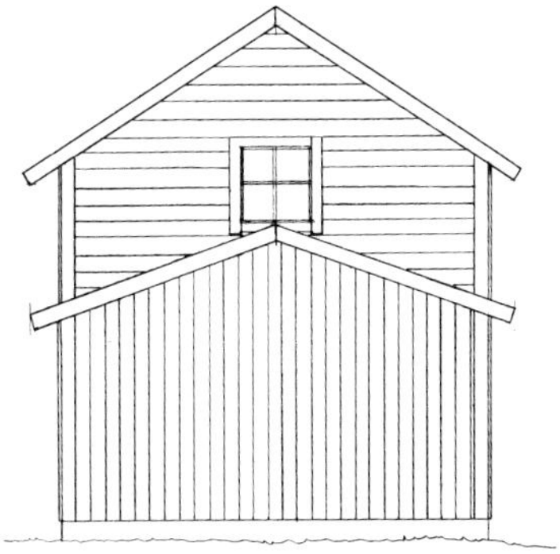

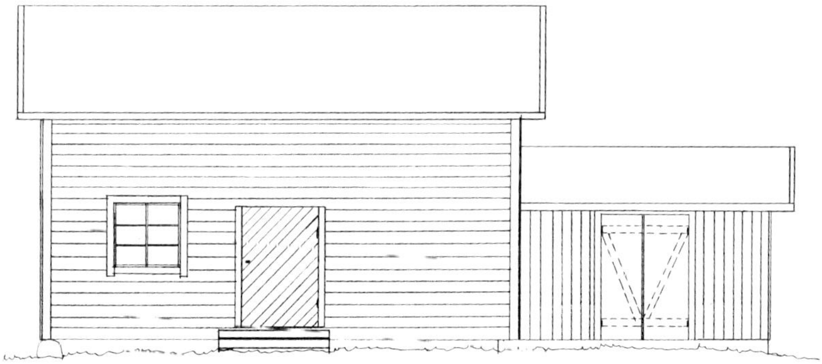

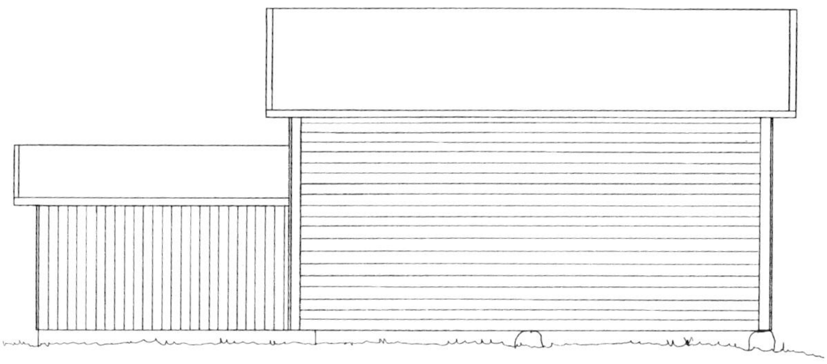

Freizeitgelände

Wir wollen den Aufbau eines Freizeitgeländes, vom unbebauten Ackergrundstück bis zum Bau von vier Häuschen für verschiedene Verwendungszwecke, begleiten.

Das Grundstück besteht aus zwei Äckern, die durch einen Entwässerungsgraben getrennt sind, der als Streifen hohen Grases mitten im Bild erkennbar ist. Das Foto ist von der Ostecke in Richtung nach Nordwest aufgenommen, wo das Grundstück eine Aussicht auf den See bietet. Das ist der größte Vorteil für ein Freizeitgelände.

Dieses Bild wurde von der Nordecke nach Süden zu aufgenommen. Es zeigt eine offene Landschaft, die die Sonne hereinfluten läßt.

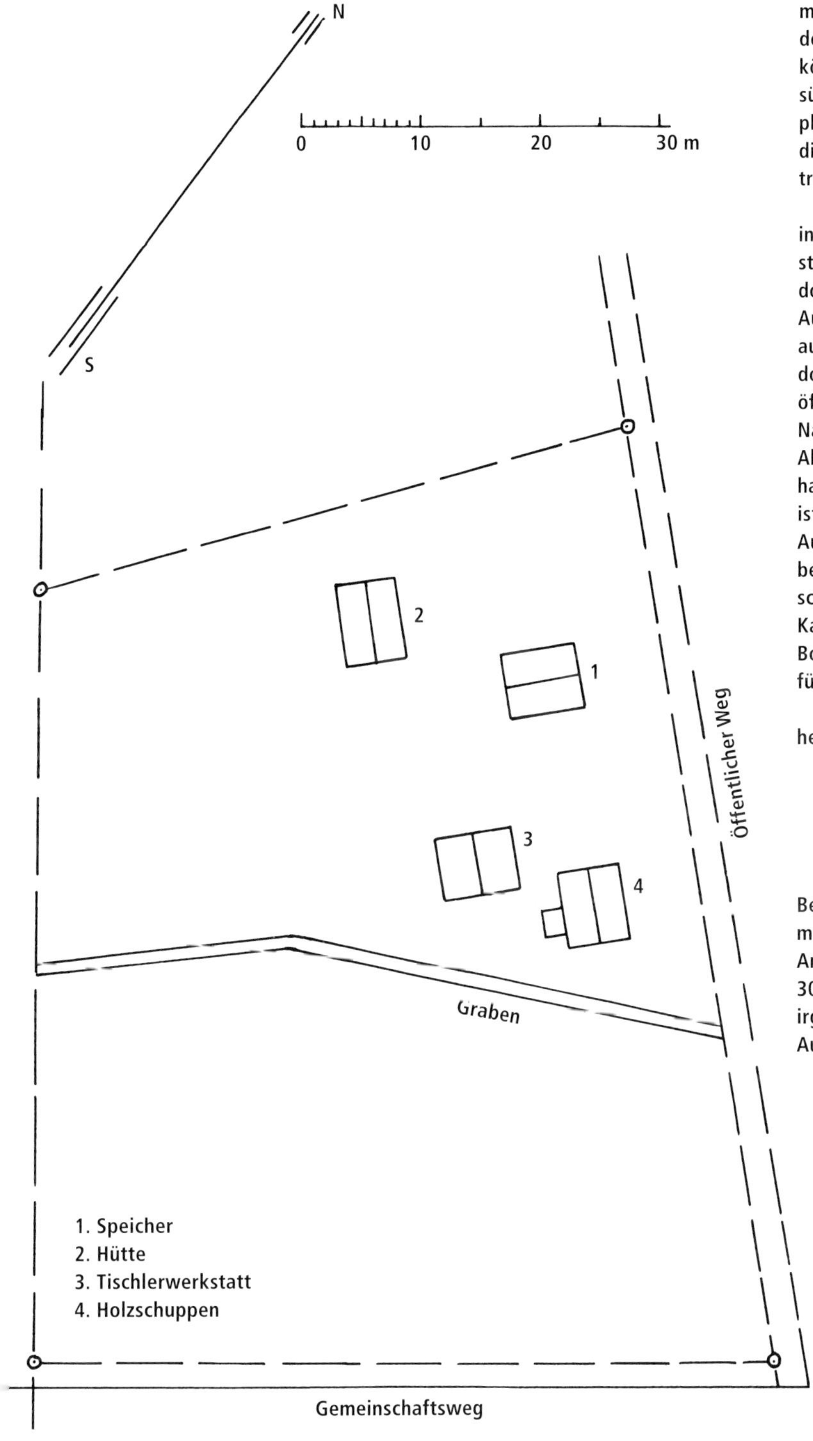

Die Häuser werden um einen Hofplatz angeordnet, mit einer Öffnung nach Süden. Der Holzschuppen mit Trockenklo liegt etwas hinter der Tischlerwerkstatt. Die Häuser können entweder nördlich oder südlich des Entwässerungsgrabens plaziert werden, weil man ungern die Häusergruppe durch den Graben trennen lassen möchte.

Ich entschloß mich, die Häuser in die nördliche Ecke des Grundstückes zu legen, weil das Gelände dort am höchsten ist und die beste Aussicht zum See bietet. Ich sehe es auch als Vorteil an, daß die Häuser dort weiter vom Verkehr auf dem öffentlichen Weg entfernt sind. Der Nachteil dieser Lösung ist, daß der Abstand zum befestigten und unterhaltenen öffentlichen Weg länger ist. Es erfordert einen erheblichen Aufwand, den 40 m langen Weg befahrbar zu halten. Der Gemeinschaftsweg ist nur eine einfache Karrenspur, die zum allgemeinen Bootshausgelände unten am See führt.

Die Häuser werden in nachstehender Reihenfolge gebaut:

Tischlerwerkstatt
Speicher
Kleine Hütte
Holzschuppen mit Trockenklo

Bei der Auswahl der Bauplätze muß man die Möglichkeiten für künftige Anbauten beachten. Man muß 20 bis 30 Jahre vorausschauen und, wenn irgend möglich, keine zukünftigen Ausbaumöglichkeiten blockieren.

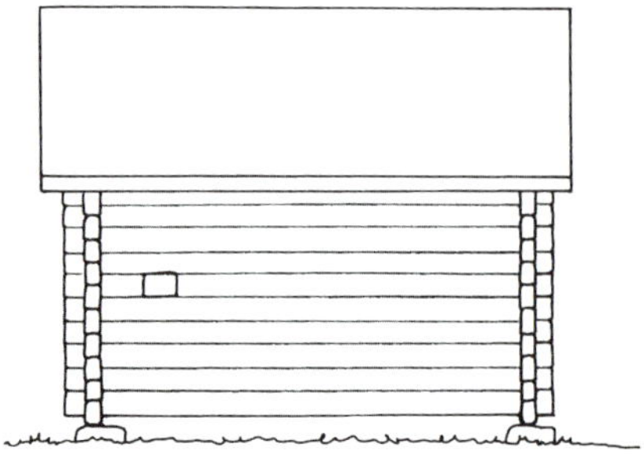

Tischlerwerkstatt

Der alte Sommerstall hatte gesunde Balken, mit Ausnahme einiger Bodenbalken an der Vorderseite und an der einen Giebelseite.

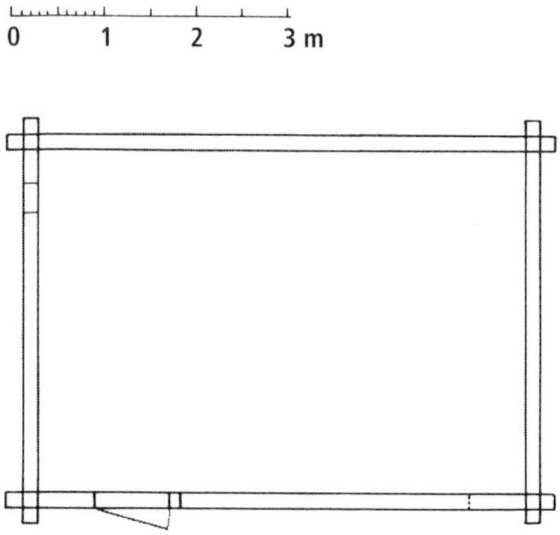

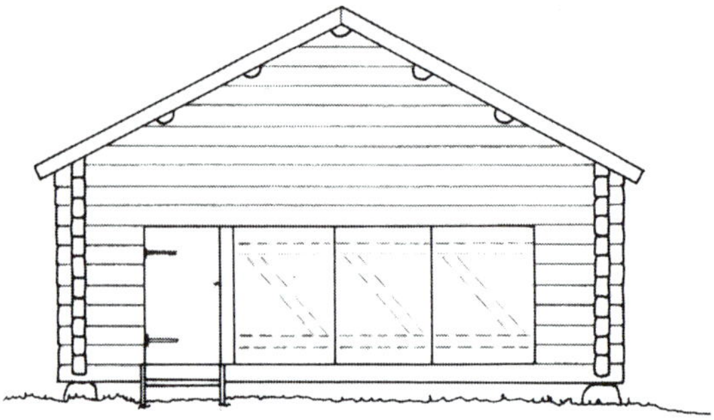

Links: Der Stall ist sicherlich schon mindestens einmal umgesetzt worden. Man sieht die Ausschnitte in der Giebelwand, wo früher Pfetten gesessen haben. Das Schindeldach hat den Bau nur notdürftig vor Nässe geschützt. Das Holz des Unterdaches aus dünnen, gespaltenen Fichtenstämmen ist frisch, und kann beim Neuaufbau wiederverwendet werden. Die Bodenbalken an der Hangseite zur Linken sind rotfaul.

Rechts: Das Einmessen des Bauplatzes und das Ausgraben des Bodens. Der gesamte Mutterboden wurde mit der Frontschaufel eines Traktors abgegraben. Da der Traktor einmal da war, wurden auch die Gründungen für die Tischlerwerkstatt, für den Schuppen und für die kleine Hütte ausgegraben. Unter jeden Eckstein wurden 1×1 m große Bodenplatten gelegt, um die Gefahr des Auffrierens bei Bodenfrost und damit des Verwindens der Balkenwände durch ungleich auffrierende Ecksteine zu mindern.

Der Boden wird mit drainierendem Material wieder aufgefüllt; in diesem Falle mit Kies.

Die Tischlerwerkstatt ist fast fertig. Die Öffnung an der Vorderseite wird mit drei Läden aus breiten Brettern verschlossen, die von den Vorstoßkästen des alten Speichers stammen. Alte Kernholzbretter können meistens wiederverwendet werden, auch wenn sie grau aussehen und bemoost sind. Sie sind nur etwas spröder geworden, weil Holz mit der Zeit härter wird.

Als Ecksteine wurden große, flache Steine verwendet, die von einem Bergeinschnitt an der Seite einer Waldstraße stammen.

Die rechte Seitenwand hat eine nicht geplante Lüftungsöffnung. Der rechte Schwellenbalken war durch Fäulnis angefressen, wodurch die ganze Wand eine halbe Balkenstärke zu niedrig wurde, was wir erst bemerkten, als die Wand schon fast fertig war. Die Lösung war ein Ventilationsspalt, der mit einem Brett geschlossen werden kann, das an einem Scharnier befestigt ist. Eine Hütte dieser Art muß ja gut ventiliert sein. Größere Öffnungen muß man jedoch mit einem Mückennetz abdecken, damit die Schwalben nicht in der Hütte nisten.

Die Hütte ist fertig, und sie wird bei den folgenden Arbeiten zum Ausbau des Freizeitgeländes als Tischlerwerkstatt genutzt. Eine Tischlerwerkstatt ohne Tageslicht über der Werkbank kann man jedoch nicht gebrauchen, weswegen der eine Giebel der Hütte mit einem Fenster versehen wurde, was aus der Abbildung auf Seite 230 hervorgeht. Zwei weggeworfene Fensterrahmen mit Sprossen wurden zu einem schönen Fenster – zu den Kosten von einem halben Liter Ölfarbe und etwas Abfallholz für die Fensterzargen.

Als Dachhaut wurde schwarzes Dachblech genommen. Es wurde soweit über die Nockbretter am Giebel hinausgezogen, daß alles Holzwerk von Blech geschützt war. Auf einem Freizeitgelände hat man anderes zu tun, als Giebel- und Was-

Der Speicher

Dieser Speicher wurde auf einer Nachlaßauktion ersteigert. Die Holzständer, auf denen er gegründet war, hatten nachgegeben, und der Speicher war „in die Knie gegangen“. Das Masonitdach war undicht geworden, und daher würde es nicht lange gedauert haben, bis der Speicher ernsthaft geschädigt war.

Gestrüpp und Sträucher waren an den Wänden emporgewachsen und hatten die untersten Balkenlagen feucht gehalten. Das Holz der Balken war jedoch von guter Qualität. Schäden sieht man oberhalb der Tür an der Giebelwand. Diese Seite war früher nach Nordost gerichtet, wo das Holz am schlechtesten trocknet.

Ob die Wände von Fäulnis befallen werden oder nicht, hängt zum großen Teil davon ab, wie gut das Holz nach einem Schlagregen wieder trocknen kann. Wenn die Balken geteert oder mit Falurot gestrichen sind, trocknen sie besser, weil die dunkle Farbe die Sonnenwärme einfängt.

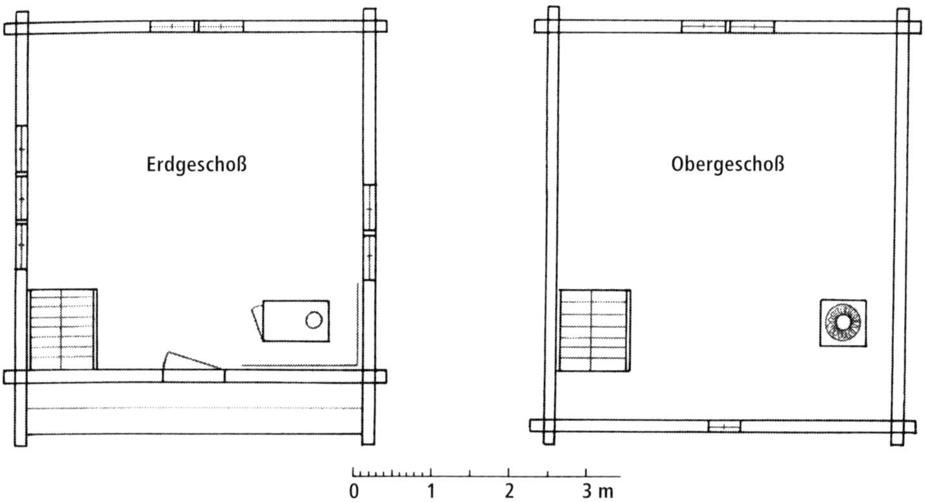
Erdgeschoß
Obergeschoß
0
1
2
3 m

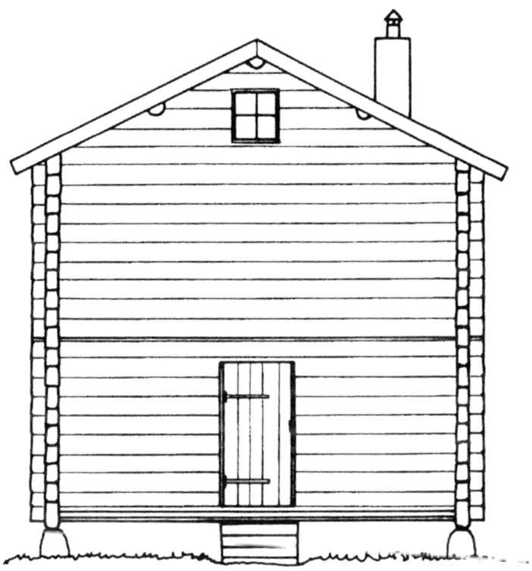

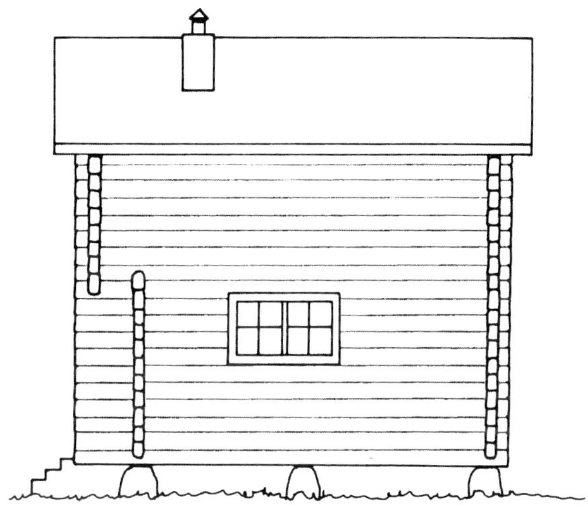

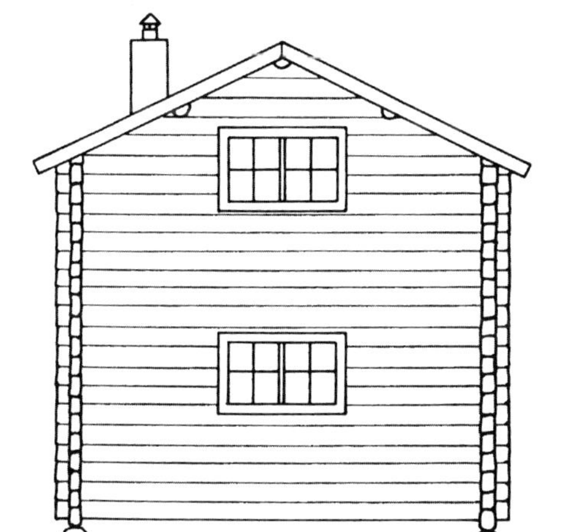

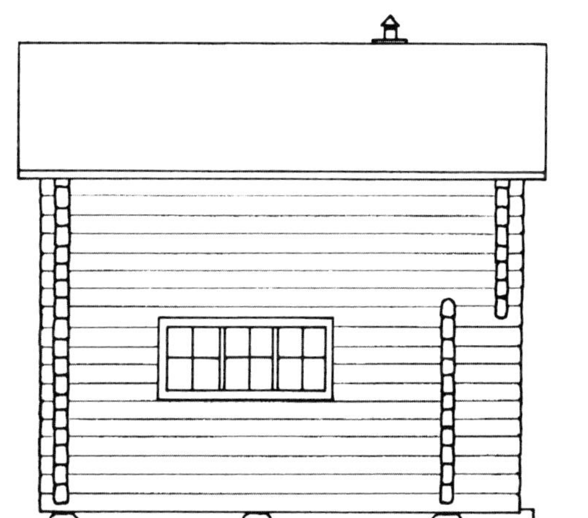

Der Speicher soll einen Winter stehen, bevor er niedergelegt wird. Ringsum wurden die Bäume und Büsche entfernt, und die größten Löcher im Dach wurden mit einigen Dachblechen abgedeckt.

Beim Niederlegen stellten wir fest, daß die Balken im wesentlichen noch gesund waren. Die Balkenvorstöße nach Süden und Westen waren mit Brettern geschützt worden, was man an dem helleren Streifen am linken Rand des Speichers erkennen kann. Diese Eckverbände sind vollständig gesund. Die Balken sind mit Blechmarken mit eingestanzten Nummern markiert worden. Beachten Sie die Reihe von Haken im dritten Balken von oben. Sie wurden wahrscheinlich benutzt, um an der Südwand etwas zum Trocknen aufzuhängen.

Die demontierten Wände wurden einen weiteren Winter luftig gelagert und mit Dachhölzern abgedeckt. Beachten Sie die Dimensionen der Bodenplanken. Sie stammen aus einem Gemeindewald aus der Zeit um 1880.

Der Wiederaufbau der Blockwände. Die Ecken wurden auf kräftige Natursteine gestellt, anstelle des Pfahlgestelles, auf dem sie früher standen. Die Schwellenbalken sind ausgebessert worden. Auf der anderen Seite mußte der halbe Schwellenkranz ausgebessert werden. Auf dem Schwellenkranz liegen die Bodenplanken aus Halbspältern beachtlicher Dimensionen. Sie stehen aus den Wänden hervor; eine altertümliche Konstruktion, bei der das Hirnholz der Plankenköpfe Feuchtigkeit ansaugen wird.

Der Fußboden ist sehr schwer und belastet die Schwellenbalken über die ganze Länge, weswegen ein Mittelstein unter die Langseiten gelegt wurde. Normalerweise wäre das bei einer so kurzen Wand nicht erforderlich. Unter dem Speicher wurde der gesamte Mutterboden abgegraben und mit drainierendem Kies wieder aufgefüllt. Unter den Ecksteinen liegen Bodenplatten von 1×1 m.
In die Nut, die man an der Innenseite der Wand sieht, waren Getreidekästen aus Brettern und Planken eingelassen worden.
Wenn man einen Traktor mit Frontlader leihen kann, wäre das eine große Hilfe beim Wiederaufsetzen der Blockwände.

So wird ein schadhafter Balken ausgebessert:

1. Der Balken hat Fäulnisschäden an der Oberkante der Vorderseite. Mit der Motorsäge wird das schadhafte Holz rechtwinklig ausgeschnitten.

2. Das schadhafte Holz wird von einem Balkenkopf bis zum anderen herausgehauen. Wenn man über die ganze Länge des Balkens bis auf das gesunde Holz gekommen ist, kann man mit einem farblosen Imprägnierungsmittel streichen.

3. Eine Planke wird gespalten und in die ausgehauene Kante eingepaßt.

Beachten Sie die Aluminiumleiter im Hintergrund. Eine teilbare Leiter von 2×3–4 m ist sowohl beim Niederlegen wie auch beim Wiederaufsetzen der Blockwände ein sehr nützliches Hilfsmittel. Wenn man alleine arbeitet, kann man die Leitersprossen als Treppenstufen beim Anheben eines Balkens benutzen.

Der Fußboden des Obergeschosses besteht ebenfalls aus starken Planken. Sie ergaben eine gute Arbeitsplattform. Es brauchte kein Arbeitsgerüst aufgestellt zu werden, weil alle Arbeiten von der Innenseite ausgeführt werden konnten. Wenn der Frontlader des Traktors nicht höher reichte, wurden alle Wandbalken hochgehievt und diagonal über die Wände gelegt. Auf dem Bild sehen Sie die vorteilhafte Lage des Freizeitgeländes, mit der Aussicht über den nahen See.

Innenansicht des gestrichenen und eingerichteten Speichers. Die Blockwände wurden mit blaugrauer Eier-Öl-Temperafarbe gestrichen. Oberhalb des alten Plankenbodens wurde ein neuer Fußboden mit 10 cm Isolierung eingelegt. Wegen der Aussicht zum See wurde ein dreiflügeliges Sprossenfenster eingesetzt – obwohl die Proportionen der Wand darunter etwas leiden. Alle Fensteröffnungen wurden nachträglich mit der Motorsäge in die Wände geschnitten. Auch die Nuten für die Rahmenbohlen der Fensterzargen ließen sich gut mit der Schienenspitze der Motorsäge herausschneiden.

Fenster an drei Seiten eines Raumes machen ihn hell und vermitteln Nähe zur umgebenden Landschaft. Lesen Sie Erik Lundbergs schöne Schilderung im Zitat auf der näch-sten Seite, wo er die Hütte vom Härjedalshof beschreibt, die man in Jamtli finden kann.

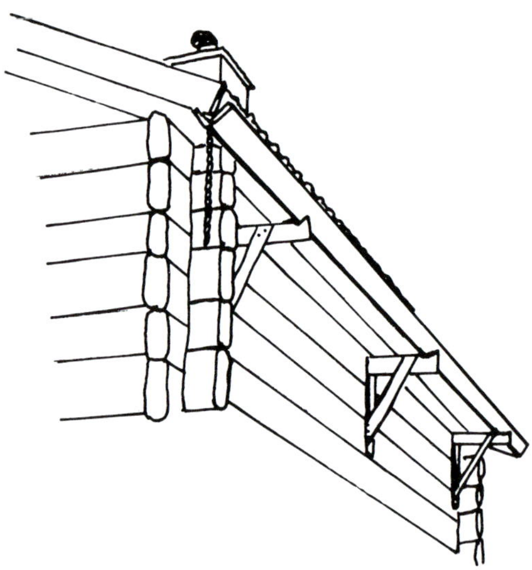

Die Regenrinne und die Winkelstützen werden vor dem Aufsetzen mit „Falu-Rot" gestrichen. Der alte Speicher war vor langer Zeit einmal mit „Falu-Rot" gestrichen gewesen und wurde jetzt, im selben Sommer, in dem er aufgestellt wurde, wieder so gestrichen. Die hohen Wände müssen so gut wie irgend möglich vor Schlagregen geschützt werden. Der Wind nimmt einen langen Anlauf über den 3 km langen See, und wenn er auffrischt, treibt er das Tropfwasser vom Dach gegen die Wände. Ein kurzes Kettenstück leitet das Wasser von der Regenrinne ab.

Lichtdurchflutet ist diese Hütte, mit Fenstern an drei Seiten, niedrigen, langen Fenstern. Wie ist es nur möglich, daß dieser Raum eine so ruhevolle, lichte Stimmung ausstrahlt! Vielleicht liegt das daran, daß alle Flächen zusammenwachsen. Wände und Dach gleiten ineinander, mit ihrem weißen Grundton, und die Fenster unterbrechen diese Geschlossenheit nicht. Sie sitzen tief, so daß man nicht hinausschauen kann, bevor man sich nicht setzt. Das sorgt für Ruhe; das Licht kommt von allen Seiten herein, aber die Aussicht drängt sich nicht auf.

Wo nur in aller Welt kann man ein Interieur finden, das so ruhig und zugleich so offen für das Licht ist, wie in einer schwedischen Festtagshütte mit Fenstern an allen drei Seiten! Liegt hier nicht ein gut Teil unserer schwedischen Tradition, die es zu bewahren gilt? Ist diese Art Raum nicht etwas, das man neben unseren modernsten Wohnraum setzen muß, den Raum mit einer ganzen Glaswand, den Raum, der sozusagen ein Aussichtspunkt ist? Haben wir keinen Bedarf mehr für gerade diesen umschlossenen, aber lichtdurchfluteten Raum, die Hütte, in der wir uns geborgen fühlen und die doch mitten in der Landschaft liegt, die an drei Seiten von ihr umschlossen ist?

Was ist es, was diesen Raum so offensichtlich von einem italienischen oder französischen Renaissancegemach oder von einem deutschen Bürgerhaus unterscheidet? Ja, zuallererst ist es wohl das Material, Holz, Holz, Holz und dazu noch Kiefer, keine Eiche. Gezimmerte Wände, handbearbeitete Bretter, profilierte Leisten und Verschalungen, Fußbodenplanken von gewaltiger Breite . . .

Erik Lundberg. *STF*

Der Speicher ist fertig eingerichtet. Kamin und Schornstein wurden als letztes eingebaut. Die Regenrinnen aus Fichtenbrettern, die in der Rinne geteert wurden, liegen auf drei Winkelstützen. Diese Konstruktion ist ein bißchen plump, aber es gibt keine Sparren, an denen man die Dachtraufbretter oder die Regenrinne befestigen könnte. Das Holz des vorhandenen Unterdaches konnte wiederverwendet werden, und mit Abstandslatten aus Brettern wurde das Blechdach unmittelbar auf dieses Unterdach aus gespaltenen Fichtenderbstangen gelegt. Die Dachisolierung wurde zwischen die Pfetten gelegt, und das Innerdachpaneel wurde längs des Daches an die Riegel genagelt, die die Isolierung an ihrem Platz halten. An das Unterdach wurden Asphaltplatten als Windisolierung angepaßt. Auf beide Seiten der Isolierung wurde wasserfeste Pappe gelegt, jedoch keine Feuchtigkeitssperre aus Plastik. Ungeheizte Häuser sollten kein Plastik enthalten, da die Temperatur mitunter innen tiefer sein kann als außen. Eine für den Wasserdampf undurchlässige Schicht im Haus kann dann Feuchtigkeitsprobleme schaffen.

Wie ich schon gesagt habe: Von dem Holz in einem alten Blockhaus kann sehr viel wiederverwendet werden, wenn man beim Abreißen darauf achtet. Markieren Sie auch die Stangen des Unterdaches, so daß alles an seinen alten Platz kommt. Dann passen alle Ausschnitte für die Pfetten in den Halbspältern.

Die kleine Hütte.

Das traditionelle Mittel- und Nordschwedische Bauerngehöft besteht aus mehreren größeren und kleineren Gebäuden, die im Viereck um den Hofplatz angeordnet sind. Für jeden Zweck gibt es ein besonderes Haus; es wurde also nicht alles unter einem Dach untergebracht. Die „Lillstuga", die kleine Hütte, hat daher eine wichtige Funktion in der schwedischen Bauernkultur.

Die auf den Seiten 174–179 beschriebene Hütte wurde einige hundert Meter zum Freizeitgelände verfrachtet.

Der Mutterboden am Bauplatz wurde abgegraben. Unter jeden Eckverband wurden Bodenplatten gelegt, bevor der Boden mit drainierendem Kies wieder aufgefüllt wurde.

Die Hütte ist fertig, bis auf den Schornstein. Die vorspringenden Schwellenbalken wurden an den Oberseiten mit Blech beschlagen. Sie werden oft von Regen und Schnee befeuchtet, und dann saugen die Risse in den runden Schwellenbalken viel Wasser auf. Unter dem vorspringenden Giebeldach liegen zwei starke Planken aus gespaltenen Stämmen auf besonderen Unterlagen aus Stein. Sie haben sowohl die richtige Höhe als Trittstufe für den Eingang als auch die passende Sitzhöhe als Feierabendbank. Wenn man beim Eintritt in die Hütte über eine hohe Stufe steigen muß, vermindert sich die Gefahr, daß man sich den Kopf an dem niedrigen Türrahmen stößt.

Die Giebelbretter werden von dem vorgezogenen Dachblech geschützt. Die Bretter wurden aufeinander gestellt und nicht überlappt, um so die größtmögliche Breite zu erreichen. Die Hütte hat auch an jeder Langseite Fenster. So wird sie innen heller, und der Kontakt mit der Umgebung wird besser. Der Grundriß auf Seite 174 stimmt also mit der endgültigen Ausführung nicht ganz überein.

Die Einrichtung der kleinen Hütte besteht aus einem einfachen Etagenbett, Tisch und Bank. Vor dem Fenster, an der Längsseite zur Rechten, gibt es ebenfalls einen kleinen Tisch für die Küchenarbeiten. An der Längswand gegenüber dem Etagenbett sitzt eine Reihe von Holznägeln im Rähm. Da kann man Kleidung, Jagdwaffen usw. aufhängen.

Die Balkenwände sind mit graublauer Eier-Öl-Temperafarbe gestrichen. Sie kontrastieren gut mit den leinölbehandelten Oberflächen der Möbel und mit dem geölten Fußboden.

Die Eier-Öl-Temperafarbe mische ich auf folgende Weise: Sechs Eier werden vorsichtig zu Schnee geschlagen. Setzen Sie ebensoviel gekochtes Leinöl zu. Rühren Sie nach und nach Wasser ein, bis 1 Liter erreicht ist.

Man hat nun eine Mischung, in der jeder der 3 Bestandteile ⅓ des Volumens ausmacht. Mischen Sie 300 Gramm Deckweiß (Titanoxid) ein. Zinkweiß hat nicht das gleiche Deckvermögen wie Titanoxid. Mischen Sie die Farbe mit Oxidschwarz, um den passenden graublauen Ton zu bekommen. Ich nehme gewöhnlich 1–2 Gewürzmaße. Bedenken Sie, daß die Farbnuance sich nach dem Trocknen ändert.

Die Farbe trocknet in einigen Wochen. Sie ist dann sehr dauerhaft und kann zu einer seidenmatten Oberfläche gebürstet werden.

Der gußeiserne Ofen ist ein norwegischer Jötul 602 und steht zur Linken, wenn man hereinkommt. Er wärmt die Hütte auch bei strenger Kälte problemlos. Die Kunst ist nur, ihn nicht zu überheizen.

Den Schornstein bestellen Sie beim nächsten Klempner. Die Klempner haben ein einheitliches Modell, das sie schnell liefern können. Somit brauchen Sie die Blecharbeiten nicht selbst zu machen. Es ist wichtig, daß der Schornstein wasserdicht ist und daß er dem Schneedruck widersteht. Das Ofenrohr von mindestens 4 mm Wandstärke kaufen Sie am billigsten auf einem Schrottplatz, und die Isolierung des Ofenrohrs finden Sie beim nächsten Baumarkt. Lassen Sie die Schornsteinhaube und den Dachbeschlag ebenfalls vom Klempner machen. Versuchen Sie, einen vierkantigen Schornstein in Ihre Hütte zu bekommen. Runde Schornsteine erinnern mehr an Industrieventilation. Die übrigen Blecharbeiten im Inneren der Hütte können Sie leicht selber ausführen.

Schuppen mit Trockenklo

Das Trockenklo bestand früher oft aus einem kleinen, gezimmerten Anbau an einem der Schuppen.

Ein Freizeitgelände braucht einen Schuppen für Brennholz, einen Abstellraum und ein Trockenklo. Ein neugezimmerter Schuppen, entsprechend der Zeichnung, erfüllt diesen Bedarf. Im Trockenklo hat man eine Tonne, die zum Leeren über eine Luke an der Rückwand herausgenommen wird.

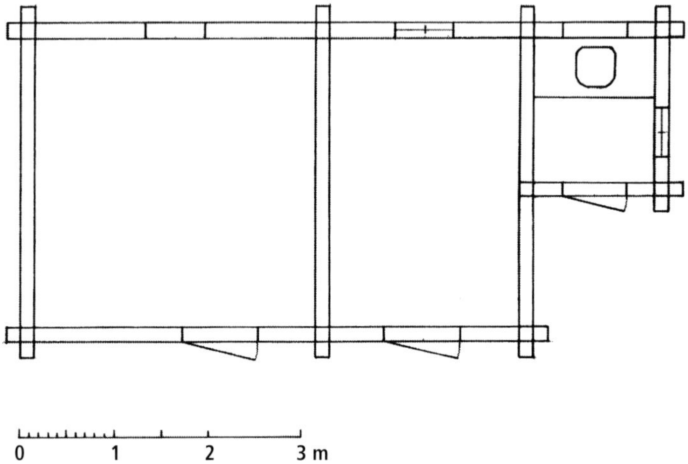

Der Holzschuppen

Auf der vorhergehenden Seite wurde ein neugezimmerter Schuppen mit Trockenklo beschrieben. Ein etwas heruntergekommener Heuschober von einer Hochmoorweide, einige Kilometer vom Ort entfernt, wurde schließlich zu dem Schuppen, den ich aufstellte. Es war einer der letzten Heuschober auf der Waldweide der Gemeinde, und er würde in einigen Jahren völlig zusammenfallen. Der Schwellenrahmen und das Rähm waren halb verfault, und auch die übrigen Balken sahen nicht gut aus, so vollgesogen von Feuchtigkeit, wie sie waren. Viele dieser Balken waren jedoch aus stammtrockenen Moorkiefern geschnitten worden, die vor allem aus Kernholz bestanden. Alle Balken wurden gedübelt, und es zeigte sich, daß die Bohrspäne goldgelb von fettem Kernholz waren.

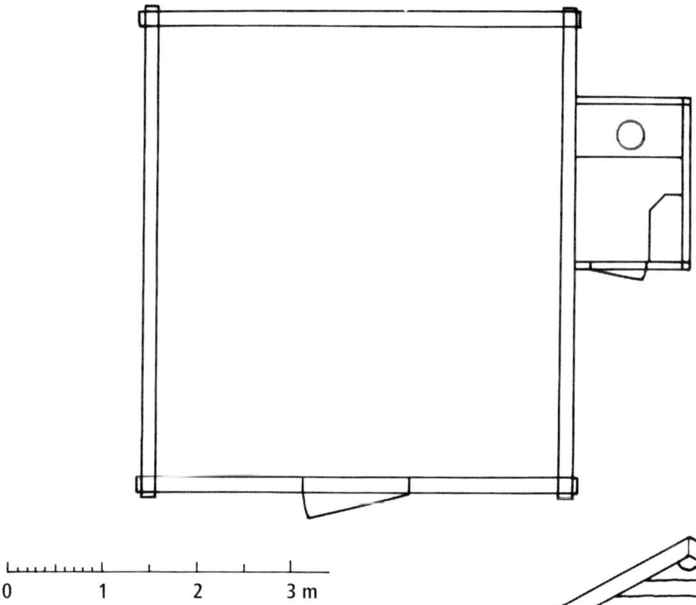

Eine Fuhre Splitt 16–32 wurde auf einer Feuchtigkeitssperre aus kräftiger Plastikfolie ausgebreitet. Unter den Ecksteinen wurden die Gras-
soden und der Mutterboden abgegraben. Die großen Natursteine und ein behauener Stein wurden direkt auf den Splitt gelegt.

Für den Schwellenrahmen wurden Ersatzbalken verwendet. Die Schwellenbalken und die anderen Balken der Längswände waren zu kurz und mußten gestoßen werden. Jede dieser Verlängerungen erfordert eine Auflage. Die Wände sind mit der typischen Technik für einfachere Scheunen gezimmert worden. Man setzte einen „Füllbalken" zwischen die Hauptbalken und verwendete den einfach verkämmten „Rännknut" ohne Zapfen als Eckverband. Es gibt keine Längsnut, denn der Heuschober sollte luftig sein, damit das Heu gut trocknen konnte.

Die Tischlerwerkstatt im Hintergrund hat ein Giebelfenster, das

nachträglich eingebaut wurde. Derartig schadhafte Blockbalken setzt man mehr oder weniger nach Gefühl auf.

Ein Ausrichten der Wände beim Abreißen ist in der Regel unmöglich. Man muß die Blockwände mit Hilfe eines Wagenhebers ins Lot bringen, nachdem sie sich einen Winter über setzen konnten.

Damit die Balken über den Türöffnungen auf die Nut für die Türzargen passen, werden zwei kräftige Spannbänder angewandt. Das eine ist hier an der Tischlerwerkstatt verankert worden. Wenn es kein Haus oder keinen Baum in der Nähe gibt, kann man einen Traktor als Festpunkt benutzen. Man schafft da erstaunlich viel mit einem starken Spannband.

Ein Fußboden ist für diesen Schuppen nicht vorgesehen. Dadurch kommt die Türschwelle sehr hoch über den Erdboden. Mit Balkenstücken an der Außen- und Innenseite kann man über diese hohe Schwelle steigen. Das findet man in vielen älteren Schuppen und Scheunen.

Die Ansicht der Blockwände gewinnt deutlich, wenn die einzelnen Hütten etwas versetzt aufgestellt werden. Meine Tochter hat größere Teile der Tischlerwerkstatt mit Beschlag belegt und hat nun dort ihr Spielhäuschen, zusammen mit allen Mädchen des Ortes.

Das Trockenklo, das der eigentliche Anlaß für den Bau dieses Schuppens war, sitzt wie ein „Nistkasten" an seiner Längsseite. Mit dem Profil der Eckständer habe ich insofern etwas „gespielt", als ich mit der Motorsäge drei waagerechte Bänder hineingeschnitten habe. Besäumte Schwartenbretter sind auf Luke mit den flachen Seiten gegeneinander genagelt worden. Alles wurde mit Eisenvitriol behandelt, die Ständer wurden außerdem geteert. Die hölzerne Regenrinne hält das Dachwasser vom Eingang des Klohäuschens fern.

Man soll eigentlich keine Mühe an verdrehte, schiefe und angefaulte Blockhäuser verschwenden. Wenn man aber trotzdem versuchen will, so ein altes Gebäude zu retten, kann man gewisse Kunstgriffe anwenden, um sein Aussehen zu verbessern. Hier habe ich Vorstoßkästen angenagelt, um die windschiefen Blockwände wieder aufzurichten. Das Holz dazu sind alte, trockene graue, kernholzreiche Bretter, die auf einem Abrißplatz gefunden wurden. Nach etwas Bastelei mit Hilfe der Motorsäge habe ich die Eckverbände wieder aufrichten können. Die Luftzirkulation unter dem Schwellenkranz ist gut für das Nutz- und Brennholz, das in dem Schuppen gelagert wird.

Die künftige Entwicklung

Wenn man ein Gehöft baut, muß man auch eventuelle künftige Anbauten bedenken. Sie sind natürlich stolz auf den Bau, den Sie gerade vollendet haben. In ein paar Jahren wird sich die Familiensituation aber verändert haben. Neue Lebensbedingungen erlauben Ihnen vielleicht, mehr Zeit in dem Freizeitgelände zu verbringen. Dann reichen zwei kleine Hütten nicht mehr aus, und ein Anbau muß her. Das wird selbstverständlich ein Blockhaus, denn Sie haben ja bereits die vorhandenen Häuser gezimmert und vielleicht auch schon darüber nachgedacht, wie der nächste Blockbau aussehen soll.

Hier habe ich zwei verschiedene Möglichkeiten für den künftigen Ausbau skizziert:

Alternative 1
Das Anwesen wird mit einer freistehenden Einzelhütte komplettiert, die im Nordwesten des Grundstücks mit Eingang nach Südosten so plaziert wird, wie es der Lageplan 1 zeigt. Das bedeutet, daß die kleine Hütte etwa 18 m zur nördlichen Ecke des Grundstückes versetzt werden muß. Das ist kein Problem, denn Blockhäuser eignen sich hervorragend für das Umsetzen. Die Blockwände werden über ausgelegte Baumstämme gezogen oder mit zwei kräftigen Heckladern auf neue Ecksteine gestellt. Die kleine Hütte wird mit einer Mittellaube und mit einer Sauna ausgebaut, die man sich auf einem Freizeitgelände schon immer gewünscht hatte.

Der Hofraum wird von zwei Gruppen von Hütten umschlossen. Die Hauptgruppe, mit Schuppen und Garage als Abgrenzung nach Südwest, mit der Einzelhütte nach Nordwest und mit dem Speicher nach Norden, öffnet sich zur Sonne nach Süden und bildet den Platz des Gehöftes, wo sich das meiste abspielt. Der Sekundärhof wird begrenzt von der Hütte, vom Speicher und von der Langhütte mit der kleinen Hütte und der Sauna. An späten Sommerabenden wird die Sonne genau darüber stehen, mit dem Sonnenglitzern über dem großen See.

Die kleine Hütte und der Speicher müssen als Handwerksraum und als Gästehütte für Kinder und Freunde dienen, die zu Besuch kommen. Wenn man die Laube zwischen der kleinen Hütte und der Sauna isoliert, kann dort eine kleine Küche mit Küchentisch und den notwendigen Fächern eingerichtet werden.

Gäste können da ihr eigenes Essen zubereiten, und eine eventuelle Kurzzeitvermietung an Sommergäste wird möglich.

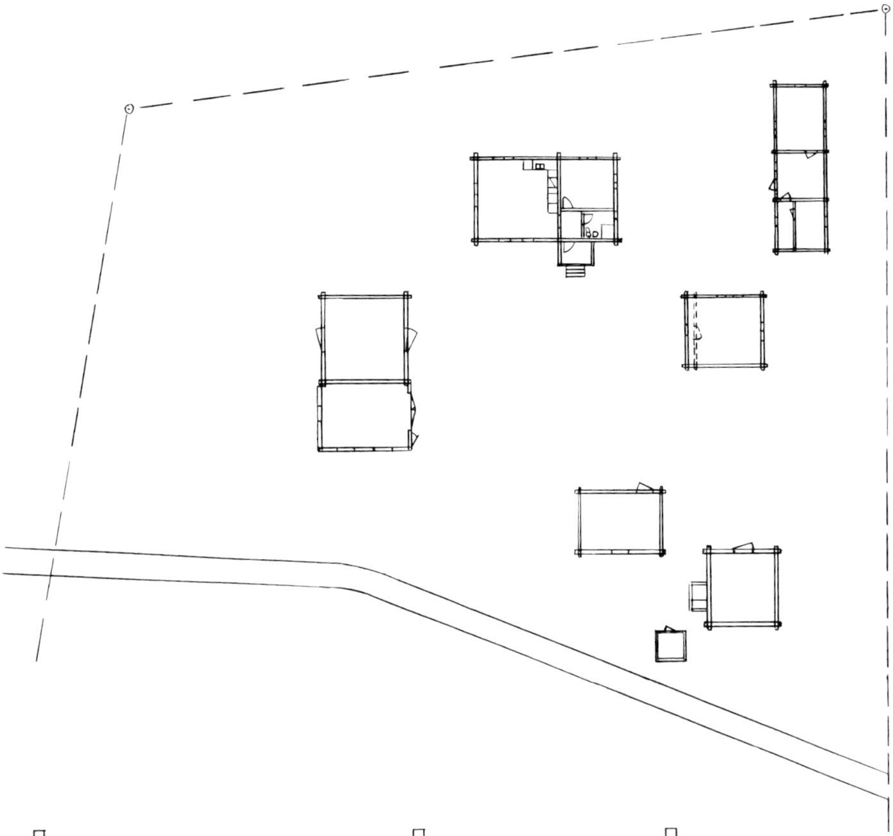

Lageplan 1

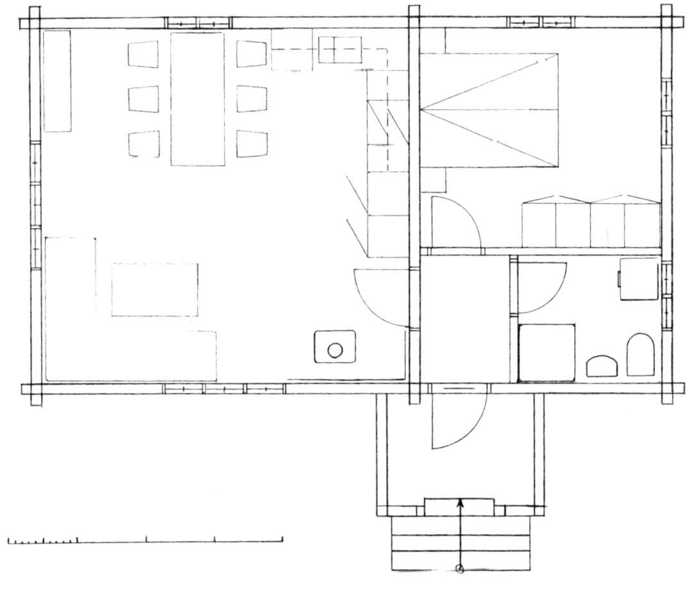

Zuerst zeige ich hier eine Einzelhütte von 5 × 9 m = 45 m^2 Innenmaß. Eine kleine Hütte, die sich für eine kleine Familie eignet. Der Raum ist beengt, aber es paßt alles Wesentliche hinein, um komfortabel zu wohnen. Der einfache Windfang mit Bank an der einen Seite bildet einen guten Übergang zwischen außen und innen. Auf der letzten Zeichnung zeige ich eine alternativ gestaltete Hütte im Ständerbau mit Vorzimmer.

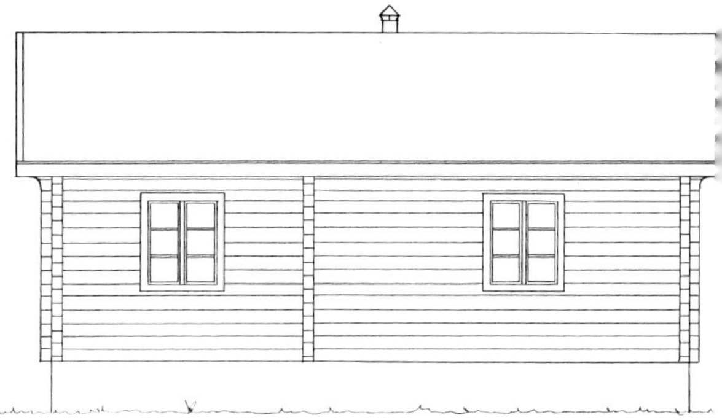

Die drei kurzen Ständer im Giebel tragen die Pfetten, und das ermöglicht entweder einen dreigeteilten Dachraum oder einen hohen Innenraum, der bis zur Firstpfette reicht. Ein dreigeteiltes Dach ist aus Gründen der Belüftung vorzuziehen. Man erhält dadurch einen Kaltraum unter dem Dach, der durch Belüftungsöffnungen an beiden Giebelspitzen ventiliert wird. Wenn das Innendach bis zur Dachnock reicht, kann man bei einem dichten Außendachbelag Probleme mit der Feuchtigkeit bekommen.

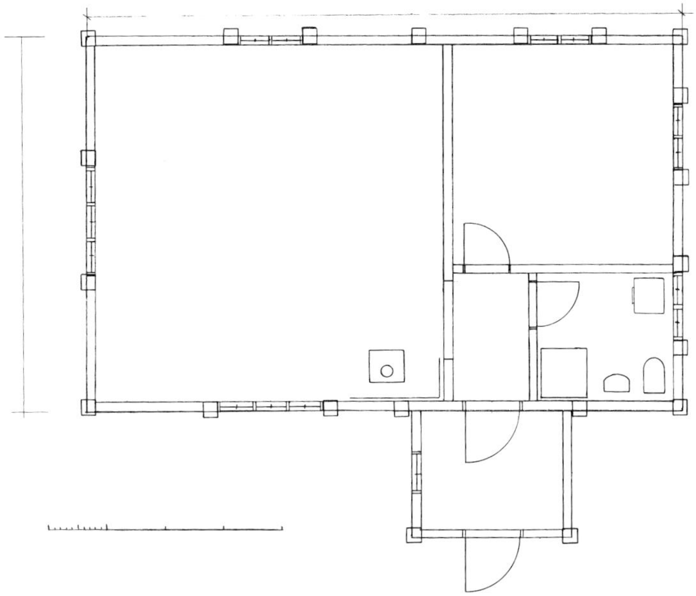

Eine größere Familie benötigt mehr Wohnraum. Wenn man in der Länge und Breite 1 Meter zulegt, bekommt man ein Innenmaß von 6×10 m = 60 m², dazu einen isolierten Vorraum von 5 m². Die Hütte ist in Ständerbauweise gezeichnet mit Ständern von 22×22 cm. Man braucht dazu 21 Ständer, und das erfordert natürlich speziell geeignetes Holz. Wenn Sie Zugang zu überstarken Stämmen haben, kann diese Bauweise die geeignete Verwendungsmöglichkeit dafür sein. Die Bauweise wird später im Buch auf den Seiten 244–247 beschrieben. Ein anderer Unterschied zu der vorher beschriebenen Hütte ist der, daß die Fenster 140 cm hoch sind, statt der 120 cm hohen Fenster auf früheren Zeichnungen.

Die Proportionen nähern sich denen moderner Häuser, weichen also von der Formsprache früherer Zeiten ab. Lesen Sie hier, was Bengt O. H. Johansson, Chef von kulturmiljöavdelningen beim riksantikvariatsämbetet dazu sagt:

Moderne Häuser machen oft einen plumpen Eindruck. Das liegt daran, daß ihre Proportionen nicht mit unseren Vorstellungen vom Aussehen eines Hauses übereinstimmen. Das Verhältnis zwischen der Länge und der Breite des Hauses ist ebenso wichtig wie das Verhältnis zwischen der Wandhöhe und der Dachhöhe. Darum muß das Haus mindestens doppelt so lang sein, wie es breit ist, und die Wände sollen höher sein als das Dach. Es ist besser, ein zweietagiges Haus zu bauen, als wenn das Dach zwei Drittel der Höhe ausmacht. Ein großes Dach sieht nur klobig aus.

Kleine Hütte und Sauna
mit Mittellaube

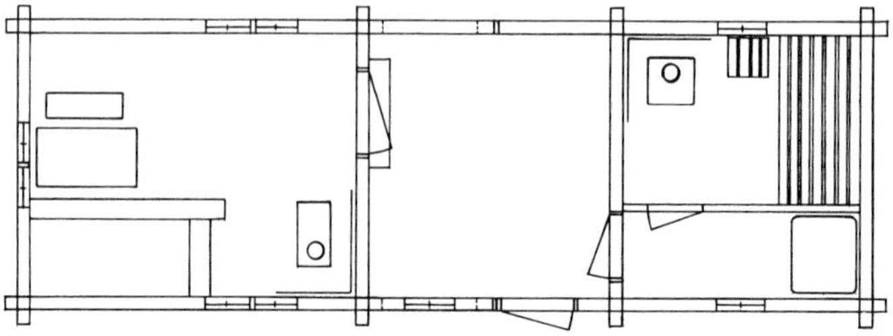

Sauna und Waschraum wurden mit einer vorspringenden Giebellaube gezimmert, deren Maße zu der kleinen Hütte passen. Da das Grundstück zur Nordseite sanft ansteigt, wird die Gründung des Hauses dem Gelände angepaßt. Dadurch kommt die Sauna und die Mittellaube 50 cm tiefer zu liegen als die kleine Hütte, wie es die Seitenansicht zeigt. Die Hüttenreihe paßt sich also der sanften Neigung des Geländes an. Durch die Stufe im Dach wird die Schwierigkeit, einen neuen Blockbau mit einem vorhandenen zu verbinden, elegant gelöst. Das Sinken des neuen Blockbaues ist schwer einzuschätzen. Daher bevorzugen manche Zimmerleute in Norwegen die Ständerbauweise für den Anbau an ein vorhandenes Blockhaus.

Früher waren die Möglichkeiten für Erdbewegungen begrenzt, und deshalb wurde so wenig wie möglich ausgeschachtet. Das führte dazu, daß die Häuser dem Gelände angepaßt wurden, nicht umgekehrt. Heutzutage kann das Planieren des Baugrundes mehr einer Landschaftsumwandlung ähneln, und alle Erinnerung an das frühere Aussehen des Grundstücks geht dabei verloren. Die Natur und die Umgebung mögen auf lange Sicht zeigen, ob das richtig ist.

Die Mittellaube war zum Abkühlen während eines Saunaganges gedacht und sollte daher nicht isoliert werden. Die kleine Stube sollte als Saunakammer dienen, um dort anschließend ein kühles Bier zu genießen.

Lageplan 2

Die Doppelhütte wird mit dem vorhandenen Haus verbunden, um so erheblich mehr Wohnraum zu schaffen. Hier ist das Wohnen mehr nach innen ins Haus gerichtet und nicht auf den Hofraum wie im vorigen Beispiel. Die große Hütte kann wohnlicher eingerichtet werden, mit rustikalen Möbeln und einer herrlichen Aussicht über den See. Speicher und kleine Hütte werden zu hübschen Schlafräumen, die das Wohngefühl des Blockhauses vermitteln.

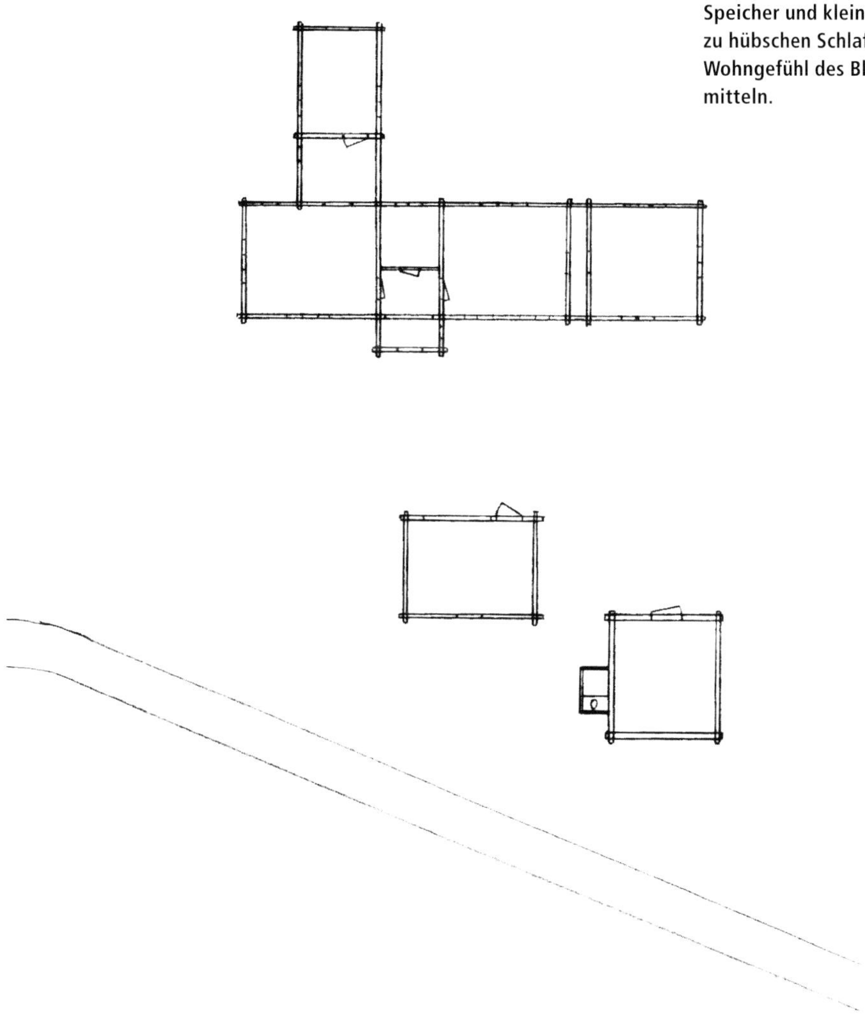

Ich habe auch den Vorschlag zwei, mit Grundriß und Seitenansicht, weiterentwickelt. Vergessen Sie nicht, daß Sie niemals billiger bauen können als auf dem Zeichentisch.

Vergeuden Sie ruhig Papier, und probieren Sie verschiedene Ideen, ehe Sie die Säge an den Baum legen, um das Bauholz zu fällen.

Die Ziffern an den einzelnen Fenstern sind Fenstergrößen. 12–7 bedeutet, daß das Fenster 120 cm breit und 70 cm hoch ist.

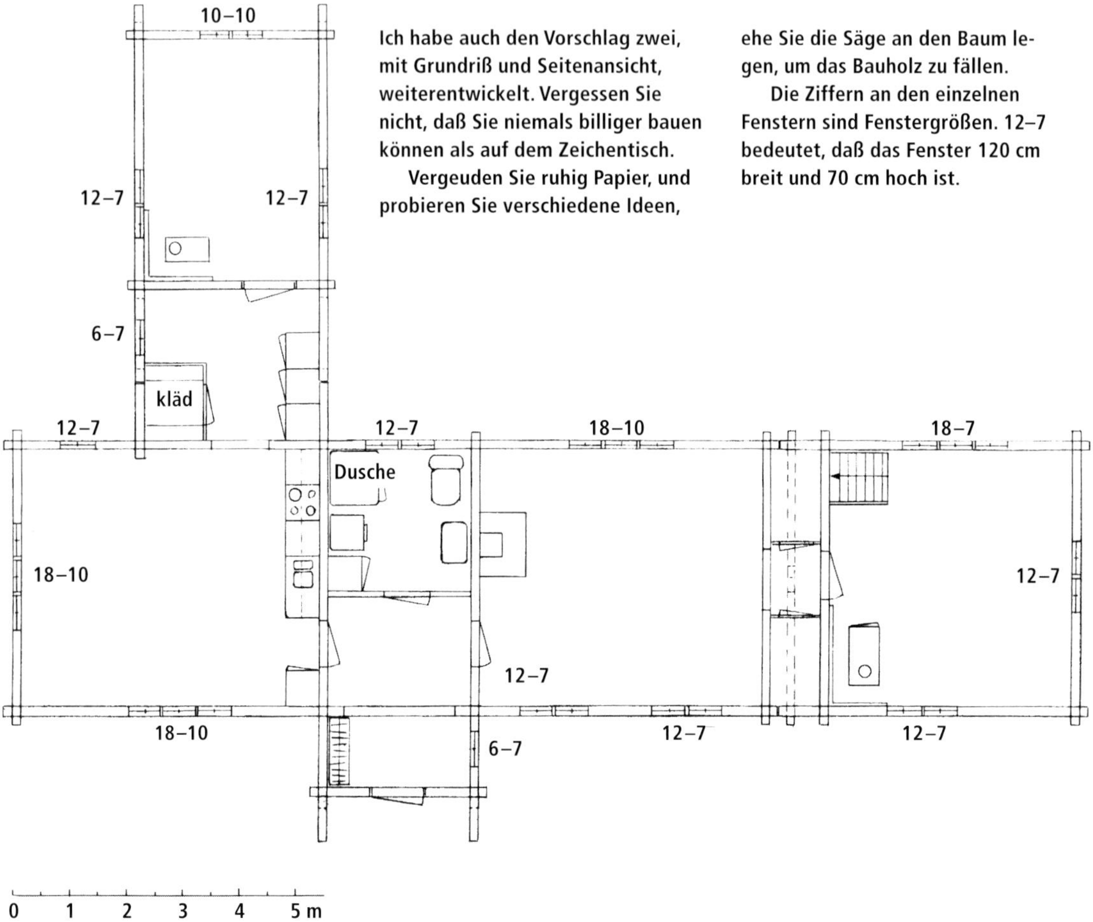

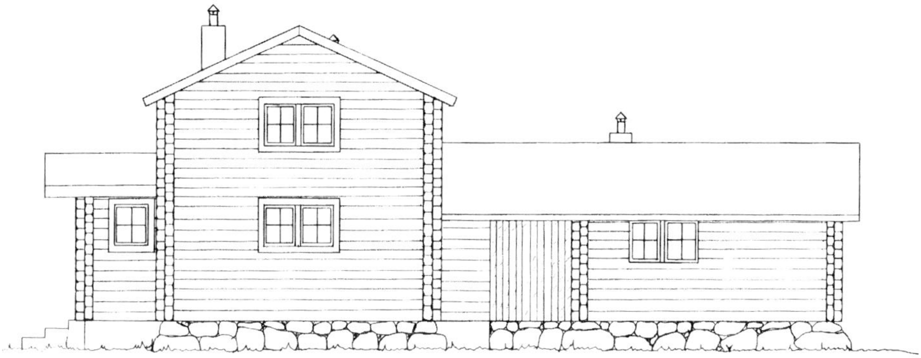

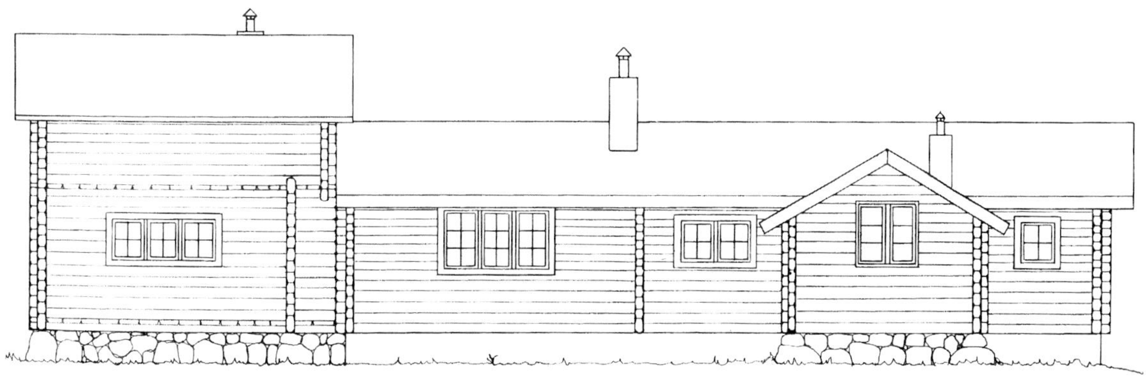

Berghütte

Mein Nachbar auf der Bergweide, Allan Höglund, hat diese Hütte gezimmert, deren Holzofen mitten im Raum steht. Ein Windfang mit Bretterwand dient bei Sturm und Kälte als Abschluß zwischen außen und innen. Im Windfang ist auch Platz für einen Lebensmittelschrank und für eine Garderobe.

Der Grundriß zeigt, wie intensiv der Wohnraum genutzt wird. Im Erdgeschoß von $5{,}4 \times 4{,}4 = 24\ m^2$ haben zwei Etagenbetten mit vier Schlafplätzen Platz. Auf dem Dachboden können noch einmal vier Personen schlafen. In dieser Berghütte kann also eine große Familie oder eine Wandergruppe untergebracht werden, ohne daß man übereinanderklettern muß. Da der Ofen oder Herd mitten in der Stube steht, bieten alle Wände Platz für Möbel.

Die Blockwände wurden von zwei Mann in zehn Tagen bis zur Höhe des Rähms und der Dachbodenbalken emporgezimmert. Da kräftige Balken gewählt wurden, reichten 12 Balkenkränze und ein Dachwinkel von 30° aus, um Stehhöhe und einen Schlafraum auf dem Dachboden zu bekommen.

Es wurde auf einem harten, trockenen Schotterplatz, hinter der Maschinenhalle der Landwirtschaftsschule von Västsura gezimmert. Einige Meter vom Zimmerplatz entfernt gab es Stromanschluß.

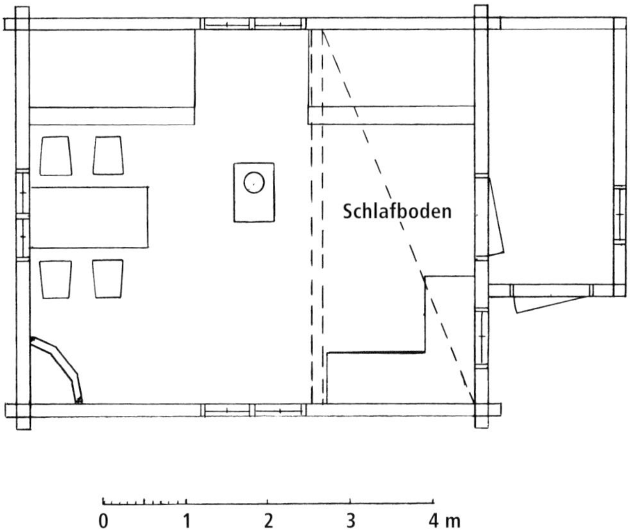

Die Schablone für das Aufstellen der Grundsteine wurde aus Leisten zusammengenagelt. Da man die Stärke 35 × 35 mm gewählt hatte, konnten diese Leisten später für Dübel genutzt werden. Die Wände wurden auch in der Mitte auf Grundsteine gestellt, um das Durchbiegen zu verhindern.

Jeder Balken wurde mit dem Breitbeil behauen, entweder vor dem Einzimmern oder, wie hier, auf seinem Platz in der Wand. Wenn man nur die Außenseite bearbeiten will, ist es am praktischsten, die Balken paarweise zu behauen, bevor sie in die Wand eingezimmert werden. Wenn man zu viele Balken im voraus behaut, kann man nach dem Aufhieven auf die Wand leicht ihre Ober- und Unterseite verwechseln. Die Balken sollen in der Stellung eingezimmert werden, in der sie behauen wurden. Mit einem scharfen Breitbeil haut man von oben nach unten, und mit ein wenig Übung bekommt man das charakteristische wellenförmige Muster zustande. Handbehauene Balken müssen etwas unregelmäßig aussehen. Wenn das Muster zu gleichmäßig ist, könnte man glauben, daß sie maschinell bearbeitet wurden.

Die Balken müssen beim Behauen mit derselben Seite nach oben liegen, die auch in der Wand nach oben kommt, damit sich keine kleinen Wassertaschen bilden, in denen sich Regenwasser sammeln kann.

Die Arbeit von drei Tagen ist abgeschlossen. Zwei geübte Zimmerleute sollten einen Balkenkranz am Tag schaffen. Die Hütte wird zunächst als „Kasten" gezimmert. Die Löcher für die Nuten der Tür- und Fensterrahmenbohlen werden beim Einzimmern jeder Balkenlage gebohrt. Nach dem Aufstellen des Kastens schneidet man die Tür- und Fensteröffnungen entlang der Markierungslinien aus, so wie man „Zeit und Geld" hat. Das Zimmern der Wände begann an den Giebelschwellen mit halben Balken.

Das Rähm und die Balken für den Dachboden sind eingezimmert. Allan entschloß sich dazu, die vorspringenden Teilen der Rähmbalken rund zu belassen. Der Kran des Forsttraktors war uns beim Aufhieven der Balken eine große Hilfe, weil wir nach der Dala-Methode mit waldfrischem, schwerem Holz zimmerten. Beachten Sie, daß das Baugerüst zweimal erhöht wurde. Oft reicht einmaliges Erhöhen.

Sorgen Sie immer für ein ordentliches Baugerüst und für stabile Leitern. Sie sind persönlich haftbar für Unfälle, die beim Bau Ihres Hauses geschehen.

Das Aufsetzen der Blockwände auf dem Grundstück im Fjäll. Der erste Balkenkranz liegt an seinem Platz. Die Grundsteine liegen auf eingegrabenen Bodenplatten. Das Gelände ist schwach geneigt und etwas feucht. Der Abstand zum Boden beträgt 30 cm an der Oberseite und 70 cm an der Unterseite. Damit ist eine gute Belüftung des Schwellenkranzes sichergestellt, und die Bodenfeuchtigkeit kann nicht in das Haus eindringen. Das Dichtungsmaterial war Wandmoos, das in der Nähe des Bauplatzes gesammelt werden konnte.

Oben im Fjäll gibt es keine Hilfsmittel für das Anheben der 8 m langen, schweren Rähmbalken und Pfetten. Wir halfen uns mit der Vorrichtung, die Sie auf dem Bild sehen. Die Balken können leicht nach oben gehebelt werden, wenn die beiden Planken genügend nahe beieinander stehen.

Oben: Eine Seitenpfette wird hochgezogen, die andere liegt, frisch gehobelt, auf dem Boden dafür bereit. Für das letzte Stück wenden wir kräftige Seile an, um die Pfetten hochzurollen. Es ist besser, die Pfetten erst unmittelbar vor dem Einzimmern zu hobeln, da sie sichtbar bleiben. Wenn man sie schon vor dem Transport oder beim ersten Aufsetzen auf dem Zimmerplatz hobelt, kann es sein, daß der Greifer des Kranes sie beschädigt. Ich unterstelle, daß man für den Transport und für das Hantieren schwerer Stämme einen Krantraktor verwendet. Die Wandbalken sind sehr widerstandsfähig gegen Beschädigungen, besonders dann wenn man einen „Kasten" zimmert, und wenn die Tür- und Fensteröffnungen symmetrisch angeordnet sind. Der Kran greift den Balken in der Mitte, und evtl. Beschädigungen werden oft weggeschnitten, wenn später die Tür- und Fensteröffnungen ausgesägt werden.

Mitte: Die Wände stehen, und die Fächer für die Dachisolierung, oberhalb des stehenden Dachpaneels, werden soeben fertiggestellt. An der Dachnock, neben der Firstpfette, sieht man den Schacht für den in der Mitte der Hütte stehenden Schornstein. Die Türöffnung wurde bereits herausgeschnitten, und die Rahmenbohle wurde in die Nut eingeschlagen. Wenn man die Nut vorgebohrt hat, kann sie leicht ausgeschnitten werden. Die Balkenköpfe an den Vorstößen müssen noch nachgeschnitten werden.

Unten: Die Hütte ist unter Dach. Sie ist umgeben von Trockenklo, Holzschuppen in Ständerbauweise und gezimmerter Gästehütte.

Ständerbau mit Fachwerk

In späteren Jahren habe ich eine Anzahl Häuser in Ständerbauweise mit Rahmenwerk gebaut. Dem liegen die Traditionen des Fachwerkhauses und des Schichtwerkhauses zugrunde. Der Unterschied zwischen diesen zwei Haustypen besteht darin, daß im Fachwerkhaus der Rahmen mit Lehm-Flechtwerk oder Ziegeln ausgefüllt wird, während man im Schichtwerkhaus liegendes Holz oder Planken verwendet.

Zu der Konstruktion, die ich hier zeige, bin ich in Norwegen angeregt worden. Dort nennt man diese Technik „Bindningsverk" und verwendet sie häufig für den Neubau von Ferienhäuschen.

Diese holzsparende Bauweise war früher in waldarmen Bergtälern gebräuchlich. Mit ihren kräftigen Ständern und den breiten Paneelbrettern vermittelt sie trotzdem die

Ein Beispiel für die Verwendung grober Schwartenbretter als Füllung für das Rahmenwerk. Die Schwarten sind mit den flachen Seiten gegeneinander gewendet. Die Rahmen und Ständer sind frisch geteert. Die Schwarten sind entrindet, aber unbehandelt.

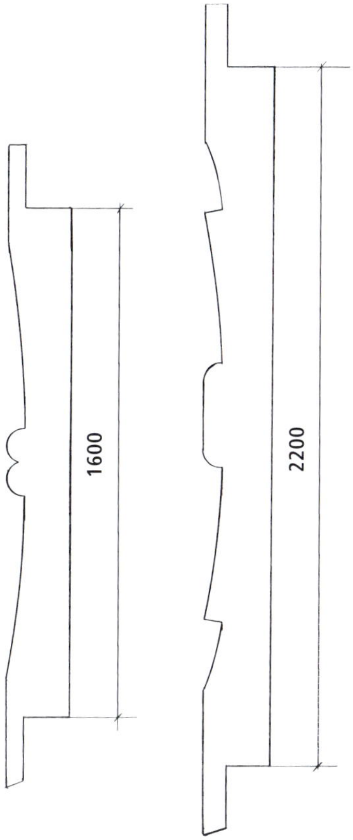

Die Ständer säge ich aus Bohlen von 200 × 200 mm oder 220 × 220 mm. Für die Eckständer muß man Vierkantholz verwenden, weil man diese Ständer von zwei Seiten sieht. Die Eckständer können von einer oder von zwei Seiten profiliert werden. Wenn nur eine Seite profiliert wird, bevorzuge ich die zur Längswand der Hütte weisende Seite. In den Wänden kann man die Ständer in gleichmäßigen Abständen verteilen oder aber als kräftiges, profiliertes Futter neben die Tür- bzw. Fensteröffnungen setzen. Diese Ständer kann man aus 150 × 200 mm starkem Holz sägen, wenn die vierkantigen Ständer knapp werden. Die flache Seite wird dann profiliert und nach außen gewandt. In kleineren Häuschen habe ich vorgesägte Blockbalken von 140 mm verwendet und das Profil in die Seite mit der Waldkante geschnitten.

Das Foto zeigt einige Profile, die ich angewendet habe. Die Zeichnung zeigt zwei maßstabgerechte Profile. Das Profilbrett wird als Schablone auf die Ständer gelegt und auf beiden Seiten aufgezeichnet. Wenn man mit schiebender, auslaufender Sägekette schneidet, kann man die Linien gut einhalten, da die Sägespäne nach unten wegspritzen. Sehen Sie auch die Abbildungen auf Seite 265.

Die Wand ist bis zum Annageln des Paneels vorbereitet. Die Ständer wurden geteert, damit sie langsamer austrocknen und um so die Rißbildung in den gesägten Oberflächen zu mindern. Das Paneel soll mindestens 10 mm Luftspalt zum Wasserbrett haben, damit das Hirnholz der Bretter dort kein Wasser saugt.

Eigenart der Naturholz-Bauweise. Wenn man das Haus mit Holzteer anstreicht, bekommt es für mein Empfinden ein ansprechendes Aussehen mit traditioneller Anmutung. Die Struktur der Wände ähnelt der des Blockhauses, denn sie zeigt die Schönheit des unbearbeiteten Holzes, als eines natürlichen Werkstoffes.

Zum Füllen des Rahmenwerkes werden oft unbesäumte Paneelbretter verwendet, worauf in zahlreichen Beispielen in diesem Buch hingewiesen wird. Sie unterstreichen den rustikalen Eindruck. Halbspälter oder grobe Schwartenbretter kann man ebenfalls anwenden. Bei der Verwendung unbesäumter Bretter für das Paneel soll beim Unterpaneel die Kernseite nach außen gelegt werden.

Beim Oberpaneel kommt die Splintseite nach außen, da die Waldkante sichtbar sein soll. Das führt dazu, daß das Oberpaneel sich beim Schwinden des Holzes vom Unterpaneel wegwölbt. Benutzen Sie deswegen für das Oberpaneel Bretter, die aus der Stammitte geschnitten wurden. Die Bretter haben dann stehende Jahresringe – die also quer zu den Seitenflächen stehen –, und sie werfen sich weniger beim Austrocknen. Je weiter von der Stammitte die Bretter geschnitten wurden, desto mehr werfen sie sich. Wenn die Bretter aus der Stammitte stammen, enthalten sie mehr Kernholz, die Äste sind frischer und sie „liegen" im Brett.

Bretter aus dem Splintholz des Stammes haben wenig Kernholz, und die Äste „stehen", gehen also durch das Brett hindurch. Wenn es Schwarzäste sind, können sie später locker werden. Wenn die Bretter scharfkantig besäumt sind, wird auch beim Oberpaneel die Kernseite nach außen gelegt. Ober- und Unterpaneel liegen dann fest aufeinander und auf der Unterlage, auf die sie genagelt werden. Bei nassem Wetter wird sich das Paneel nicht öffnen, was der Fall ist, wenn das Unterpaneel mit der Kernseite nach innen, das Oberpaneel aber nach außen angenagelt wird.

Der untere Rahmen, der Schwellenrahmen, und der obere Rahmen, das Rähm, können mit der traditionellen Blockbautechnik mit vorstehenden Balkenköpfen verzimmert werden. In diesem Fall ist es vorteilhaft, sehr kräftige Eckständer zu verwenden, die den Eckverband überkragen.

Diese Technik ist hervorragend geeignet zum Ausbau eines vorhandenen Blockhauses. Es kann schwierig werden, an eine alte Blockhauswand eine neugezimmerte

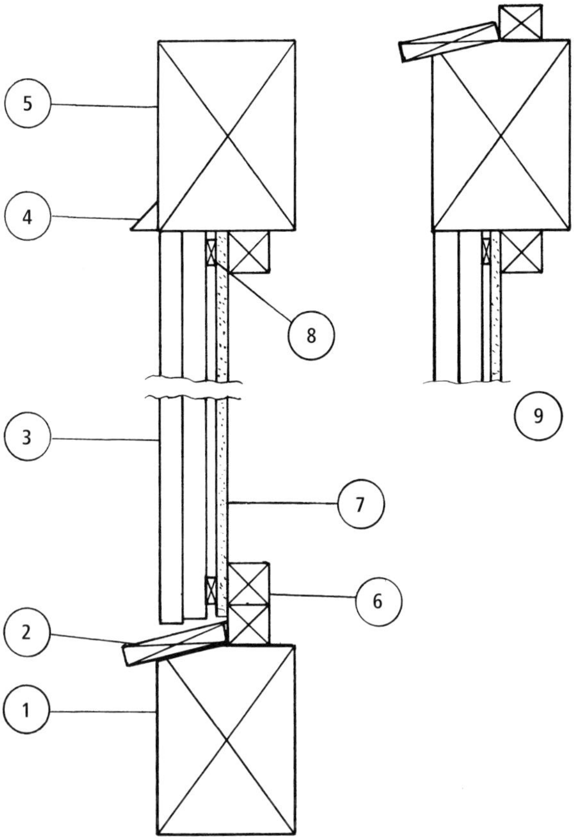

1. Schwelle, 150×200 mm.
2. Wasserbrett, das 3–4 cm über die Schwelle hinausragt. Spalten Sie nach Möglichkeit alles Splintholz ab. Das Wasserbrett ist sehr viel dauerhafter, wenn es nur aus Kernholz besteht. Das Schräghauen der Schwelle geht am besten, bevor die Nagellatten angenagelt werden. Teeren Sie die Abschrägung, bevor das Wasserbrett angenagelt wird.
3. Unter- und Oberpaneel, mindestens 25 mm stark. Für bessere Wasserabweisung kann es schräg gekappt werden. Vergessen Sie den Luftspalt zum Wasserbrett nicht.
4. „Tropfnase" aus einer Dreikantleiste am Rähm der Seitenwand. An der Giebelwand ist sie nicht erforderlich, da das Giebelrähm durch den Dachüberstand geschützt wird.
5. Rähm, 150×200 mm. Es muß mindestens im Abstand von 2 m durch Ständer gestützt werden.
6. Zwei Nagelleisten, 25×45 mm.
7. Winddichtung aus Asphaltplatte oder Windpappe, wenn das Haus isoliert werden soll.
8. Eine 15 mm starke Leiste für Belüftung zwischen Winddichtung und Unterpaneel.
9. Wasserableitung am Giebelrähm, wenn das Paneel dort ebenso genagelt wird wie im Rahmenwerk der Seitenwände.

Wand anzupassen. Die neue Blockwand sinkt um einige cm, aber es ist schwer, das genaue Maß zu berechnen. Mit Ständer und Rahmenwerk bekommt man dagegen eine Konstruktion, die sich nicht mehr setzt.

In der Beschreibung der Hütte auf der Bergweide wird auf Seite 265 der Bau des niederen und unteren Rahmens beschrieben. Der erste, der Schwellenrahmen, dient als Schablone für den oberen Rahmen, bis die Ständer aufgestellt sind und die Balken des oberen Rahmens, einer nach dem anderen, an ihren Platz gebracht wurden. Beim Aufstellen der Ständer ist es wichtig, daß sie mit kräftigen, 45×120 mm starken Schrägstützen verstrebt werden. Ohne diese Streben kann das ganze Gerüst beim ersten Windstoß wie ein Kartenhaus zusammenfallen. Ich bevorzuge Verstrebungen, die an jedem Ständer vom Rähm nach unten zur Schwelle gehen. Man muß mitten in der Wand einen Ausschnitt für die Schrägstützen in den Nagelleisten aussparen.

Alternative Nagelung des Paneels am Giebelrähm: In einer Flucht mit der Dachstuhlkonstruktion! Der Dachstuhl wird dabei auf die Kante des Giebelrähms ausgerichtet, eventuell einige cm nach außen gelegt, so daß das Wasser auch vom Unterpaneel abtropfen kann.

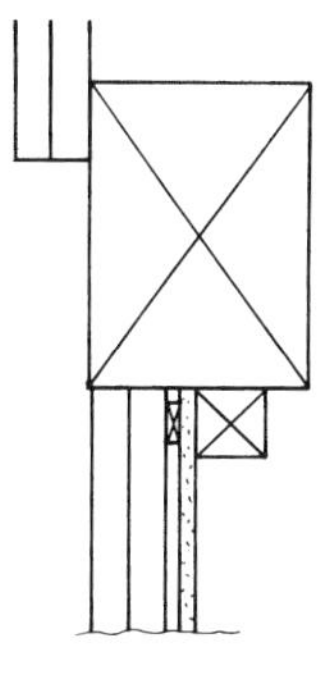

Holzschuppen, Vorratsraum und Trockenklo

Einen kleinen Holzschuppen und Vorratsraum braucht man an jeder Hütte. Hier wird ein kleiner Schuppen von 3 × 3 m Grundfläche beschrieben, der dem Bedarf genau entspricht.

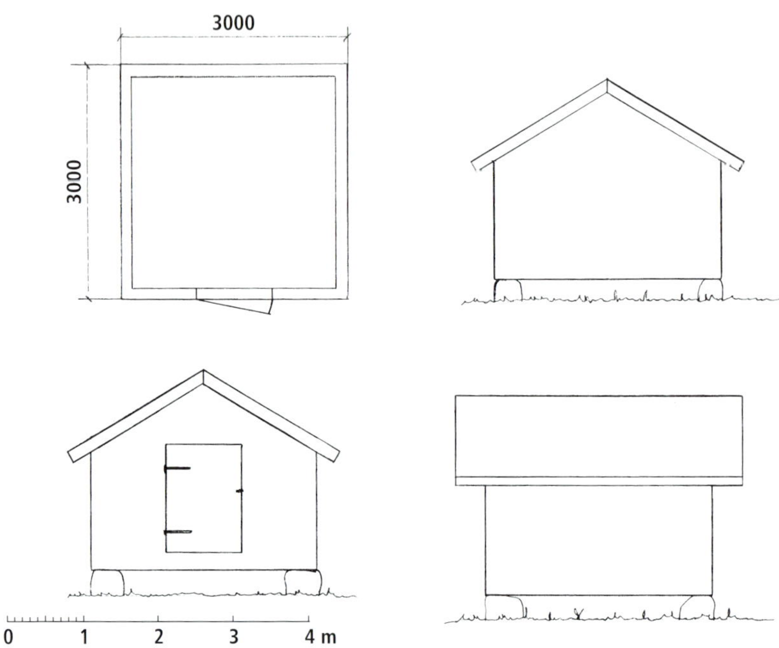

Einfacher Sägebock aus langsamgewachsener Gebirgsfichte. Wenn ein stabiler Sägebock fehlt, gehört das Brennholzschneiden mit der Motorsäge zu den gefährlichsten Arbeiten, die es gibt.

Die Ecksteine wurden in kleine Gruben gelegt, wo die Rasensoden abgegraben wurden. Sodann wird der Schwellenrahmen auf den Ecksteinen ausgerichtet. Im Hintergrund steht die Sägebank der Solo-Säge. Sie wurde zum Zuschneiden der Stämme gebraucht, die auf dem Grundstück gefällt wurden. Die Wände wurden zu Hause vorbereitet und die letzten 100 Meter auf der Schulter herangebracht. Im Hintergrund sieht man den Hügel, auf dem die Hütte stehen soll.

Der Rahmen mit den Verstrebungen und der Dachkonstruktion ist fertig für das Aufbringen des Blechdaches.

Das Holz vom Grundstück reichte für die Dachstühle, für die Dachlatten und für das Paneel an drei Seiten. Das Paneel liegt außen auf dem Rahmenwerk, weswegen die profilierten Ständer teilweise in den Wänden verschwinden. Die schrägen Verstrebungen in der Tür werden normalerweise andersherum angebracht, nämlich vom unteren Scharnier zum oberen Türriegel.

Holzschuppen mit Firstpfette

Mein Nachbar Allan Höglund baute den Holzschuppen mit den Maßen 3 × 4 m in Ständerbauweise, wie ihn das Bild zeigt. Die Ständer messen in der Stärke 200 × 200 mm. Der Schuppen wurde auf gefrorenem Boden gebaut und später während des Sommers aufgestellt.

Die Firstpfette wird am hinteren Giebel von einem Mittelständer getragen.

Am vorderen Giebel wird die Firstpfette von einem kurzen Ständer getragen. Durch die Firstpfette bekommt man viel Raum im Inneren des Schuppens. Beachten Sie die Abdeckung des Holzstapels mit Schwarten, die Sie im Hintergrund auf dem oberen Bild der vorigen Seite sehen. Eine luftige Abdeckung, bei der sich, zum Unterschied von der Abdeckung mit Plastik, kein Schimmel bildet.

Abb. unten: Allan hängt die Tür ein. Der Schuppen hat ein Paneel aus breiten, entrindeten Schwarten, die mit den Flachseiten aneinandergenagelt sind. Die Windbretter am Giebel werden noch abgeschnitten. Eine sehr preiswerte Konstruktion, die, verglichen mit einem Paneel aus scharfkantig gesägten Brettern, ein rustikales Bild bietet. Sehen Sie auch das Foto auf Seite 244.

Heuschober als Holzschuppen

Diesen Schuppen hat mein Bruder Bo als Holzschuppen an seiner Waldhütte aufgesetzt. Unter dem breiten Dachvorsprung am Giebel nach Südwest kann das Holz gut trocknen.

Trockenklo

Ein Trockenklo an derselben Hütte. Wenn Schwarten verwendet werden, wie auf dem Bild zu sehen, dauert es nicht lange, bis das Haus grau wird und sich in die Umgebung einfügt. Die Grube unter dem Klo ist an der Rückseite verlängert, so daß man sie entleeren kann, ohne das Häuschen anheben zu müssen.

Scheune mit Garagenanbau

Im Abschnitt über die künftige Entwicklung einer Freizeitanlage finden Sie im Lageplan auf Seite 233 eine Hütte mit Garagenausbau. Ich habe sie vor einigen Jahren, entsprechend der nachstehenden Beschreibung, gebaut.

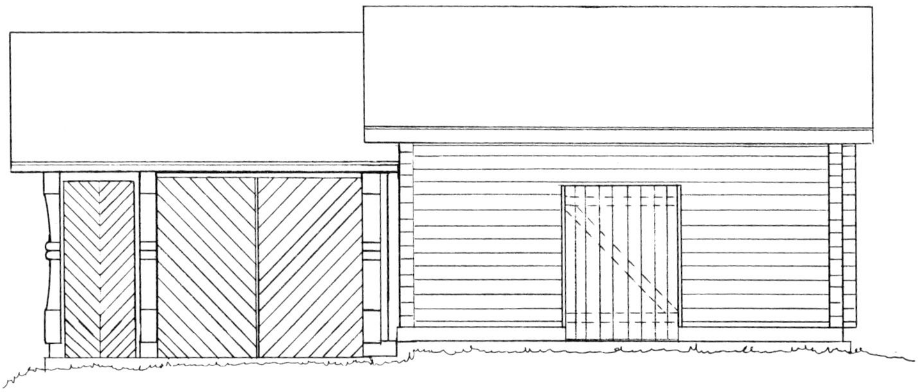

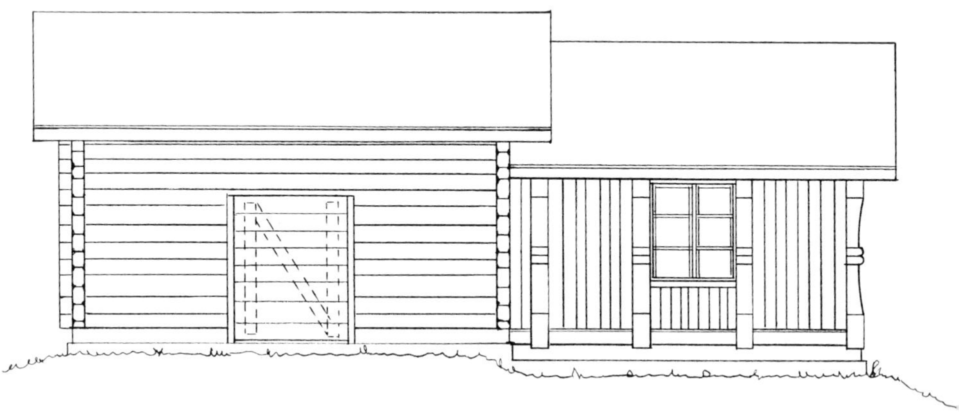

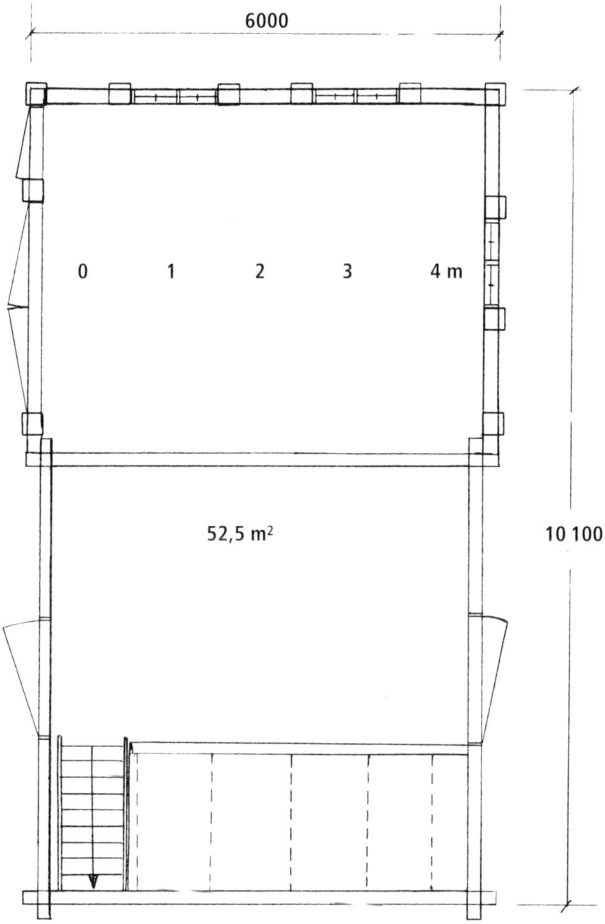

Die Scheune ist so hoch, daß in die Mansarde ein Speicherboden eingebaut werden kann. Dadurch kann der ganze Boden der Garage für ständig benötigte Dinge genutzt werden. Die Innenbreite der Scheune von 5,2 m reicht nicht aus, um ein größeres Auto in Querrichtung hineinzustellen. Darum wird die Breite der Garage um 40 cm erweitert, wie die Zeichnung zeigt.

Die Fenster passen genau zwischen die Ständer, die damit als profilierte Fensterumrahmung dienen. Drei Pfetten tragen die Dachsparren und werden ihrerseits von drei Ständern getragen. Die Seitenpfetten liegen auf Ständern, die auf den Schwellen stehen. Diese zwei Ständer haben die Maße 150 × 200 mm, und stehen mit der flachen Seite nach außen. Die übrigen Ständer haben die Dimension 220 × 220 mm und haben einen vorgeschnittenen Kernriß.

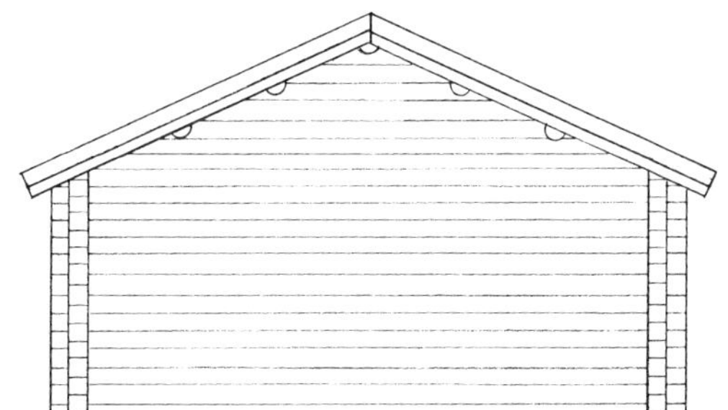

Die Gründung

Es wurden zwei Betonplatten mit einem Höhenunterschied von 15 cm gegossen, um das Haus der Neigung des Geländes anzupassen.

Oben: Der Mutterboden wurde abgegraben und Schotter in einer 40 cm dicken Schicht zur Drainage des Bodens aufgeschüttet. Diese Bettung blieb über Winter liegen, um sich setzen zu können. Wenn man die Betonplatte gleich gießen will, muß der Schotter kräftig eingeschlämmt und mit geeigneten Hilfsmitteln verdichtet werden.

Mitte: Beide Bodenplatten sind gegossen und wurden zum Aushärten mit Plastik abgedeckt. Der Beton muß mindestens eine Woche lang feucht gehalten werden, damit er richtig fest wird. Die Plastikfolien verhindern die Verdunstung in der brennenden Sommersonne. Die Schwellenbalken werden auf eine Reihe Betonsteine gelegt. Asphaltpappe und Birkenrinde dienen zur Isolierung der Schwellen. Wie gewöhnlich sind die alten Blockbalken, im Schwellenkranz und noch ein bißchen weiter hinauf, schadhaft. Ich bekam alte Balken für den Schwellenkranz von einem Nachbarhof, wo eine alte Waschküche abgerissen wurde. Die numerierten Balken wurden, Wand für Wand, in der Reihenfolge ausgelegt, in der sie aufgesetzt werden.

Unten: Die alte Scheune ist wieder aufgestellt worden. Sie hat einen neuen Schwellenkranz bekommen und an der hinteren Längswand noch eine weitere Balkenlage. Die Wände sind jetzt ca. 50 cm über die frühere Bodenhöhe angehoben worden. Das sieht man an den Türrahmenbohlen, die an ihrem früheren Platz, dem Boden, auflagen und von Rotfäule befallen waren. Die Längswand hat kräftigen Sonnenbrand, und ich überlege, ob ich die ganze Wand mit einem Paneel abdecken soll. Die Blechplatten des Dachvorsprunges von ca. 60 cm werden von 45×100 mm starken Latten getragen.

Das tragende Ständergerüst während des Aufstellens. Man sieht die Vorbereitung für das Steuern des Kernrisses an der Rückseite eines jeden Ständers. Es ist jeweils ein Motorsägenschnitt von etwa 7 bis 10 cm Tiefe. Holzkeile werden soweit in diesen Schnitt eingeschlagen, bis man hört, wie der Stamm bis in den Kern einreißt. Ohne dieses Verfahren bilden sich die großen Kernrisse in der Profilierung der Ständer. Die profilierte Oberfläche kommt dem Kern am nächsten, und sie trocknet schneller aus als die anderen Oberflächen. Die an zwei Seiten profilierten Eckständer bekommen in der Regel einen Kernriß an einer dieser Seiten, obwohl sie einen Motorsägenschnitt haben.

Während des Bauens herrschte sehr ungünstiges, regnerisches Herbstwetter. Die Paneelbretter werden leicht blaufaul, besonders an den Waldkanten, wo der Zuckergehalt der Rindenreste als Nährboden für Pilze fungiert. Die relative Luftfeuchtigkeit ist im Herbst so hoch, daß das Holz nur wenig austrocknet.

Die Garage ist fertig, bis auf die Fenster. Das abgesetzte Dach mildert den Eindruck einer Schuppenreihe. An der Giebelwand liegt ein Rundbalken zum Austrocknen. Wasserbretter sind sowohl an der Schwelle wie auch am Giebelrähm zu sehen.

Das Auto steht in der Garage, und der Platz ist ausreichend. Ich kann problemlos um das Auto gehen, und an der Giebelwand zur Linken ist Platz für eine lange Arbeitsbank, die Licht durch die Giebelfenster bekommt. Die Winddichtung besteht aus 13-mm-Asphaltplatten. Darauf kam eine 15-mm-Leiste für die Belüftung des Unterpaneels. Bei Verwendung von 25-mm-Paneelbrettern muß die Nagelleiste auf 13 + 15 + 25 + 25 = 78 mm Abstand von der Außenkante von Schwellen und Rähm gesetzt werden. Auch die Türen bekamen eine Winddichtung aus Reststücken der Asphaltplatten. Die darüberliegenden Riegel ermöglichen das.

Die Garage ist fertig, mit einer Regenrinne an der Vorderseite. Eine Dreikantleiste am Giebelrähm schützt die Fenster vor dem Regen. Die Fenstergröße entspricht der schwedischen Baunorm F2 11–12 B.

Wegen kräftiger Herbstregen und schlechter Bedingungen für das Trocknen ist das Paneel etwas verfärbt. Die Wände sollen im Frühjahr geteert werden. Die Fensterrahmen werden hier durch die Ständer ersetzt, die eine kraftvolle Einrahmung ergeben. Die Fenster wurden mit Alkydölfarbe Faluner Rot gestrichen.

Im Vordergrund liegt Bauholz zum Trocknen unter einer Persenning. Das ist nur eine Behelfslösung über Winter. Das Holz soll nie mit einer dichten Persenning abgedeckt werden, weil sie die Belüftung behindert. Stapeln Sie das Holz möglichst schmal und hoch, und decken Sie es z. B. mit den Schwarten vom Einschnitt, mit mindestens 20° Neigung. Die Schwarten werden im Wechsel mit den flachen Seiten gegeneinander gelegt.

Die Almhütte

Wir wollen dem Bau einer Hütte auf einer Bergweide in Särna folgen. Die Hütte wurde 1994 daheim auf dem Grundstück in Arkhyttan gebaut, demontiert, auf das Fjäll transportiert und während zehn intensiv genutzter Wochenenden im Herbst 1995 wieder aufgebaut.

Das schönste an einer Hütte ist nicht, dort zu sein, sondern von ihr zu träumen.

Helge Abrahamsen, *Hytteliv* 1997/5.

Die Hütte ist in einer Mischung aus Blockbauweise und Ständerbauweise errichtet worden. Wie aus mehreren Stellen im Buch hervorgeht, habe ich eine Vorliebe für das stufig abgesetzte Dach, das zwei Baukörper klar voneinander unterscheidet. Für zwei separate Bauteile eignet sich die Kombination von stehendem und liegendem Holz ausgezeichnet. Ich wählte diese Ständerbauweise zum großen Teil deswegen, weil man damit schnell Wohnraum schaffen und unter Dach kommen kann. Danach kann ich den Blockbau fertigstellen, ungestört von Wettereinflüssen.

Wenn man einen isolierten Ständerbau errichtet, ist der Arbeitsaufwand der gleiche wie bei einem Blockhaus. Die inwendige Isolierung und das Innenpaneel erfordern geraume Zeit. Begnügt man sich beim Blockbau mit Blockwänden auch im Inneren, so ist der Bau im großen und ganzen fertig, wenn Fußboden und Dach, nebst Fenstern und Türen, an ihrem Platz sind. Dagegen ist das Zimmern an sich eine Geduldsprobe, die notwendigerweise Zeit erfordert. Die Ständerbauweise ermöglicht einen schnelleren Baufortschritt und bietet gleichzeitig ein rustikales Aussehen. Soll ein nichtisoliertes Bauwerk errichtet werden, ist zweifellos die Ständerbauweise die schnellere und holzsparendere Konstruktion.

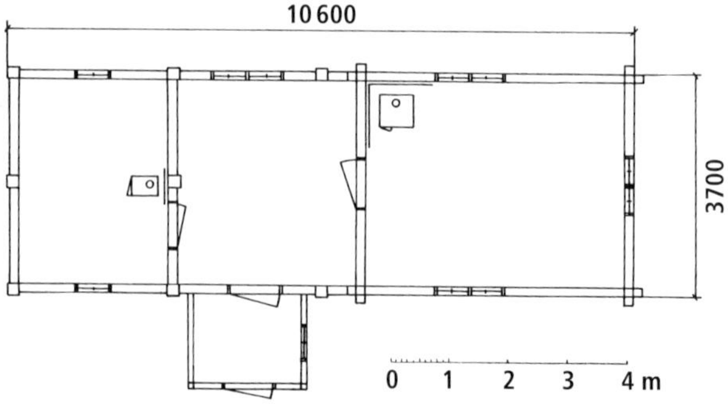

Der Grundriß zeigt eine große Stube in Blockbauweise sowie eine Zwischenlaube und eine Kammer, die in Ständerbauweise errichtet wurden. Die Ständer von 200×200 mm sind nur sparsam profiliert worden; die Eckständer nur an einer Seite. Als das Haus gebaut wurde, hatten wir vor, die Mittellaube nicht zu isolieren, wie es der Bautradition der Gegend entsprach. Dazu war ein separater Kamin in der Kammer vorgesehen. Nun ist der Bau fertig und wie so oft, ist die endgültige Ausführung etwas anders als die ursprüngliche Planung. Die Mittellaube ist isoliert und soll als Küche fungieren. Ein Schrank steht in der Ecke zwischen den Türen, ein Wäscheregal und die Garderobe mit Regalen sind innen, rechts von der Eingangstür. Der Platz für den Küchenherd ist vorbereitet, und der Schacht für den Schornstein ist fertig zum Aufsetzen.

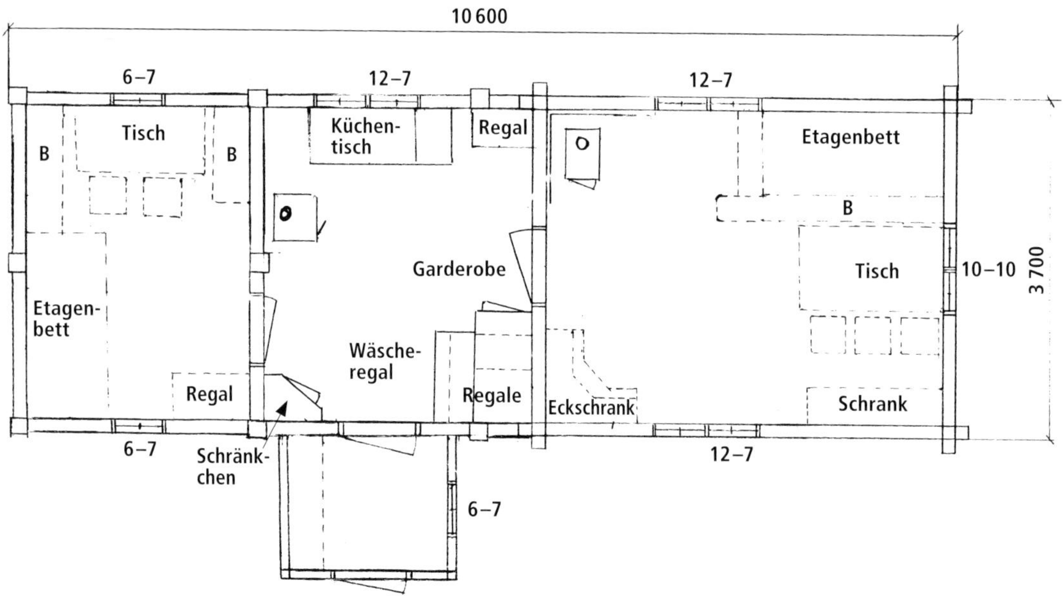

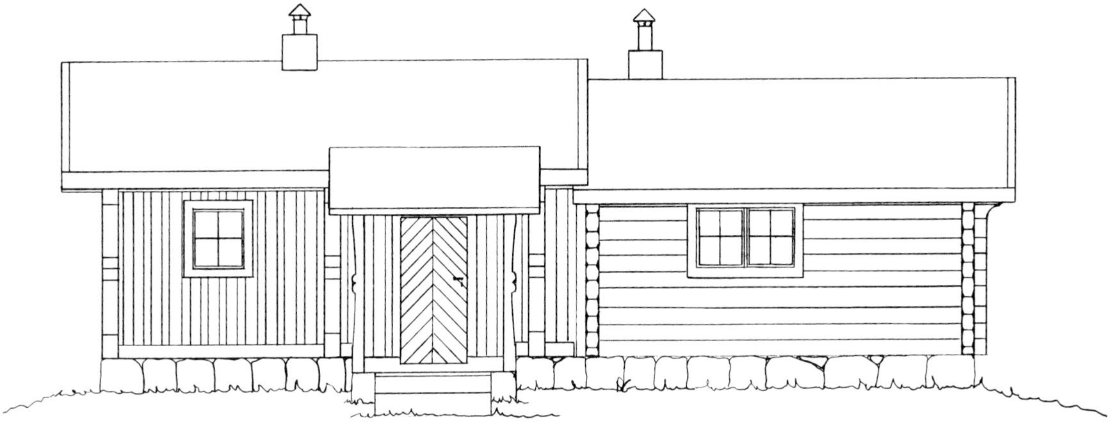

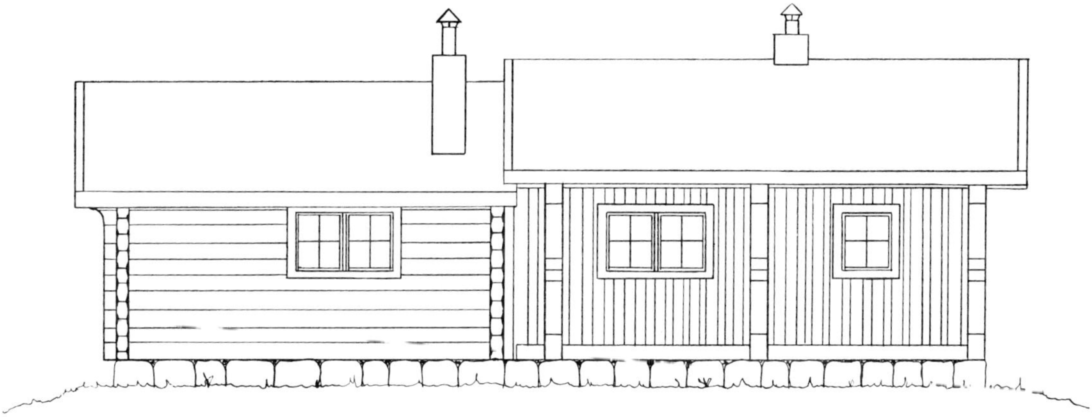

Es hat sich gezeigt, daß der Jötulofen Nr. 602 die Stube problemlos wärmen kann, auch mitten im Winter. Die Wärme breitet sich am ersten Tag etwas langsam bis in die Kammer aus, aber nach einiger Zeit hat man dieselbe Temperatur im ganzen Hause.

Zwei hochplazierte Lüftungsöffnungen in beiden Giebeln und zwei niedrig plazierte Lüftungsöffnungen am Kamin bzw. am Küchentisch sorgen für gute Durchlüftung.

Eine Partie Kiefern-Stammholz wurde von einem Arbeitskollegen gekauft, der einen Wegeaufhieb gemacht hatte. Das Holz wurde mit Hilfe einer Solo-Sägebank zweiseitig besäumt. Die Seitenbretter reichten für zwei Seiten des Ständerbaues. Die Balken reichten für die Blockwände und für das Ständergerüst. Die krummen Stämme wurden in der Mitte gekappt und als Ständer verwertet.

Ein passender Bauplatz wurde ausgeschachtet und mit Schotter aufgefüllt. Das Haus wurde auf Betonplatten gegründet. Das Bauholz liegt luftig unter Schwartenbrettern. Beachten Sie, wie gut belüftet das Bauholzpolter ist.

Der Schwellenrahmen mit Halbstämmen an den Giebelseiten. Stabile Holzböcke halten die Stämme bei der Bearbeitung in günstiger Höhe. Die Schwarten wurden sorgfältig entrindet, um sie später als Paneel in einfacheren Bauten, wie Trockenklo usw., verwenden zu können.

Der Vorraum hat eine einfache Plankentür, die dem Wetterdruck standhalten muß. Dadurch wird er zu einer richtigen Schleuse zwischen innen und außen. Bei gutem Wetter wird die Tür in offener Stellung festgehakt. Eine einfache Dachneigung über dem Vorraum gibt dem ganzen Hause ein strafferes Aussehen. Nach Norden gibt es keine Fenster.

Als Eckverband wurde der schräg geschnittene „Dalaknut" angewandt, und zwar in frischem Holz, das nur einige Monate Zeit zum Trocknen hatte.

Das Zimmern ist während des Sommers rasch vorangegangen. Die Fensteröffnungen an den Längsseiten werden bald verbunden. Das stabile Baugerüst aus Planken von 45×200 mm erleichtert das sichere Arbeiten. Diese Planken werden später als Sparren im Dach verwendet. Die Kanten der Planken wurden mit dem Elektrohobel gebrochen, so daß man sich nicht an den scharfen Kanten stoßen kann. Die Holzknappheit zwingt mich, auch drehwüchsige Stämme zu verwenden.

Sie werden an den Seiten der verschiedenen Öffnungen eingebaut. Bei den vielen Öffnungen dieser Blockhütte wird es etwas umständlich, alle diese kurzen Balkenstücke einzupassen. Die Bohlen für Tür- und Fensterzargen sind schon in die Nut im Hirnholz eingeschlagen worden, um diese kurzen Balken feststellen zu können. Nach dem Dübeln sitzen auch die kurzen Balken fest in der Wand. Wenn man reichlich Holz zur Verfügung hat, geht es schneller, einen „Kasten" ohne Öffnungen zu zimmern. Die werden später ausgeschnitten, und die Nuten für die Zargen werden gegen die vorgebohrten Löcher im Hirnholz ausgeschnitten. Markieren sie genau, wo die Öffnungen ausgesägt werden sollen.

Das Rähm an den Längswänden und die „Giebelmutter" sind eingezimmert. Die Stämme unter dem Rähm werden herausgezogen, so daß man den Vorstoß der Balkenköpfe in einem Bogen hinauf zum Rähm ausschneiden kann. Der Holzmangel hatte jedoch zur Folge, daß ich dies an der vorderen Längswand nicht ausführen konnte. Das Holz war nicht speziell für den Blockhausbau eingeschlagen, aber zum größten Teil auf 550 cm Länge ausgehalten worden. Damit das Holz der Blockwände hell bleibt, ist es wichtig, so schnell wie möglich ein behelfsmäßiges Dach über den Rohbau zu legen.

Der Ständerbau

Ich beginne mit dem Profilieren der Ständer. Mit Hilfe einer Schablone, die am linken Rand des oberen Fotos auf Seite 265 auf dem Holz liegt, zeichne ich das Profil auf beide Seiten des Ständers. Beginnen Sie damit, die beiden Rundungen in der Mitte mit ziehender Sägekette auszuschneiden. Danach werden die Ständer gewendet, so daß man mit schiebender Sägekette nach unten schneiden kann. Dabei spritzen die Sägespäne nach unten, und mit geringem Vorschubdruck trägt die schiebende Kette das Gewicht der Säge. Da sich keine Sägespäne auf das Holz legen, kann man den aufgezeichneten Linien leicht folgen. Wenden Sie den Ständer mit dem Profil nach oben, und prüfen Sie auf der anderen Seite, ob der Sägeschnitt der aufgezeichneten Linie folgt. In der Regel nimmt man an der abgewandten Seite etwas zuwenig weg. Auch dieses Nachschneiden erledige ich mit schiebender Sägekette, aber das erfordert mehr Kraft und Genauigkeit beim Schneiden.

Auf dem Bild fehlen noch die Ausschnitte für das Einpassen in die Schwelle und in das Rähm. Der Kernriß der Ständer wurde durch einen Sägeschnitt vorbestimmt, der auf dem Bild zu sehen ist. Massive Ständer dieser Stärke reißen immer ein. Die Frage ist nur, wo der Riß hinkommen soll. Der Riß bleibt unsichtbar, wenn er an der Rückseite liegt.

Währenddessen hat mein Mithelfer Allan Höglund den Schwellenrahmen auf den Ecksteinen ausgelegt und damit begonnen, diese Stämme zu verzimmern. Wie aus dem Bild ersichtlich, mußten die Balken an beiden Längswänden gestoßen werden, was man nach Möglichkeit vermeidet. Da dieser Ständerbau auf Grundsteinen stehen soll, wäre es ein Vorteil, die volle Balkenlänge zu haben, zumindest für die Schwellen. Aus Mangel an geeignetem Holz mußten diese Balken jedoch gestoßen werden. Die profilierten Ständer lehnen am Giebel des Blockhäuschens und warten darauf, daß der Schwellenrahmen fertig wird.

Der Schwellenrahmen ist fertig und zusammengenagelt. Schlagen Sie jedoch die Nägel nicht ganz ein. Die Nagelköpfe sollen soweit vorstehen, daß man beim Abbauen vor dem Transport mit dem Kuhfuß darunterfassen kann. Für den Bau des oberen Rahmens dient der untere als genaue Schablone. Der Ausschnitt für den Giebelvorsprung darf nicht vergessen werden.

Oben: Danach kommt das Aufstellen der Ständer, die mit schrägen Streben so lange provisorisch gehalten werden, bis die endgültigen Verstrebungen angebracht werden. Eine lange Wasserwaage ist für das Ausrichten der Ständer ebenso geeignet wie für das Einmessen des Schwellenrahmens.

Mitte: Alle Ständer sind aufgestellt, und der obere Balkenkranz kann aufgelegt werden. Hier werden zweiseitig besäumte Blockbalken verwandt. Normalerweise verwende ich gesägte Balken mit den Maßen 150 × 200 mm. Man bekommt dann ebene Flächen nach oben und unten, auf denen man gut weiterarbeiten kann. Die gerundeten Flächen in diesem Fall erfordern mehr Feinarbeit, um die Nagellatten und die Wasserbretter einzupassen. Das Auflegen der oberen Rähmbalken geht leichter, wenn man zu zweit ist. Ein Frontlader mit Palettengabel wäre auch sehr nützlich. Die Ausschnitte in den Rähmbalken wurden für die querliegenden Balken gemacht. Man sieht das an dem Balken, der vor der Wand liegt. Ich schneide gewöhnlich 6 cm aus, um das Rähm am Ausstich für den Dachvorsprung nicht zu sehr zu schwächen.

Die Dachstühle aus 45 × 200-mm-Hölzern werden mit Nagelplatten zusammengenagelt, so daß inwendig ein dreigeteiltes Dach entsteht. Dadurch gibt es in der Mittellaube und in der Kammer eine gute Innenhöhe. Das Dach wird umgehend aufgelegt, und der Rauhspund wird auf Leisten von 45 × 45 mm genagelt, die provisorisch an den Sparren befestigt werden. Sie werden beim Annageln des Rauhspunds nach und nach abgesägt. Auf diese Weise kann das Dach angehoben werden, um Platten abzulängen, wenn die Leisten vom Dachstuhl gelöst werden.

Die Dachpappe wird angeheftet und aufgerollt, um sie nach dem Umsetzen wieder zu verwenden. Das Paneel wird aus unbesäumten Brettern genagelt. Zum Wasserbrett wird ein Spalt von 10 mm gelassen. Vergessen Sie beim endgültigen Aufsetzen die Windisolierung nicht.

Ein markantes, einfaches Profil an einer Seite der Ständer, auch an den Ecken.

Unter dem Schutz des Daches kann die Arbeit weitergehen, fast ganz unabhängig von Regen und Wind, mit Stromanschluß ein paar Meter vom Bauplatz.

Die Wände haben ein Jahr gestanden, in Erwartung des Umsetzens. Die Fensteröffnungen nach Süden habe ich mit Plastik abgedeckt, da der härteste Schlagregen aus dieser Wetterecke kommt. Ich habe ringsum Regenrinnen angebracht, um das Bespritzen der Wand und das anschließende Vergrauen zu vermeiden. Die Regenrinnen werden selbstverständlich beim Umsetzen mitgenommen. Der Vorraum wurde an ruhigen Werktagen in Ordnung gebracht und erhielt für meinen Geschmack eine ansprechende, einfache Form.

Die Grundsteinlegung

Im Frühherbst wurde der Bauplatz mit Hilfe des „Eisenpferds" (ein kleiner norwegischer Raupentraktor) vorbereitet. Das „Eisenpferd" wurde gebraucht, um geeignete Grundsteine heranzuschleifen. Hier steht Allan und begutachtet das Ergebnis der Arbeit eines Wochenendes.

Ein interessierter Langholzfahrer wurde angesprochen, und der Transport über 270 km wurde bestens ausgeführt. Die Dachbretter waren ausgezeichnet als Seitenwände geeignet, um alle kleinen Teile des Rohbaues auf dem Holzlaster zusammen zu halten.

Der nächste Schritt in der Transportkette für die letzten 3 km war ein Forsttraktor. An einem wunderschönen Herbsttag im September, mit beginnenden Herbstfarben, kam das gesamte Bauholz in zwei Lasten an den Bestimmungsort. Der nächste Tag bescherte uns schweißtreibende Arbeit, bis alle tausend Teilchen sortiert und vor Regen geschützt waren.

An einem frühen Sonnabendmorgen Ende September begann das Aufsetzen der Blockwände. Der Greifer des Kranes hatte erstaunlich wenige der Balken beschädigt, obwohl sie viermal auf- bzw. abgeladen worden waren. Die wenigen Schäden wurden beim Aufsetzen ausgebessert. Losgebrochene Stücke waren sorgfältig aufgehoben worden und konnten festgenagelt werden.

Ein schlimmeres Problem war es, daß der dritte Balken an der hinteren Längswand stark drehwüchsig war und daß die Spannung im Holz sich beim Abbauen der Wand löste. Holz ist ein Naturmaterial, und auf solche Probleme stößt man immer wieder beim Zimmern. Die Lösung war es, den Stamm in der Mitte zu kappen, so daß die Eckverbände an beiden Enden einigermaßen paßten. Die beiden Teile des Balkens wurden im Ober- und Unterbalken festgedübelt. Die beiden Enden des drehwüchsigen Balkens hatten sich um ca. 6 cm zueinander verdreht. Mit dem Breitbeil wurden die Oberflächen so bearbeitet, daß die Balken sich nicht aus der Flucht der Wand herausdrehten. Auch die Längsnut wurde nachgearbeitet. Beim Zimmern mit zu frischem Holz besteht das Risiko, daß man die inneren Spannungen des Stammes nicht so deutlich sieht. Diesen Stamm hätten wir kappen und die Stücke an den Tür- oder Fensteröffnungen verwenden sollen.

Oft werden die Qualitätsprobleme beim Kauf von Blockbalken dadurch verursacht, daß man drehwüchsige Stämme verwendet hat, die beim Wiederaufsetzen nicht mehr passen.

Zwei Wochenenden später setzten wir die Arbeit mit dem Ständerbau fort. Es war eine feuchte, glitschige Arbeit in regnerischem Wetter. Wählen Sie das Frühjahr oder den Frühsommer für das Aufstellen der Hütte. Eventueller Regen trocknet dann rasch ab. Im Herbst kann die Feuchtigkeit eines Schlagregens bis zum nächsten Jahr im Holz bleiben.

Das Wetter wurde besser, und als es Zeit für das Dach wurde, ging die Arbeit mit den fertigen Dachplatten schnell voran. Die endgültigen Verstrebungen und Riegel sind angebracht. Die Fenster sind hier nicht von Ständern eingerahmt, so wie es bei anderen Häusern in Ständerbautechnik in diesem Buch gezeigt wurde.

Das Ständergerüst ist fertig, und die wiederverwendete Dachpappe wird vor den kommenden Winterstürmen sorgfältig mit Leisten angenagelt. Die Schäden durch Nagellöcher werden mit Asphaltmasse zugeklebt.

Die Fußböden in Stube und Küche habe ich während des Winters eingebaut. Ich verwendete ca. 35 mm starke Planken, die am Fuß- und Zopfende so unterschiedlich breit waren, wie es der Abholzigkeit des Stammes entsprach. In die Seiten der Planke wurde ein Schnitt mit der Motorsäge geführt und diese Nut mit dem Stemmeisen gesäubert. Dahinein ließ sich eine lose Feder ausgezeichnet einpassen. Eine Handfräse hätte das Schneiden der Nut erleichtert.

Fußboden und Dach der Hütte wurden in den nächsten Ostertagen fertiggestellt. Der Fußboden wurde mit einem Handhobel geglättet und mit Leinöl bearbeitet. Tür und Kamin vervollständigen die Hütte, die nun bewohnbar ist, wenn auch nur mit einfacher Einrichtung. Dachplatten wurden aufgelegt, die ein mattes Dach ergeben, auf dem der Schnee liegenbleibt. Auf dem Bild sieht man, daß der dritte Balken in der Längswand gekappt ist, wie vorher berichtet. Die Hütte steht hoch auf ihren Grundsteinen, und es wird eine künftige Aufgabe sein, ihr Fundament, beispielsweise mit Holzluken, abzudecken. An tieferen Partien kann das mit einer Trockenmauer geschehen.

Am Nordende des Hügels war der Boden feinkörniger und hielt daher die Feuchtigkeit besser. Schon im ersten Winter war der Bodenfrost bemerkbar. Ich habe dort unter vier Grundsteinen Bodenplatten eingegraben, wie es die drei Fotos zeigen,

um das Hochfrieren dieser Seite zu verhindern.

Mit Hilfe des Wagenhebers und kräftiger Unterlegeklötze habe ich die Hütte soweit angehoben, daß die Grundsteine reihum weggeräumt werden konnten, um die Bodenplatten eingraben zu können.

Die Hütte zwei Jahre später mit geteerten Wänden. Der luftige Boden unter der Hütte ist mit einem stehenden Paneel abgedeckt, das so zugeschnitten wurde, daß es sich an die unregelmäßig geformten Plinthen anpaßt, auf denen die Schwellen liegen. Das Paneel wurde gegen zwei waagerechte Riegel genagelt und bildet Luken, die an galvanisierten Nägeln aufgehängt wurden. Am Boden wird es innen und außen mit Steinen gehalten. Das Paneel soll nicht auf dem Boden stehen. Denken Sie daran, daß der Schwellenkranz der Hütte an der tiefsten Stelle mindestens 30 cm von der Bodenoberfläche entfernt sein muß. Das hat zur Folge, daß der Abstand zum Boden dort größer wird, wo das Gelände abfällt.

Eine Gründung der Hütte auf belüfteten Plinthen ist aus technischer Sicht das beste. Vom Aussehen her kann es Einwände gegen diese luftige Gründung geben. Will man zwischen den tragenden Plinthen nicht mit losen Steinen auffüllen, kann ein Brettfutter wie auf dem Foto eine Alternative sein.

Gästehütte mit Sauna

Die auf den vorhergehenden Seiten beschriebene Hütte wurde mit einer kleinen Gästehütte mit Sauna komplettiert, die als Ständerbau mit Rahmenwerk errichtet wurde. Stark profilierte Ständer 200×200 mm geben der Hütte ein uriges Aussehen, das zu dem Berggelände paßt, in dem sie steht.

Der Wärmehaushalt des Blockhauses

Der Wärmehaushalt des Blockhauses hat Vorteile, die man in den modernen Baunormen nicht beachtet hat. Engelbrekt Isfält vom Institut für Gebäude und Installationen, KTH, Stockholm, hat die thermische Dynamik der Gebäude in einer Anzahl von Veröffentlichungen beschrieben und weist darauf hin, daß schwere Baukonstruktionen klare Vorteile aus dem Gesichtspunkt des Wärmehaushaltes haben.

Die Wände speichern große Energiemengen und geben sie bereits bei geringen Temperaturänderungen wieder ab. Die Sonnenwärme des Tages wird gespeichert, und während der kühleren Nacht wieder abgegeben. Das Gegenteil geschieht im Sommer, wo die Nachtkühle gespeichert wird und das Haus während des heißen Tages kühlt.

Die Tagesaktivitäten in einem Haus, die Sonneneinstrahlung in einem schweren Baukörper, sowie die Akzeptanz des Anwachsens der Temperaturschwankung im Tageslauf von 20–22 °C zu 18–25 °C vermindern den Wärmebedarf weit mehr, als was mit zusätzlicher Isolierung zu erreichen ist. Das setzt natürlich voraus, daß die Blockwände sorgfältig abgedichtet sind. Sie müssen absolut winddicht sein.

Eine andere Voraussetzung ist ebenfalls, daß die schweren Blockwände aktiv am Wärmeaustausch mit der Raumluft teilhaben können. Wenn an die Innenseite der Blockwände eine Isolierung gelegt wird, geht diese Möglichkeit verloren.

Engelbrekt Isfält und Gunnar Bröms teilen in *Meddelande 22*, 1992, *Installationsteknik KTH* mit, daß man bei Veränderungen im Tageslauf die Innenseite der Wände bis zu einer Tiefe von 10 cm (bei doppelseitiger Einwirkung 20 cm) in die zugängliche Wärmekapazität einrechnen kann. Dasselbe gilt für schwere Baukonstruktionen, wie Balkenlagen oder Fußböden. Schwere Möbel haben ebenfalls Bedeutung für die Wärmespeicherung, je mehr, je leichter der Bau ist.

Betrachtet man Blockhäuser aus diesen Gesichtspunkten, wird deutlich, daß allzu dünnes Holz für die Wände

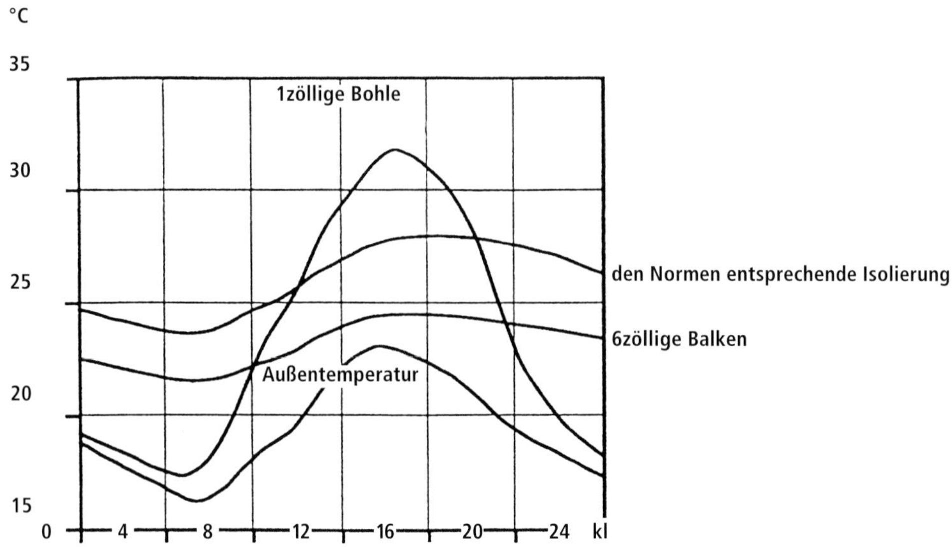

Die Außentemperatur und die Temperatur der Raumluft am Ende einer wochenlangen Hitzewelle in drei gleich großen Hütten, die während längerer Zeit leer standen. Die Hütten haben einen Raum von 25 m² und eine Küche mit der Bodenfläche 15 m². Dieselbe Hütte in drei verschiedenen Ausführungen. Bei der Blockhütte sind die Außenwände und die Trennwand aus 6zölligen Balken. Die Fenster haben nur eine Scheibe. Das den Normen entsprechend isolierte Haus hat Außenwände aus Holzpaneel, 20 cm Isolierung und innenseitige Gipsplatten sowie Dreiglas-Thermopanefenster. Das Bohlenhaus hat nur 1zöllige Bretterwände wie ein Schuppen, keine Isolierung in Boden und Dach sowie Fenster mit einfacher Scheibe. Die Temperaturschwankung im Blockhaus ist stark gedämpft und liegt zwischen 22° bis 24°C. Die Blockwände haben eine sehr hohe Wärmespeicherung von ca. 2300 J/kg,K und wiegen ca. 500 kg/m³. (Entsprechende Werte für Beton sind 880 J/kg,K bzw. 2300 kg/m³)

Engelbrekt Isfält, *Bygg & Teknik* 3/97

schlecht zur Wärmespeicherung beiträgt. 140–150 mm (6") Wandstärke, die zum Innenraum frei exponiert ist, sind das Minimum für die erforderliche Wärmespeicherung. Wenn man für die Wände Balken von 200 mm (8") anwendet, die außerdem eine breitere Längsnut mit besserer Isolierung zwischen den Balken ermöglichen, wird die Wärmespeicherung deutlich besser.

Die Preise für das Bauholz hängen unmittelbar von der Holzstärke ab. Die Holzstärke ist ein Qualitätsmerkmal, das Sie, als Käufer, nicht unterschätzen dürfen. Neben dem rein optischen Eindruck, wobei das starke Holz einen kraftvollen Eindruck vermittelt, hat man das Vermögen der dicken Wände, Wärme zu speichern und abzugeben. Das Holz fungiert auch als Feuchtigkeitsregulator mit all seinen Hohlräumen, die Feuchtigkeit in die Raumluft abgeben und aufnehmen, je nachdem wie sich die Luftfeuchtigkeit ändert.

Register

Äste 24, 29, 31
Alter des Holzes 25
Aluminiumblech 101
Aluminiumleiter 223
Anbauten, künftige 232, 246
Anstrich 57
Arbeitsböcke 117, 262
Arbeitshandschuhe 9
Arbeitsstellung 117, 176
Aspe, Espe 31, 106
Asphaltplatte, geteerte Preß-pappe 225, 247, 258
Aufbewahrungsraum 81
Aufmessen und Markieren 60
Aufzug 207
Augenschutz 13
Ausgleichsbalken 16, 230
Außen- und Innendach 27
Außenpaneel 27, 31, 152
Axtarbeit beim Zimmern 95

Backhaus 170
Balken, mit Fäulnisschäden 223
Balken, „stoßen“, verlängern 52, 53
Balken (Vierkantig bearbeitetes Rundholz) 24, 38, 173
Balkenhalter 124
Balkenkopf 33, 34, 35, 41
Balkenlage, Balkenlagendecke (Aus schmalen, hochkannt eingebauten Balken. Ober-seits Dielen, Unterseits Blindboden, dazwischen Isoliermaterial) 75, 91, 182
Balkenschuh (Balkenauflage aus verzinktem Blech) 91
Bandsäge 152
Basislager 133
Bast 27
Bastrinde 257
Baugerüst 242, 263
Baugrund 15, 84, 146, 262, 268
Baugrundstück 82
Bauklammer 12, 47, 157
Beibeilen 18, 25, 241
Beibeilen, bebeilte Oberfläche 125
Belüftung der Zwischenräume im Dach 101
Belüftung des Fundamentes 86
Beton 256
Beton-Dachpfanne 101
Betonplatte 152
Betonrohr 85
Betonstein 147
Birkenrinde (als Isolier-material) 69, 70, 108, 110, 111, 143
Blaufäule (Pilzbefall, Farbfehler des Kiefernholzes) 19, 67
Blechdach 101
Blechkamin 135
Blechmarken mit eingestanzten Nummern 222
Blindboden 14, 27, 91, 101
„Blockhauszirkel“, Zugmaß 12, 42
Blockwände 46, 128, 259
Bockkäfer (Holzschädlinge) 65
Bodenfrost, Frostaufbruch 270
Bodenisolierungsmatte 70, 85, 143, 226, 242, 270
Bodenlage der Außenwände 229
Bohrer, Bohrmaschine 9, 13, 48
Bolzen, Schraubbolzen 48, 54
Bootshaus 137
Borke, Rinde 27
Brecheisen, „Kuhfuß“ 35
Breitbeil, Beilaxt 10, 11, 18, 43, 241
Bretter, Bretterstapel 29, 30, 31, 55
Bügelsäge (Ovaler Stahlrohr-bügel, gehärtete Zahn-spitzen) 9

Carport 144

Dachbalken 101, 105
Dachblech 98, 163
Dachblech, schwarz 219
Dachboden 100
Dachbodenschuppen 158, 211
Dachbretter 109
Dachfußbretter 111
Dachfußhaken 108, 111
Dachhaut 101
Dachholz 28, 109, 130
Dachisolierung 182
Dachluke 268
Dachneigung, Dachwinkel 99, 167, 179
Dachpaneel 101
Dachpappe 70
Dachpappe 164, 247
Dachplatten 270
Dachschindeln 101
Dachstuhl 30, 160, 203, 247, 266
Dachvorsprung 256
Dachwinkel 97
Dachziegel 98, 101, 207
„Dalaknut“ (Eckverband aus Dalarna) 40, 115, 263
Dichtungskerbe im Eckverband 35
Dichtungsmaterial 44
Dichtungsmaterial, Dichtungs-streifen, Moos, Glaswolle 4, 45, 100
Doppelgarage 160, 192
Doppelhaus 60, 181, 197, 199
Drainage des Baugrundes 256

Drehwuchs 18
Druckimprägnierung 57
Dübel, dübeln 41, 48, 50, 53, 62, 92, 126

Eckständer 231, 245, 246
Eckstein 84, 87, 222, 249
Eckverbände (Verblattung, Verzapfung, Verkämmung, Verschränkung der Balken) 33
Eier-Öl-Temperafarbe 59, 206, 207
Einrichtung 227
Einzimmer-Häuschen 60, 128, 170
Eisen-Holz-Verbindung 48
Eisenvitriol 56, 104, 141, 149, 231
Elektrogeräte, zum Bohren, Hobeln, Sägen 13, 118, 163, 176, 206
Entrinden, Schälen, Streiten (Beschleunigt das Austrocknen) 19
Etagenbett 181, 188, 240

Fachwerkhaus 244
Fallrohr, Regenrinne 149
„Falu-Rot" 56, 148, 208
Farbbrei 56
Fasersättigungspunkt 22
Fenster, Fenster- und Türöffnungen, Fensterluke 20, 47, 94, 164, 224
Feuchtigkeitsquote 21, 23, 67
Feuchtigkeitsregulator 274
Feuchtigkeitssperre 147, 230
Feuchtigkeitswanderung 23
Feuerhaus 129, 135
Feuerstelle, offen 131, 135
Fichte, Fichtenholz 17, 31, 188
Firstpfette 16
Föhre, Kiefer, Kiefer-Kernholz 17, 24, 31
Forstaxt 9
Forsttraktor mit Kran 242
Freizeitgelände 216
Frontlader 266

Frühholz 26, 27
„Füllbalken" 16, 230
Fußboden 91
Fußboden- und Dachpfetten, Balkenlage 32, 90, 165
Fußbodenbretter 101
Fußböden 27, 269, 270

Gästehütte 169, 169, 272
Garage, Garagenanbau 254, 258
Gestaltung, Bautradition
geteertes Dichtungsmaterial 44, 45
Getreidespeicher 201
Gewerbsmäßige Herstellung von Blockhäusern 47
Giebel 16, 17, 30, 50, 167, 246
Giebelnock 16
Giebelspeicher 153, 154
Giebelspitze 62
Giebelvorsprung 265
Grasdach 14, 110, 125, 141, 143
Grassoden 73, 97, 142
Grundstein 153, 242

Halbspälter 55, 105, 134, 135, 222
Handpackzange 12
Harzkanal 27
Hausbock 66
Hausschwamm 67
Hebehaken 12
Hebehilfe für Blockbalken 242
„Henne" (unterster Balken der Giebelwand) 16
Herd, offene Feuerstelle 188
Heuschober 229, 252
Hofraum 233
Hofraum, Hofplatz 209, 210, 211, 213
Holz f. d. Blockhausbau 14, 16, 21, 157
Holz für Blockwände 23, 116
Holz, im Saft gehauen 19
Holzbeschaffung 31
Holzdach 97, 108
Holzhammer 46, 55
Holzkeil 55, 62

Holzladekran 243
Holzluken, zur Abdeckung des Fundamentes 270
Holzpaneel 27
Holzschraube 53
Holzschuppen 81, 144, 214, 228, 248, 250
Holzschutz 57
Holzschutzmittel 56
Holzstärke 274
Holzstruktur 26
Holzteer 56, 141
Hütte mit Sauna 180

Innenpaneel 27, 163, 167
Insekten- und Pilzbefall 19
Isolierung 91, 164, 206, 243

Jagdhütte 162
Jahresring 17, 26, 27
Jahresring, stehend oder liegend 246

Kalkmörtel 84
Kambium 27
Kantholz 54
Karre, zum Balkentransport 116
„Kasten" 241, 243
Keil 12
Kellervorbau 140
Kernholz 24, 28, 247
Kernriß 24
Kernspalt, vorbestimmter Kernriß 25, 257
Kiefer 68
Kiefer, stammtrocken 24
Kiefernbock 65
Klassifizierung des Holzes
Koten 69, 74
Küche 197

Längsnut 25, 34, 41, 43, 44, 46, 124, 138
Längsnut, Aushauen 125
Längsnut, gefräst, gehobelt
Laubengang, als Wetterschutz 30

Leiste 247, 258
Leitern 114, 242

Mark 27, 30
Markierungsskizze 61
Markstrahlen 26, 27, 29
Maßskizze 120
Milchkammer 188
Mineralwolle 38, 45, 101, 128
Mittellaube 185, 236
Mittelpfette 105, 251
Mittelständer 250
Moorkiefer 229
Moos 38, 45, 157, 163
Moos, als Dichtungsmaterial 45, 46
Motorsäge 13, 44, 90, 164, 176, 206
Motorsäge, Kettensäge 20, 44
Mutterboden 256

Nagelleiste 247, 266
Natursteine 222
Nebengebäude, Außenhäuschen 209, 212
Nebenhaus 170, 209

Oberhaken im Eckverband 34
Ölfarbe 59
Ofen aus Gußeisen 227

Paneel 30, 150
Persenning 258
Pfahlunterbau 153
Pfeiler 178
Pfetten 16, 147, 182
Pfetten (ihre Stärke und Anordnung) 105
Pfettendach 105, 160
Pfostenbohle und Nut, an Tür- und Fensteröffnungen 16, 41, 51
Planken 26, 47 ,55, 226
Plastik 22, 63, 267
Plastikfolien als Isoliermaterial 70
Plinthfundament 85
Pritschen 130
Profil der Ständer 245
Profilzerspaner 47

Propangasflasche, Propangasküche 188
Pultdach 16

Rähm, oberster Wandbalken 16, 17, 94, 96, 164, 167, 179, 229, 246
„Rännknut" (einfach geschnittener Eckverband) 36, 82, 88, 230
Rahmen im Ständerbau 246, 265
Rahmenwerk, Schichtwerkhaus 69, 244
Rauchabzug 38, 131
Rauhspund 101, 147, 206, 266
Regenrinne 88, 149, 168, 189, 224, 267
Remise 144, 149
Richtbrett 107
Riegel, Riegelwand 30, 127
Rißbildung 23, 25, 30, 41, 246
Roßameise 66
Rotfäule 15, 67
Rotstengelmoos 46
Rundholz 19, 21, 24, 25

Saal, Salon 197
Sägebock 248
Sägewerk 20
Satteldach 16
Sauna 77, 165, 174
Saunakammer 174
Saunawände 95
Schablone 90, 119
Schäleisen 10
Schalm, schräg 82
schalmen, der Schalm 34
Scheune 255
Schichtwerkhaus 244
Schindeldach 97, 106
Schindelmesser 106
Schindeln, handgespalten 106
Schlafboden 195, 240
Schleifstein 11
Schleppe 64
Schmierseife 59
Schneidenschutz 11
Schnurschlag 117

Schornstein 227, 243
Schrumpfen des Holzes 23
Schuppen 209, 228
Schutzanstrich 66
Schutzdach, für Bauholz 62
Schutzhelm 13
Schwalbenschwanz, „Laxknut" 40
Schwarten (Außenseiten des Stammes, Seitenbretter mit „Waldkante") 251
Schwarzast 152
Schwelle 230
Schwelle, Schwellenkranz 16, 75, 88, 89, 149, 175, 246, 256
Schwellenrahmen 265
Seitenbretter 14
Seitenbretter aus Splintholz 28, 247
Seitenpfette 105, 243
Sennhütte 182, 185, 187
Separate Bauteile (Block- und Ständerbau kombiniert) 259
Setzen der Wand, Sinkmaß 20, 48, 93, 236
„Siljansknut" 263
Sinkmaß 35, 92, 94
Solosäge, Sägebank 152, 262
Sommerfällung 19
Sommerhäuschen 170, 172
Sommerholz = Spätholz 26
Sonnenbrand 256
Spätholz 26, 27
Spalten von Stämmen 55
Sparren 16, 101, 103, 142, 263
Speicher 153, 156, 193, 194, 209, 220
Speicherboden, Mansarde 255
Splintholz 26
Splitt 230
Spültisch, Waschplatz 190
Ständer, Ständerbau 30, 78, 153, 178, 233, 244, 245, 259, 264, 269
Stall 133, 218
Stammholzpolter 22
Standtrocknis, abgestorbene Bäume 24, 193

Stangen 69
Stangenhütte 135
Stanzensatz für Zittern 61
Stemmeisen, Stechbeitel 10, 95, 123
Stoß, Verlängerung von Balken 53
Stromanschluß 267
Stützmauer 142

Tauchimprägnierung des Holzes 57
Teeren, Anstrich mit Holzteer 58, 149
Telefonmasten 133
Tischlerbeil 10
Tischlerwerkstatt 214, 219
Torfkote 69, 72
Torfmoos 46
Totenuhr, Klopfkäfer 66
Treppenstufe am Eingang 99
Trockenklo 228, 231, 253
Trockenmauer 172
Trockenrisse 24
„Tropfbrett", „Tropfnase" am Schwellenbalken 89, 94
Tür- u. Fensterrahmen, Zargen 20, 50, 93, 94, 166, 243
Tür- und Fensterausschnitte 93, 94
Türen 270
Türschwelle 16, 241
Türsturz 16

Übermaß in der Stammlänge 33
Unbehandeltes Holz 56
Unter- und Oberpaneel 29, 152, 247
Unterer Rahmen 246
Unterhalten im Eckverband 34
Unterlage für Schindeldach 106
Unterlagspappe 148

V-förmiger Stoß 53
Ventil, Ventilation 15, 67, 100, 235, 260
Verstrebungen 151, 247, 249, 266
verzapfen, einzapfen 90
Viehhof 209, 210
Vorgesägte Balken 77
Vorlaube, Dachüberstand 79
Vorlaubenhaus, Giebellaubenhaus 79, 129, 135, 160, 168, 178, 226
Vorratsraum 248
Vorraum, Kammer 197, 235, 262, 267
Vorschlaghammer 126
Vorstoß der Balkenköpfe am Eckverband 16, 127, 138, 167
Vorstoßkasten 204, 231

Wärmehaushalt 273
Wärmehaushalt des Blockhauses 273
Wärmespeicherung 15, 273
Wagenheber (für Lkw, beim Umsetzen des Blockhauses) 271
Waldarbeiterhütte 78, 131
Waldkante 28, 152
Waschküche 209
Waschraum 174
Wasserableitung 247
Wasserbrett 152, 257, 266
Weicher Holznager 66
Werkzeugkasten 93
Wertsteigerung des Holzes durch Sortierung
Wetterwand 30
Wetzstein 9
Windbretter, Giebelbretter 226, 251
Windfang 81
Winkeleisen zum Kantenschutz 152
Wurzelanläufe 31

„Zangen" (zur Wandversteifung) 54, 203, 207
Zapfen im Oberhaken des Eckverbandes 34
Zapfen im Oberhaken des Eckverbandes 34, 39, 123
Zeitbedarf für den Blockhausbau 77
Ziegeldach 145
Ziehmesser (mit zwei Handgriffen u. einseitiger Schneide) 11, 117, 118
Zimmermanns-Fuchsschwanz 12
Zimmermannsfräse 44
Zimmermannspaneel 28
Zugbalken (hält zwei parallele Wände auf Abstand) 140
Zugmaß (zum Übertragen der Kontur des Unterstammes an den Oberstamm) 12, 42
Zwischenwand 52

DICK
FEINE WERKZEUGE
Hochwertiges Werkzeug für die
handwerkliche Holzbearbeitung.
Umfangreiches Kursprogramm
inkl. Blockhausbau in Schweden,
Literatur, Webshop.
Kostenloser Katalog.
Fordern Sie kostenlos unseren Werkzeugkatalog und das Kursprogramm an:
Telefon +49 (0)991-9109-905 oder im Internet unter: www.dick.biz
DICK GmbH · Donaustraße 51 · 94526 Metten · E-mail: info@dick.biz

GRUBE
Werkzeuge & Motorsägen-Zubehör für den Blockhausbau
Schneller bestellen im
GRUBE
Online-Shop
www.grube.de
Scheibenfräse für Motorsäge
Blockhauszirkel mit Doppellibelle
Winkelschneldlehre
GRUBE Natur & Freiz
GRUBE Carving
GRUBE Harvester
GRUBE Fachkatalog 2006/2007
Kostenlos anfordern!
Fachkatalog – ca. 600 Seiten Profi-Werkzeug und Ausrüstung für Wald, Landschaft & Umwelt.
Natur & Freizeit – ca. 200 Seiten Bekleidung und Ausrüstung für Jagd, Natur & Freizeit.
Harvester – ca. 100 Seiten für alle Unternehmer, die im Wald mit Maschinen arbeiten.
Carving – ca. 28 Seiten Ausrüstung & wertvolle Tipps zum Kettensägen-Schnitzen, u.a. rückschlagreduzierte Sägeausrüstung, die auch beim Blockhausbau zum Einsatz kommt.
GRUBE KG
Hützeler Damm 38, 29646 Hützel
Telefon: 05194 / 900-0, Fax: -270
Email: info@grube.de

Blockhausbaukurse
Bauberatung - Bauunterstützung
vom Profi
Wir zeigen`s Ihnen.
Mehr Informationen unter ...
www.albakademie.de
oder Katalog anfordern.
Tel.: 07428/917-580
Fax: 07428/917-581
ALBAKADEMIE
Wir schulen auch vor Ort.
Ralph Pfersich
der Ausbilder

Der Schmied am Amboß

Ein praktisches Lehrbuch für alle Schmiede

In kompakter Weise wird das gesamte berufliche Wissen des Schmieds, Schlossers und Schiffsbetriebsschlossers dargestellt. Von der Werkstatteinrichtung, den Schmiedewerkzeugen, dem Umformen, Trennen und Fügen bis zu den Änderungen der Stoffeigenschaft und die Werkstoffprüfung wird alles abgehandelt, was in der Praxis benötigt wird. Ein wertvolles und unentbehrliches Buch für jeden Schmied, der sein Handwerk berufsmäßig oder als Liebhaberei betreibt.

164 Seiten, 14,8 x 21 cm, 321 Abb., fester Einband

Best.-Nr. 2226 · ISBN 978-3-87870-581-9

Tore und Zäune mit Holz gestalten

Ein Anleitungsbuch mit vielen inspirierenden Farbfotos. Von verführerisch schönen Eingangspforten mit dekorativen Torflügeln und stilvoll gedrechselten Knäufen bis hin zu ursprünglich wirkenden Weidenzäunen und Umfriedungen aus Steinen. Das Buch enthält ausführliche Anleitungen zum Selbstbau von Toren, Zäunen und Gartenmöbeln.

128 Seiten, 19 x 24,5 cm, 280 meist farb. Fotos und Zeichn. im Text, fester Einband

Best.-Nr. 9116 · ISBN 978-3-87870-678-6

Th. Schäfer

Verlag Th. Schäfer
im Vincentz Network
Postfach 6247
30062 Hannover

Tel. (+49) 0511 9910-012
Fax (+49) 0511 9910-013
th.schaefer@vincentz.de
www.th-schaefer.de

Weitere Titel finden Sie in unserem kostenlosen Gesamtverzeichnis. Bitte anfordern!